Géographie de la mondialisation

LAURENT CARROUÉ

Géographie de la mondialisation

3e édition

ARMAND COLIN

COLLECTION U • GÉOGRAPHIE

Illustration de couverture : Baie de Causeway, Hong Kong, Chine
© Jon Arnold / JAI / CORBIS

Cartographie : Aurélie Boissière et Jean-Pierre Magnier
Composition : Yves Tremblay

ISBN 978-2-2003-5144-1

ARMAND COLIN • 21, RUE DU MONTPARNASSE • 75006 PARIS

Introduction

Au vu de la masse énorme des productions, études, débats et polémiques la concernant, la mondialisation est l'objet d'une véritable mythification qui suscite espoirs ou craintes. Deux faits majeurs doivent être relevés. D'abord, l'usage surabondant du terme – ou de l'anglicisme « globalisation » – indique trop souvent une absence de rigueur : tout relèverait de la mondialisation ; en définitive, rarement un terme aura été autant utilisé tout en étant si peu défini. Ensuite, son utilisation repose sur un évident paradoxe. Alors que ses dimensions politiques et économiques sont souvent privilégiées, voire systématiquement survalorisées, le cœur même du processus de mondialisation demeure trop largement méconnu, du fait de la relative faiblesse et de l'éparpillement des études géographiques.

C'est pourquoi il convient de souligner que la mondialisation repose d'abord et avant tout sur la mise en relation des différents ensembles géographiques. On peut donc affirmer que la mondialisation est, d'abord, l'interconnexion complexe de territoires diversifiés. On peut définir ces territoires comme des constructions géographiques spécifiques produites par une dynamique dialectique. Celle-ci repose sur des interactions entre un milieu naturel, une société et une économie, elles-mêmes fruits de longs héritages historiques s'insérant dans différentes échelles d'interactions spatiales. L'étude de la mondialisation comme objet scientifique oblige donc à une démarche pluridisciplinaire mobilisant l'ensemble des apports des sciences économiques et sociales dans laquelle la géographie doit tenir toute sa place.

Définitions et terminologies en débat

Il est impératif de dépasser les incertitudes terminologiques dont la mondialisation est l'objet en clarifiant les principaux termes utilisés : mondialisation, globalisation, internationalisation, universalisation.

– *Mondialisation.* À partir des travaux géohistoriques de Fernand Braudel [1979], Immanuel Wallerstein [*The Modern World System*, 1974] ou Paul Bairoch [1997], la mondialisation peut être définie comme le processus historique d'extension progressive du système capitaliste dans l'espace géographique mondial. Dans une démarche pluridisciplinaire, la géographie insiste bien sur tout particulièrement sur la dimension spatiale du phénomène. Au plan géographique, ce choix se dégage des hypothèses présentées par Roger Brunet sur l'existence de lois spatiales abstraites en plaçant au cœur de l'analyse les territoires et leurs dynamiques. Le territoire peut être défini comme le produit historique des rapports d'une société humaine à son espace à partir d'une interaction spécifique entre un milieu, une culture, une construction politique et une économie. Cette démarche permet de dégager des logiques, des dynamiques et des constructions territoriales s'articulant à différentes échelles et réarticulant espaces et mises en réseaux. Surtout, elle fait de la mondialisation un concept opératoire visant à expliciter les dynamiques contemporaines en identifiant clairement les acteurs et les logiques. Dans ce cadre général, la mondialisation apparaît à la fois comme une valorisation différenciée des singularités du monde et elle-même productrice de nouvelles configurations.

– *Globalisation*. Issu de l'anglais *globalization*, ce terme est souvent employé à tout propos. C'est pourquoi nous proposons de l'utiliser pour définir les processus et phénomènes d'interaction entre les milieux naturels et les actions humaines qui affectent le fonctionnement du globe terrestre et qui exigent donc des réponses globales et coordonnées à l'échelle planétaire. Tel est le cas, par exemple, pour le réchauffement planétaire, la mise en valeur et la gestion des ressources renouvelables et non renouvelables (eau, richesses halieutiques, énergies...), et sans doute plus largement, pour les grandes questions sanitaires (Sida) ou sociétales. La globalisation recouvre deux phénomènes indissociables de la mondialisation. D'une part, le mode de valorisation largement prédateur et fortement inégalitaire mis en œuvre jusqu'ici se heurte à la finitude géographique du monde terrestre, ce qui pose à moyen terme de redoutables problèmes de refondation des logiques à l'œuvre. D'autre part, les nouvelles interdépendances nées de la mondialisation posent la question de la gestion des concurrences et inégalités comme en témoigne la thématique de la gouvernance mondiale.

– *Universalisation*. Cette terminologie témoigne de l'essor de nouvelles problématiques dans les champs politiques, juridiques ou sociétaux qui intéressent l'ensemble des civilisations humaines. Dans les représentations que produit et véhicule la mondialisation, un vaste débat est engagé concernant ce qui a trait à l'universel, c'est-à-dire les valeurs partagées par l'ensemble des habitants de notre globe. Si les États occidentaux les plus puissants, promoteurs actifs de la mondialisation, présentent leur modèle comme étant à vocation universelle, cette prétention se heurte à des obstacles ou résistances de plus en plus nombreux comme en témoigne en partie la démarche de S. Huntington dans *The Clash of Civilizations and the Remaking of Word Order* paru en 1996. Dans ce contexte, peut-on définir des champs réellement universels échappant aux logiques hégémoniques du Nord et faisant consensus ?

– *Internationalisation*. Cette terminologie renvoie à la dynamique des relations et interactions dans la sphère des relations internationales entre États : logiques de puissance et de domination, nature des coopérations... Si le discours des années 1990 sur la mondialisation a parfois mis l'accent sur le dépérissement ou la marginalisation des États-nations, la situation internationale actuelle et les débats qui l'accompagnent sur l'organisation des équilibres mondiaux (architecture uni-ou multipolaire) témoignent de la vivacité de cette question.

Des économies-monde à une économie-monde

Initialement, la mondialisation se traduit par l'émergence progressive d'économies-monde capitalistes. Par économie-monde, on entend, en se rapportant aux travaux de l'historien Fernand Braudel, une portion de la planète économiquement autonome organisée selon un modèle hiérarchique ternaire avec un centre, que Braudel identifiait comme une grande ville capitaliste dominante, une semi-périphérie intégrée et une périphérie plus ou moins lointaine et marginale. Cette conception sera par la suite reprise par I. Wallerstein qui développera cette notion en substituant à la ville-centre une construction étatique nationale militairement assez puissante et économiquement assez avancée pour imposer son hégémonie à des espaces de plus en plus lointains.

Dans la seconde moitié du XXe siècle, la principale rupture historique consiste en la fusion progressive des économies-monde en une seule économie-monde de plus en plus intégrée qui développe ses structures sur l'ensemble de l'espace planétaire. C'est dans ce sens que l'on peut parler de globalisation, dans la mesure où aucune portion de l'espace terrestre, aussi lointaine soit elle, n'échappe à cette intégration fonctionnelle. Mais cette nouvelle économie-monde est elle-même loin d'être totalement globalisée du fait de la permanence de puissantes inerties historiques aux seins des différentes économies-monde.

Un phénomène hiérarchisé, instable et conflictuel

En effet, dans cette perspective structurelle de longue durée, l'économie capitaliste internationalement dominante – actuellement celle des États-Unis – assure l'essentiel de l'ajustement des équilibres internationaux en imposant aux autres économies-monde ses intérêts stratégiques. Elle s'appuie pour cela sur son statut de centre de l'investissement international, sur son avancée technologique et scientifique, sur son dynamisme économique et social, enfin sur sa capacité à imposer ses modèles culturels, idéologiques et politiques.

Au cours des siècles, on a assisté à un déplacement géographique du centre de gravité de l'économie-monde dominante : d'abord au sein même de l'espace européen puis, progressivement, de l'Europe à l'Amérique du Nord, après la Première Guerre mondiale. Mais ce processus donne lieu au sein même des économies-monde capitalistes dominantes à une concurrence, plus ou moins conflictuelle et féroce, pour la redéfinition et la maîtrise de l'hégémonie mondiale (voir les deux guerres mondiales). Dans cette perspective, l'histoire de l'expansion du capitalisme fait alterner des phases de stabilité et d'instabilité structurelle, selon les rapports de forces géoéconomiques et géopolitiques entre économies-monde prétendant au leadership d'une part, entre celles-ci et le reste des dispositifs planétaires d'autre part. Les périodes d'instabilité doivent aussi être lues comme des périodes de crise structurelle de l'accumulation et de la rentabilité du capital au sein des économies-monde dominantes qui débouchent sur des désordres internationaux.

Un processus producteur de profondes inégalités

Sa principale dynamique repose sur une double logique d'intégration/fragmentation et de marginalisation/exclusion. La définition de l'appartenance de telle ou telle région au centre, à la semi-périphérie ou à la périphérie repose sur la capacité des territoires et des nations à maîtriser de manière endogène leurs processus d'accumulation interne et tout autant leurs modes d'articulation au reste du monde. On peut donc considérer que l'inégalité et le dualisme sont consubstantiels au mode de développement et de valorisation différenciée des territoires par le capital.

Continuités et ruptures structurelles

L'époque contemporaine peut donc être considérée comme la troisième phase d'un processus multiséculaire dont l'étude oblige à réfléchir aux continuités et ruptures introduites par les mutations actuelles.

Paradoxalement, les principales ruptures ne portent pas forcément sur les thématiques les plus médiatisées. En effet, le rôle stratégique des innovations, l'amélioration des transports et la circulation des informations et marchandises, la puissance des acteurs privés ou l'intervention déterminante des États les plus puissants apparaissent comme des permanences. De même, les firmes, même transnationales, continuent à s'adosser à la puissance militaire, monétaire et commerciale des États dominants dont elles sont originaires.

En revanche, les grandes nouveautés introduites par cette troisième mondialisation sont de trois ordres. Promues par les grands organismes internationaux (FMI, OMC…) et portées par les grands États, les politiques de libéralisation lancées depuis la fin des années 1970 atteignent une intensité exceptionnelle qui constitue une rupture qualitative. Auparavant limitée à des secteurs restreints, cette logique libérale s'étend à de nouveaux domaines et tend à transformer l'ensemble des composantes sociales et économiques de l'espace planétaire en marchandises. Enfin, la troisième mondialisation s'accompagne de l'émergence hégémonique du capital financier qui devient un vecteur essentiel des dynamiques contemporaines.

L'autre principale rupture est qu'il n'existe plus aujourd'hui d'espaces d'expansion géographique pour le capitalisme. Cette finitude géographique pose à celui-ci de redoutables problèmes d'adaptation concernant la valorisation et la crise de suraccumulation du capital, la gestion des concurrences, contradictions et inégalités (comme en témoignent les débats sur la question de la gouvernance mondiale) et les modes de développement à privilégier dans un système global interdépendant où tend à émerger une opinion publique mondiale : problèmes environnementaux et climatiques, épuisement des ressources, développement soutenable et durable…

Mondialisation et territoire(s)

L'analyse de la mondialisation dans sa dimension spatiale se réduit trop souvent dans la littérature existante soit à une pure abstraction, soit à une négation pure et simple des différenciations territoriales qui constituent pourtant des enjeux essentiels. Ceci nous obligera à décortiquer en détail le jeu des acteurs afin de mettre à nu les dynamiques territoriales et les interactions spatiales à différentes échelles géographiques. Car il convient de s'interroger sur les rapports entretenus entre la concentration économique mondiale du capital, sa localisation territoriale, ses dispositifs d'appui et ses logiques d'articulation et de valorisation.

L'analyse de la mondialisation repose le plus souvent sur une conception économiciste qui en vient à nier les réalités territoriales. Cette démarche, qui se prive de facteurs essentiels d'analyse et évacue le politique comme la géopolitique, débouche sur un véritable aveuglement conceptuel qui explique de nombreuses déconvenues comme en témoigne l'étude du risque-pays. En effet, la tendance est nette à isoler l'économie du reste des processus qui structurent les sociétés et territoires. Cette démarche se prive de facteurs essentiels d'analyse et évacue la politique et la géopolitique. Or la mondialisation est irréductible à sa seule dimension économique : elle interroge des systèmes territoriaux complexes issus de facteurs spatiaux, historiques, culturels, sociaux, politiques et géopolitiques. Cette impasse explique d'ailleurs le succès des thèses, pourtant très discutables, de Samuel Huntington ou de David Landes.

Dans ce cadre, il apparaît que la mondialisation peut être étudiée par les géographes à la fois comme la maîtrise de l'espace par les différents acteurs (États, sociétés, entreprises) et comme la valorisation différenciée et sélective des différents territoires par le capital dans un cadre concurrentiel. Ces choix se heurtent bien sûr aux conceptions totalisantes et homogénéisantes de l'espace développées par exemple par Theodore Levitt, l'un des premiers théoriciens de la globalisation, repris en 1996 par Kenichi Ohmae. En effet, la convergence des marchés internationaux gérés par les firmes transnationales tout comme l'intégration globale des processus productifs (recherche-développement, ingénierie, production, vente, services et finance) qu'ils étudient ne doivent pas masquer les nécessaires et profondes adaptations nationales et continentales qu'elles doivent déployer.

De même, contrairement aux nombreuses publications prononçant l'abolition du temps et de l'espace, en particulier en s'appuyant sur les progrès des technologies et des transports, il convient de souligner que c'est bien la capacité à maîtriser les différences temporelles et spatiales, qui demeurent très actives, qui dégage pour les différents acteurs des marges de liberté d'action et d'interaction. L'analyse de l'espace – temps oblige à insister sur le caractère central de sa maîtrise, qui demeure profondément inégale géographiquement, comme l'illustrent les mécanismes de diffusion spatiale des activités productives, même les plus mobiles, ou la fragilité technique ou géopolitique des réseaux logistiques qui tissent leurs toiles à la surface du globe.

L'accumulation et la valorisation du capital reposent sur un processus apparemment contradictoire, mais en fait complémentaire, d'unification et centralisation d'un côté, de fractionnement de l'autre, des processus de production, des marchés du travail, des entités politiques et des sociétés. En effet, le développement inégal – production différenciée des espaces de mise en valeur – demeure un des fondements essentiels des logiques actuelles. Car loin d'être une homogénéisation du monde, la mondialisation accentue un système de domination et de dépendances hiérarchiques. Elle approfondit les spécificités de chaque économie et des modes de régulation des États et sociétés.

Si l'un des éléments centraux de la mondialisation réside dans la mise en relation de plus en plus intense et directe des espaces, il n'y a aucun télescopage des différents niveaux d'échelles géographiques. La mise en réseaux continue de s'enraciner dans des relations géographiques fondées sur des contiguïtés fonctionnelles qui ne peuvent être circonscrites au seul couple local/global. Dans ce cadre, les catégories classiques de régions, nations, États ou continents gardent toute leur pertinence. L'organisation transnationale s'insère dans une valorisation emboîtée des différentes échelles géographiques.

C'est pourquoi la géographie peut être mobilisée grâce à l'utilisation des principes d'analyse spatiale. Ainsi, les flux financiers ou commerciaux gardent un caractère profondément gravitaire tout comme les inégalités de puissances ou la promotion d'organisations régionales intégrées. Le maintien de difficultés à franchir les distances continue de générer des modes d'organisation de l'espace géographique mondial et continental spécifiques.

Nous analyserons donc successivement les continuités et ruptures historiques et géographiques (chap. 1) introduites par cette troisième mondialisation avant de mettre en lumière un acteur majeur, les firmes transnationales (chap. 2). Ensuite, nous étudierons l'importance des mutations que connaissent les facteurs logistiques (chap. 3) et les facteurs de production (chap. 4). Enfin, nous traiterons des rapports entre transnationales et territoires (chap. 5) avant d'inverser l'analyse en étudiant les stratégies des territoires face à la mondialisation (chap. 6).

Chapitre 1

Continuités et ruptures historiques et géographiques

Si le terme même de mondialisation est devenu d'un usage courant depuis les années 1980, le processus peut être défini comme la diffusion de l'influence et de l'emprise du capitalisme à la surface du globe. Plongeant ses lointaines racines dans le système économique des villes marchandes méditerranéennes de l'Antiquité, cette diffusion est apparue avec le capitalisme marchand et s'est accrue avec le capitalisme industriel. Cette dynamique historique et territoriale apparaît au XVe siècle avec les grandes découvertes et traverse des phases successives de développement puis de crise. Dans une perspective de longue durée, l'époque contemporaine peut donc être considérée comme la troisième phase d'un vaste processus multiséculaire. Il convient d'en identifier à la fois les caractéristiques anciennes et récurrentes, puis d'en souligner les facteurs profondément novateurs, apparus dans les dernières décennies. Quatre éléments peuvent alors être considérés : le rôle des choix politiques des États, l'émergence grandissante de grands organismes internationaux, l'affirmation démesurée des acteurs financiers et, enfin, une explosion des inégalités territoriales qui alimentent les tensions.

Des caractéristiques anciennes et récurrentes

De l'Époque moderne à la Colonisation

Dès l'Antiquité, la construction de grands Empires, plus ou moins éphémères, commence à façonner, sur de vastes échelles géographiques, certaines économies régionales marchandes. Elles entretiennent les unes avec les autres des flux de richesses et d'hommes considérables, structurés par de grands axes terrestres (route de la Soie, pistes transsahariennes…) ou maritimes (en Asie du Sud-Est, en Méditerranée). Les concurrences économiques et technologiques commencent à jouer un rôle certain. L'empereur Justinien 1er envoie en Asie au VIe siècle ap. J.-C. des espions qui ramènent de Chine vers Byzance des œufs de vers à soie…

Économies-monde et économie de marché

Mais l'établissement de véritables économies-monde telles que les définit Fernand Braudel apparaît en Europe occidentale à l'Époque moderne. Celles-ci émergent sous la forme d'un capitalisme marchand (foires de Champagne) ou bancaire (fortune des Fugger en Allemagne, des Médicis à Florence, banquiers des papes et des souverains au XVe siècle, invention des lettres de change...) d'origine urbaine (Venise, Gênes). Il intervient dans un champ international et fonctionne en réseaux superposés à des bases agricoles et artisanales largement dominantes, dans un cadre socio-économique et territorial dualiste.

Comme le démontrent les travaux de Karl Polanyi, malgré ses origines lointaines, l'économie de marché dans son acception contemporaine, c'est-à-dire capitaliste et mondiale, ne se développe que très progressivement. Elle ne s'affirme pleinement dans la société et l'économie européennes qu'au XIXe siècle. Elle suppose en effet la maturation des États-nation, la constitution de bourgeoisies nationales et des progrès suffisants dans les flux de transport et d'information. Au-delà de caractéristiques générales communes, cette économie de marché fut le résultat de constructions économiques, sociales et politiques à base nationale dont les spécificités demeurent encore aujourd'hui des facteurs de différenciation actifs.

Ce passage progressif d'économies de marchés à une économie de marché en Europe occidentale est inséparable de l'extension géographique de la domination européenne à l'ensemble du monde, qui a débuté avec les Grandes Découvertes. Celle-ci associe étroitement extraordinaires avancées techniques, interventions étatiques et intérêts capitalistes. Progressivement, cette pénétration militaire puis économique s'accompagne d'un transfert géographique du modèle européen dans les Amériques et de la destruction d'une partie des anciens réseaux économiques et commerciaux internationaux préexistants en Afrique (pistes transsahariennes) ou en Asie (route de la Soie). Ainsi, les conquérants lusophones s'empareront des comptoirs omanais dont les flottes régnaient depuis plusieurs siècles sur le golfe arabo-persique et tout l'Océan indien, de Zanzibar à Canton, en transportant épices, étoffes ou esclaves.

Colonisation, marché, culture et géopolitique : l'« énigme » chinoise

C'est dans ce contexte général qu'il convient de s'interroger sur ce que l'on pourrait dénommer bien rapidement l'« énigme chinoise ». En effet, si en 1492, la traversée de l'Atlantique par Christophe Colomb apparaît à ses contemporains comme un exploit extraordinaire qui va lancer l'Europe occidentale à la conquête des Amériques, presque un siècle auparavant – entre 1405 et 1433 – l'amiral chinois Cheng Ho à la demande du nouvel Empereur Ming Yongle va lancer sept grandes expéditions navales et atteindre l'Inde, l'Arabie et les côtes africaines. Donc, un périple plus extraordinaire encore réalisé cependant avec des moyens à la hauteur de l'extraordinaire puissance démographique (25 % pop. mondiale), économique et technologique de la Chine d'alors : des flottes de 300 navires et 27 000 hommes. Mais dès 1433, un nouvel Empereur met brutalement fin à ces expéditions, interdit toutes relations d'envergure avec l'étranger et la construction de bateaux de haute mer pour privilégier la fermeture de la Chine sur elle-même tandis que Vasco de Gama atteint les Indes en 1498 et que le Traité de Tordesillas partage le monde à découvrir entre Espagne et Portugal.

Ce grand fait géopolitique constitue alors un basculement majeur dans les équilibres du monde. Mais il illustre surtout le fait que l'étude et l'analyse de la mondialisation et de ses dynamiques doivent mobiliser l'ensemble des champs civilisationnels. Car il n'y a en fait aucune énigme chinoise, au delà de difficultés conjoncturelles, mais bien l'existence de systèmes politiques, géopolitiques, religieux, culturels et économiques diamétralement opposés dans leurs conceptions des rapports aux temps et à l'espace entre système chinois et occidental. C'est d'ailleurs pourquoi Y. Lacoste souligne le fait que la mondialisation peut être aussi conçue comme une « représentation géopolitique occidentale du monde » alors que T. Sanjuan insiste pour sa part sur l'existence d'une conception chinoise autocentrée d'un certain type de mondialisation qui va entrer brutalement en conflit puis en crise lors de l'irruption des Occidentaux en Asie sinisée.

La première mondialisation de la période moderne : l'élargissement

Dès cette première mondialisation apparaissent déjà des problématiques très actuelles. Les centres de commandement et d'impulsion de l'économie mondiale glissent du Portugal et de l'Espagne (XIVe et XVe siècles) à la Hollande (au début du XVIIe siècle) puis au Royaume-Uni (XVIIIe et XIXe siècles). De 1500 au milieu du XXe siècle, entre 75 et 80 millions d'individus alimentent les flux migratoires internationaux liés à l'expansion européenne (émigrants européens vers les Amériques, Traite négrière, main-d'œuvre asiatique des plantations...). Dans les transports, le déplacement des grandes routes puis des voies maritimes et ferrées redistribue les polarisations logistiques en ruinant ou au contraire en développant pôles et réseaux.

Dans la finance, alors que l'on trouve les premières traces de réassurance à Gênes au XVIe siècle, le *London Stock Exchange*, la Bourse de Londres, est inauguré officiellement en 1801. Mais un marché financier moderne y était apparu dès 1553 avec la première « entreprise commune d'actions » fondée pour mobiliser des fonds afin d'armer des navires de commerce vers la Chine. En 1694, Guillaume II lance une souscription publique qui aboutit à la création de la Banque d'Angleterre afin de financer sa guerre contre la France. À Wall Street, à New York, l'indice Dow Jones est créé en 1884. Le premier système de conseil monétaire, ou *currency board* – qui établit un lien fixe entre une monnaie nationale dominée et une devise de référence –, est établi en 1849 à l'île Maurice. À Istanbul, les banquiers juifs, arméniens ou grecs installés dans le quartier de la Tour de Galata créent en 1853 la première bourse afin de financer l'économie de l'Empire ottoman et la guerre de Crimée (bons du Trésor, marché d'actions...). Les vagues de spéculation sur une innovation font déjà partie du champ économique comme en témoigne la spéculation sur les bulbes de tulipe originaires d'Asie et introduits au XVIIe siècle aux Pays-Bas. Menée par une bourgeoisie commerçante, enrichie par le commerce des Indes et la circulation de l'argent tiré des mines américaines, elle s'achève dans un véritable krach en 1637.

Déjà de grandes entreprises internationales remodèlent certains territoires. L'*East India Company* ou *Honourable Company* (une compagnie commerciale privée britannique) parvint à contrôler l'Inde de 1757 à la grande mutinerie des Cipayes de 1857-1858, qui oblige la Couronne à reprendre en main la tutelle directe. Elle joua aussi un rôle essentiel dans l'ouverture de la Chine impériale, au début du XIXe siècle, en y introduisant l'opium qu'elle produisait en Inde (Guerres de l'opium). De 1596 à 1760, un « empire du négoce » qui fonctionne sans base territoriale se met en place en Insulinde : à la dissolution de la VOC (Compagnie hollandaise des Indes) en 1799, l'État batave prend en charge le contrôle direct de ses possessions. Enfin, dans la banque d'affaires, le réseau familial des Rothschild se structure dès la seconde moitié du XVIIe siècle en Europe occidentale et centrale en s'installant simultanément à Londres, Paris, Vienne, Francfort et Naples.

Enfin, la logique de protection d'un monopole ou d'un avantage comparatif qui tend à bloquer la diffusion d'une innovation dans l'espace est une permanence géoéconomique. Elle se traduit souvent par le montage de vastes opérations d'espionnage dont la réussite a parfois eu des effets territoriaux considérables. Dès le XVIIe siècle, des Européens dérobent des graines de thé dans les « zones interdites » de l'Empire chinois. En 1870, un Anglais ramène en contrebande à Liverpool des graines de *l'hevea brasiliensis* qui permettront quarante ans plus tard à la production de caoutchouc des plantations britanniques de Malaisie de supplanter enfin la production brésilienne.

L'intégration des périphéries : révolution industrielle et colonisation

Au tournant du XXe siècle règne une économie capitaliste déjà fortement internationalisée et dominée par une Europe occidentale à son apogée géopolitique et géoéconomique grâce à son Empire colonial et à la diffusion géographique exceptionnelle des effets des révolutions industrielles. Ceci se traduit à la fois dans son degré d'ouverture, avec un taux d'exportation (15 %) qui ne sera retrouvé que dans les années 1990, et dans l'importance de ses exportations de capitaux : le Royaume-Uni possède alors 44 % du stock mondial de capital à l'étranger devant la France (20 %) et l'Allemagne (13 %), contre 8 % seulement aux États-Unis.

Ce dynamisme associe très étroitement dans une logique systémique Révolution industrielle, scientifique et technique d'un côté et révolution sanitaire et médicale et transition démographique de l'autre. L'effondrement rapide de la mortalité face au maintien d'une natalité élevée au XIXe siècle et au début du XXe siècle va ouvrir une fenêtre d'opportunité exceptionnelle aux pays d'Europe occidentale. La forte hausse du stock de population et de population active – que connaît l'Asie aujourd'hui – va être non seulement bénéfique au plan économique mais va permettre de peupler les nouveaux Mondes (Amériques, Australie, Afrique du Sud…) qu'ils se sont ouverts par les armes et la conquête à travers des flux migratoires considérables dans une large portion de l'espace mondial. Ainsi, étudier la mondialisation nécessite aussi d'analyser la diffusion des processus de transition démographique dans l'espace mondial.

Tableau 1.1 Répartition du PNB et de la population mondiale (en %)

	Europe		**Pays neufs* dont États-Unis**		**Reste du monde**	
	% PNB	% pop.	% PNB	% pop.	% PNB	% pop.
1860	36	23	6	3	58	74
1910	42	26,5	25	6,5	33	67

* États-Unis, Canada, Australie, Nouvelle-Zélande.

Les Empires coloniaux : les 3/4 de la planète

Ce processus accompagne le fait colonial, qui constitue une rupture majeure par son importance géographique et sa durée. De 1750 à 1913, les opérations de conquête concernent 162 territoires couvrant plus de 53 millions de km^2. L'ensemble des guerres coloniales entreprises entre 1850 et 1941 par les puissances européennes représente un coût de 3 à 4 milliards de dollars, soit 0,2 à 0,3 % seulement du PNB. Le processus colonial imprime alors sa profonde empreinte aux sociétés, cultures et territoire des trois-quarts de la planète (mines et agricultures, réseaux de transports, trames et hiérarchies urbaines...) comme en témoignent les travaux de nombreux géographes, notamment la *Géographie universelle* d'Elisée Reclus.

L'extraordinaire exception japonaise

Dans ce contexte colonial, seuls le Liberia, la Chine, l'Afghanistan, l'Iran, la Thaïlande, la Mongolie et la Turquie peuvent prétendre avoir échappé à une colonisation immédiate et directe, mais au prix, souvent, d'une forte sujétion économique. Dans ce contexte, il convient de souligner l'extraordinaire exception nippone. Non seulement ce pays échappe à toute domination, directe ou indirecte, mais il va, dès 1867 réussir, en s'inspirant du modèle occidental, à devenir une puissance capitaliste moderne en un très court laps de temps, à partir d'une brutale réaction impériale et étatique qui fonde la révolution Meiji, et à se doter d'un vaste empire colonial (Corée, Taiwan, invasion de la Chine).

Tableau 1.2 L'importance territoriale des grands empires coloniaux

États	Superficies 1 000 km^2			Populations en millions		
	1880	1913	1938	1880	1913	1938
Royaume-Uni	22 741	32 334	33 612	2 71	394,7	496,7
France	728	9 693	12 106	7,08	47,9	70,5
Pays-Bas	421	2 066	2 072	24,1	49,8	68,3
Portugal	190	822	2 110	1,8	5,6	10,6
Belgique	0	2 350	5 404	0	11	14,3
Allemagne	0	2 953	0	0	12,4	0
Italie	0	2 020	3 425	0	0,8	1
Japon	0	296	299	0	19,6	30,9
États-Unis	0	328	328	0	10	18,5
Total	24 080	52 862	59 356	304	552	711

D'après B. Etemad [2000]

Le premier envol des transnationales

Nées avec le capitalisme industriel, les firmes transnationales connaissent un essor vigoureux dès la fin du XIXe siècle puis dans l'entre-deux-guerres. Deux priorités apparaissent déjà. La première est d'assurer une stratégie d'approvisionnement en matières premières agricoles et industrielles, dans le cadre des Empires coloniaux. Dunlop cultive ainsi l'hévéa en Malaisie, Michelin à Madagascar et en Indochine. Alors que la Compagnie minière du Haut Katanga s'implante en 1911 au Congo belge, Royal Dutch exploite le pétrole de Sumatra. La relative faiblesse de l'Empire colonial des États-Unis ne doit pas faire illusion : la *politique du gros bâton* (« big stick ») de Théodore Roosevelt transforme l'Amérique latine en chasse gardée en y multipliant les interventions militaires (en 1909 au Nicaragua, en 1912 à Cuba...) afin de sauvegarder les intérêts américains (plantations agricoles, chemins de fer, mines) comme en témoigne l'expression de *Républiques bananières* (Standard Fruit et United Fruit au Honduras). Enfin, le pétrole du Moyen-Orient est l'objet d'âpres rivalités impérialistes qui expliquent certains découpages frontaliers dans la péninsule Arabique lors du dépeçage de l'Empire ottoman, après la Première Guerre mondiale.

La seconde priorité est de conquérir les marchés manufacturiers des pays développés qui polarisent en 1914 un tiers du stock d'investissements directs à l'étranger (IDE). L'Américain Singer s'implante ainsi industriellement, dès 1867, en Écosse puis en 1873 au Canada et en 1883 en Autriche, Bell en 1882 en Belgique ou Ford en 1911. Avant 1911, 3 à 6 % de la production manufacturière mondiale sont réalisés par des filiales de sociétés transnationales, contre 10 à 12 % en 1970. Mais les rivalités géopolitiques inter-étatiques et la concurrence féroce entre les différents capitalismes nationaux sont telles qu'éclate en 1914 la Première Guerre mondiale dont l'objectif essentiel vise à un nouveau partage du monde. Elle aboutit en 1918 à deux phénomènes majeurs : le transfert de l'hégémonie capitaliste mondiale de l'Europe occidentale, exsangue, aux États-Unis, et la révolution socialiste en Russie, qui devient l'URSS en 1924, et se présente comme contre-modèle au système dominant.

Depuis 1945, trois grands âges de la mondialisation s'individualisent. À l'économie internationale, qui repose sur l'échange de biens et de services entre États-nations, a succédé l'ère de l'économie multinationale qui privilégie les investissements directs à l'étranger (*cf.* chap. 2) et la montée en puissance de la mobilité des activités productives (*cf.* chap. 4 et 5). Depuis les années 1980, enfin, on assiste à une nouvelle rupture qualitative, du fait de l'affirmation d'une économie globale caractérisée par la domination de la logique financière.

L'éclatement des Suds : entre intégration et marginalisation

Concepts et modèles divergents

La fin de la Seconde Guerre mondiale, qui permet progressivement l'émancipation du statut colonial, va déboucher sur une refonte des équilibres internationaux en modifiant durablement les conditions géopolitiques et géoéconomiques de développement de l'économie capitaliste à l'échelle de la planète. À l'élargissement de la sphère d'influence soviétique à l'Europe de l'Est et à la révolution chinoise répond un éclatement des Suds.

Dans cette période de Guerre froide, l'enjeu des équilibres mondiaux repose alors sur la recherche de nouvelles modalités d'intégration des anciens pays colonisés àla sphère d'influence des États capitalistes dominants. En janvier 1949, le président américain H. Truman mobilise le concept de *sous-développement* afin d'imposer le modèle économique et social occidental comme référence universelle. En 1952, le démographe français Alfred Sauvy invente le concept de *Tiers-monde* puis le concept de *Pays en voie de développement* (PVD) apparaît dans les années 1970 complétées dans les années 1980 par celui de *Nouveaux Pays Industriels* (NPI) et dans les années 1990 par celui de *Pays émergents*. Cependant, les déséquilibres structurels demeurent si manifestes que les concepts de *rapport Nord-Sud* et de PVD restent d'une vigoureuse actualité alors que le débat historique et économique sur les responsabilités des États capitalistes dominants dans le retard du Sud fait rage, en particulier entre Bairoch et Maddison qui représentent des écoles idéologiques opposées.

Tous ces termes cherchent en fait à définir l'état de l'économie et des systèmes productifs d'un espace représentant les trois-quart de notre planète. Relativement unifié jusque dans les années 1960, ce vaste ensemble devient de plus en plus diversifié. Les différentes logiques internes de développement capitaliste national plus ou moins volontaristes que vont choisir les États et leurs élites vont déterminer durablement leurs modalités d'insertion dans la mondialisation. Ainsi, en ce qui concerne les stratégies d'industrialisation, trois modèles apparurent : « industrialisation par substitution des importations » en Amérique latine, « promotion des exportations » en Asie de l'Est et « industrialisation lourde » dans certains États pétroliers.

Trois grands ensembles différenciés, trois modèles d'intégration

Les Nouveaux pays industrialisés et pays émergents d'Asie

Si dans l'étude de l'éclatement des Suds, la dynamique de l'Asie de l'Est et du Sud-Est occupe une place à part du fait des trajectoires empruntées et des résultats obtenus, curieusement une grande partie de la littérature ne fait aucun lien entre géopolitique et économie. Alors qu'il est crucial pour comprendre la Révolution Meiji et l'exceptionnelle modernisation impériale japonaise au début du XXe siècle, puis l'apparition des Dragons asiatiques – accrochés aux flancs de l'immense Chine qui bascule dans le communiste en 1949 – intégrés à la stratégie de *containment* américaine de la Guerre froide puis le processus de diffusion qui s'étend dans les années 1970 à la Thaïlande, la Malaisie et l'Indonésie puis dans la décennie 1980 à la Chine ou au Vietnam.

Ces États témoignent que le sous-développement n'est en rien une fatalité à condition de réunir un certain nombre de facteurs endogènes. Ils s'appuient sur l'essor d'un secteur agricole modernisé qui accumule le capital et crée une demande interne dynamique. Puis développant initialement des secteurs industriels à forte intensité de travail à destination du marché mondial grâce aux faibles niveaux salariaux comparativement à la qualification (textile), ils remontent progressivement des filières technologiques de plus en plus élaborées (mécanique, chimie, automobile, électronique). Ce processus se fonde sur un secteur privé dynamique et un *État développeur* fort (protection sélective du marché intérieur, crédits, éducation, infrastructures, relative égalité des revenus) et dispose de conditions sociales, culturelles et économiques favorables qui permettent l'émergence d'une classe moyenne urbaine. Leur insertion contrôlée dans la division internationale du travail tourne diamétralement le dos aux logiques libérales.

Mais la crise asiatique de 1997 déstabilise une partie des économies du Sud-Est asiatique et se conjugue en Indonésie et aux Philippines à de graves crises géopolitiques internes qui servent de révélateur aux fragilités structurelles d'un mode de croissance très prédateur, inégal et corrompu (chapitre 6). Si la croissance repart depuis, ces pays doivent cependant en partie refondre leur mode de développement du fait de fortes tensions sociales, de graves problèmes environnementaux et d'importants déséquilibres territoriaux entre les zones centrales privilégiées et les marges montagneuses et frontalières aux fortes minorités ethniques.

Tableau 1.3 Évolution du PNB par habitant des pays émergents d'Asie : la diffusion géographie progressive d'un modèle de développement (dollars constants 1990)

	1950	1960	1970	1980	1990	2000	2005	dif.
Hong Kong	*2 218*	3 134	5 695	10 503	17 541	23 299	27 709	+ 25 491
Singapour	*2 219*	*2 310*	4 439	9 058	14 220	22 258	24 571	+ 22 352
Taiwan	924	1 492	2 980	5 869	9 886	17 007	19 163	+ 18 239
Corée Sud	854	1 226	*2 167*	4 114	8 704	14 220	17 259	+ 16 405
Malaisie	1 559	1 530	2 079	3 657	5 132	8 198	9 272	+ 7 713
Thaïlande	817	1 078	1 694	*2 554*	4 633	6 393	7 870	+ 7 053
Chine	434	666	775	1 056	1 839	3 313	5 519	+ 5 085
Indonésie	840	1 019	1 194	1 876	*2 526*	3 322	3 941	+ 3 101
Phillippines	1 070	1 476	1 764	*2 376*	*2 224*	2 421	2 721	+ 1 651
Vietnam	658	799	735	757	1 025	1 809	*2 458*	+ 1 800

Source : GGDC, 2007.

Les États pétroliers : le piège de la rente ?

Ils ont bénéficié de flux de pétrodollars considérables bien que forts irréguliers, en particulier depuis les hausses des prix de 1973. Si les monarchies peu peuplées de la péninsule arabique gaspillent souvent ces capitaux (dépenses somptuaires, armements), d'autres États investissent dans l'industrie lourde (Algérie, Libye, Égypte…). Mais alors que les ressources demeurent très dépendantes des cours mondiaux, leur développement reste déséquilibré et fragile face la pression démographique, au népotisme et la corruption des élites et aux fractures sociales et territoriales (villes-campagnes, métropoles-reste pays, intérieur-littoral…) qui sont parfois un terreau favorable aux développements de mouvements islamistes de plus en plus virulents.

Tableau 1.4 Évolution du PNB par habitant des producteurs d'hydrocarbures : forte sensibilité aux prix et trajectoires très éclatées (dollars constants 1990)

	1950	1960	1970	1980	1990	2005	diff.
Norvège	5 430	7 204	15 076	18 466	25 133	27 219	+ 21 789
Émirats arabes unis	15 798	22 433	24 552	27 709	13 070	22 700	+ 6 902
Koweït	28 878	28 813	30 695	13 271	6 121	11 172	– 17 706
Arabie saoudite	2 231	3 719	7 624	13 217	8 993	8 691	+ 6 460
Bahrain	2 104	2 843	3 788	4 388	4 104	6 222	+ 4 118
Algérie	1 365	2 088	2 249	3 152	2 946	3 401	+ 2 036
Irak	1 364	2 735	3 473	6 377	2 458	1 431	+ 67
Nigeria	753	854	1 192	1 424	1 214	1 326	+ 573

Source : GGDC, 2007.

Les autres États : stagnation et crises structurelles et géopolitiques

Enfin, sur plus de cent États non pétroliers en développement, les trajectoires sont elles aussi de plus en plus éclatées. Entre 1965 et les années 1980, 75 % voient leur niveau de vie par habitant soit stagner, soit régresser. En particulier, pour une grande partie de l'Asie du Sud et de l'Asie occidentale, de l'Afrique et de l'Amérique latine, la décennie 1980 fut qualifiée de « décennie perdue », avec en particulier le basculement d'une large portion de l'Afrique sub-saharienne dans un processus de décomposition des structures étatiques et de conflits géopolitiques internes et externes particulièrement sanglants. Et ce alors que de nombreux pays de l'est ou issus du démantèlement de l'URSS et de la Yougoslavie basculaient dans une brutale crise de transition. Depuis le début des années 1980, une trentaine d'États demeure en stagnation ou en crise alors qu'une trentaine d'autres renouent avec une sensible croissance.

Dans ce groupe se retrouvent les 49 PMA (Pays les moins avancés) qui réalisent 0,5 % du PNB mondial avec 10,7 % de la population. De 25 en 1971, le nombre d'États où le revenu est inférieur à 900 dollars par an et par habitant est passé à 50 en 2007, dont le Sénégal longtemps présenté comme un modèle de développement en Afrique francophone.

Très dépendantes des cours des matières premières minérales et végétales, surendettées, peu efficaces et confrontées aux programmes d'ajustement structurels du FMI provoquant chute des investissements productifs et sociaux utiles (santé, éducation...), ces économies et sociétés sont en grandes difficultés. Dans bien des cas, la carence des élites et pouvoirs locaux est responsable de graves dérives. Incapables de réunir les conditions d'un décollage, les États servent souvent les intérêts à court terme de groupes étroits (oligarchies, castes, ethnies) en conflits permanents. La question géoéconomique du développement passe par la résolution d'une question géopolitique centrale, la reconstruction de l'État, voire parfois sa refondation (Zaïre, République centrafricaine...), l'augmentation de l'aide au développement fournie par les pays riches, le désendettement et l'installation de nouveaux rapports de coopération et d'échanges.

Tableau 1.5 Évolution du PNB par habitant de PMA :
un processus d'appauvrissement sensible (dollars constants 1990)

	1950	1960	1970	1980	1990	2005	Diff 1950/2005	diff en % 1970/2005
Rép. dém. Congo	570	748	768	598	510	224	– 346	– 71%
Niger	617	761	839	807	540	520	– 97	– 38 %
Madagascar	951	1 125	1 226	1 055	799	675	– 276	– 45 %
Zambie	661	960	1 073	911	810	719	– 58	– 33 %
Bangladesh	540	544	629	548	640	1 009	– 469	+ 60 %
Kenya	651	726	915	1 051	1 117	1 060	– 409	+ 16 %
Côte d'Ivoire	1 041	1 256	1 833	2 094	1 363	1 330	– 289	– 27 %

Source : GGDC, 2007.

La primauté des dynamiques endogènes

Face à un discours sur la mondialisation soit homogénéisateur, soit vantant l'abandon de toute politique nationale autonome, il convient de souligner que la diffusion centrifuge du capitalisme du Nord vers le Sud repose d'abord et avant tout sur la primauté des dynamiques endogènes et la capacité des différents États et sociétés à en promouvoir leur propre version. L'Afrique sub-saharienne, le Proche et Moyen-Orient, l'Asie centrale et du sud, et l'Amérique latine demeurent dans des rapports de dominés alors qu'à l'opposé les sociétés est-asiatiques ont réussi à internaliser plus efficacement la dynamique capitaliste en se dotant d'un État développeur et d'une bourgeoisie entreprenante.

Mais au total, au-delà de fortes divergences nationales et régionales, une question essentielle demeure : face aux pressions dominatrices multiformes des pays développés et à l'échange inégal, quel équilibre trouver entre développement endogène, maîtrise nationale et insertion dans l'économie mondiale ? C'est là un enjeu géoéconomique et géopolitique majeur.

En effet, le développement autonome des Dragons asiatiques s'inscrivait dans un contexte historique très particulier. De nature géostratégique puisqu'ils étaient des leviers essentiels du dispositif stratégique américain en Asie durant la Guerre froide (Guerre de Corée, Guerre du Viêt-Nam) alors que les revendications tiers-mondistes s'affirmaient nettement. De nature géoéconomique puisque la mondialisation ultra-libérale actuelle n'en était qu'à ses balbutiements. La profonde transformation des équilibres mondiaux de ces dernières décennies se traduit aujourd'hui pour la majeure partie des États du Sud par une quasi-interdiction géoéconomique de choisir une telle voie.

La grande nouveauté : l'affirmation croissante des puissances régionales

Cette interdiction se heurte cependant à des résistances de plus en plus fortes. Elle est surtout contrariée par la grande nouveauté géopolitique et géoéconomique des années 1980-2000 : l'affirmation croissante sur la scène mondiale de nouvelles puissances régionales – le Brésil, l'Afrique du Sud, l'Inde et la Chine – qui bousculent rapidement les équilibres antérieurs. Si ces quatre États ne représentent encore que 10 % de la richesse mondiale, ils pèsent d'un poids de plus en plus considérable à leur échelle continentale : l'Afrique du sud polarise 25 % de l'économie africaine, le Brésil un tiers de celle de l'Amérique latine et enfin la Chine et l'Inde respectivement 44 % et 15,5 % de l'Asie non compris le Japon et l'Australie. Mobilisant l'ensemble des facteurs de la puissance – économiques, démographiques, industriels, scientifiques, militaires, politiques et diplomatiques – et s'internationalisant rapidement (flux commerciaux, IDE), ils participent activement à la refonte de leur espace régional d'insertion à travers l'extension de leur sphère d'influence directe et indirecte et pèsent d'un poids croissant à l'échelle mondiale dans les institutions internationales (ONU, OMC...) et dans la dynamique des marchés et des productions.

Le rôle des États et des organismes internationaux

La création des conditions les plus favorables au redéploiement international du capital a toujours été une constante des différentes mondialisations, de l'Époque moderne à la création des Empires coloniaux, même si les contextes, les méthodes et les outils ont profondément évolué.

En effet, trois grandes ruptures qualitatives accompagnent cette 3e mondialisation. En premier lieu, aux traditionnels accords entre États se sont substitués des organismes multilatéraux supranationaux, dotés d'une relative autonomie et négociant à l'échelle mondiale ces conditions. Deuxièmement, l'idéologie libérale – qui fait de la loi du marché, de la concurrence et la mobilité des capitaux un principe essentiel d'organisation des territoires – s'est diffusée ces dernières décennies très largement au-delà de sa sphère géographique initiale en imprégnant une grande partie des cadres politiques nationaux, du fait de l'effondrement du système socialiste en URSS et en Europe de l'Est et du reflux des revendications tiers-mondistes au Sud. Enfin, troisième point, c'est bien l'ensemble de l'espace planétaire qui est inséré dans ces nouvelles logiques hégémoniques.

La stratégie déterminante des États les plus puissants

Contrairement aux idées reçues sur le recul des facteurs politiques face à la pression des facteurs géoéconomiques et à l'idéologie néolibérale prônant l'impuissance et le dépassement historique des États-nation, il convient de souligner que cette nouvelle mondialisation n'est rendue possible que par les décisions politiques prises par les principaux États capitalistes, à partir des années 1950. Dans leur cadre national, en dérégulant, privatisant, désétatisant et ouvrant de plus en plus leurs systèmes économiques et productifs (industrie, agriculture, finance, culture, information). Dans un cadre bilatéral et multilatéral au sein des grands organismes internationaux qu'ils ont eux-mêmes créé, où ils siègent, qu'ils financent et qu'ils contrôlent (FMI, OMC...).

Dans l'étude de cette dynamique, il convient aussi de souligner deux faits essentiels. À travers ces mesures libérales, les principaux appareils d'États des pays dominants défendent directement les intérêts de leurs sociétés transnationales en leur offrant un territoire de redéploiement à des échelles géographiques historiquement inespérées.

De plus, ces firmes transnationales ont acquis un tel pouvoir d'influence politique sur la sphère publique qu'elles sont aujourd'hui en capacité de produire du droit ou des régulations contraignantes pour les autres acteurs, en s'émancipant des débats démocratiques fonctionnant encore pour l'essentiel sur des bases nationales malgré l'émergence progressive d'une société civile mondiale. Grâce au lobbying de leurs cartels et associations professionnelles dans le cadre de ce que certains auteurs dénomment un « capitalisme d'alliances » [R. A. Higgott, *Non-State Actors and Authority in the Global System*, Routledge, 2000] ou de la diplomatie informelle de leurs centres de recherche, comme les fameux *think tanks* anglo-saxons, elles influencent directement la rédaction et la validation par les États de certains traités internationaux au service de leurs intérêts particuliers. Ainsi, douze transnationales ont réussi à imposer une clause de protection de vingt années sur leurs brevets dans les accords concernant la protection de la propriété intellectuelle.

Le rôle essentiel des grands organismes internationaux

Ces relations de pouvoirs se nouent au sein de cercles de décideurs très étroits localisés dans les principales capitales des grandes puissances pour piloter la mondialisation. Elles se retrouvent exacerbées au sein des grands organismes supranationaux. Dominées par les États-Unis et les grands pays développés, l'OCDE (Paris), l'OMC (Genève), le FMI (Washington) et la Banque mondiale (Washington) sont des organisations internationales à vocation économique et monétaire. Elles disposent d'énormes pouvoirs alors que les agences de l'ONU reflétant les exigences de développement des pays du Sud ou défendant les salariés sont marginalisées (PNUD, CNUCED, Organisation internationale du travail). Censés agir pour maîtriser les effets de la mondialisation, ces organismes travaillent à une refonte libérale systématique des cadres juridiques, commerciaux et financiers nationaux et internationaux.

FMI et les programmes d'ajustement structurel

Créés en 1944 à la suite des accords de Bretton Woods, le Fonds monétaire International (FMI) et la Banque mondiale ont historiquement toujours conditionné leurs interventions financières à des critères géopolitiques et géoéconomiques. À partir des années 1970/1980, la crise de financement des PVD puis des pays de l'Est en transition leurs a permis d'imposer des mesures dites d'ajustement structurel qui diffusent géographiquement les normes libérales : ouverture extérieure (commerce et taux de change), maîtrise des finances et structures publiques (privatisations, suppression des subventions aux produits de première nécessité, coupes claires dans les budgets d'éducation et de santé…).

Ces stratégies totalement inadaptées aux conditions politiques, économiques (capitaux spéculatifs, fuite des capitaux, appauvrissement, destruction des industries locales par la concurrence) et culturelles locales vont s'avérer le plus souvent catastrophiques comme en témoigne la crise des pays émergents d'Asie en 1997 ou de l'Argentine en 2001. Car ces choix renforcent la dépendance (« tout à l'exportation ») et l'instabilité (crises politiques), voire comme dans une partie de l'Afrique, la criminalisation de certains États (trafic de drogue, prévarication, racket militaire, policier ou douanier…).

Du GATT à l'Organisation mondiale du commerce

La création de l'OMC en 1995 formalise une transformation radicale de l'ordre économique mondial. Elle remplace en effet le GATT (Accord général sur les tarifs douaniers et le commerce), qui était un simple forum de négociations où les États avaient le statut de parties contractantes, par une organisation internationale de plus de 130 membres disposant d'un arsenal de règles contraignantes, de sanctions et de mécanismes obligatoires d'arbitrage. Ces pouvoirs sont utilisés pour promouvoir le commerce international par la déréglementation et dérégulation des échanges au détriment des respects des droits humains, sanitaires, environnementaux ou culturels. Elle entend de plus élargir sans cesse ses champs d'intervention à de nouveaux secteurs comme l'accès aux marchés publics, qui représentent entre 10 % et 15 % des produits nationaux bruts, et les lois sur les investissements tout en poussant aux démantèlements des monopoles nationaux dans les télécommunications ou les transports.

Tableau 1.6 Les grands cycles commerciaux internationaux du GATT puis de l'OMC

Cycle	Date	Nombre d'État	Principaux actes
Genève	1947	23	Réduction tarifaire sur 50 % commerce mondial
Annecy	1949	13	Réduction tarifaire de 45 % des droits de douane
Torquay	1950/1951	38	Réduction tarifaire 25 % sur 55 000 produits
Genève	1956	26	Faibles résultats
Dillon	1961/1962	26	Réduction tarifaire sur 60 000 produits négociations produits agricoles produit par produit
Kennedy	1964/1967	48	Réduction tarifaire 35 %
Tokyo	1973/1979	102	Réduction tarifaire 33 %
Uruguay	1986/1994	116	Création OMC, agriculture, règles sanitaires, textile, propriété intellectuelle
Seattle	1999	135	Échec du lancement du cycle du millénaire
Doha	2001	143	Lancement du « cycle du développement »

Mais accumulant les échecs, accentuant l'instabilité économique ou politique au lieu de réguler la mondialisation et fonctionnant au service des seuls intérêts des États et des sociétés transnationales les plus puissantes, ces organismes doivent faire face aujourd'hui à une profonde crise de légitimité. Alors que le G15, qui réunit les grands pays en développement (Algérie, Argentine, Mexique, Brésil, Égypte, Inde, Indonésie, Malaisie…), dénonce la logique destructrice qui leurs est imposée, on assiste ces dernières années à l'émergence d'oppositions multiformes de plus en plus vives. Un véritable débat de civilisation se développe sur ce qui doit échapper ou non à l'économie marchande et sur le basculement d'une « économie de marchés » vers une « société de marché ».

Un nouveau régime d'accumulation financière

L'explosion de la finance mondiale représente une des ruptures structurelles de ces dernières décennies alors que le capital financier constitue le facteur géographiquement le plus mobile, le plus diffus et le plus instable. Cette émergence hégémonique d'un secteur, pourtant étroit et spécialisé, transforme radicalement le long processus historique de mondialisation. Non seulement on assiste à l'apparition de ce que F. Chesnais appelle un *nouveau régime d'accumulation financière*, mais aussi à l'extension de la logique financière aux activités productives et périproductives.

Ainsi, en quarante ans, les avoirs financiers (IDE, investissements de portefeuilles, prêts...) des pays industrialisés sont multipliés par huit et passe de 50 à 350 % de leur PIB et de 200 % à 700 % des flux commerciaux de biens et services. Surtout, la finance internationale est un des secteurs économiques où l'opacité est la plus grande et où il n'existe toujours pas – pour des raisons politiques – de processus international institutionnalisé de gestion des crises financières malgré les efforts plus ou moins efficaces de la Banque des règlements internationaux de Bâle (BRI) qui fédère l'ensemble des grandes Banques centrales.

Les impacts territoriaux sont considérables puisque les actifs productifs tendent à devenir des éléments d'une gestion de portefeuilles d'activités dirigés vers la rentabilité à court terme. En effet, les banques et les investisseurs internationaux imposent leurs critères de gestion (gouvernement d'entreprise) et leurs normes de rentabilité (maximalisation de la valeur actionnariale) à une proportion croissante de firmes et d'État alors que le système financier devient une zone de non-gouvernance mondiale, de plus en plus complexe et opaque, qui menace les équilibres socio-économiques et territoriaux.

La création d'un marché planétaire interconnecté des capitaux

Un marché devenu réellement planétaire et interconnecté

La création d'un marché réellement planétaire des capitaux est un phénomène historique récent et progressif puisque pas encore totalement achevé. Il est dû à la conjonction de différents phénomènes : décloisonnement et intégration des acteurs et des marchés, développement des marchés des eurodevises qui introduisent à la fin des années 1950 la rupture du lien entre les financements libellés dans une monnaie et le territoire d'émission de celle-ci à l'initiative des grands banquiers londoniens et de la Banque d'Angleterre, afin de maintenir la prédominance de la place de Londres face à l'hégémonie américaine, déréglementations et dérégulations adoptées par les États eux-mêmes, en premier lieu les États-Unis, comme en témoigne l'abandon en 1971/1973 de la convertibilité du dollar en or et de la fixité des taux de change durant la décennie 1980, amélioration sans précédent des vecteurs informatiques et de télécommunication... L'accord sur les services financiers signé en décembre 1997 dans le cadre de l'OMC couvre 95 % du marché mondial des services financiers et permet aux pays développés de s'implanter sur les marchés d'Asie du Sud-Est et d'Amérique latine jusqu'alors assez fermés.

Cette interconnexion se traduit par de nouveaux liens d'interdépendances aux enjeux géopolitiques majeurs du fait en particulier ces deux dernières décennies des énormes surplus d'épargne dégagés soit par les pays exportateurs de pétrole qui profitent de la remontée des cours mondiaux (30 % épargne mondiale), soit par les nouveaux pays émergents en particulier asiatiques comme la Chine, soit par les grandes puissances commerciales comme l'Allemagne. Ces surplus sont largement aspirés par les besoins financiers des pays développés, en tout premier lieu les États-Unis dont les déficits publics et la dette deviennent considérables.

Tableau 1.7 Les principaux exportateurs et importateurs de capitaux : le monde finance la croissance des États-Unis (en % mondial. FMI, 2006)

Pays exportateurs				Pays importateurs	
Japon	14,2	Suisse	4,4	États-Unis	65,1
Chine	13,7	Norvège	4,3	Espagne	6,8
Allemagne	9,7	Pays Bas	3,5	Royaume-Uni	3,9
Arabie saoudite	7,5	Singapour	2,9	Australie	3,4
Russie	7,5	Koweit	2,8	France	2,7

De la territorialité des marchés financiers

Ces développements se traduisent par l'apparition d'une nouvelle terminologie (« économie casino » ou « économie virtuelle » face à l'« économie réelle »). Celle-ci a le désavantage de signifier que les marchés financiers seraient non-territorialisés. Évidemment, rien n'est plus faux. D'une part parce que cette accumulation de capital n'est rendue possible que par l'existence de logiques de drainage et de captage d'une richesse économique produite par des économies, des sociétés et des territoires bien réels. D'autre part, parce que ces flux jouent un rôle croissant et participent activement à la recomposition de la géographie des productions et des échanges. Enfin, parce que le territoire de la finance est lui-même à la fois le reflet et un des agents des rapports de forces mondiaux.

Par contre, il apparaît clairement que le capital financier tend à s'autonomiser. Autrefois au service des autres secteurs économiques, il fonctionne aujourd'hui de plus en plus pour lui-même comme en témoigne la prolifération des bulles spéculatives. Les arbitrages des salles de marché visent à assurer une « optimisation des rendements » à l'échelle mondiale tout en évitant les immobilisations à long terme. Cependant, malgré une internationalisation sans précédent, les différents systèmes financiers nationaux continuent de s'individualiser. Alors que la mobilisation de la base nationale dans le financement du développement demeure souvent prépondérante, toutes les tentatives de financement d'ambitieux programmes d'équipement par les capitaux ultra-spéculatifs à court terme s'avèrent des échecs patents (crise mexicaine fin 1994/début 1995, crise asiatique 1997, crise Argentine 2001...).

De la gestion de l'espace-temps par les marchés financiers

Grâce au développement des innovations technologiques reliant en temps réel toutes les places financières, on assiste aujourd'hui à une interconnexion croissante. Alors que le krach boursier de 1929 mit trois ans à parcourir le monde occidental à partir de New York, celui de 1987 propage ses effets déstabilisateurs en 24 heures.

Ainsi, la *Society for Worldwide Interbank Financial Telecommunication* (SWIFT) et le *Chicago Mercantile Exchange* (CME) mettent en place dans les années 1980 un système de communication qui relie des milliers d'institutions financières 24 heures sur 24 dans plus de cent pays. À ceci s'ajoute l'adaptation des institutions boursières dont témoigne l'extension des heures de cotation. En octobre 2001, Athènes étend ses horaires de transaction de 10 h/14 h 30 à 11 h/17 h 15 afin de permettre au marché financier grec de mieux s'ajuster aux marchés américains.

Ces choix posent des questions géopolitiques essentielles quant aux capacités de contrôle, d'analyse et de réaction des acteurs – individuels et collectifs, publics et privés – face à ces flux. Le pouvoir des États en sort affaibli comme l'illustre l'éclatement du Système monétaire européen (SME) à l'été 1993. De même, en septembre 2001, les attentats contre le *World Trade Center* de New York par les réseaux islamistes obligent les différents gouvernements et banques centrales à coordonner leurs interventions afin d'éviter une crise systémique qui balayerait tout le système financier international.

De l'instabilité comme mode de gestion producteur de rente

En fait, l'instabilité est aujourd'hui devenue une constante structurelle des marchés financiers car mode de gestion producteur de rente. Sur les trente dernières années, la finance mondiale a connu 2,5 fois plus de crises que durant la période 1880/1913, pourtant déjà marquée par la circulation des capitaux. Pour l'essentiel, le dégagement d'un profit spéculatif repose sur la maîtrise des différences géographiques entre marchés interconnectés. Mais les risques pris sont parfois si dévastateurs que les acteurs financiers se retrouvent au bord du gouffre et font alors appel à l'État et aux contribuables afin de privatiser les profits et de socialiser les pertes (France, Japon, Thaïlande...). Enfin, la possibilité d'extraction d'une rente financière est socialement et géographiquement très inégale. Elle ne concerne pour l'essentiel que les couches urbaines les plus aisées des économies les plus développées et quelques cercles étroits des oligarchies des pays en développement. Ainsi en France, seulement 5 % des ménages possèdent plus de 50 % des actifs financiers.

Plus important sans doute, le capital financier devient idéologiquement et culturellement hégémonique en diffusant ses propres exigences à l'ensemble des activités économiques, aux stratégies budgétaires et fiscales des États et aux nouveaux modes de gestion des entreprises industrielles et commerciales. Les critères de la sphère financière sont désormais les facteurs principaux de restructuration des univers économiques et productifs. On assiste à une affectation différenciée des capitaux selon les taux de rendements dégagés comme le montre en 1999/2000 l'engouement spéculatif pour la « nouvelle économie » au détriment de l'« ancienne ».

Cette logique a un triple impact. Cette séduction permanente à l'aide d'une batterie de ratios économiques et financiers est plus ou moins efficace et peut se traduire par un effondrement brutal du cours des actions qui déstabilise les entreprises en perturbant gravement leur gestion stratégique à moyen et long terme. Afin d'identifier plus facilement les pertes et profits, les entreprises sont éclatées en « centres de profits » ou en « niches » au détriment de la cohérence à long terme, et vendues par appartements s'ils ne répondent pas aux espérances alors que le développement de l'informatique de gestion en réseaux permet à une transnationale de gérer son dispositif mondial en temps réel et de manière totalement intégrée. L'avenir d'une usine, d'un centre de recherche ou de petites entreprises sous-traitantes se décide ainsi dans ces espaces très restreints aux pouvoirs décuplés et incontrôlables. Enfin, les grandes sociétés cotées gèrent de plus en plus brutalement leur potentiel social et productif comme en témoigne, ces dernières années, la multiplication des annonces de fermetures d'usines et de plans de licenciements lors de la proclamation des résultats financiers. La fantastique crise de suraccumulation du capital financier passe par la destruction massive de valeur, de stocks et de capacités de production afin de rétablir ou maintenir le taux de rentabilité (*cf.* chap. 3 et 4).

Les différents segments des marchés : monnaies, dettes, actions

Sous le terme générique de marchés financiers se cachent des segments organisés par type de produits (changes, dettes, actions, nouveaux produits financiers, matières premières) disposant de leurs propres structures et logiques. Surtout, leurs impacts territoriaux sont différenciés mais toujours considérables.

Tableau 1.8 Poids des principales activités financières internationales

	Actifs financiers (actions, obligations)	Prêts bancaires	Investissements directs	Produits dérivés
Milliards de dollars	12 500	8 800	6 600	785
%	43,5	30,7	23,1	2,7

Source : *Alternatives économiques*, 2e trimestre 2004.

La monnaie et les devises : la marchandisation de la souveraineté

L'explosion des volumes et de la spéculation

Symbole régalien de l'existence et de l'unité nationale d'un État, la monnaie est une construction politique et géoéconomique qui reflète aussi la puissance, le dynamisme et l'attractivité d'une économie. Mais elle est de plus en plus soumise aux lois des marchés financiers depuis la généralisation des changes flottants en 1976. Les transactions doublent en vingt ans du fait de l'internationalisation des firmes et des échanges et de l'accélération de la spéculation. La baisse de ces dernières années est liée à la concentration du secteur bancaire, qui représente 60 % des transactions, et à l'arrivée de l'euro. Alors que les transactions électroniques directes passent de 10 à 70 % des transactions entre 1995 et aujourd'hui, le court ou très court terme domine : dès 1998, 44,5 % des opérations ont une durée de vie de deux jours et 82 % inférieure à sept jours. Les assauts spéculatifs contre une monnaie peuvent être terrifiants puisque les banques centrales les plus puissantes disposent de réserves de changes insuffisantes. Les acteurs privés acquièrent ainsi un pouvoir supérieur à la seule volonté d'un État ou même d'un groupe d'États : en 2003, la Banque centrale du Japon dépense en vain 105 milliards d'euros pour maîtriser la parité dollar/yen.

Face aux jeux des acteurs privés, les Banques centrales disposent en 2006 de 5 000 milliards de dollars de réserves de change – soit 11 % du PIB mondial – pour intervenir sur la régulation des marchés. Si les réserves des pays développés sont limitées (31 % total mondial), la grande nouveauté géoéconomique de ces vingt dernières années réside dans la très forte montée des pays asiatiques comme le Japon (850 milliards) et surtout la Chine (1 000 milliards).

Tableau 1.9 La croissance du marché des changes : volume moyen des transactions quotidiennes (en milliards de dollars courants)

1970	1980	1989	1992	1994	1998	2001
20	80	590	820	1 000	1 490	1 210

Source : BRI, 2003.

Les rapports de force mondiaux

Mais la géographie de la monnaie est aussi l'expression directe des rapports de force planétaires. À l'échelle mondiale, le dollar demeure comme monnaie à statut international un des vecteurs de l'Imperium américain en représentant 66 % des réserves des Banques centrales et en demeurant la référence dominante pour 60 % des monnaies de 104 pays (Mexique, Brésil, Royaume-Uni, Indonésie, Philippines, Corée du sud, Malaisie, Thaïlande...). Aux échelles régionales, les zones d'influence des pays dominants se traduisent par la création de zones monétaires. Avant l'Euro, 50 % du stock de deutsche mark circule hors d'Allemagne, essentiellement en Europe de l'Est et en Turquie, où il est aussi la monnaie de référence (Bulgarie, Tchéquie, Hongrie, Slovaquie, Croatie, Slovénie, Bosnie, Yougoslavie). Enfin, s'ajoute à ceci la forte concentration géographique des marchés des changes sur une dizaine de places financières mondiales.

Dévaluations/réévaluations, monnaies fortes/monnaies faibles

Les sous ou surévaluations d'une monnaie sont aussi un instrument de politique économique et industrielle. De fait de son statut géopolitique de seule hyperpuissance mondiale et du rôle de monnaie internationale du dollar, les États-Unis utilisent la valeur de leur monnaie – à la hausse ou à la baisse – pour la défense de leurs intérêts économiques, industriels et financiers, en particulier afin de financer leurs déficits publics et le déficit de leurs échanges extérieurs (1 000 milliards de dollars en 2007, soit 7 % du PIB). Ainsi si le dollar a perdu 25 % de sa valeur entre 2002 et 2007, les achats massifs de dollars des pays pétroliers et des pays émergents d'Asie – dont une grande partie des échanges et des actifs financiers sont libellés en dollars – en soutiennent le cours afin d'éviter l'appréciation de leurs propres monnaies dont la hausse gêne leurs exportations (*cf.* Chine) et la dépréciation de leurs énormes actifs financiers libellés en dollars (bons du trésor ou titre de la dette des États-Unis). La stratégie américaine de dollar fort des années 2000 attire les capitaux afin de financer les énormes déficits des comptes courants et de réduire le coût des importations. À l'inverse, des monnaies artificiellement faibles (dévaluation compétitive) permettent de s'emparer de marchés à l'exportation comme en témoignent l'Allemagne des années 1950 ou le Japon puis les NPI dans les années 1960/1980. Si elle y a facilité leur rattrapage, cette stratégie conduisit aussi à brader le coût du travail des salariés. Le jeu relatif des monnaies modifie la géographie commerciale ou les appareils productifs. La hausse du yen joue ainsi un rôle central dans les délocalisations industrielles japonaises en Asie du Sud-Est ou en Europe. Face à l'Euro, la force de la Livre handicape les transnationales exportatrices implantées au Royaume-Uni car elle ne permet pas d'y compenser l'allongement de la chaîne logistique et la dégradation des composantes du système productif insulaire. En 2000, la faiblesse du dollar australien réduit de moitié le prix d'achat des entreprises locales et favorise l'arrivée des transnationales minières britanniques, américaines ou sud-africaines (*cf.* chap. 5).

La dollarisation de l'Amérique du Sud

Face à des situations catastrophiques, les dirigeants de certains États acceptent parfois la disparition de leur monnaie nationale. En dehors de micro-États à souveraineté tronquée (Monaco, Vatican, San Marin, Andorre), seuls les pays en guerre s'y résolvaient (mark au Kosovo ou dollar à Timor). Après Porto Rico (1899) puis Panama (1904), un processus de dollarisation se diffuse en Amérique latine (Équateur en 2000, Salvador en 2001) du fait de la faillite des économies et des États. Contrairement à l'Euro qui est une construction volontaire de pays souverains, la dollarisation y témoigne d'une relation hiérarchique totalement déséquilibrée au profit des États-Unis. Pourtant, comme le souligne le Centre de développement de l'OCDE en 2001, l'ancrage à une monnaie forte pour les pays en développement n'offre ni sécurité, ni stabilité, ni durabilité du fait des extrêmes contraintes qu'il fait peser sur l'économie et la société. Et de proposer la mise en place de systèmes monétaires régionaux stabilisateurs sur le modèle du SME européen qui disparaît pourtant sous la spéculation dans les années 1990.

Les marchés des dettes : monde à crédit et usure

Le marché obligataire de la dette – interne et externe, publique ou privée – est constitutif du financement normal de l'activité économique et sociale. Mais la mondialisation s'est accompagnée d'une montée sans précédent historique de la dette qui dépasse le PIB mondial en 2000 dont 87 % dans les trois grandes monnaies dominantes (dollar, euro, yen), d'où la sensibilité des emprunts aux taux de change et aux politiques monétaires des grandes banques centrales. Si son étude renvoie souvent à des critères et facteurs économiques et financiers, les facteurs géopolitiques et géographiques jouent aussi un rôle incontournable comme le montre toute l'histoire moderne et contemporaine.

Alors que la Triade contrôle 95 % du marché de la dette mondiale du fait de ses surplus financiers, on assiste à la globalisation des marchés obligataires internationaux dont les titres sont de plus en plus détenus par des investisseurs non résidents (Fonds de pension et Fonds mutuels et d'investissement américains, britanniques et japonais). La géographie de la dette renvoie aux structures mêmes des systèmes économiques, financiers et productifs et à leurs interdépendances. Plusieurs problématiques doivent être soulevées.

La dette définie d'abord une géographie de la vulnérabilité. Elle s'établit selon la capacité de chaque économie (création de richesse disponible) à se financer sur son propre marché (dette interne) ou sur le marché international (dette externe) afin de répondre à ses besoins qui définissent un déséquilibre plus ou moins structurel. L'emprunt sur le marché international introduit des rapports de dépendance et son remboursement représente une ponction plus ou moins lourde sur les économies réelles (dettes/exportations, dettes/PIB...). Si les pays développés ont très largement recours à l'endettement comme en témoignent lors de l'adoption des critères de convergence dans l'UE le débat sur le seuil des 60 % du PIB comme limite à l'endettement public ou le fait que les États-Unis réalisent à eux seuls plus de la moitié de la dette mondiale, la confiance des investisseurs n'y pose pas de contraintes fortes contrairement aux pays du Sud.

Entre 1970 et 1990, la dette des pays du Sud passe de 62,6 milliards à 1 460 milliards de dollars et de 8,4 % à 31 % de leur PIB. La hausse des taux d'intérêt et du dollar et des choix d'investissements parfois désastreux vont les faire basculer dans une spirale de crise que traduisent les crises mexicaines de 1982 puis 1994 et les crises russes et asiatiques de 1997 et 1998 qui en viennent à menacer le système financier international et témoignent des impasses de modes de développement recourant massivement à l'endettement extérieur à court terme. D'autant que l'échelle des taux d'emprunt suit celle des risques géopolitiques ou géoéconomiques (*cf.* banqueroute mexicaine) : ainsi, en févier 1995, la Russie doit servir des taux d'intérêt annuel de 321 %. Cette logique d'endettement a un double impact. Financièrement, l'endettement du Sud et la logique d'usure rentière qui lui est appliquée se traduisent par un transfert financier net vers le nord : entre 1980 et 2000, le sud rembourse 3 000 milliards de dollars alors que sa dette passe quand même de 600 à 2 500 milliards de dollars. Géopolitiquement, la crise de la dette va déboucher sur la généralisation de Plans d'ajustement structurels imposés par la Banque mondiale et le FMI dans le cadre du « consensus de Washington » qui vont accélérer brutalement l'ouverture ultra-libérale de leurs économies (privatisations...) et mener à l'effondrement d'une partie des États (réduction des fonctions et dépenses publiques), en particulier en Afrique sub-saharienne qui va basculer dans la décennie perdue des années 1980/1990. Ces effets seront largement à la base du discrédit qui frappe ces institutions par la suite.

Tableau 1.10 Montée de la dette des pays du Sud (en milliards de dollars et en % mondial)

Milliards de dollars	1997	% 1997	2005	% 2005	Dif. milliards	% 1997/ 2005
Total PVD	2 107	100	2 800,4	100	+ 693	+ 33
Europe Est Asie centrale	390,4	19	870,1	31,1	+ 480	+ 123
Amérique latine	669,5	32	723,7	25,8	+ 54	+ 8
Asie de l'Est	526,3	25	633,7	22,6	+ 107	+ 20,5
Afrique sub saharienne	219,9	10	215,6	7,7	- 4	- 2
Asie du Sud	149,6	7	194,8	7	+ 45	+ 30
Maghreb Moyen Orient	151,2	7	162,5	5,8	+ 11	+ 7,5

Source : Banque mondiale, 2007.

Depuis 1997, même si la question de la dette fait moins l'actualité, on assiste à la hausse d'un tiers de celle-ci. Dans ce cadre, la dette du Sud est géographiquement concentrée puisque dix États en cumulent presque 60 %, pour l'essentiel de grands pays émergents. À l'opposé, les États les plus structurellement endettés sont souvent les États les plus pauvres ou en crise. Si certains d'entre eux ont bénéficié de plans d'annulation partielle coordonnés en particulier par le Club de Paris, qui réunit les principaux bailleurs, ceux-ci sont toujours conditionnés à des exigences spécifiques et des pressions géopolitiques. Au total et paradoxalement, alors que les marchés financiers explosent en brassant des sommes de plus en plus considérables, la question du financement du développement du Sud demeure une question centrale de la mondialisation.

Tableau 1.11 L'endettement du Sud : des enjeux différents selon le type de pays

Les 7 plus grosses dettes				Les 7 États les plus endettés		
Dette	**Milliards de dollars**	**% export.**	**% PNB**		**% PNB**	**% export.**
Chine	248,9	48	15	Liberia	760	1 891
Brésil	222	239	44	Sao tome et P	185	1 655
Argentine	169,2	451	159	Soudan	151	478
Turquie	161,6	213	69	Liban	121	470
Indonésie	140,6	181	61	Uruguay	108	338
Mexique	138,7	69	24	Syrie	101	250
Inde	122,7	106	18	Panama	94	106

Source : Banque mondiale, 2007.

Géographie du pouvoir et de la structure sociale

Dans de très nombreux pays du Sud, la dette et l'usure demeurent des facteurs structurants des rapports de domination ou de solidarité. En Afrique sub-saharienne ou en Asie, le système de la tontine est un des vecteurs de l'économie informelle et un des facteurs de dynamisme d'économies territorialisées spécifiques qui permettent la survie de millions d'habitants. À l'inverse, des millions de pauvres, urbains ou ruraux (Amérique latine, Asie) demeurent prisonniers des systèmes d'usure mis en place par les oligarchies dominantes qui peuvent déboucher sur la mise en servitude d'une partie de la main d'œuvre familiale.

Les actions : bourses et capitalisations boursières

Le marché des actions cotées – part sociale du capital d'une entreprise – est l'un des piliers de l'activité boursière. Si historiquement la possession d'actions donne droit aux versements de dividendes et à une partie du pouvoir dans l'entreprise, la nature de celles-ci s'est largement complexifiée et tend à devenir une marchandise.

L'explosion des capitalisations boursières

En géographie, la capitalisation boursière représente, à un moment donné, la somme de la valeur de toutes les actions cotées sur une place financière. Elle reflète le poids, l'influence et l'attractivité d'une économie nationale ou régionale. Entre 1990 et 2007, la capitalisation boursière mondiale passe de 9 400 à 51 225 milliards de dollars et est donc multipliée par 5,5. Durant cette période, l'accumulation de richesses par ce segment des marchés financiers est considérable : elle passe de 41 à 174 % du PNB des pays des 50 premières places boursières. Si la valeur de la capitalisation s'effondre – du fait de sa forte sensibilité au contexte économique et géopolitique mondiale – de près d'un tiers en 2000/2001 à la suite du krach boursier du Nasdaq, de la faillite d'Enron et de l'impact des attentats du 11 septembre aux États-Unis et de la crise structurelle qui touche le système financier japonais dont la bulle immobilière s'effondre, elle remonte sensiblement depuis. Alors que les marchés financiers de la Triade gardent un rôle essentiel, en particulier les États-Unis et l'UE à 25, on assiste à un sensible développement des marchés d'Asie de l'Est face à la marginalisation de l'Amérique latine et à la quasi-inexistence de l'Afrique et du Proche et Moyen Orient.

Tableau 1.12 Quinze ans de montée de la capitalisation boursière (en milliards de dollars et en %)

	1990	**2005**	**dif. vol.**	**% région dans la croissance 1990/2005**	**% 1990**	**% 2005**
Triade	8,267	37,821	29,553	82,9	92,9	85,1
Dont États-Unis, Canada	*3,347*	*18,483*	*15,135*	*42,5*	*37,6*	*41,6*
Dont UE 25	*1,992*	*11,795*	*9,803*	*27,5*	*22,4*	*26,5*
Dont Japon	*2,928*	*7,542*	*4,614*	*12,9*	*32,9*	*17*
Asie (– Japon)	0,527	5,253	4,725	13,3	6,0	11,8
Amérique latine	0,70	0,974	0,904	2,5	0,8	2,2
Maghreb, Moyen-Orient	0,27	0,41	0,382	1,3	0,3	0,9

Source : WFE, 2007.

L'évolution du marché : fluidité et court-termisme

Mais le marché des actions devient aussi de plus en plus spéculatif, du fait d'espérances irrationnelles de profits. L'action est transformée en marchandise que l'on vend ou achète aux grés des opportunités sans lien réel avec la richesse créée par l'appareil productif. Entre 1981 et 2001, la croissance de la valeur des actions américaines est de 11 % par an. Cette liquidité accrue s'explique notamment par le développement des échanges électroniques à distance et l'intervention massive des grands acteurs financiers mondiaux (entreprises, banques, assurances, fonds de pension ou spéculatifs...). Entre 1990 et 2000, les volumes annuels échangés passent de l'équivalent de 20 % du PIB mondial à 184 %.

Tableau 1.13 La fluidité des places financières : valeur des transactions journalières des 50 premières bourses (en milliards de dollars/jours et en %)

Milliards de dollars	2002	2005	dif. valeur	dif. %	% 2005
Total 50 places	134,1	278,25	144,15	107,5	100
New York/Nyse	40,917	86,815	45,898	112,2	31,2
New York/Nasdaq	28,788	47,041	18,253	63,4	16,9
Londres	15,878	30,046	14,168	89,2	10,8
Tokyo	6,358	23,479	17,121	269,3	8,4
Euronext (Paris/Bruxelles/Amsterdam)	7,797	15,111	7,314	93,8	5,4
Francfort	4,791	10,919	6,128	127,9	3,9
Madrid	2,619	7,583	4,964	189,5	2,7
Milan	2,518	6,264	3,746	148,8	2,3
Zurich	2,399	5,563	3,164	131,9	2
Séoul	2,445	5,433	2,988	122,2	2
Sydney	1,167	3,411	2,244	192,3	1,2
H Kong	0,785	3,37	2,585	329,3	1,2
Shanghai	0,893	3,055	2,162	242,1	1,1
Taiwan	2,555	2,969	0,414	16,2	1,1
Shenzhen	0,593	1,753	1,16	195,6	0,6
New Dehli	0,512	1,694	1,182	230,9	0,6

Source : WFE, 2007.

Ces capitaux volatiles (*hot money*) se déplacent en permanence : les actions étrangères ne sont détenues en moyenne par les portefeuilles anglo-saxons que pendant 130 jours. À la Morgan Stanley, le bilan est ainsi très liquide puisqu'il se renouvelle tous les huit jours. Mais cette bulle spéculative déconnectée de l'économie réelle porte en elle la menace d'un krach permanent. Ainsi, entre l'été 2000 et l'été 2001, le recul de Wall Street représente une « perte » équivalente à 12 % du patrimoine des ménages, à 60 % de leur revenu annuel disponible ou encore à 42 % du PIB américain. Cessions, restructurations et licenciements sont souvent le prix à payer pour cette folie spéculative.

Le rôle stratégique des Chambres de compensation interbancaire

Mais cette fluidité des marchés ne signifie en aucun cas deterritorialisation. En effet, les mutations du système financier mondial qui interviennent à partir des années 1970 – dérégulation, diffusion des marchés, fluidité croissante grâce à la dématérialisation des transactions concrètes liées au recours à l'informatique et aux télécommunications – en viennent à poser la question centrale de la sécurité, de la traçabilité et de la mémorisation des transactions. Loin d'être un espace « immatériel » et « détérritorialisé », le système financier international va se doter de Chambres de compensation interbancaire ou *International Central Securities Depositories (cf.* LCE à Londres...). Ces organismes garantissent les transactions (chèques, titres, actions, obligations...) en stockant et échangeant les titres sous forme de jeux électroniques internes et externes entre leurs grands comptes clients (grandes banques et institutions financières privées et publiques, principales Banques centrales des États, firmes transnationales). L'une d'elles, Clearstrean est une filiale de 1 500 salariés de la Deutsche Börse, l'entreprise gestionnaire de la bourse de Francfort dont elle assure 25 % des profits annuels. Elle a son siège à Luxembourg et est présente dans 107 États et 40 paradis fiscaux. Au printemps 2006, on estime à 9 000 milliards d'Euros la valeur des obligations qu'elle détient (fictivement) alors que la valeurs des produits boursiers transitant par ses comptes se monterait à 200 milliards d'euros chaque jour. C'est dans ce cadre qu'elle fut accuser en 2006 d'être une « lessiveuses d'argent sale », ce dont elle s'est défendue avec vigueur.

Les produits dérivés et l'« économie casino »

Historiquement, les entreprises intervenant sur un marché mondial ont toujours cherché à se prémunir des fluctuations brutales des marchés. C'est pourquoi dans les années 1973/1975 est apparue à Chicago une innovation, les produits dérivés, qui s'est par la suite diffusée géographiquement à l'ensemble des grandes places financières. Les dérivés sont un contrat négocié avec un autre intervenant (banques, fonds spéculatifs) consistant à parier sur la future valeur d'un indice boursier, d'un prix d'une matière première ou d'un taux de change ou d'intérêt afin de se prémunir de tout changement brutal. Aujourd'hui, 50 % du marché porte sur les taux d'intérêts des dettes.

Tableau 1.14 Diffusion géographique d'une innovation : les marchés des produits dérivés

Métropole	Organisme	Date	Métropole	Organisme	Date
Chicago	Int. Monetary Market	1972	Sydney	SFe	1990
Chicago	C. Board of Trade	1975	Tokyo	TSE	1990
Londres	Liffe	1982	Singapour	Simex	1990
Paris	Matif	1986	Barcelone	MEFF	1990
Francfort	DTB	1990	Rome	MIF	1990

Les produits dérivés ont connu une véritable explosion pour représenter plus de 10 % des actifs totaux mondiaux des banques. On assiste ici à l'extension d'un puissant système privé d'émission et de détention de produits monétaires ultra spéculatifs en dehors de tout contrôle des Banques centrales. Jouant des sommes bien supérieures à leurs capitaux propres, ses acteurs menacent de banqueroute le système international (février 1995 : faillite de la Barings...). En décembre 1994, le comté d'Orange (Californie) se déclare en faillite (chapitre IX du Code fédéral) pour la première fois dans l'histoire des États-Unis après une perte de 1,5 milliard de dollars sur ces marchés. Alors que le développement des dérivés obligea dès 1990 la Banque des règlements internationaux (BRI) de Bâle a tirer la sonnette d'alarme sur les risques de déstabilisation qu'ils représentent, la question de leur contrôle et assainissement se pose avec acuité.

Le jeu spécifique des acteurs financiers : investisseurs et fonds de pension

Loin d'être déterritorialisés, ces marchés sont eux-mêmes contrôlés par d'importants acteurs, peu nombreux, mais dont les interrelations définissent un vaste système qui étend son influence à l'ensemble de la planète, selon un modèle gravitaire très hiérarchisé. Trois d'entre eux ont acquis des pouvoirs considérables.

Investisseurs institutionnels et fonds de pension

Les investisseurs institutionnels rassemblent les compagnies d'assurance, les fonds de pension et les organismes de placement collectif (OPC, placements boursiers des particuliers) dont les fonds triplent depuis 1990. Les fonds de pension assurent la gestion collective d'une épargne de longue durée en vue de la retraite ou d'une épargne simple du fait de l'essor des systèmes de retraite par capitalisation. Peu connus en France du fait de la création de la Sécurité sociale en 1945 comme organisme public paritaire gérant un système par répartition, ils sont très développés dans les pays anglo-saxons (Royaume-Uni, Japon) et se diffusent en Europe (Allemagne, Italie, Espagne). Alors qu'ils contrôlaient un tiers de la capitalisation de Wall Street et 50 % de celle de Londres, la chute de la valeur des actions fait perdre 1 380 milliards de dollars entre 2000 et 2003, soit 13 % du PIB, au système américain frappé de plus par les scandales (WorldCom, Enron). Souvent promus comme modèle, ces fonds se révèlent être un cuisant échec social (ruine de nombreux retraités contraints de se remettre à travailler), un système peu performant, endetté, sous-provisionné et instable malgré la gestion d'un portefeuille de plus de 7 000 milliards de dollars dans le monde en 2006.

Ainsi qu'en 2006, le NAPF, l'association britannique des fonds de pension, évalue le déficit des fonds de retraite à plusieurs milliers de milliards de livres, un chiffre énorme qui menace le financement des grandes entreprises cotisantes. La NAPF a donc demandé au gouvernement britannique d'autoriser les firmes concernées à réduire à posteriori les retraites promises aux salariés lors de leur recrutement, remettant ainsi en cause un des fondements du pacte social. Les firmes britanniques et américaines sont en effet étranglées par la financiarisation de ce mode de financement et vont être obligées de renflouer de milliards de dollars leurs principaux fonds de retraite dans les dix ans qui viennent.

Voulant pouvoir entrer et sortir rapidement du capital d'une société et cherchant les perspectives de plus-value, la fameuse « création de valeur », les fonds de pension concentrent leurs achats sur quelques grandes entreprises par pays. Les objectifs de rentabilité de plus en plus élevés qu'ils fixent deviennent économiquement et socialement dévastateurs. S'ils minimisent leur influence réelle, ils disposent d'un pouvoir exorbitant : ainsi, Bill Crist, président de CalPERS, est reçu par le ministre des Finances, le secrétaire d'État à l'Industrie, les conseillers économiques de la présidence et du Premier ministre, le gouverneur de la Banque de France, le président de la Commission des opérations de Bourse, le numéro 2 du Medef (patronat), et les plus hauts responsables de grandes entreprises (BNP-Paribas, Renault, TotalFinaElf...). Il est vrai que CalPERS gère un patrimoine de 210 milliards de dollars en 2006.

Les fonds spéculatifs ou *hedge funds*

Apparus dans les années 1950 aux États-Unis, ces Fonds demeurent marginaux jusque dans les années 1980 avant de jouer un rôle croissant sur l'ensemble des marchés financiers (dettes, devises, dérivés...). Passant de 200 à plus de 10 000 aujourd'hui, les capitaux en gestion montent de 750 à plus de 1 300 milliards de dollars entre 1990 et 2007. Si leurs sièges juridiques sont localisés dans des paradis fiscaux, dont à 80 % dans les îles Caïmans, les localisations réelles des centres de gestion sont concentrées dans les places financières des grands pays développés, à 91 % aux États-Unis. Menant des opérations ultra-spéculatives très risquées mais très rentables (rentabilité de 31 % pour les dix premiers sur 5 ans), la moitié de leurs clients sont des grandes institutions financières (banques, compagnies d'assurance...). Ils constituent selon la BCE européenne un « risque majeur » structurel pour la stabilité du système international. Alors qu'en septembre 1998 la faillite de Long Term Capital Management menace de crise systémique l'ensemble du système financier des États-Unis et oblige la Réserve fédérale américaine à lancer un plan de sauvetage d'urgence, aucune réelle mesure de régulation n'a été prise depuis comme le souligne en septembre 2006 la liquidation d'Amaranth à la suite de la perte de 4,6 milliards de dollars en spéculant sur les cours des hydrocarbures.

Les sociétés de notation

Si les investisseurs se sont toujours préoccupés des dangers du non-remboursement des dettes et si le marché moderne de l'évaluation des dettes apparaît aux États-Unis avant même la Première Guerre mondiale, il faut attendre les années 1970 pour que ce système touche l'Europe, et les années 1990 pour qu'il se généralise. Peu connu du grand public, le système mondial de notation ou *rating* des emprunteurs (États, collectivités publiques ou entreprises) est aujourd'hui détenu par un oligopole de trois grandes agences spécialisées, les Américains Standard and Poor's, Moody's et le Français Ficht. Le recours croissant aux marchés financiers et le développement du « risque crédit » se traduisent par une envolée de leurs activités puisqu'une opération de notation coûte de 50 000 à plus de 150 000 dollars : le chiffre d'affaires de Moody's, fondée en 1909 pour noter les compagnies de chemin de fer américaines, triple entre 1985 et 2000. Ces agences déterminent une note selon un barème de solvabilité qui s'avère essentiel pour l'accès aux marchés financiers car il détermine les taux d'emprunts accordés définis à partir des intérêts des emprunts d'État. Elles sont devenues ainsi les impitoyables maîtres du crédit. La notation souveraine des États passe de 38 pays en 1990 à 105 en 2001 et leurs permet de disposer d'un accès privilégié aux plus hautes instances gouvernementales et d'exercer parfois une véritable censure sur les différentes politiques publiques.

Les territoires de la finance internationale : places et paradis fiscaux

Une diffusion géographique sans précédent des marchés financiers

Avec cette troisième mondialisation, on assiste à un élargissement géographique sans précédent historique des marchés financiers. On peut distinguer trois grands espaces :

– *Les marchés financiers matures* regroupent les pays les plus développés, les plus riches et les plus puissants dont les différents acteurs financiers guident la recomposition mondiale actuelle (Triade, Hong Kong et Singapour).

– *Les marchés financiers en émergence* rassemblent des pays intermédiaires fragiles et dépendants qui disposent d'atouts économiques (matières premières, marché intérieur parfois puissant, insertion dans la division internationale du travail, nombreuses entreprises nationales cotées…) et adoptent les modèles d'économie libérale (Mexique, Brésil, Argentine, Inde, Indonésie, Corée, Taiwan, Israël, Turquie, Maroc, Grèce, Portugal, Hongrie, Pologne, Tchéquie).

– *Les marchés en incubation* s'identifient globalement aux pays du Tiers-monde où les bases économiques, sociales et politiques restent faibles et fragiles mais qui tentent de s'inscrire dans le processus général.

Les grandes places financières des métropoles mondiales

Un nombre restreint de métropoles mondiales

Malgré une extension géographique sans précédent et l'utilisation de réseaux interconnectés, 85 % des flux mondiaux sont gérés par les vingt premières places localisées dans les grandes métropoles des pays les plus riches. Construisant leur puissance respective sur le contrôle et le développement de leurs marchés financiers nationaux puis continentaux, elles reflètent l'évolution des grands rapports de forces internationaux avec la mise en concurrence économique, technique et fiscale des différentes places par des acteurs mondialisés. En 2000, Nestlé se retire des cotations d'Amsterdam, Bruxelles, Tokyo et Vienne pour se concentrer sur les places suisse, britannique, française, allemande et américaine. Les grandes banques et assurances spécialisent géographiquement leurs départements par types de produits et de marchés en recherchant la localisation optimale soit par des rachats d'entreprises déjà implantées, soit par créations de nouvelles divisions afin de mobiliser la « matière grise » la plus efficiente.

Les grandes difficultés d'une véritable bourse mondiale

La création d'un marché global sur lequel il serait possible d'acheter et de vendre n'importe quel titre à n'importe quel moment demeure encore très difficile pour des raisons techniques, économiques, sociales et politiques. Ceci malgré la pression croissante des grands donneurs d'ordres (maisons de courtages, sociétés de gestion d'actifs…) sur les sociétés de Bourse qui sont de plus en plus nombreuses à être des entités privées. Les solutions les plus récemment mises en œuvre se traduisent plutôt par la création de trois grands marchés régionaux

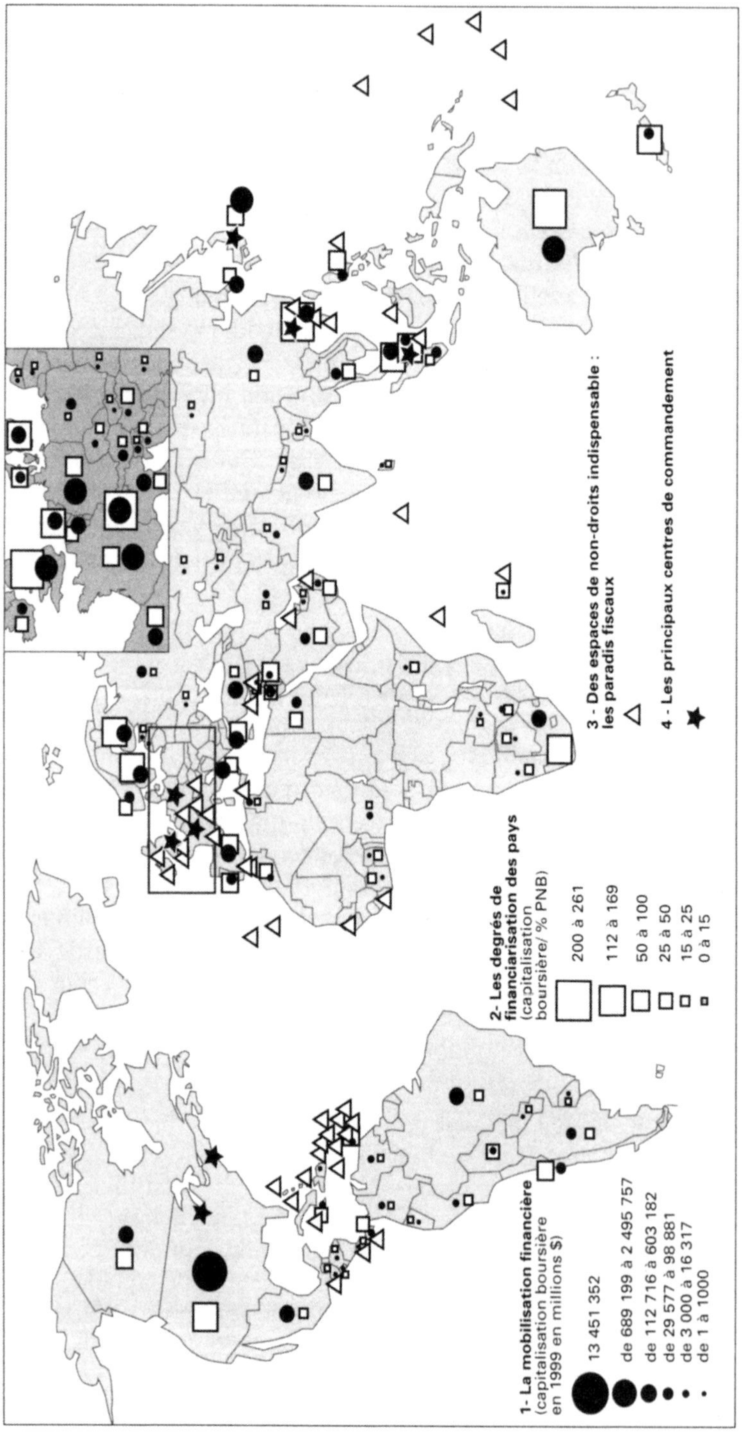

Figure 1.1 Le territoire de la finance internationale : le réseau des bourses, capitalisations et paradis fiscaux

organisés sur les trois grandes zones horaires (Asie-Océanie, Europe, Amérique) qui se passent le témoin quotidien afin d'être ouvert 24 heures sur 24 et 7 jours sur 7. Dans cette perspective, le Nasdaq américain et le Nasdaq japonais ont acquis au printemps 2001 la majorité du capital de l'Easdaq européen de Bruxelles. De même, en 2000, apparaît le projet de *Global Equity Market* (GEM) lançant le premier réel marché mondial des actions qui regroupe les Bourses de New York, Paris, Bruxelles, Amsterdam, Tokyo, Hong Kong, Sidney, Toronto, Mexico et Sao Paulo, soit 60 % de la capitalisation mondiale. Mais il ne s'agit en aucun cas d'une fusion complète avec la création d'une plate-forme de transaction commune, mais d'une alliance technologique permettant l'interconnexion des systèmes de transaction déjà existants.

Face à ces fortes contraintes, on assiste parfois à un processus de concentration économique – horizontale ou verticale – de certaines sociétés de bourse qui fonctionnent comme des agents économiques. C'est ainsi que *l'Intercontinental Exchange* (ICE) d'Atlanta a racheté en 2001 *l'International Petroleum Exchange* (IPE), marché des produits énergétique de Londres qui côte le pétrole Brent de la Mer du Nord, puis en 2006 le *New York Board of Trade* (Nybot) afin d'élargir sa palette de produits côtés au café, au sucre ou au cacao. Mais ces opérations peuvent être de beaucoup plus grande importance et poser alors des enjeux géoéconomiques et géopolitiques majeurs comme en témoigne en 2006/2007 la spectaculaire fusion, en fait absorbtion pour dix milliards de dollars, du *New York Stock Exchange* et d'Euronex qui réunit les bourses de Paris, Amsterdam, Bruxelles et Lisbonne. Cette opération s'explique premièrement par la forte concurrence et le déclin relatif de l'attractivité des bourses américaines face à Londres depuis l'adoption de la loi fédérale Sarbanes Oxley qui renforce le contrôle des comptes, même des sociétés étrangères cotées aux États-Unis, à la suite des multiples scandales financiers de ces dernières années (*cf.* Enron, WolrdCom...). En réaction, elles cherchent à s'internationaliser davantage : le Nasdaq prend ainsi 25 % du capital du LES londonien en avril 2006. Deuxièmement, l'Union européenne a été incapable de faire émerger une bourse continentale unifiée alors que, paradoxalement, le « Plan d'action des services financiers » de la Commission de Bruxelles va créer à court terme un marché financier unique de la zone Euro. Cet échec est d'abord un échec franco-allemand du fait, en particulier, de la volonté hégémonique de la bourse de Francfort (DB), qui souhaitait purement et simplement absorber Euronex. Enfin, troisièmement, le capital d'Euronex, privatisée, était très dilué et non verrouillé par un pacte d'actionnaires solide, ce qui à permis aux grands fonds financiers anglo-saxons de faire la décision en en contrôlant 37 % du capital. On mesure ainsi la redoutable perte d'influence du pouvoir politique français qui s'est dessaisi volontairement de tout moyen de contrôle et arbitrage au profit de pures logiques de marché à court terme d'acteurs privés.

La société NYSE-Euronex constitue la 1ère bourse mondiale avec 26 900 milliards de dollars de capitalisation boursière, la cotation de 79 des 100 premières transnationales mondiales et 100 milliards de dollars d'échanges journaliers, contre 25 pour Londres et 10 pour Francfort. Euronex devient ainsi l'annexe européenne de la 1ère bourse américaine et mondiale.

Tableau 1.15 Les cinq principaux protagonistes des fusions actuelles des bourses mondiales

Nom de la bourse	**NYSE***	**Nasdaq**	**LSE**	**Euronext***	**Deustche Börse**
Localisation	New York	New York	Londres	Paris, Amsterdam, Bruxelles, Lisbonne Life de Londres	Francfort
Sociétés cotées	2 176	3 160	3 169	1 225	757
Indice vedette	Dow Jones			Cac 40	Dax 30
Capitalisation des sociétés cotées Milliards de dollars	14 330	3 766	3 425	3 255	1 470
Capitalisation de la bourse elle même Milliards de dollars	10,2	3,6	5,1	10,7	14,4
Chiffre d'affaires Millions de dollars	1 123,1	879,3	726,3	1 240,1	2 103,3
Résultats nets Millions de dollars	40,7	61,7	173,9	311,7	551,4
Montant moyen journalier des transactions Milliards de dollars	67,4	39,4	23,2	11,4	8,3

* *Images économiques du Monde 2008,* Armand Colin, 2007.

Les conflits intra-nationaux

Les conflits intra-nationaux se développent dans les structures territorialement et économiquement les plus vastes et multipolaires où les différentes économies régionales ont réussi jusqu'ici à garder une large autonomie. Si au Japon, la bourse d'Osaka résiste à la pression du Kabutocho de Tokyo, l'hégémonie de Bombay (55 % capitalisation boursière) se heurte en Inde aux résistances de Delhi (20 %) et Calcutta (18 %) alors qu'en Chine, Shanghai (40 %) affronte Shenzhen (60 %). En Allemagne, si Francfort affirme sa puissance (75 % de la capitalisation boursière nationale contre 38 % en 1977), elle échoue à unifier les places régionales : si Düsseldorf, Munich ou Berlin passent alliance, Stuttgart, Brême, Hambourg et Hanovre s'y refusent. En Espagne, Madrid en est encore à chercher à rationaliser son dispositif en unifiant sous un simple holding unique les places de Madrid (68 % des transactions en actions), Bilbao (15,5 %), Barcelone (14 %) et Valence (2,5 %) au grand dam cependant des autonomistes catalans et basques.

Chaque grande place recherche une taille critique lui permettant de devenir la place continentale de référence en gardant le maximum de pouvoir et d'autonomie en jouant la carte d'accords internationaux. Dans l'Union européenne, la fusion prévue entre Londres et Francfort explose en 2001 du fait des oppositions grandissantes des acteurs respectifs – économiques, financiers mais tout autant politiques – concernant la répartition géographique des pouvoirs et des lieux de cotation. En face, l'alliance de Paris, Amsterdam et Bruxelles donne Euronext, société unique de droit néerlandais à l'architecture intégrée, mais qui préserve l'existence des marchés nationaux. En Scandinavie, la puissance du Norex, qui regroupe Stockholm, Copenhague et Reykjavik, oblige le Finlandais HEX (*Helsinki Exchanges Group*) à passer alliance avec les trois Bourses baltes qui, elles-mêmes, conçoivent les Finlandais comme moins menaçants que les Suédois. En Asie, Singapour et Hong Kong, elle-même sous la pression de Shanghai, ambitionnent d'être chacune la place financière de référence de l'Asie, hors Japon. De même aux États-Unis, sur la place financière de Chicago, le *Chicago Mercantile Exchange* (CME) et le *Chicago Board of Trade* (CBOT), respectivement 2e et 3e bourses de produits dérivés fusionnent pour renforcer leur poids national et mondial en réalisant 4 200 milliards de dollars de transactions journalières.

Une économie métropolitaine : de puissants sociopôles

Les activités financières représentent pour les espaces métropolitains des enjeux économiques et sociaux considérables à travers leurs chiffres d'affaires, les emplois (Londres : 300 000, Wall Street : 200 000, Francfort ou Paris : 150 000) et les activités induites (logements, transports, communications...). Elles influencent l'organisation des dynamiques spatiales des centres à travers la création de quartiers spécialisés et pèsent sur les logiques foncières et les ségrégations socio-fonctionnelles.

Tableau 1.16 Le sociopôle des quartiers financiers : l'imbrication des acteurs et des fonctions

Secteur	Acteurs	Contenu
L'information économique	– Sociétés cotées – Bureaux d'études de marchés – Banques d'investissement – Agences statistiques gouvernementales	– Bilans, CAF, résultats... – Études de marchés... – Valorisation des sociétés... – Informations générales
Les médias	Presses et médias généralistes ou spécialisés comme Reuters ou Bloomberg	Recueil et diffusion de l'information générale ou confidentielle
Les analystes	– Cabinets ou services spécialisés – Agences de notations	Fournissent études et analyses à tous les acteurs du marché
Les marchés	– Firmes de courtages, vendeurs, traders – Investisseurs institutionnels (assurances, gérants fonds de pension...)	Marchés financiers et matières premières
Banques centrales	plus ou moins Indépendantes des États	Conduisent les politiques monétaires des États

En Ile-de-France, les activités boursières génèrent directement 260 000 emplois et 15 % du PIB. Au sud de Manhattan, le Financial district, symbolisé par le World Trade Center détruit en septembre 2001 par des attentats islamistes, regroupait sur un espace restreint le NYSE (*New York Stock Exchange*) et le Nasdaq dont la capitalisation boursière est supérieure au cumul de toutes les autres Bourses du monde, les 9 000 salariés du Nymex (*New York Mercantile Exchange*) et du Nybot (*New York Board of Trade*) qui opèrent sur le pétrole, les métaux précieux et les produits tropicaux et les bureaux des plus importants courtiers, banques d'affaires (Lehman Brothers 6 000 sals...) et assurances américaines et mondiales. En 2001, Pékin se lance dans la construction d'un quartier de la finance à 3 km à l'ouest de la Cité Interdite qui regroupe sur 104 hectares quelque 300 institutions financières.

La concentration d'une telle masse de salariés hautement qualifiés et surpayés – entre 2000 et 2006, les firmes de la City distribuent 42,4 milliards de livres de bonus à leurs employés – sur un espace géographique très restreint se traduit par la construction de véritables sociopôles dans lesquels les liens interpersonnels jouent un rôle stratégique dans le fonctionnement du système mondial.

Un exemple achevé : la City de Londres

Temple emblématique du capitalisme britannique et mondial (voir attentat de l'IRA en 1993 contre la tour la plus haute de la City, la NatWest Tower), la City londonienne est la première place financière d'Europe occidentale. Face à la désindustrialisation du pays, elle est un des principaux facteurs du rayonnement international de la Grande-Bretagne. Les services financiers, qui représentent 1,2 million d'emplois, contribuent très largement au solde positif de la balance des paiements en dégageant le 1er solde mondial, pèsent 9 % du PIB et 30 % des recettes fiscales versées par les entreprises. Ce poids, cette spécialisation fonctionnelle depuis les années 1970 et la forte ouverture de la City aux capitaux étrangers décidée en 1986 explique les refus systématiques de Londres d'harmoniser la fiscalité communautaire en taxant les revenus financiers et l'appui systématique des gouvernements, conservateurs comme travaillistes, aux mesures de dérégulations. Ce secteur représente 400 000 emplois à Londres dont 320 000 dans le quartier de la City et ses annexes directes (Canary Warf et Mayfair). La City est le 1er marché mondial des changes entre devises (31 %, 800 milliards de dollars par jour en 2006), le 1er marché pour les échanges d'actions (43 %) et d'obligations (70 %) et le 1er marché des produits dérivés (43 %).

Son principal atout réside dans la concentration d'un personnel hautement qualifié que s'arrachent les entreprises (hauts salaires et primes nombreuses, intéressement aux résultats...) et d'un marché du travail à la pointe des déréglementations sociales et économiques (fiscalité et imposition, conditions d'emploi, temps de travail, règles d'embauche et de licenciement, rémunérations ultras flexibles...). Revers de la médaille, les principaux intermédiaires financiers londoniens sont aujourd'hui majoritairement possédés par des firmes étrangères. Ce dispositif repose sur un véritable microcosme structuré par un esprit de classe, voire de caste : carnet d'adresses, moule des mêmes Grandes Écoles, soirées dansantes, convivialité des clubs fermés, des parties de golf, des courses de chevaux et des week-ends de chasse à courre...

À l'échelle locale, la City, hégémonique économiquement, culturellement et socialement, participe activement au remodelage des fonctions métropolitaines centrales avec des loyers les plus chers d'Europe occidentale et un marché de l'immobilier d'entreprises étroitement dépendant du dynamisme du secteur financier et bancaire. Dans ce centre hyper-dense se développe une féroce compétition pour le contrôle du foncier. Face à la saturation du centre historique et de la City, on assiste, dans les années 1990, à la relance des Docklands.

À l'échelle régionale, la région du Sud-Est, incorporant Londres et la City, est la plus riche et la plus dynamique du pays en regroupant 36 % du PIB national, 30 % de la population et en accaparant l'essentiel des créations d'emplois. Cette région polarise 85 % des services commercialisation et d'études de marchés, 64 % de la publicité, 60 % des services informatiques, 50 % des fonctions management, 30 % des services comptabilité et 55 % de la recherche-développement. Cette exceptionnelle polarisation métropolitaine exerce une telle pression sur la zone centrale qu'elle débouche sur un mouvement de desserrement puissant mais sélectif des activités vers la périphérie londonienne et son grand bassin régional (East Anglia, Sud-Ouest et Ouest-Midlands). Cette segmentation fonctionnelle, sociale et technique participe à l'exacerbation des disparités régionales au sein du Royaume-Uni.

Les paradis fiscaux ou centres financiers extraterritoriaux

La croissance de la finance mondiale s'est largement appuyée sur le développement d'activités *offshore* qui définit l'ensemble des services financiers fournis à des non-résidents par une place spécialisée. À ce titre, Londres peut être considérée comme la première place *offshore* mondiale grâce, en particulier, au marché des euro-obligations. Comme New York ou dans des centres financiers régionaux (Hong-Kong, Singapour, Luxembourg), elle a développé des législations extraterritoriales couvrant une partie de ses activités.

Mais surtout se sont progressivement développés les Centres financiers extraterritoriaux (CFE) ou *offshore* ou paradis fiscaux. Ce sont des États ou des territoires rattachés, de petite taille, bénéficiant de juridictions d'exception, où l'activité financière est totalement déconnectée de l'économie nationale traditionnelle et qui sont spécialisés dans la fourniture de prestations financières opaques. Ils se caractérisent par des taxations faibles ou nulles, un secret bancaire et professionnel total ou étendu, des procédures d'enregistrement relâchées, une liberté totale des mouvements de capitaux, une immédiate rapidité d'exécution grâce à de bonnes infrastructures et une bonne stabilité économique et géopolitique. Depuis 1945, on assiste à leur explosion numérique. Le FMI en identifie 70 et le GAFI (Groupe d'action financière contre le blanchiment de capitaux) de l'OCDE 42. Leur diffusion géographique se localise plus particulièrement dans la guirlande insulaire tropicale des Caraïbes et du Pacifique. Ces pôles valorisent la proximité d'une grande place internationale, dont ils partagent le même fuseau horaire voire la monnaie. En Malaisie, la création en 1990 du centre *offshore* de Labuan a pour double objectif de doter le pays d'une place internationale et de créer un centre gérant des fonds à vocation islamique en attirant les capitaux du Moyen-Orient, en liaison avec Bahreïn et Dubaï.

Tableau 1.17 Les principaux paradis fiscaux : la ceinture des confettis tropicaux insulaires

Monde	Europe occidentale
Anguilla (Royaume-Uni), Antigua et Barbuda, Aruba (Pays-Bas), Bahamas, Bahreïn, Barbade, Belize, Bermudes, Costa Rica, Dominique, Hong-Kong, Maurice, Iles Vierges britanniques, Macao, Liban, Libéria, Maldives, Singapour, Iles Caïmans (Royaume-Uni), Iles Cook (Nouvelle Zélande), Macao, Maldives, Iles Marshall, Montserrat (Royaume-Uni), Nauru, Panama, St Kitts et Nevis (Royaume-Uni), St Lucie, Samoa occidentales, Seychelles, Tonga, Iles Turk et Caicos (Royaume-Uni), Iles Vierges américaines (États-Unis), Vanuatu, St Vincent et Grenadines	Andorre, Irlande, Chypre, Guernesey Sark Alderney (Royaume-Uni), Gibraltar (Royaume-Uni), Ile de Man (Royaume-Uni), Jersey (Royaume-Uni), Lichtenstein, Monaco, San Marin, Suisse, Malte

Une certaine spécialisation

Rouages essentiels de la mondialisation financière, ces paradis fiscaux gèrent entre 30 % et 40 % des fortunes privées mondiales, accueillent 25 % des dépôts bancaires transfrontaliers, 8 % des titres de la dette mondiale et voient transiter 50 % des actifs financiers circulant dans le monde. Certains paradis se sont spécialisés : le Luxembourg dans l'accueil de holdings et de 1 150 Fonds de placement mutuels, les Bermudes dans l'enregistrement des compagnies d'assurance exclusive (40 % total mondial avec 1 300 cies), les compagnies de réassurance et l'expertise comptable, les Caïmans et les Bahamas dans les Fonds d'investissements et fonds spéculatifs. La Barbade et les Iles Vierges accueillent les Foreign Sales Corporations des transnationales américaines qui sont des sociétés écrans destinées à faire transiter les exportations de marchandises afin de soustraire les revenus des ventes à la fiscalité des États-Unis… avec l'accord de Washington, ce que dénonce l'Europe devant l'OMC…

L'impact sur les économies locales

Il s'inscrit dans une stratégie de diversification de l'économie locale dont ces pays tirent revenus (ventes de licences de sociétés *offshore*), créations d'emplois et effets d'entraînement (tourisme, transports…). Aux Bahamas, la finance représente un quart du PIB derrière le tourisme (25 à 30 %) et à Nevis 30 %. Dans les Iles Vierges britanniques, les impôts des sociétés *offshore* représentent 50 % des revenus fiscaux alors qu'aux îles Cook, pays indépendant associé à la Nouvelle-Zélande, la finance est la seconde ressource de revenus après le tourisme.

C'est ainsi que GeorgeTown, la capitale des îles Caïmans, est devenue la 5e place financière mondiale. Ce territoire britannique de 35 km/20 km, qui refuse son indépendance en 1972, réalise avec 52 000 habitants 40 % de son PIB dans les activités financières avec 10 000 salariés grâce à la présence de 7 900 compagnies d'assurance, 305 banques et 74 900 *exempted companies*, sociétés écrans. Aux Bahamas, où la finance représente 15 % du PIB, avec 415 banques et 100 000 sociétés financières, les efforts de contrôle et régulation se traduisent ces toutes dernières années par le départ de 50 % de certaines compagnies internationales.

Mais cette activité s'impose aussi dans certains États européens. La Suisse gère ainsi 30 à 35 % de la fortune mondiale *offshore* dont 60 % correspond à de l'argent non déclaré. La gestion de patrimoine constitue une activité très lucrative pour les banques puisque les frais de gestion représentent 1 % de la masse déposée : en 1999, elle générerait 60 % des bénéfices du groupe UBS en consommant seulement 5 % de ses investissements. Au Liechtenstein, premier centre mondial des « sociétés boîtes aux lettres », les seuls mandats d'administrateurs des 75 000 à 100 000 sociétés, en majorité fictives, représentent un tiers du PNB en 2000 et les activités financières génèrent directement et indirectement la moitié des revenus de l'État et permettent aux habitants de ne pas payer d'impôt. Avec 400 000 habitants, le Grand Duché du Luxembourg accueille 215 banques alors que 20 % de l'économie de Monaco repose sur la finance (340 000 comptes).

Tableau 1.18 Montants des placements des banques étrangères dans les paradis fiscaux en 2006 (milliards de dollars)

R.-U./ Londres	3 364	Luxembourg	556	Autriche	187
Caïmans	1 242	Jersey	287	Guernesey	99
Pays Bas	884	Singapour	278	Bermudes	78
Irlande	604	Bahamas	195	West Indies	65
Suisse	592	Hong Kong	185	Antilles néerld.	58

BRI, 2006.

Fictions juridiques et blanchiment

Ce succès s'explique par les avantages qu'ils procurent : secret bancaire (comptes anonymes et numérotés, non-obligation de connaître le client…), réglementation des plus limitée, sociétés écrans garantissant l'anonymat, fiscalité faible ou inexistante. Ces territoires sont donc à la fois des paradis fiscaux et des paradis juridiques car ils refusent de coopérer avec les différentes institutions judiciaires nationales et internationales dans la recherche et la sanction des fautes ou crimes commis. En créant ainsi des espaces hors d'atteinte du droit des États et où le contrôle et la régulation des intérêts privés sont impossibles, ils deviennent eux-mêmes des fictions juridiques. Leurs décisions politiques sont souvent très largement influencées par les grands acteurs financiers qui leur dictent parfois les lois les plus favorables à leurs activités.

Ils accueillent ainsi les produits des évasions fiscales des pays développés, les capitaux des dictateurs ou dirigeants kleptomanes du Tiers-monde (Philippines, Haïti, Nigeria, Mali, Zaïre…) et une grande partie de l'argent sale, soit environ 2 à 5 % du PNB mondial. Ainsi, en 1999, les experts du FMI estiment que 80 % des 250 milliards de francs prêtés à la Russie en 1998 auraient été détournés sur des comptes bancaires à Jersey. Selon l'Office des Nations unies pour le contrôle des drogues et la prévention du crime, 50 % des 4 800 milliards de francs annuels dégagés par l'ensemble des activités criminelles dans le monde (trafic de drogues, d'armes, fausse monnaie, réseaux d'immigration, de prostitution, fraude, piratage, contrefaçon) serait blanchi dans ces paradis avant de réintégrer l'économie légale.

Enfin, les États-Unis s'aperçoivent en 2001 que les financements des réseaux terroristes islamistes passaient aussi par eux.

Tableau 1.19 Le maquis des entreprises du secteur financier extraterritorial

	Millions d'habitants	Nombre de banques	Entreprises du secteur financier extraterritorial
Antigua et Barbuda	0,07	51	6 000 IBC et trusts
Aruba	0,07	6	6 000 AVV Sociétés exemptées d'impôts d'Aruba
Bahamas	0,3	415	100 000 IBC, 596 Mutual Funds, 29 compagnies d'assurance offshore
Chypre	0,77	46	30 000 sociétés offshore
Gibraltar	0,03	32	68 000 sociétés offshore
Caïmans	0,04	575	2 200 fonds
Îles Vierges brit.	0,02	13	350 000 IBC
Barbade	0,26	63	3 046 IBC, 2 614 FSC
St Kitts et Nevis	0,04	0	854 exempt companies, 2 020 trusts 12 000 Nevis Business Corporations, 2 000 SARL
St Vincent et Grenadines	0,11	16	6 286 IBC, 804 companies d'assurance internationales
Total	1,71	1 217	592 449 entreprises
IBC = International Business Company, FSC = Foreign Sales Corporations			

Source : Banque de France, oct. 2000.

Contrôle et régulation

C'est pourquoi les grands pays développés commencent enfin à les dénoncer comme les « sanctuaires financiers de la criminalité internationale » et à réfléchir à des mesures de sanctions. Ainsi, initié en 1989 par le G7, le Gafi est chargé de lutter contre le blanchiment de l'argent sale. Il établit régulièrement une liste des États « non coopératifs » les plus compromis et surveille leur mise en conformité. Progressivement, la pression monte pour leur imposer une certaine transparence avec la mise en œuvre de mesures de rétorsion entre 2001 et 2005. Le Luxembourg est dénoncé en 2000 par l'Union européenne et les services secrets allemands alors que Monaco est mis en cause par le gouvernement français et la Suisse, affaiblie par les révélations sur sa gestion des avoirs juifs pendant la Seconde Guerre mondiale, critiquée par les autorités allemandes et italiennes. La seule réelle et radicale mesure serait de rendre illicite toute transaction vers ces territoires. Mais jusqu'où sont disposés à aller les grands États alors que leurs banques, multinationales, services secrets ou Banques centrales sont les premiers et principaux utilisateurs de ces structures opaques ou criminelles ?

Liste des États mis en cause par le Gafi pour le blanchiment d'argent sale		
– Bahamas – Dominique – Égypte – Guatemala – Hongrie – Indonésie – Israël	– Iles Caïmans – Iles Marshall – Iles Cook – Liban – Lichtenstein – Myanmar – Nauru	– Nigeria – Niu – Panama – Philippines – Russie – St Kitts et Nevis – St Vincent et Grenadine

Au total, les dynamiques du système financier fonctionnent au profit d'une étroite couche de privilégiés. Pour Merryl Lynch, société de gestion américaine, les grandes fortunes individuelles mondiales se définissent à partir de la détention de plus d'un million de dollars d'épargne financière (actions, capital investissement, fonds à risque, stock-options...). Entre 1997 et 2002, leur nombre passe de 5,2 à 7,3 millions de personnes. Mais surtout, leur patrimoine monte de 19 100 à 27 200 milliards de dollars (+ 41 %), soit 3,5 fois le PNB annuel des États-Unis ou 98,9 % du PNB annuel mondial. Et seulement 57 000 personnes en contrôlent 8 700 milliards. Géographiquement, cette oligarchie se trouve en Amérique du Nord (32,5 %), devant l'Europe (26,6 %), l'Asie (18 %) et l'Amérique latine (12 %).

Une explosion insupportable des inégalités territoriales

L'extraordinaire diffusion du capitalisme à la surface du globe et sa financiarisation s'accompagnent de violents processus d'intégration, définis comme participation hégémonique ou dominée à la dynamique mondiale, ou d'exclusion, définis comme marginalisation dans la production, le partage et les échanges des richesses créées. Ces logiques cumulatives et multiformes débouchent sur une explosion sans précédent des inégalités territoriales.

L'interdépendance asymétrique Nord-Sud : domination et exclusion

Des écarts sans précédents historiques

Écarts entre continents et États

Jamais notre planète n'a été aussi riche : ces cinquante dernières années, le PIB mondial passe de 3 000 à 33 000 milliards de dollars alors que le PIB mondial-habitant quintuple au XXe siècle. Il double entre 1980 et 2005. Mais contrairement aux théories économiques orthodoxes affirmant la convergence des économies mondiales par le jeu du libre-échange, cette troisième mondialisation s'est accompagnée d'un creusement sans précédent des inégalités de richesses. Les écarts de revenus entre pays développés et en développement passent de 1 à 11 en 1870 à 1 à 30 en 1965 et 1 à 80 aujourd'hui. Les 20 % d'habitants les plus pauvres disposent de 1,1 % du PIB mondial contre 2,3 % en 1960 et 40 % de la population du globe vit avec moins de deux dollars par jour alors que les pays développés accaparent 80 % de la richesse mondiale avec 19 % de la population.

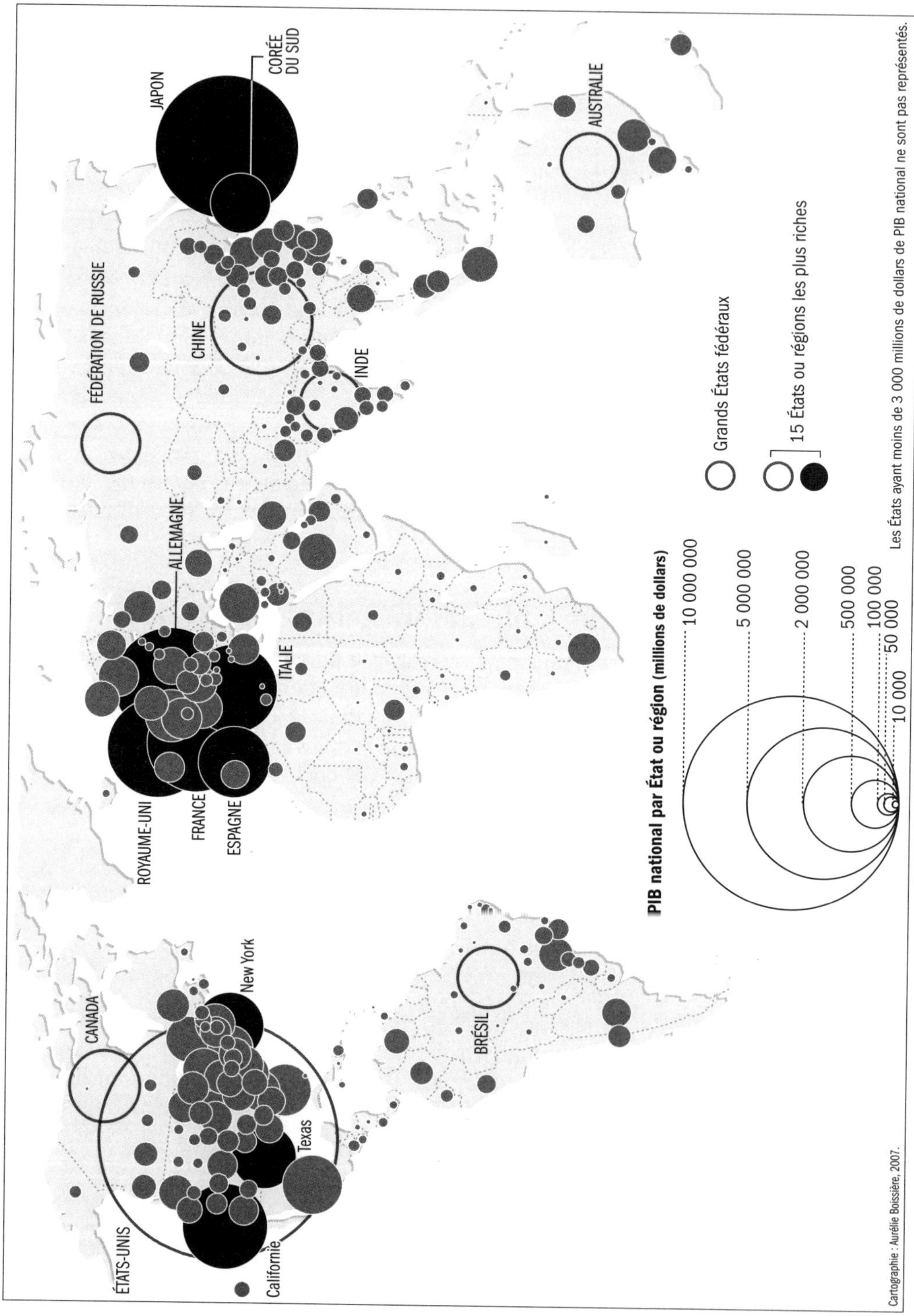

Figure 1.2 Les territoires de la production de richesse du monde (PIB/État ou régions) (AD)

La carte de la production de richesse par États, et pour les plus grands d'entre eux par régions ou États fédérés, est à cet égard significative des profondes inégalités de la hiérarchie contemporaine, aux échelles internationales ou nationales. Alors que l'économie canadienne est un peu supérieure au total de l'Afrique, l'économie californienne est équivalente à celle de l'Italie, celle du Texas supérieur à celle du Brésil ou de la Russie. Mais l'état brésilien de Sao Paulo dépasse à lui seul l'Afrique du Sud et le Guangdong chinois la Grèce. En Inde, en Chine, au Brésil ou aux États-Unis, la très grande taille de ces États illustre l'importance géoéconomique progressivement acquise au cours du long processus de mondialisation par les grandes régions métropolitaines littorales, qui fonctionnent comme les espaces d'interface privilégiés entre échelles mondiales, nationales et régionales.

L'explosion des inégalités sociales

À la concentration géographique des richesses répond une extraordinaire polarisation sociale au profit des classes dominantes et oligarchies : la valeur cumulée du patrimoine des 200 personnes les plus riches double entre 1994 et 1998, d'après la Cnuced et seulement 3 % des foyers mondiaux détiennent 70 % de la richesse mondiale en 2001 selon le Boston Consulting Group. Ces inégalités de revenus et de patrimoines renforcent les inégalités sociales puisque les 20 % des habitants les plus riches consomment 45 % de la viande, 58 % de l'énergie, possèdent 87 % des véhicules et 74 % des lignes téléphoniques mondiales alors que la moitié de l'humanité n'a pas les moyens de se nourrir, s'instruire, se soigner ou se loger.

Cette explosion des inégalités sociales internes, déjà vives dans les pays hautement développés depuis la fin des années 1980, est encore plus sensible dans les pays du Sud en rattrapage comme l'Inde, dont 80 % de la population vit avec moins de deux dollars par jour, le Brésil ou la Chine du fait de la faiblesse des politiques publiques redistributives. Le différentiel est de 1 à 85 au Brésil entre les 10 % les plus riches et les 10 % les plus pauvres et il passe de 1 à 6 en Chine en 1983 à 1 à 18 en 2006, soit un niveau d'inégalités internes équivalant aux États-Unis. Dans ce contexte, la question de l'affirmation, de la promotion et de la défense de droits universels – politiques, sociaux, économiques et environnementaux – associée à des stratégies de réduction des inégalités intra-nationales et mondiales constitue un enjeu d'avenir essentiel.

Quelques critères d'analyse : santé, faim, travail, éducation

Revenu, santé, alimentation, travail, éducation : aucun des grands objectifs que s'était fixé la communauté internationale des deux dernières décennies n'a été atteint alors que la population mondiale doit passer de 6,5 à 9,1 milliards entre 2005 et 2050 (+ 40 %). Ainsi, 2,5 milliards d'hommes n'ont toujours pas accès à l'eau et à l'assainissement. Rompre avec le sous-développement et engager de nouvelles logiques de coopération plus solidaires devient un impératif face aux rééquilibrages démographiques en cours.

Un révélateur de l'inégalité face à la mort : le Sida

Si les progrès de l'espérance de vie des pays du Sud sont réels ces dernières décennies (1970 : cinquante-cinq ans, 1997 : soixante-cinq ans), le différentiel demeure considérable (Nord : soixante-dix-huit ans). Surtout, certaines de ces avancées sont aujourd'hui remises en cause. Entre son apparition au début des années 1980 et décembre 2006, la pandémie de Sida a tué plus de 28,6 millions de personnes. Pauvreté, manque de ressources et déficience des systèmes de santé se conjuguent à l'incurie des États et à l'exclusion : alors que 40 millions de personnes sont contaminés, dont 95 % dans les PVD et 63 % en Afrique sub-saharienne, seulement 15 % des malades mondiaux bénéficient des trithérapies, habitant pour 65 % d'entre eux les pays développés. Même si les génériques divisent par 40 le coût des traitements, une dépense de 300 dollars annuels par malade demeure inaccessible au plus grand nombre. C'est pourquoi, l'Afrique du Sud et le Brésil mènent une lutte acharnée contre les transnationales pharmaceutiques (GlaxoSmithKline, Bristol-Myers Squibb, Roche, Abbott, Merck, etc.) afin d'accéder à un coût raisonnable aux progrès de la recherche médicale en faisant jouer les clauses d'urgence sanitaires prévues dans les conventions de l'OMC (accords Trips). Mais l'établissement de ce rapport de force historiquement et moralement novateur – le droit à la santé doit primer sur le droit aux brevets – n'est rendu possible que par la possession d'une base industrielle et technologique nationale autonome capable de produire des génériques ou de copier les molécules brevetées.

Tableau 1.20 La recomposition démographique des « équilibres mondiaux » (millions habitants et %)

	1950	%	2005	%	2050	%
Total mondial	2 519	100	6 464	100	9 076	100
Asie	1 396	55,4	3 905	60,4	5 217	57,4
Afrique	224	8,9	906	14,0	1 937	21,3
Amérique latine	167	6,6	561	8,7	783	8,6
Océanie	13	0,5	33	0,5	48	0,5
Europe	547	21,7	728	11,3	653	7,1
Amérique du Nord	172	6,8	331	5,1	438	4,8

Source : Nations Unies, 2007.

Faim et agriculture

850 millions (17 % de la population mondiale) de personnes – dont 75 % de paysans – souffrent de malnutrition chronique dans les PVD tout comme les 34 millions d'exclus des pays développés. Alors que la production agricole mondiale est suffisante, les facteurs climatiques, politiques (conflits), sociaux (structures agraires, limites et ambiguïté des Révolutions vertes...) et économiques (appauvrissement des paysanneries, sacrifice des cultures vivrières traditionnelles, manque de capitaux et d'expertise...) expliquent cette absurdité. En particulier, la libéralisation des échanges entraîne un développement inégal, hypersélectif et surtout l'exclusion progressive des agricultures à faible productivité du fait de l'égalisation puis de la baisse des prix réels agricoles. Si la moitié de la population mondiale vit de l'agriculture, une infime minorité axée sur une agriculture hyper-

productiviste bénéficie réellement de la mondialisation des marchés. Face aux impasses actuelles, seule la promotion d'une agriculture paysanne soutenue par les États et dégagée de la pression directe des marchés mondiaux en étant protégée au Nord comme au Sud apparaît un objectif viable.

Tableau 1.21 Les grands indicateurs des fractures mondiales par continent

	PIB milliards de $	% PIB	PIB/ hab/ en $	Croissance PIB 1975/2003	IDH	Espérance de vie	Population de – 15 ans	Taux d'alphabétisation
Monde	36 058,3	100	5 801	1,4	0,741	67,1	28,9	?
OCDE	29 650,5	82,23	25 750	2	0,892	77,7	19,8	99,8
Pays en dév.	6 981,9	19,36	1 414	2,3	0,694	65	31,6	76,6
Pays moins avancés	221,4	0,61	329	0,7	0,518	52,2	42,2	54,2
Pays arabes	773,4	2,14	2 611	0,2	0,679	67	36,3	64,1
Asie de l'Est Pacifique	2 893,6	8,02	1 512	6	0,768	70,5	24,9	90,4
Amérique latine	1 745,9	4,84	3 275	0,6	0,797	71,9	30,8	89,6
Asie du Sud	902,2	2,5	617	2,6	0,628	63,4	34,1	58,9
Afrique subsaharienne	418,5	1,16	633	-0,7	0,515	46,1	44,0	61,3
Europe cent. et orientale	1 189,9	3,3	2 949	?	0,802	68,1	19,1	99,2

Source : Pnud, rapport 2005.

Le travail : un droit largement bafoué

Si la faculté d'exercer un travail décent sans être exploité est reconnue comme un droit essentiel, on assiste ces dernières décennies à une dégradation généralisée du travail. Alors que les rapports salariés modernes ne concernent encore qu'une petite fraction de l'humanité, l'esclavage, le travail forcé ou la corvée survivent dans biens régions du globe, pas seulement rurales et isolées. Au Proche et Moyen-Orient, 1,2 million de femmes travaillent comme employées de maisons sans aucune protection alors que la traite des femmes et leur exploitation sexuelle explosent en Europe occidentale. Plus de 250 millions d'enfants sont contraints de travailler, dont 153 en Asie et 80 en Afrique, afin de compléter les revenus insuffisants de leurs parents. Selon le Bureau international du travail (BIT), un tiers de la population active mondiale se trouve soit au chômage, soit en sous-emploi du fait des structures foncières, sociales ou économiques qui font d'abord du travail une marchandise à exploiter. À cet extraordinaire gâchis productif répond le maintien dans les PVD d'une large économie informelle (57 % des emplois dans les villes boliviennes) aux emplois précaires, à faible productivité et à bas salaires qui permet cependant la survie d'une large partie de la population. Enfin, dans les pays développés, la refonte libérale des normes du travail et du partage de la valeur ajoutée – qui s'attaque aux acquis des luttes politiques et syndicales du XXe siècle (protection sociale, systèmes de santé et retraites, garanties collectives...) – s'effectuent au détriment des salariés alors qu'explose une nouvelle pauvreté salariée.

Savoir et éducation : une planète sous éduquée

Si savoir lire et écrire est passé du statut de privilège à celui d'un droit humain conditionnant le progrès économique, social et politique, la situation mondiale demeure bien inégale. Malgré les progrès de l'alphabétisation des adultes (48 % à 72 % entre 1970 et 1998), le nombre d'analphabètes sur terre n'a jamais été aussi important du fait de la croissance démographique : il augmente d'un quart entre 1950 et 2006 alors que les deux tiers des illettrés sont des femmes. De profondes lignes de fractures territoriales se dessinent entre villes et campagnes, entre régions ou districts, entre groupes ethniques et linguistiques, entre homme et femmes et entre couches sociales. Au Maroc, le taux d'analphabétisme est de 75 % en milieu rural contre 37 % en milieu urbain alors que l'illettrisme progresse dans la frange de population la plus fragile des pays développés (États-Unis, Royaume-Uni…).

Car l'éducation – un facteur productif déterminant – est globalement victime d'une stratégie malthusienne puisque les dépenses publiques mondiales d'éducation et de formation s'élèvent à 5 % du PNB mondial. Elle demeure trop souvent considérée comme un coût et non un investissement nécessaire et utile. L'accès au savoir et à l'éducation demeure un facteur géographique d'autant plus important que la mobilité du capital et la concurrence s'accentuent avec cette 3e mondialisation. Dans les PVD, les programmes d'ajustement structurel se traduisent par une déscolarisation massive due à un effondrement des systèmes éducatifs.

Tableau 1.22 La dépense publique d'éducation par habitant

	Milliards de dollars	Région (%)	Habitant (en dollars)
PVD	216,5	15,9	47
Pays arabes	30,4	2,2	118
Asie Est	42,9	3,1	33
Amérique latine et Caraïbes	85,6	6,3	172
Asie Sud	20,9	1,5	15
Asie du Sud-Est et Pacifique	18,9	1,4	37
Afrique subsaharienne	19,9	1,4	33
Europe de l'Est et CEI	41,2	3	104
OCDE	1 150,4	84,3	1 041
Monde	1 364,3	100	234

Source : Pnud, 2000.

Les oubliés de la mondialisation

Explosion des inégalités dans les pays riches : de nouvelles fractures

Dans les pays développés, l'ampleur des inégalités de revenus et de richesse demeure une caractéristique essentielle avec la persistance de vastes poches de pauvreté et l'ampleur accrue des phénomènes d'exclusion. Aux États-Unis, 12 %

d'Américains mais 25 % des noirs vivent dans la pauvreté, soit 34,5 millions de personnes alors que les 10 % de familles américaines les plus aisées détiennent 68 % du patrimoine national. Alors que 43 % des habitants y sont totalement privés ou mal couverts par la protection maladie, les projets de réformes de B. Clinton des années 1990 sont mis en échec par les pressions du lobby des assurances. En Allemagne, le nombre de bénéficiaires de l'aide sociale quadruple entre 1973 et 2000. Dans les anciens *Länder*, 10 % des foyers détiennent 42 % de la richesse alors que 50 % des foyers les plus pauvres ne se partagent que 4,5 % des richesses. En France, 20 % des ménages détiennent les 2/3 de la fortune du pays.

Au Royaume-Uni, la vague ultra-libérale initiée par M. Thatcher en 1979, puis la gestion du Nouveau Labour recentré remodèlent une société des 30-30-40 : 30 % d'exclus d'un véritable travail, 30 % de travailleurs totalement précaires, 40 % de « privilégiés » disposant d'un emploi à temps plein. On assiste ainsi à un appauvrissement généralisé de la société britannique, à un net déclassement social de millions de personnes et à un délabrement marqué des infrastructures (voies ferrées, métro londonien). Le nombre de ménages n'ayant pas accès à un « niveau de vie décent » passe de 14 % à 24 % entre 1983 et 1999. Surtout, l'insertion inégale et spécialisée dans la mondialisation affecte profondément les économies régionales du fait de la juxtaposition sur le territoire de systèmes différenciés et de la faiblesse des logiques régulatrices de l'État : à la grande métropole mondiale des services et de la finance londonienne répondent l'Écosse des hautes technologies de la Silicon Glenn et les régions charbonnières et textiles de la 1ère et 2e Révolution industrielle en déclin profond.

Tableau 1.23 Les profondes inégalités régionales britanniques

	Inner London	Berkshire	Ecosse	Pays de Galles	Nord-Est	Sud Yorkshire	Merseyside
PIB millions £	64 765	43 430	69 179	33086	27 729	13 466	14 221
PIB/habitant en £	24 919	20 751	13 660	11 396	13 011	10 633	10 444
PIB/Habitant R.-U. = 100	247	156	94	79	76	73	72

Source : National Statistics, 2007.

Crises, inégalités et instabilité dans les pays du Sud

Mais c'est certainement dans les pays du Sud que les déséquilibres sociaux deviennent, à partir d'un certain niveau, incontrôlables comme en témoigne en permanence l'actualité. En février 1999, de graves émeutes dans l'Ile Maurice, jusqu'ici présentée comme prospère grâce au tourisme et à ses zones franches (*cf.* chap. 4), révèlent la paupérisation et l'exclusion d'une partie de la population. Le mode d'insertion dominé dans l'économie mondiale ravive les fractures internes et profite essentiellement à l'étroite couche dominante comme en Namibie où 10 % de la population, essentiellement d'origine allemande et afrikaner, détiennent toujours 70 % des richesses, malgré la fin de l'Apartheid.

Dans bien des pays, la libéralisation économique était censée favoriser l'émergence d'une classe moyenne urbaine dont le pouvoir d'achat et le mode de consommation s'apparentaient aux pays développés. Mais ce modèle demeure soit inexistant ou embryonnaire, soit très fragile quand il existe (Argentine, Indonésie…). En Inde, ces nouvelles couches sociales ne constituent encore qu'un infime îlot dans un océan de misère : elles sont évaluées à 150 ou 300 millions d'individus et les consommateurs de produits de luxe à 3,5 millions.

Tableau 1.24 Le profil du consommateur vénézuélien : l'étroitesse du consommateur de produits importés haut de gamme

Groupe	*Élite*	*Supérieur*	Moyen	Pauvres	Exclus
% Population	*2 %*	*5 %*	12 %	30 %	51 %
Revenus mensuels	*+ 1 530 €*	*+ 549 €*	+ 335 €	– 335 €	– 183 €
Éducation	*Études sup.*	*Universitaires*	Secondaires	Primaires	Primaires
Mode d'habitat	*Propriétés*	*Appartements*	Log. Type HLM	Cités	Bidonvilles
Professions	*Dirigeants*	*Universitaires*	Techniciens	Ouvriers	Ouvriers

Source : DREE 2000.

Alors que l'Argentine plonge en 2000-2001 dans une crise sans fin, le revenu moyen par habitant au Venezuela, qui s'est accru de 70 % entre 1970 et 1978, est divisé par 3,4 entre 1978 et 2000 sous l'effet des programmes d'ajustement structurels (Plan Brady, en 1990, Agenda FMI, en 1996…). En Indonésie, la crise asiatique se traduit par une explosion de la pauvreté qui remet brutalement en cause les progrès réalisés durant la décennie 1980.

Tableau 1.25 Les effets directs de la crise asiatique en Indonésie (% de la population sous seuil pauvreté)

1976	1978	1980	1981	1984	1987	1990	1993	1996	1998
40,2	33,4	28,7	26,9	21,9	17,7	15,1	13,6	11,3	38,8

Ces processus se traduisent par un éclatement sans précédent des inégalités territoriales dont témoignent de nombreux travaux de géographes. Ainsi, en Inde, le différentiel de niveau de vie moyen s'accuse entre les États les plus riches et les plus pauvres. Alors que la population urbaine explose, la ville du Tiers-monde juxtapose souvent les disparités mondiales les plus fortes en termes de revenus et d'accès aux services collectifs et privés sur des espaces restreints alors que monte l'opposition croissante entre « villes légales » et « villes réelles ». Au Brésil, le Grand Sao Paulo polarise aujourd'hui 40 % des chômeurs urbains du pays avec 1,2 million de personnes au-dessous du seuil de pauvreté alors que 25 % population vit dans un habitat précaire. En Inde, surpeuplement (densité moyenne + 20 % dix ans) et paupérisation des villes sont largement alimentés par l'exode rural dont témoigne la croissance des bidonvilles qui logent 25 % de la population urbaine totale et les 2/5 des habitants des villes de plus d'un million d'habitants.

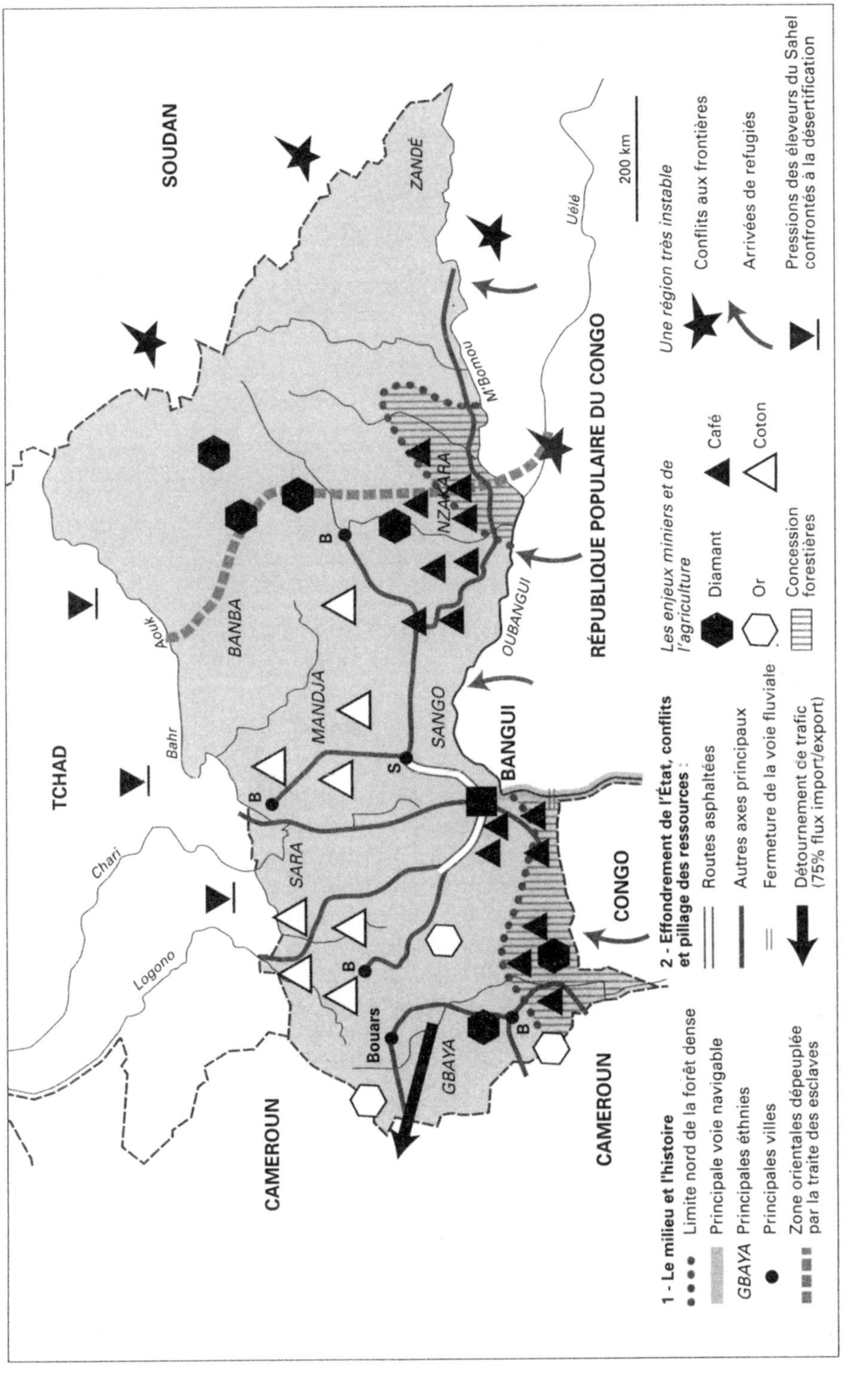

Figure 1.3 Les oubliés de la mondialisation : la République centrafricaine

Tableau 1.26 Indicateurs socio-démographiques des inégalités inter-régionales en Inde

État fédéré	IDH 2001	Taux de natalité	Taux de fécondité Enfants/femme	% croissance population 1991/2001	Espérance de vie	Mortalité infantile	Prod. économique /Roupies/ Hab/an
Kerala	**0,638**	**15**	**1,8**	**9,43**	**73,1**	**14**	**7 578**
Punjab	**0,537**	**18,1**	**2,3**	**20,1**	**67,4**	**44**	**14 534**
West Bengal	**0,472**	**18,8**	**2,3**	**17,77**	**62,4**	**38**	**7 436**
Maharashtra	**0,523**	**19**	**2,3**	**22,73**	**65,2**	**36**	**13 368**
Andhra Pradesh	0,416	19,1	2,2	14,59	62	57	8 415
Rajasthan	0,424	28,6	3,9	28,41	59,5	68	6 951
Madhya Pradesh	*0,394*	*29,4*	*3,8*	*24,26*	*55,2*	*76*	*6 034*
Uttar Pradesh	*0,388*	*30,4*	*4,4*	*25,85*	*57,2*	*73*	*5 339*
Bihar	*0,367*	*30,4*	*4,3*	*28,62*	*59,4*	*61*	*3 737*
Inde	0,472	23,8	3	21,54	60,7	58	

NB : En gras : **États « modernes »** , en italique : *États « retardataires »*.
Source : IndiaStat, 2006.

La mise au ban de la mondialisation de certains PVD : la République centrafricaine

Petit pays africain parmi les plus pauvres du monde, la République centrafricaine est emblématique des processus d'exclusion que connaissent de nombreux PVD. Elle est victime d'un État en faillite lié au désinvestissement stratégique de la France, d'une économie à la dérive dont les quelques ressources sont pillées au profit d'activités criminelles, des ravages du Sida et des conflits régionaux.

Au cœur du continent africain, la République centrafricaine – ex Oubangui Chari – fut comme de nombreux États d'Afrique sub-saharienne une création purement coloniale liée à la seconde mondialisation. Paris y trouvait deux intérêts majeurs. Stratégique du fait de sa position charnière. Economique avec la mise en coupe réglée du territoire et de la population par dix-sept compagnies concessionnaires qui se partagèrent la moitié du pays à partir de 1889. Déjà affaiblie par la traite négrière arabo-soudanaise qui désertifia toute la partie orientale du pays au XIXe siècle, la moitié de la population périt entre 1890 et 1940, victime d'une exploitation forcenée (travail forcé, portage...). Ce système fut remplacé, des années 1930 aux années 1980, par la promotion autoritaire des cultures commerciales exportatrices : cycle du caoutchouc, puis, en 1925, introduction du coton, suivi du café puis du tabac.

Dans les années 1980, elle occupe une place nodale dans le dispositif militaire français en servant de base à de nombreuses interventions régionales. Paris s'ingère systématiquement et brutalement dans ses affaires intérieures malgré l'indépendance octroyée en 1960. En contrepartie, l'État est maintenu sous perfusion financière alors que la présence militaire à Bangui et Bouar représente 3,7 % du PNB et que sont engagés des travaux d'équipement (routes, santé...). Mais en 1997, la France décide du redéploiement de son dispositif militaire africain et s'en retire.

Privé de ces subsides dont il était totalement tributaire, l'État s'effondre. Au plan intérieur, il est victime de l'instabilité et de la tribalisation de la vie politique, des révoltes militaires et de la multiplication des milices qui ravagent l'économie de Bangui, la capitale et seul grand pôle économique. La corruption, endémique, se généralise alors que les fonctionnaires ne sont plus payés, sauf la Garde présidentielle. Au plan extérieur, les conflits armés à ses frontières (Soudan, Zaïre, Congo) entraînent un vaste afflux de réfugiés et le blocage de l'axe de transport de l'Oubangui, accentuant l'enclavement du pays. L'appareil productif et les infrastructures énergétique et de transport s'effondrent. La population est en survie alors que l'insécurité se généralise. L'éducation devient une fiction avec la multiplication des « années blanches » (sans cours) alors que 56 % des 3,5 millions d'habitants sont analphabètes. La santé tombe en déshérence alors que le Sida contamine environ un quart de la population adulte.

Cette situation est, dans le cadre de la mondialisation des économies, propice à la mise en place de nouvelles logiques d'accaparement des quelques richesses disponibles. À cet égard, on assiste à l'arrivée de nouveaux acteurs particulièrement prédateurs qui exploitent les produits de base, une des seules sources de revenus immédiatement réalisables.

Les forêts méridionales, déjà largement valorisées, sont surexploitées par des groupes d'investisseurs – essentiellement malaisiens mais aussi indonésiens et chinois qui sont déjà responsables de l'épuisement des ressources forestières asiatiques. Ils associent les clans politiques aux pouvoirs en les rétribuant comme prêtes-noms alors que bois, représente 50 % des exportations. Ainsi, neuf grandes compagnies forestières se voient reconnaître des concessions portant sur plus de trois millions d'hectares alors que les exportations officielles de bois représentent des recettes fiscales dix fois supérieures à celles du diamant.

En effet, la République centrafricaine se place au 15e rang mondial pour la production de diamants qui représentait traditionnellement 4 % du PNB, 80 000 à 100 000 emplois et surtout 36,5 % de la valeur des exportations et des ressources de l'État. Mais celle-ci est très difficile à évaluer : la contrebande est estimée à 50 % de la production en 1999. Si les traditionnels intérêts sud-africains (De Beers) et les intermédiaires libanais occupent une place de choix, certaines compagnies minières occidentales se retirent (canadien Trans Hex en 1999) devant l'arrivée, depuis 1996, des mafias russes. Elles utilisent la revente des diamants sur le marché mondial pour blanchir l'argent sale.

Victime du désintérêt stratégique de l'ancienne puissance coloniale, de l'inconsistance de ses élites politiques et économiques et d'une insertion dominée et prédatrice dans la mondialisation, la République centrafricaine est le reflet des mutations bouleversant actuellement une grande partie de l'Afrique subsaharienne.

Les flux migratoires : mobilité forcée et interdépendances

Si la mondialisation se traduit par des possibilités nouvelles de mobilité géographique des personnes, la situation des peuples est très différente entre mobilité choisie et mobilité imposée alors qu'on assiste à une explosion des flux migratoires forcés. Durant les années 1980/2000, la déstabilisation de larges portions de continents par la multiplication des guerres et conflits géopolitiques, internes et externes, expliquent que le nombre de réfugiés passe de 2,5 millions à 18,5 millions entre 1975 et 2003 auxquels s'ajoutent 20 millions de déplacés dans leurs propres frontières. Si la normalisation de nombreux conflits (Afghanistan, Liberia, Burundi, Angola...) fait depuis tomber le nombre de réfugiés à 8,5 millions, le maintien de graves crises (Colombie, Irak, Soudan, Somalie, Azerbaïdjan, Sri Lanka) continue d'entretenir parfois des flux plus ponctuels mais considérables. Mais la principale caractéristique de cette 3e mondialisation réside dans l'essor des flux de travail.

L'explosion des flux migratoires : mobilité choisie ou imposée

Les profondes inégalités de développement et de pressions démographiques et les crises économiques et sociales accumulent aussi leurs effets destructeurs. Selon la Banque mondiale, 3 à 4 millions de personnes par an s'expatrient pour trouver du travail. Selon le BIT, le stock mondial de travailleurs migrants passe de 45 à 200 millions entre 1965 et 2006, soit environ 3,1 % de la population mondiale, auxquels s'ajoutent 25 à 30 millions de migrants illégaux alors que le marché du trafic humain est évalué à vingt milliards de dollars-an, en 2006.

Si en valeur relative ce nombre demeure limité, les effets en sont spectaculaires du fait de la forte polarisation géographique des principaux pôles émetteurs et récepteurs (Amérique du Nord, Europe occidentale, Moyen-Orient). Si les rapports Nord-Sud sont largement dominants en Amérique latine, en Europe de l'Est et en Afrique du Nord et sub-saharienne, les flux du Sud répulsif vers le Sud attractif sont considérables (par exemple, États rentiers de la péninsule Arabique : 12 millions soit 40 % population, Afrique du Sud, Malaisie : 200 000). Face à leurs besoins de main-d'œuvre, les grands pôles récepteurs considèrent toujours les pôles émetteurs comme un réservoir à leur disposition qu'il est possible de mobiliser selon l'état de leurs conjonctures économiques et démographiques.

Durant les décennies 1990 et 2000, la question de la main-d'œuvre étrangère, dans les pays développés, a trop souvent été traitée sous l'angle uniquement sécuritaire alors que cette population contribue activement au développement des économies nationales et régionales les plus dynamiques, malgré un traitement juridique, social et salarial souvent injuste. Ainsi, 80 % des migrants résident aux États-Unis dans cinq États (Californie, New York, Texas, Floride, New Jersey) et tout particulièrement dans les grands espaces métropolitains (New York, Miami, Los Angeles, Houston, Dallas...). En Italie, 60 % des travailleurs émigrés travaillent dans le Nord, essentiellement en Lombardie et en Vénétie.

Les effets d'entraînement sur les pôles émetteurs

Aux échelles nationales, si l'Organisation internationales pour les migrations (OMI) estime que les migrants transfèrent 232 milliards de dollars par an vers leurs pays d'origine (x 2 en dix ans), seulement vingt États en polarisent 88 %. Ces transferts financiers sont devenus parfois la première source de devises des pays pauvres. En Europe même, 4,5 millions de Portugais – essentiellement originaires du Nord du pays – pour une population de 10 millions d'habitants vivent à l'étranger, notamment au Brésil (1,2 million), en France (800 000) et en Afrique du Sud (600 000). Les transferts des émigrés y sont la première rentrée nette de capitaux devant les aides communautaires et le tourisme.

Aux échelles régionales, ces effets d'entraînement sur l'essor économique (construction de puits, écoles, électrification, dispensaires...) sont encore plus considérables du fait des spécialisations migratoires de certains espaces (région de Kayes au Mali, Anti-Atlas marocain...). Aux transferts financiers s'ajoute la diffusion de nouvelles connaissances techniques et de nouvelles valeurs. Mais il n'y a pas de lien immédiat entre développement et arrêt des flux car la hausse des revenus peut permettre à une frange plus importante des jeunes actifs disponibles de migrer alors que les transformations économiques et sociales (mécanisation du travail agricole) libèrent de nouveaux bras. La contribution des migrants au développement de leur région d'origine dépend étroitement de la qualité de leur intégration (statut stable, accès aux mêmes droits, salaires décents, formation...) dans les pays d'accueil.

Tableau 1.27 La montée des transferts des travailleurs expatriés du Sud (milliards de dollars et %)

	1990	1995	2000	2005	1990/2005	% 2005
Pays du Sud (total)	31,2	57,8	85,6	166,9	x 5,3	100
Amérique latine	5,8	13,4	20,1	42,4	x 7,3	25,4
Asie du Sud	5,6	10	17,2	32	x 5,7	19,2
Asie de l'Est	3,3	9,7	16,7	43,1	x 13,1	25,8
Maghreb - Proche Orient	11,4	13,4	13,2	21,3	x 1,9	12,8
Europe cent. et orientale	3,2	8,1	13,4	19,9	x 6,2	11,9
Afrique sub-saharienne	1,9	3,2	4,9	8,1	x 4,3	4,9

Source : Banque mondiale, 2007.

Les Philippines : 1er exportateur mondial de main-d'œuvre

À la recherche de devises face à un sous-emploi structurel dans un pays à forte croissance démographique, le gouvernement de Manille met en place une politique migratoire volontariste à partir de 1974. Alors que les flux annuels passent en vingt ans de 300 000 à 866 000, la diaspora compte 2,55 millions de personnes et les expatriés sont 5 millions, soit 10 % de la population de l'archipel et 18,5 % de la population active. Deux institutions gouvernementales gèrent cette politique, la *Philippine Overseas Employment Administration* (POEA) et l'*Overseas Workers Welfare Administration* (OWWA). Aux Philippines, 14 bureaux répartis sur l'ensemble du territoire drainent les demandes et régulent officiellement les 1 300 agences privées de recrutement alors qu'à l'étranger 27 bureaux coordonnent les demandes et les flux. Tenant compte de ces spécificités, le gouvernement de Manille engage au début des années 2000 ce qu'il appelle une *Labor Diplomacy*, qui dicte partiellement sa politique étrangère.

Les transferts financiers s'élèvent à 11 634 millions de dollars en 2005, soit 10 % du PNB et 27 % des exportations. Deux catégories sont définies. Quelque 600 000 *seabased* travaillent comme marins à bas salaires sur les navires de la marine marchande mondiale. Les *landbased* sont des salariés sous contrat à terre : les postes non qualifiés des services et de l'industrie (domestiques, nourrices, ouvriers, maçons...) sont depuis peu complétés par le départ de personnels plus qualifiés (infirmières, enseignants ou ingénieurs). Avec un taux de pauvreté de 33,7 % et 15 % de la population vivant avec moins d'un dollar par jour en 2006, la misère oblige à la mobilité une main-d'œuvre parlant l'anglais du fait de la colonisation américaine de 1898 à 1945.

La politique migratoire philippine se moule dans la demande émanant des pays riches en déficit ponctuel ou structurel de main-d'œuvre. Ces dernières années, trois types d'États cumulent l'essentiel des flux : les pays producteurs de pétrole du Proche et Moyen-Orient accueillent 63 % des départs, dont 23 % pour la seule Arabie Saoudite, où les salariés sont souvent mal traités, devant les Dragons asiatiques (25 %, Corée du Sud, Malaisie, Thaïlande, Singapour) et les pays développés (12 % dont la moitié pour le Japon). Mais ces flux et ressources sont sous la menace permanente soit d'une détérioration des économies clientes, soit d'une crise géopolitique grave (guerre du Golfe). Enfin, les retombées culturelles, économiques et sociales de cette ouverture internationale sont très différentes dans l'archipel lui même. Sur 16 régions, quatre contribuent pour 61 % des flux migratoires alors qu'elles ne représentent que 44 % de la population nationale. En fait, l'émigration est pour l'essentiel l'affaire de l'agglomération du Grand Manille et de sa vaste zone d'influence métropolitaine qui s'étend sur la plaine centrale surpeuplée du centre de l'île de Luçon. Cette géographie illustre à merveille l'extrême éclatement géographique, socioéconomique et géopolitique du pays.

Tableau 1.28 Les transferts financiers philippins (millions de dollars)

1975	1980	1990	2000	2001	2002	2005
103	421,27	1 181,10	6 050,40	6 031,30	5 365,20	11 634

La fuite des cerveaux : un écrémage des potentiels humains

Si la mondialisation du marché du travail demeure encore limitée, elle touche essentiellement le segment très étroit de la matière grise hautement qualifiée géographiquement la plus mobile. Si l'intelligence est la ressource géographique la mieux répartie, les conditions éducatives, sociales, techniques et scientifiques de sa valorisation demeurent très sélectives et renforcent les inégalités préexistantes. En polarisant les meilleurs cerveaux, les économies développées s'assurent un avantage comparatif considérable tout en aggravant le fossé qui les sépare des pays retardataires. Cet écrémage des potentiels du Sud ou de l'Est représente en effet une perte de capital humain et un obstacle supplémentaire au développement. Seulement 6 pays accueillent 67 % des 2,5 millions d'étudiants réalisant leurs études à l'étranger dont les États-Unis (24 %), le Royaume-Uni (12 %), l'Allemagne (10,5 %), la France (10 %), l'Australie et le Japon. Et les États-Unis et l'Europe accueillent entre 60 % (Asie de l'Est, région la plus autonome) et 80 % (Afrique sud-saharienne et Amérique latine) des étudiants partis à l'étranger. Si cet effort de formation n'est pas illégitime et souvent même nécessaire, la principale question réside dans le fait que le nombre d'étudiants des PVD qui ne revient pas dans leur pays d'origine après leurs études explose, en particulier en Asie et en Afrique sub-saharienne. Et ce alors que les jeunes actifs qualifiés constituent en général la grande majorité des candidats à l'émigration. Ceci se traduit par le fait que dans certains pays entre un tiers (Salvador) et 90 % du personnel qualifié (Guyana) a émigré. En Afrique sub-saharienne, si les travailleurs qualifiés ne représentent que 4 % de la population active, ils constituent 40 % des migrants. Ce qui signifie que 20 % du stock de personnel qualifié du continent à migrer vers le Nord ces dernières décennies.

Tableau 1.29 La fuite des cerveaux : taux d'émigration du personnel qualifié

Guyana	89	Ghana	46,9	Ouganda	35,6
Jamaïque	85	Mozambique	45,1	Salvador	31
Haïti	83,6	Kenya	38,4	Sri Lanka	29,7
Suriname	47,9	Laos	37,4	Nicaragua	29

La géographie mondiale des cerveaux devient de plus en plus polarisée et déséquilibrée, d'abord au profit des États-Unis (*brain drain*) : sur les 200 millions de salariés mondiaux participant aux activités scientifiques et technologiques, 90 % résident dans les sept pays les plus développés et 25 % des chercheurs sont aux États-Unis et au Canada. Alors que ces vingt dernières années, le boom technologique américain s'appuie massivement sur cette mobilisation mondiale grâce à un système de visas spécifiques que sont les permis de travail temporaire H-1 B (195 000, en 2000), on évalue l'économie de formation ainsi réalisée à quinze milliards de dollars. Sur environ 500 000 titulaires du H 1 B, plus de 100 000 vivent dans le nord de la Californie, essentiellement dans la Silicon Valley où un tiers des ingénieurs serait immigré avec des salaires de 15 à 30 % inférieurs à leurs homologues américains. Alors que l'Inde forme chaque année 200 000 ingénieurs ou scientifiques et dispose d'un potentiel local de 600 000 informaticiens (Bangalore, Hyderabad...), 500 000 autres travaillent aux États-Unis : les dirigeants souhaitent laisser libre l'émigration mais en imposant néanmoins le remboursement de la formation (15 300 euros sur cinq ans).

Pour l'Amérique latine, on évalue la perte financière occasionnée par le départ de 1,2 million de cadres vers les États-Unis, ces quarante dernières années, à trente milliards de dollars d'investissement, soit huit fois les apports en science et technologie de la Banque intra-américaine. À l'heure actuelle, seuls les Dragons asiatiques ont réussi à inverser ce phénomène grâce à leur niveau de développement et à des investissements massifs des États et des entreprises : 70 % des jeunes Coréens rentrent dans les trois ans suivant l'obtention de leur doctorat.

Le rôle particulier des diasporas : les exemples chinois et indiens

Dans les flux migratoires mondiaux, une place particulière doit être réservée au phénomène des diasporas (grecque, syro-libanaise, sri-lankaise…) qui jouent un rôle économique, politique et culturel exceptionnel du fait de la densité et de la multiplicité des liens tissés entre l'espace régional ou national émetteur et les différentes localisations d'accueil, à travers des histoires souvent tragiques comme le soulignent G. Prévélakis et M. Bruneau.

Dans ces dispositifs, la diaspora chinoise joue un rôle de tout premier plan à l'échelle de l'Asie du Sud-Est et du monde. À la puissance démographique et économique des entités étatiques chinoises (Chine populaire, Hong-Kong, Macao, Taiwan) répond un vaste peuplement chinois outre-mer, ou Hua qiao, chinois de l'étranger. Il s'élève à environ 25 à 30 millions de personnes localisées dans 130 États, mais polarisées à 80 % en Asie du Sud-Est et à 20 % dans les pays développés, essentiellement en Amérique du Nord et Europe.

La construction historique de celle-ci s'étale sur une histoire millénaire : coulée vers la péninsule indochinoise entre de IIIe siècle av/VIe siècle ap. J.-C, création sous les Ming des réseaux commerciaux du *Nanyang occcidental* (du Siam à Java) *et oriental* (Philippines). Au XIXe siècle, la mise en valeur coloniale de l'Asie par le Royaume-Uni ou les Pays-Bas et ses énormes besoins en main d'œuvre non qualifiée minière et agricole mobilisent des millions de *coolies* dans toute la région (1880/1900 : 5 millions en Malaisie). Tout comme le développement de l'Amérique du Nord et de l'Australie qui en aspire 500 000 entre 1850 et 1900 malgré l'interdiction du trafic de main-d'œuvre par le gouvernement de Pékin en 1874. La création de la République populaire en 1949, les exodes d'Indonésie en 1959 et du Viêt-Nam entre 1976 et 1979 et l'appel des marchés développés renforcent son caractère véritablement mondial : les Chinois passent de 237 000 à plus de 2 millions aux États-Unis entre 1965 et 1990 grâce à la loi Hart-Cellar qui augmente les quotas d'entrées.

Réussissant à jouer un rôle économique majeur en Asie grâce à la puissance des réseaux familiaux commerciaux et financiers qui contrôlerait un PNB évalué à 200 milliards de dollars (Philippines, Malaisie, Indonésie, Thaïlande, Singapour…), elle bénéficie pleinement de la réouverture de la Chine continentale (flux touristiques et de capitaux…) et participe très activement à la dynamique littorale d'où elle est à 90 % originaire (Hainan, Zhejiang sud, Guangdong, Fujian). En effet, sa structure interne est très hétérogène puisque fondée sur des filières géodialectales éclatées. Chaque pôle migratoire répond à une logique autonome en se spécialisant vers certaines destinations géographiques et dans certaines activités professionnelles. Ainsi, les *Hokkien* du Fujian fournissent prioritairement Taiwan, l'Indonésie, la Malaisie et Singapour.

Avec environ 23 millions de personnes répartis dans 136 pays, la diaspora indienne est tout aussi importante mais sa géographie diffère sensiblement de la chinoise : au fort ancrage sur le grand pourtour de l'Océan indien répondent quatre autres pôles secondaires (Caraïbes, Amérique du Nord, Europe occidentale, Asie du sud-est). Ce vaste territoire diasporique se construit sur trois grandes strates géohistorique. La première, millénaire, dessine un vaste système sur le pourtour de l'Océan indien en étant structurée soit par des migrations de voisinage en l'Asie du

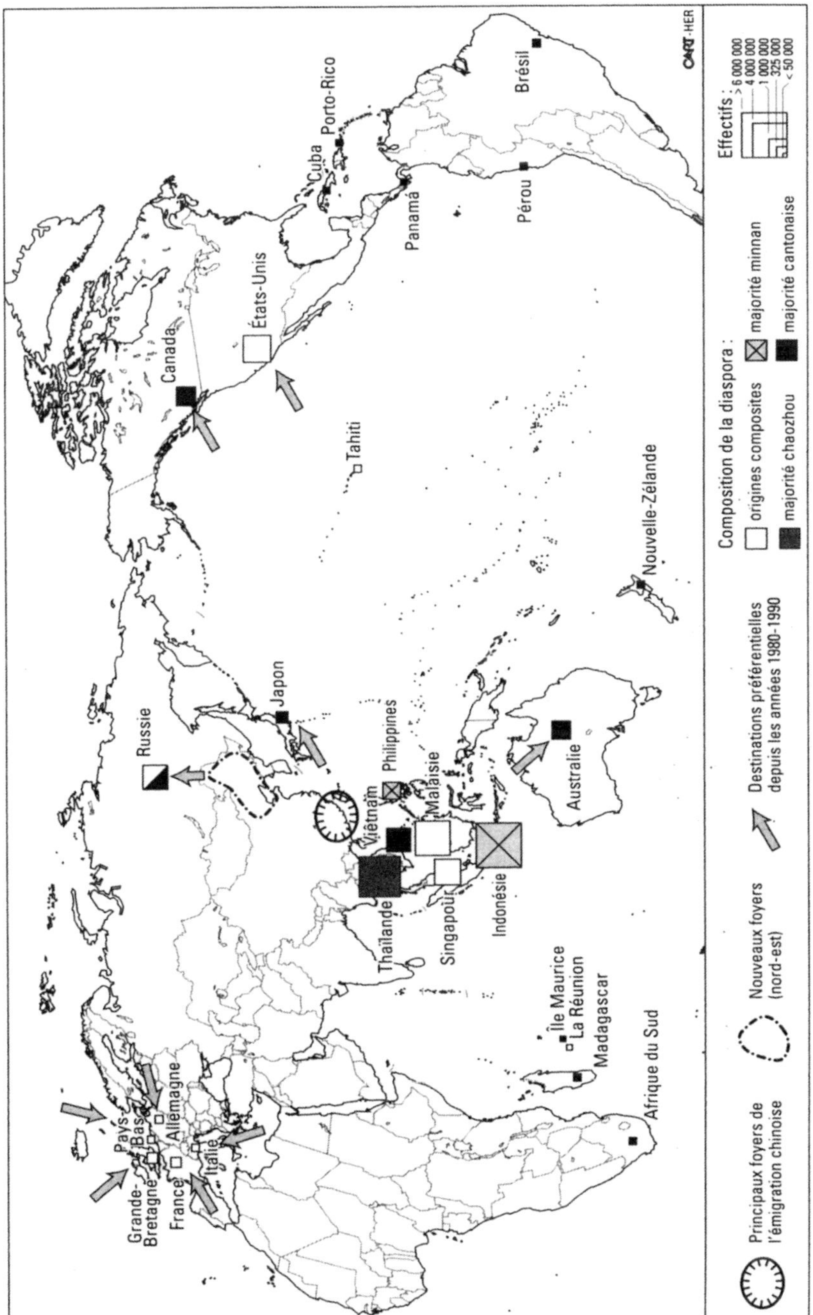

Figure 1.4 Les territoires de la diaspora chinoise : une forme spécifique de mise en réseaux des territoires

Source : J.-P. Larivière (dir), *La Chine et les Chinois de la diaspora*, CNED/Sedes, 1999, p. 61.

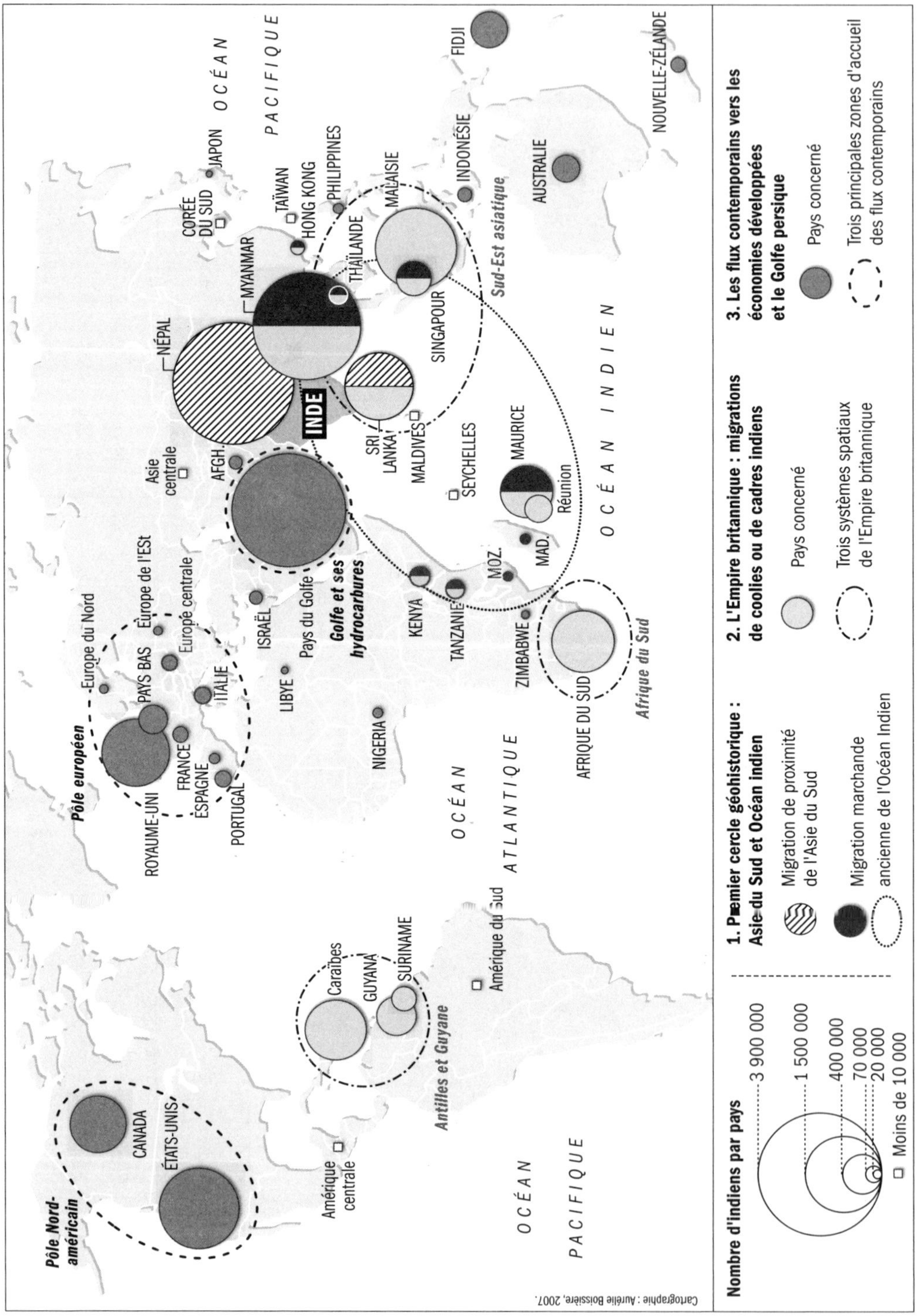

Figure 1.5 La diaspora indienne : une mondialisation en strates géohistoriques et spatiales successives (AD)

Sud, soit par de vieilles migrations marchandes. La seconde s'inscrit dans l'espace de l'Empire britannique avec la migration des coolies ou des cadres administratifs et militaires indiens en Afrique du Sud, pensons à Gandhi, dans les Caraïbes et dans le Sud Est asiatique. La troisième enfin est contemporaine en alimentant les économies développées nord-américaines et européennes et les États pétroliers du Golfe persique. Les travaux d'Eric Leclerc souligne aujourd'hui sa polarisation dans certaines grandes métropoles mondiales y favorisant la création de «Little India» en Asie du Sud-Est, à Londres, au Canada ou aux États-Unis.

On doit cependant relever un complet renversement de la conception géopolitique que se faisait le gouvernement indien de sa diaspora. Alors que l'Inde de Nehru refusa de défendre les intérêts de ses communautés expatriées, la politique officielle change brutalement dans les années 1980 du fait de la prise de conscience de son poids économique – un revenu annuel estimé actuellement à 160 milliards de dollars égal à 35 % du PNB indien – et de son rôle comme source potentielle d'investissements, de transferts de technologies, voir d'appuis politiques pour mieux intégrer l'Inde sur la scène internationale dans cette nouvelle phase de la mondialisation.

Enfin les effets d'entraînement économique de la diaspora tendent, comme en Chine, à renforcer les déséquilibres internes aux profits des espaces d'ouverture car ces expatriés reinvestissent dans leurs lieux d'origine. Les logiques d'induction dépendent cependant beaucoup des spécialisations socio-économiques adoptées par les différents courants migratoires : marchands Chulia de la côte Est ou Moplah du Kerala, coolies du Tamil Nadu, de l'Andhra Pradesh au Sud ou du Bihar au Nord.... Ainsi, les deux millions de punjabi de la diaspora investissent dans un but philanthropique dans les infrastructures locales (dispensaires, écoles, routes) accentuant le développement d'une région déjà en avance. Le Bihar ou le Kérala bénéficient de l'apport régulier des trois millions de travailleurs du Golfe persique qui y travaillent sous contrat de deux à huit ans alors que les métropoles comme Chennaï ou Bengalore sont branchées sur la Silicon Valley. Ainsi, Gururaj Deshpande, fondateur de la start-up Sycamore Networks, a offert aux Instituts indiens de Technologie (IIT) de Chennaï, dont il était originaire, 100 millions de dollars en vingt ans.

Tableau 1.30 L'importance comparative des diasporas chinoise et indienne (Alternatives Economiques, août 2003)

	Chinoise	**Indienne**
Revenu annuel milliards $	700	160
Revenu de la diaspora rapporté au PIB du pays	68%	35%
Revenu annuel par tête	14 000 $	8 000 $
Revenu annuel tête de la diaspora/revenu national par hab.	17 fois sup.	18 fois sup.

Chapitre 2

Les firmes transnationales

Si, dès le début du XIXe siècle, à l'échelle du globe, la colonisation dope le commerce mondial, l'internationalisation productive du capital industriel ne s'affirme que dans le dernier tiers du siècle. On assiste alors à l'émergence de firmes transnationales qui vont organiser leurs productions, leurs flux financiers et technologiques et leurs marchés sur des espaces de plus en plus larges pour déboucher après la Seconde Guerre mondiale sur des réseaux d'échelle planétaire de mieux en mieux intégrés. Par leur poids économique et leur influence politique et idéologique, les transnationales industrielles et des services sont devenus les acteurs centraux de cette 3e phase de la mondialisation.

L'hyper-sélectivité de leurs localisations participe directement au remodelage des différentes dynamiques géoéconomiques mondiales. Le déploiement de leurs stratégies territoriales exacerbe en effet les rapports de domination entre pôles de commandement, périphéries intégrées plus ou moins autonomes et espaces totalement marginalisés. Si cette logique est historiquement ancienne, les mutations politiques (libéralisation), économiques (concurrence), technologiques (révolution des transports, chap. 4) et géopolitiques de ces dernières décennies permettent une mobilité géographique du capital inconnue jusqu'ici. Si le capital intègre potentiellement l'ensemble de l'espace planétaire à son système de valorisation, celui-ci est producteur d'inégalités de plus en plus profondes.

Les firmes transnationales : des acteurs centraux de la mondialisation

La maîtrise du déploiement territorial : un enjeu stratégique

Qu'est ce qu'une firme transnationale ?

Les firmes transnationales sont des entités juridiques, économiques et techniques complexes dont la définition est objet de débats. En 1973, l'ONU proposait de définir comme transnationale toute firme, ou *société-mère*, dont le chiffre d'affaires était d'au moins 500 millions de dollars, réalisant plus de 25 % de ses productions et échanges avec des filiales implantées dans au moins six pays différents. Mais on ne soulignera sans doute jamais assez que leur principale caractéristique est d'essence géographique.

La société transnationale est tout d'abord le fruit d'un système capitaliste territorialisé à base nationale qui développe, dans la longue durée, une plus ou moins grande capacité à se doter de telles firmes. Alors que les faiblesses structurelles de l'État et l'absence d'une grande bourgeoisie industrielle font que l'essentiel de l'économie belge est sous contrôle étranger, d'autres petits pays comparables (Pays-Bas, Suisse, Suède) disposent d'un État fort et d'un capitalisme industriel national dynamique créateur de nombreuses transnationales (Nestlé, *ABB*...).

En seconde approche, c'est bien la capacité à maîtriser l'organisation d'activités complexes dans une échelle multinationale qui définit la transnationale. À partir de ses spécificités sectorielles et nationales, elle adapte en permanence le déploiement de son système économique et technique en tenant compte de ses besoins, de ses intérêts, de la concurrence et des libertés de manœuvre que lui octroient les États. Elle exerce donc un certain nombre d'arbitrages qui définissent un territoire plus ou moins dense et stable. Celui-ci repose sur un emboîtement d'échelles géographiques – locales, nationales, continentales et enfin mondiales – qui valorise des pôles (établissements) s'insérant dans des réseaux internes et externes (fournisseurs, sous-traitants...) géographiquement plus ou moins étendus.

Division fonctionnelle et segmentation technique de la firme

La grande entreprise est un organisme développant différentes familles fonctionnelles concrètes et abstraites (conception, fabrication, logistique, administration, vente...) auxquelles répondent différents types d'établissements (siège social, centre de recherche, usine, entrepôt), différents systèmes de travail et de rapports salariaux et différentes catégories socioprofessionnelles. Plus la firme est importante, plus la gestion de ce dispositif est complexe avec des dizaines, voire des centaines, de sites et des dizaines de milliers de salariés. Mais plus la firme est puissante, plus elle a le pouvoir de valoriser géographiquement, de manière différenciée, son espace productif en spécialisant fonction-nellement ses établissements. L'accès aux marchés, la formation, la qualification et les salaires de la main-d'œuvre, le niveau d'équipement des territoires (transport, énergies...) et la densité des réseaux (clients, fournisseurs, sous-traitants, services connexes) jouent un rôle majeur dans les choix de localisations.

Mais cette possibilité de division fonctionnelle, sociale et technique dépend aussi du type d'activités mises en œuvre (*cf.* chap. 3 et 5). Les *activités techniciennes* s'individualisent par le rôle des ingénieurs, techniciens et cadres (ITC) dans la conception et la production (aéronautique, pharmacie, informatique, services financiers, audit, cabinets conseils...). Les activités qualifiées font appel à la fois aux ITC mais surtout à de fortes qualifications ouvrières (biens d'équipement industriel, mécanique/robotique, matériel de précision, industrie électrique, ferroviaire...). Enfin, les activités spécialisées emploient massivement des ouvriers ou employés non ou peu qualifiés (fonderie, caoutchouc, ameublement, plastiques, textile, agroalimentaire, électronique grand public et électroménager, saisie informatique...).

Tableau 2.1 L'organisation fonctionnelle et technique des firmes

Fonction	Type d'établissement	Type d'espace
Administration-gestion	Sièges sociaux	Quartiers d'affaires des métropoles
Recherche-développement	Centres de recherche	Périphéries métropolitaines immédiates, zones dites technopolitaines
Fabrication	Usines	Très diversifié selon branche…
Commercial – vente – maintenance	Bureaux et ateliers	Périphéries grandes villes
Logistique-transport	Entrepôts	Périphéries grandes villes, ports, aéroports

La division spatiale du travail aux différentes échelles géographiques

Cette segmentation fonctionnelle du travail autorise la mise en œuvre d'une division spatiale du travail, de plus en plus systématique et de plus en plus fine. Certes, celle-ci structure depuis la 1re Révolution industrielle de manière différenciée les différents systèmes productifs et territoriaux nationaux des grands pays industriels. Mais la montée en puissance des entreprises transnationales va progressivement redéployer celles-ci dans des échelles internationales (1900-1970) puis mondiales (1970-2000), dans le cadre d'une division internationale du travail renouvelée.

Cette maîtrise à valoriser les différences territoriales dans un cadre de plus en plus concurrentiel est un des facteurs essentiels de la puissance des transnationales et un des enjeux clefs de la mondialisation. Ainsi, face à des difficultés conjoncturelles ou structurelles, elles réduisent leurs coûts et leurs effectifs en utilisant au

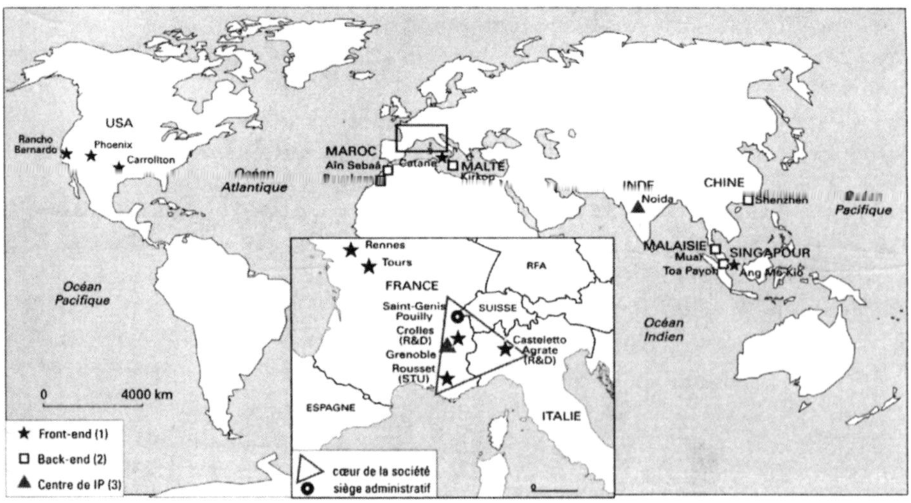

Figure 2.1 La segmentation technique, sociale et géographique d'une firme de composants : le franco-italien ST Microelectronics

Source : S. Daviet, « Emergence et structuration d'une multinationale de semi-conducteur » *Annales de Géographie*, n° 612,/2000, p 135.

mieux les différentes législations sociales de chaque pays d'implantation alors que les collectivités territoriales et les États sont mis en concurrence pour la localisation de nouveaux investissements, tandis que certaines activités de production sont délocalisées dans des espaces périphériques plus ou moins lointains où les coûts de production matérielle et de reproduction de la main -d'œuvre sont moins élevés.

Les transnationales : une fantastique montée en puissance

Les sociétés transnationales sont des acteurs disposant d'un poids économique, financier et technologique de plus en plus considérable. Leur taille leur assure d'énormes économies d'échelle dans la fabrication, le développement et la maîtrise des innovations et la couverture des marchés. Leurs implantations sur plusieurs pays leur permettent de peser sur les gouvernements nationaux, d'optimiser leurs approvisionnements et de réduire leurs risques. Elles sont devenues l'élément moteur de l'internationalisation de la production et des échanges. Plusieurs critères peuvent être mobilisés pour évaluer ce processus même s'ils doivent être pris avec prudence du fait de l'extrême difficulté méthodologique à saisir celui-ci.

Les critères économiques, sociaux, techniques et commerciaux

Selon la Cnuced (ONU), le nombre de sociétés-mères de firmes transnationales (FTN) passe de 6 000 à 77 000 entre 1967 et 2005 et surtout leurs filiales à l'étranger de 27 000 à 690 000. Alors que les ventes des 200 premières firmes transnationales représentent plus de 25 % des activités économiques mondiales, le chiffre d'affaires des filiales étrangères des FTN est multiplié par sept et demi entre 1982 et 2005, leurs actifs à l'étranger sont multipliés par 22, leurs exportations par cinq et demi et leurs salariés doublent pour dépasser les 62 millions d'actifs. Elles sont donc les principales bénéficiaires de la mondialisation libérale des dernières décennies. Enfin, on estime qu'un tiers seulement du commerce mondial échappe aux transnationales puisqu'un tiers est constitué directement d'échanges internes entre maisons-mères et filiales et que l'autre tiers est le fruit d'échanges entre maisons-mères et fournisseurs mono-nationaux.

Tableau 2.2 La montée en puissance des transnationales : le poids des filiales à l'étranger

	1982	1990	2005	Différence En volume	Différence En %
Chiffre d'affaires (milliards de dollars)	2 620	6 045	22 171	+ 19 551	+ 746
Actifs totaux (milliards de dollars)	2 100	5 956	46 564	+ 44 464	+ 2 117
Exportations (milliards de dollars)	647	1 366	4 214	+ 3 567	+ 551
Salariés (millier)	19 537	24 551	62 095	+ 42 558	+ 218

Source : Cnuced, 2006.

Depuis vingt-cinq ans, on assiste à une mobilisation salariale exceptionnelle puisqu'elles passent de 40 à 62 millions de salariés directs entre 1975 et 2004, pour représenter aujourd'hui environ 4 % de la main-d'œuvre mondiale. Si globalement l'emploi dans leurs bases nationales respectives stagne, les emplois directs à l'étranger explosent. En particulier, dans les pays en voie de développement qui montent entre 1982 et 2000 de 17,4 à 45,5 millions de postes, traduisant ainsi un vigoureux élargissement géographique de leur appareil commercial et industriel. À elles seules, les cent premières entreprises mondiales emploient six millions de personnes à l'étranger et leurs productions représentent l'équivalent de 20 % du PIB mondial, en 2000. Ces firmes sont les moteurs d'un système productif de plus en plus intégré à l'échelle mondiale.

Tableau 2.3 La montée en puissance de l'emploi des transnationales (en millions)

	1975	1985	1990	1992
Salariés totaux monde	40	65	70	73
Salariés sur bases nationales	?	43	44	44
Salariés des filiales à étranger	?	22	23	29
dans pays développés	?	15	17	17
dans pays en voie de développement.	?	7	9	12

Source : évaluations de la Cnuced.

Pouvoir d'influence des noyaux dirigeants, géoéconomie et géopolitique

Si les transnationales sont en concurrence féroce pour le partage des marchés et des productions, elles s'accordent sur l'essentiel, c'est-à-dire la définition des conditions économiques, juridiques et politiques générales les plus favorables à leurs activités et à leurs profits. Ce consensus général sur leurs objectifs, le poids dont disposent leurs noyaux dirigeants et leurs capacités idéologiques à présenter la défense de leurs intérêts particuliers comme étant de caractère universel leur permettent d'exercer un pouvoir d'influence historiquement inconnu jusqu'ici.

Pour l'exercer, ces entreprises se dotent d'un tissu dense d'organisations localisées dans les plus grandes métropoles des pays développés. Ainsi en Europe, l'European Roundtable of Industrialists, composé des PDG des quarante cinq plus importantes transnationales européennes, influence directement la Commission de Bruxelles tout comme la Chambre de commerce internationale ou le *TransAtlantic Business Dialogue* (TABD) alors que le *World Economic Forum* de Davos réunit tous les ans l'élite économique et politique mondiale. Tout en produisant un corpus idéologique imprégnant l'ensemble des classes dirigeantes et une grande partie des médias du monde, elles tendent de plus en plus à transformer les grandes organisations internationales (FMI, Banque mondiale, OMC, OCDE,) en garantes de leurs intérêts (*cf.* chap. 1). Grâce aux énormes pressions exercées par les entreprises des services financiers américains (American Express, CitiCorp...), l'OMC a intégré sous sa juridiction le vaste domaine des services afin de déployer la logique marchande et concurrentielle à l'ensemble des activités humaines (santé, éducation, culture, services).

Cet activisme se retrouve bien sûr aux échelons nationaux. Alors qu'au Japon, le Triangle de Fer désigne l'étroite imbrication du patronat et de la haute administration de l'appareil d'État, aux États-Unis la participation des cercles dirigeants des firmes aux gouvernements est systématique alors que le lobbying – aux pratiques plus ou moins opaques et démocratiques – est une forte tradition anglo-saxonne. M. Mickey Kantor, qui joua un rôle majeur à l'OMC comme ministre du Commerce des États-Unis, travaille ensuite pour *l'US Wheat Associates*, la fédération des producteurs de blé alors que la politique énergétique – et en partie stratégique (intervention en Afghanistan, Proche et Moyen-Orient) – des États-Unis de G W. Bush est directement dictée par les groupes du pétrole et du négoce énergétique (Enron) qui financent sa campagne électorale.

Enfin, l'absence d'accords internationaux pour réguler à l'échelle mondiale les investissements directs étrangers se traduit à la fois par la multiplication des traités d'investissements bilatéraux (1960-2005 : x 33) et par leur diffusion spatiale des Pays Industrialisés aux pays du Tiers-monde. Ils définissent le plus souvent de manière totalement asymétrique les règles du jeu entre les entreprises multinationales, dont l'État national d'origine défend les intérêts, et les pays d'accueil.

Tableau 2.4 La montée des accords bilatéraux favorisant les IDE

1959/1969	1970	1980	1995	2005
75	167	386	1 332	2 495

Source : PNUD.

L'échec de l'AMI : pouvoir, souveraineté et démocratie en question

C'est dans ce contexte général que le projet d'Accord multilatéral sur l'investissement (AMI) est, à partir de 1995, négocié en secret entre les pays de l'OCDE autour de deux points centraux.

En premier lieu, il prétendait instituer un processus de règlement des différends permettant aux transnationales, sujets de droit privé, de traîner les États devant des tribunaux. Ces firmes souhaitaient pouvoir disposer d'un moyen de contrainte ou de censure sur toutes les politiques et normes juridiques, économiques, sociales, culturelles (exception culturelle défendue par la France), environnementales ou sanitaires (Organismes génétiquement modifiés (OGM), bœufs aux hormones...) élaborées par les États et nations.

Deuxièmement, l'AMI visait aussi à interdire toute politique de développement fondée sur des engagements contractuels des firmes envers les États. Il faisait interdiction aux États d'imposer aux transnationales investissant sur leur sol un volume donné d'exportation de biens ou de services, un niveau minimal de valeur ajoutée à réaliser sur place, un transfert de technologies ou un niveau minimal d'emploi ou de recherche-développement. Ce risque de complète vassalisation a débouché sur de telles protestations des ONG, associations et syndicats que l'AMI fut mis en échec.

Ce revers s'inscrit dans une prise de conscience nouvelle chez les opinions publiques des excès de cette 3e mondialisation. Elle oblige parfois les firmes à s'engager sur les terrains de l'éthique (transparence des pratiques...), du social (respect des libertés syndicales, renoncement au travail des enfants...) ou de la préservation de l'environnement comme en témoigne la montée en puissance des normes SA 8 000 dans les bilans annuels. Ce conflit sur la nature, la puissance et l'équilibre des pouvoirs dont disposent les différents acteurs de la mondialisation (États, nations, firmes) renvoie à la question centrale du changement d'échelle géographique apparu ces dernières décennies dans le déploiement des stratégies des transnationales, qui demeurent en droit des sociétés dont la nationalité est définie par la localisation de leur siège social. Face à elles, les États fonctionnent toujours sur des échelles nationales sans que la planète dispose d'outils politiques, économiques et juridiques de niveau réellement mondial pour contrôler et réguler leurs activités. Si ce hiatus joue en faveur du capital, la construction d'un système de régulation mondial s'avère d'autant plus difficile qu'il pose la question des rapports entre pouvoirs politiques et économiques, souveraineté et démocratie, autant dire les fondements de notre civilisation.

La dépendance économique des États face aux transnationales

La montée en puissance des entreprises multinationales oblige à s'interroger sur le degré de dépendance des politiques et économies des États. L'évaluation du poids des investissements étrangers dans l'investissement productif et socialement utile, saisi par la Formation brute de capital fixe (FBCF), témoigne de situations très contrastées. Si l'effet de taille de l'économie nationale et de l'investissement public et privé joue un rôle majeur, on doit constater l'impact considérable de ces investissements (tourisme, mines, pétrole, industrie manufacturière) sur certains petits États du Sud.

Tabelau 2.5 La contribution des investissements étrangers à l'investissement productif : des niveaux de dépendance forts inégaux (% FBCF)

Suède	222	Guinée équat.	258	Liban	70,8	Panama	34,9
Estonie	79	Angola	198	Singapour	46,1	Chili	27,7
Islande	75	Seychelles	92	Ém. arabes unis	21,4	Equateur	25
Irlande	63,4	Soudan	41,8	Viêtnam	11	Bolivie	19
R Uni	45	Nigeria	32,5	Cambodge	9	Costa Rica	17
Pays Bas	36	Botswana	24	Chine	6,6	Mexique	11,7
Rep. tchèque	34	Maroc	23	Thaïlande	5,7	Brésil	11,3
Belgique	32,1	Zambie	16	Inde	3,4	Argentine	8,4
UE	16,1	Afrique	15,8	Arabie saoudite	2	États-Unis	2,6
France	8	Lesotho	9,6	Taiwan	0,8	Paraguay	1,9
Allemagne	6,7	Niger	4	Japon	0,7	Haiti	1,6

Source : Cnuced, WIR 2006.

Afin d'évaluer ces rapports de dépendance et leur impact sur les équilibres géoéconomiques du monde, la Cnuced s'est dotée d'un indice de transnationalité (ITN) des économies nationales. Synthétique, il ramène les flux d'IDE à l'investissement total, le stock d'IDE au PIB, la valeur ajoutée et les emplois des filiales étrangères au PIB et à l'emploi total. On constate que les transnationales étrangères n'ont pas du tout le même poids dans les économies nationales du fait de trajectoires différentes. Une forte présence des firmes étrangères témoigne d'une position relativement affaiblie alors que les trois économies nationales qui dominent le monde (États-Unis, Allemagne, Japon) demeurent les moins dépendantes des firmes étrangères.

Quatre grandes structures différenciées sont identifiables. Les pays (Inde, Russie, Turquie) et portions de continents (Afrique sub-saharienne) pour l'instant hors circuit sont des espaces évités par les transnationales étrangères et sans réelles transnationales endogènes. Les pays, comme le Brésil, l'Argentine, le Mexique, l'Indonésie, sont sans firmes nationales transnationales et voient les transnationales étrangères jouer un rôle majeur dans leur économie. Les États extravertis comme le Royaume-Uni, le Canada, l'Afrique du Sud et l'Australie sont à la fois très pénétrés par les sociétés transnationales étrangères mais possèdent par ailleurs de nombreuses transnationales actives à l'étranger. Enfin, les États centrés correspondent à l'ensemble des pays développés (États-Unis, Allemagne, France, Italie, Suisse...) présentant un excédent significatif d'actifs détenus à l'étranger par leurs transnationales tout en étant moyennement ouverts, alors que la Corée ou le Japon demeuraient jusqu'au tournant des années 2000 très fermés à l'intervention étrangère.

Multinationales, transnationales et firmes globales

Dans les débats actuels sur la mondialisation, l'utilisation de la démarche géographique permet de nuancer trois idées à la mode. Tout d'abord, les véritables entreprises multinationales sont encore peu nombreuses malgré la montée des fusions alors que la firme globale demeure encore largement un mythe. Ce que l'on appelle ensuite, un peu rapidement, le « marché global » désigne en fait aujourd'hui, à la fois un élargissement des périmètres territoriaux d'action des firmes mais tout autant le maintien d'une juxtaposition de sous-ensembles géographiques encore très spécifiques par leur nature et leurs cycles. Enfin, l'élaboration de produits mondiaux dans le cadre de stratégies véritablement mondiales est très récente et ne concerne que de rares produits de haute technologie ou de grande consommation. Il apparaît surtout un dispositif complexe et multiforme d'où émergent de profondes inégalités selon la nationalité de la firme et l'étendue de son marché intérieur, son secteur principal d'activité et, enfin, sa stratégie d'internationalisation.

Transnationales et multinationales

Géographiquement, on doit bien faire la différence entre « transnationale » et « multinationale ». Encore largement dominantes, les multinationales sont des firmes qui, bien qu'internationalisées, gardent un ancrage national décisif de nature économique (ventes), industrielle (production), technologique (recherche), culturelle ou géopolitique. Même les firmes réellement binationales demeurent encore assez rares (Royal Dutch Shell et Unilever au Royaume-Uni/Pays-Bas). Ne sont réellement multinationales que les firmes des petits États aux économies très ouvertes dont le marché de consommation et la base productive sont de taille insuffisante. Dans ces cas précis et exceptionnels, la division du travail à l'échelle continentale puis mondiale s'est imposée précocement (suisse Nestlé, suédois *ABB* et Electrolux...).

En effet, selon la Cnuced, 50 % des effectifs salariés des transnationales travaillent encore sur leurs bases nationales respectives. Ceci n'a rien d'étonnant puisque l'affirmation et la défense d'un pouvoir et d'un intérêt économique ont besoin d'un ancrage fortement territorialisé et de l'appui géoéconomique et diplomatique d'un État. À ceci s'ajoute souvent une erreur de perspective géographique : la fusion statistique des ventes et salariés à l'étranger cumule des implantations multiples qui prises ponctuellement pèsent assez peu face au cœur du dispositif national qui garde sa fonction de centralité stratégique au sein du groupe. L'étude des cent premières transnationales témoigne de l'étroite corrélation géographique entre degrés d'internationalisation des firmes et puissance du marché intérieur et aussi du décalage entre géographie du système commercial et territoire de l'appareil productif.

Tableau 2.6 Degrés d'internationalisation des 100 premières transnationales occidentales (% total à l'étranger)

État	actifs	ventes	salariés		actifs	ventes	salariés
Canada	84	94,5	86,5	Moyenne	53	56	50
Pays-Bas	78	85	81	Espagne	50	36,5	46
R.-Uni	77	74	71	États-Unis	48,5	43,5	39
Suisse	75	98,5	81	Italie	47	67	41,5
Finlande	65	89,5	62	Japon	46,5	53	46,5
France	60	62	51	Allemagne	43	54	45

Source : d'après Cnuced, 2006.

Entre 1997 et 2005, la part des activités extra-continentales des FTN européennes passe de 28,4 % à 35 % et celle des firmes états-uniennes de 29,3 % à 34,8 %. Ce qui signifie que le cœur des économies demeure à l'intérieur même de chaque pays et que l'essentiel se joue encore très largement dans la proximité géographique. Même la montée générale de l'internationalisation des firmes peut parfois s'avérer réversible (Pays-Bas, Australie...) du fait d'opérations de fusions qui continuent de se développer prioritairement entre firmes nationales afin d'assurer une meilleure maîtrise des marchés nationaux, condition indispensable à une internationalisation solide par la suite.

Tableau 2.7 Quinze ans d'évolution du degré de transnationalisation des 100 premières transnationales par pays d'origine : un processus général mais inégal

	1990	2005	différence		1990	2005	différence
Canada	79,2	88,7	+ 9,5	Allemagne	44,4	50,4	+ 6
Pays-Bas	68,5	80,8	+ 12,3	États-Unis	38,5	49,4	11
Suisse	84,3	80,3	- 4	Japon	35,5	46,3	+ 10,8
R Uni	68,5	68	- 0,5	Italie	38,7	42,8	+ 4
France	50,9	61,4	+ 10,5				

Source : d'après Cnuced, 2006.

Le degré de transnationalisation des firmes dépend lui-même de leur secteur principal d'activité, animé de logiques technique, commerciale et productive différenciées. Un indice identique de transnationalisation entre secteurs masque souvent des phénomènes de nature différente. Alors que l'agroalimentaire, la chimie et la pharmacie tendent à se développer sur un marché réellement interconnecté à l'échelle mondiale par des firmes peu nombreuses en situation de quasi oligomonopole, la forte transnationalisation du bâtiment – travaux publics ou des médias s'organise sur la juxtaposition de marchés nationaux dans lesquels les firmes cherchent à s'implanter.

Tableau 2.8 L'évolution du degré d'internationalisation des secteurs économiques contrôlés par les cent premières firmes transnationales

	1990	1998	2005	dif. 1990/205
Médias	82,6	68,7	80,35	– 2,25
Agroalimentaire - tabac	59	74,3	64,84	+ 5,84
Pharmacie	66,1	64,3	59,7	– 6,4
Pétrole et mines	47,3	52,7	57,7	+ 10,4
Électronique - informatique	47,4	52,6	54,4	+ 7
Automobile	35,8	49	53,3	+ 17,5
Métallurgie	55,1	45,5	50,3	– 4,8
Commerce	32,4	24,6	49,9	+ 17,5
Télécommunication	46,2	40,4	49,87	+ 3,67

Source : d'après Cnuced, 2006.

Enfin, l'étude sur les dix dernières années des emplois des cent premières transnationales présentant un périmètre à peu près comparable permet d'éclairer l'extrême diversité des processus à l'œuvre. Au-delà de destructions massives d'emplois pour une grande partie d'entre elles, le solde des emplois à l'étranger est très inégal, tout comme son importance dans l'emploi total.

Tableau 2.9 Quinze ans d'évolution des emplois totaux et à l'étranger de quelques FTN

Firmes	Salariés total mondial			Salariés à l'étranger				
	1990	2005	solde	1990	2005	solde	% 1990	% 2005
Volkswagen	268 744	342 502	+ 73 758	95 934	165 152	+ 69 218	36	48
Matsushita	210 848	334 752	+ 123 904	67 000	184 110	+ 117 110	32	55
IBM	373 816	329 001	– 44 815	167 868	175 832	+ 7 964	45	53,4
General Electric	298 000	307 000	+ 9 000	62 580	142 000	+ 79 420	21	46
Toyota	96 849	265 753	+ 168 904	11 326	94 666	+ 83 340	12	35,5
Nestlé	199 021	247 000	+ 47 979	192 070	240 408	+ 48 338	97	97

Tableau 2.9 Quinze ans d'évolution des emplois totaux et à l'étranger de quelques FTN (suite)

Ford	370 383	226 626	– 143 757	188 904	102 749	- 86 155	51	45
Unilever	304 000	223 000	– 81 000	261 000	171 000	- 90 000	86	77
Philips	272 800	161 586	– 111 214	217 149	134 814	- 82 335	80	83,5
Sony	112 900	151 400	+ 38 500	62 100	90 092	+ 27 992	53	59,5
Renault	157 378	130 573	– 26 805	42 492	54 390	+ 11 898	27	42
Dutch Shell	137 000	114 000	– 23 000	99 000	96 000	– 3 000	72	84
Bayer	171 000	112 500	– 58 500	80 000	48 700	– 31 300	47	43
Basf	134 647	81 955	– 52 692	46 059	35 289	– 10 770	34	43

Le mythe de la firme globale ou *World Company*

Au total, la véritable *World Company* pensant son espace en terme totalement mondialisé demeure exceptionnelle, voire mythique contrairement à ce que suggèrent de nombreuses publications (Charles Kindelberger, Cyrus Freidheim...). En effet, les firmes sont loin de présenter le caractère mondial qu'elles souhaitent s'attribuer. Non seulement leurs activités industrielles ou commerciales se cantonnent à un nombre d'États limités, mais leur diffusion géographique se heurte à de nombreux obstacles culturels, géoéconomiques et politiques. Malgré la mondialisation des marchés financiers, elles continuent à financer l'essentiel de leurs capitaux sur leurs marchés locaux ou régionaux : General Motors et Ford financent moins du tiers de leurs actifs à l'étranger et IBM la moitié seulement. En l'absence de règles hégémoniques au niveau mondial, elles continuent aussi à dépendre des réglementations prudentielles et fiscales de leurs pays d'origine alors que les pratiques comptables, juridiques et managériales demeurent spécifiques à chaque pays comme en témoigne dans l'Union européenne l'extrême difficulté à les harmoniser.

Tableau 2.10 Le degré très variable de transnationalisation des FTN occidentales (% à étranger)

Firme	Actifs	Ventes	Salariés	TNI	Firme	Actifs	Ventes	Salariés	TNI
Nestlé	85	98	97	93,5	Metro	51	49	48	49,3
Philips	72	96	83	84	General Electric	60	37	46	47,8
Total	68	81	56	74,3	Pfizer	44	44	44	43,7
Anglo American	76	64	78	72,7	Mitsubishi	50	14	44	36
Siemens	61	63	62	62	General Motor	36	31	35	34
IBM	44	63	53	53,4	Hitachi	18	27	30	25
Toyota	53	60	36	49,4	Wal-Mart	29	20	24	24,1

Source : Cnuced, 2006.

Enfin, l'incorporation de dirigeants étrangers dans la haute hiérarchie reste exceptionnelle comme en témoigne la poignée de cas que la presse économique monte parfois en épingle. La grande majorité des conseils d'administration se compose de nationaux en dehors de quelques exceptions comme IBM, Mazda, ICI. À ceci s'ajoute le fait que les transnationales choisissent largement les dirigeants de leurs filiales à l'étranger parmi les citoyens des pays d'implantation afin de « nationaliser » leur présence. 38 % des filiales françaises à Taiwan sont dirigées par des chinois (51 % français) et aux Pays-Bas 80 % sont néerlandais ou parfois belges.

Un ensemble d'acteurs polarisé et inégal

Le poids écrasant des pays développés

La localisation des pôles de commandement des entreprises transnationales reflète la profonde asymétrie des rapports de force mondiaux. Alors qu'entre 1960 et 1999, le nombre des firmes des quinze principaux pays développés passe de 7 000 à 40 000, les 4/5 des transnationales en sont aujourd'hui originaires. La transnationalisation des firmes traduit donc bien l'intégration croissante et dominée de l'économie planétaire au système capitaliste occidental. Elle explique la montée en puissance des fonctions de gestion et de commandement des services dans les économies des principales métropoles des grands pays développés, en particulier aux États-Unis. Sur les 30 millions de salariés travaillant à l'étranger, 60 % sont localisés dans les pays développés et 40 % dans le Tiers-monde, dont 50 % en Chine. La mondialisation est donc d'abord et avant tout un processus interne aux pays développés.

Tableau 2.11 Polarisation géographique des 100 premières FTN occidentales : des pouvoirs de commandement fort inégaux (en % du total)

Nombre de firmes	Pays	Actifs	Ventes	Salariés	Nombre de firmes	Pays	Actifs	Ventes	Salariés
27	États-Unis	36,4	35,6	32,9	3	Suisse	2,1	2,0	2,6
13	Allemagne	16,9	14,9	17,7	3	Espagne	2,4	1,9	1,5
15	France	13,1	11,0	13,6	3	Canada	0,8	0,7	1,0
9	Japon	10,1	11,0	10,0	1	Corée du Sud	0,8	1,2	0,4
12	R.-Uni	10,4	12,7	5,1	1	Norvège	0,5	0,8	0,2
5	Pays-Bas	1,9	3,1	5,6	1	Suède	0,4	0,5	0,5
3	Italie	3,2	3,1	2,1	1	Irlande	0,2	0,3	0,4
2	Finlande	0,6	0,9	6,3	1	Australie	0,2	0,4	0,2

Source : Cnuced, 2006.

Les transnationale et les NPI du Sud : le poids écrasant de l'Asie

Depuis quinze ans, le développement des NPI et pays émergents s'est traduit par l'apparition de nouvelles firmes en voie d'internationalisation, souvent basées sur des produits matures (acier, bâtiment), des matières premières (pétrole, minerais) ou des services (transport maritime, télécommunication) à l'exception des Dragons asiatiques. Leur puissance économique, technologique, industrielle et commerciale et leur degré d'internationalisation – un tiers des actifs, 45 % des ventes, 44 % des salariés à l'étranger – sont encore sans commune mesure avec celle du Nord. Mais leur croissance refléte à la fois le dynamisme de certaines structures entrepreneuriales et surtout les stratégies volontaristes des États (*cf.* Singapour avec Singtel, Malaisie avec Petronas) auxquelles elles appartiennent. Après s'être orientées initialement vers les marchés du Sud, elles n'hésitent plus à effectuer des rachats dans les pays développés (*cf.* Mittal avec Arcelor dans l'acier).

Mais comme le montre le fait que 76 des 100 premières TN du Sud sont en Asie de l'Est, l'importance des facteurs culturels et géopolitiques est essentielle pour comprendre les mutations actuelles. Alors que les grands *chaebols* coréens – vastes conglomérats industriels à base familiale dont le développement fut étroitement associé au régime militaire des années 1960/1970 (Hyundai, Samsung, LG Electronics, Posco) – ont largement réussi à sortir de la crise structurelle des années 1990, on voit aujourd'hui émerger de nouvelles firmes chinoises (*cf.* Citic, China Ocean Shipping, Cscec, Sinochem…).

Tableau 2.12 Origine des 100 premières FTN des pays en développement : la polarisation asiatique (millions de dollars et %)

Firmes	État	Actifs	Actifs à l'extérieur	Ventes totale	Ventes à l'extérieur	Emplois totaux	Emplois à l'extérieur	TNI
101	Total	1 257 937	434 963	891 021	401 844	5 010 738	2 188 512	55,7
	En % total	*En %*	*En %*	*En %*	*En %*	*En %*	*En %*	
76	Asie de l'Est – dont	73	72,5	70,5	72	80	82,5	n.s.
25	Hong Kong – dont	16	28	9,2	11,5	18,6	33	65,5
13	Singapour – dont	7	11,5	6	8	13	25	64,1
10	Chine – dont	21	10	16,5	9,5	33	5,1	31
5	Corée du Sud – dont	14	8	22	30	3,7	3,6	38,7
6	Malaisie – dont	7	7,4	4,6	4,1	2,8	3,1	48
15	Taiwan dont	9	7,2	11,8	8,7	8,2	12,3	49,6
1	Philippines – dont	0,2	0,2	0,3	0,1	0,5	0,2	18,1
1	Thaïlande	0,2	0,2	0,1	0,1	0,2	0,2	23,5
25	Autres – dont	27	27,5	29,5	28	20	17,5	n.s.
11	Afrique du Sud – dont	8,0	14,5	8,5	10	8,9	10,5	50,1
8	Mexique – dont	6,0	6,7	6,2	5	6,6	4,9	38,7
3	Brésil – dont	6,9	3,1	7,8	6	2,2	0,7	33
1	Vénézuela – dont	4,4	2	5,2	6,4	0,7	0,2	28,7
1	Inde – dont	1,5	1	1,6	0,4	0,7	0,2	14,1
1	Égypte	0,2	0,2	0,2	0,2	0,9	1,0	54,7

Source : Cnuced, 2006.

La mesure du phénomène : les Investissements directs à l'étranger (IDE)

La définition des IDE

Flux et stocks, pôles émetteurs et récepteurs

Principal indicateur de la transnationalisation, les Investissements directs à l'étranger (IDE) sont les capitaux que les résidents d'un pays possèdent dans un autre, et qui y sont investis prioritairement dans les activités productives par opposition aux investissements de portefeuilles (titres financiers). En géographie, il convient de bien distinguer entre flux et stocks. Les IDE sous forme de flux s'accroissent sans cesse, mais peuvent connaître des mouvements erratiques liés à la conjoncture avec parfois des désinvestissements dans tel ou tel pays : l'Indonésie perd ainsi 3,5 milliards de dollars d'investissements étrangers en 1998-1999. Globalement, les entrées d'IDE permettent d'évaluer la manière dont un État ou un continent participe à la mondialisation en étant plus ou moins attractif, alors que les sorties d'IDE indiquent les systèmes territoriaux émettant le capital et commandant donc la répartition de ces investissements dans le monde. Quand c'est possible, les IDE sous forme de stock de capital investi sont à privilégier en géographie car ils traduisent la stabilité d'un ancrage territorial et définissent les grandes structures spatiales de l'investissement mondial des transnationales à différentes échelles.

De profondes ruptures historiques

Très forte avant 1914, l'internationalisation du capital connaît dans l'entre-deux-guerres puis la Seconde Guerre mondiale un recul majeur avant de repartir sur de nouvelles bases dans les années 1970 dans le cadre de la 3e mondialisation. Entre 1980 et 2005, le stock mondial d'IDE connaît un essor foudroyant en étant multiplié par dix-sept pour atteindre 8 900 milliards de dollars, et passe de 4,9 à 24 % du PIB mondial.

On assiste à une profonde mutation structurelle entre secteurs d'activité. Entre 1970 et 2000, le poids relatif des productions agricoles et minières dans le stock mondial d'IDE s'effondre de 23 % à 11 %, alors que l'industrie manufacturière recule de 45 % à 39 % devant l'envolée des services périproductifs qui prennent aujourd'hui le relais. Ce phénomène témoigne à la fois de l'émergence de nouvelles transnationales dans les services où certains segments de marchés tendent à fusionner à l'échelle mondiale et des mutations internes des systèmes productifs. Ainsi, en 1999, les services représentent plus de 50 % du stock d'IDE dans les pays développés et un tiers dans les PVD.

À une échelle séculaire, l'évolution du contrôle du stock d'IDE témoigne des recompositions qui affectent les grands équilibres de l'hégémonie mondiale. Avant 1914, ce stock est directement corrélé aux Empires coloniaux : le Royaume-Uni en possède 44 % et la France 20 %, loin devant l'Allemagne (13 %) et les États-Unis (8 %). La perte par le Royaume-Uni du rôle d'économie dominante au profit des États-Unis apparaît clairement entre 1914 et 1971. Puis, dans la décennie 1990, les équilibres semblent plus instables du fait des difficultés du Japon, de la montée de l'Union européenne avec la création du marché unique alors que s'affirment encore timidement les espaces hors Triade.

Tableau 2.13 Evolution du stock mondial d'IDE par activité économique : croissance généralisée et spécialisation sur les secteurs porteurs (en millions de dollars et en %)

	1990	% 1990	2004	% 2004	dif. en volumes	dif. en %
Primaire	**163 278**	**9,2**	**440 529**	**4,7**	**277 251**	**170**
– dont agriculture	7 256	0,4	22 561	0,2	15 305	211
– dont mines	153 972	8,7	414 177	4,4	260 205	169
Industrie manufacturière	730 750	41,4	**3 040 135**	**32,1**	2 309 385	316
– dont agro-alimentaire	74 039	4,2	278 351	2,9	204 312	276
– dont chimie	157 893	8,9	731 819	7,7	573 926	363
– dont métallurgie	60 839	3,4	196 523	2,1	135 684	223
– dont machines equipements	58 565	3,3	191 903	2,0	133 338	228
– dont électronique	82 165	4,6	246 254	2,6	164 089	200
– dont automobile	51 071	2,9	309 375	3,3	258 304	506
Services	868 133	48,9	**5 883 341**	**62,1**	5 015 208	578
– dont électricité gaz eau	9 205	0,5	216 012	2,3	206 807	2247
– dont commerce	211 445	11,9	1 049 533	11,1	838 088	396
– dont transports communication	26 424	1,5	497 003	5,2	470 579	1781
– dont finance	357 995	20,2	1 824 614	19,3	1 466 619	410

Source : Cnuced, WIR 2006.

Tableau 2.14 Évolution historique de la Triade dans le contrôle du stock d'IDE (% mondial)

	1914	1971	1980	1993	2005
États-Unis	18	49	44	30	19
Europe occidentale	78	40	40	42	58
Japon	0,1	2,6	4	15	3,5
Total Triade	96,1	91,6	88	87	80,5
Extérieur à la Triade	3,9	8,4	12	13	19,5

Source : Cnuced, WIR 2006.

Les conditions politiques et géopolitiques indispensables aux IDE

Dès la première mondialisation, les détenteurs de capitaux ont développé une sainte horreur du risque. La sécurité des investissements a hanté leur nuits et, en partie, justifié les degrés de rémunération du capital tout comme les politiques de la canonnière des États impérialistes qui défendaient ainsi leurs intérêts géoéconomiques. Aujourd'hui, malgré des bouleversements séculaires, les conditions juridiques et politiques d'implantation des IDE, l'évaluation des différents risques encourus et les assurances à prendre demeurent des problèmes géographiques d'une extrême importance qui dessinent un net gradient entre *espaces intégrés* et *espaces évités* par les IDE, avec au milieu toute une gamme intermédiaire d'incertitudes.

Conditions politiques et réglementaires du déploiement spatial du capital

La montée fulgurante des IDE s'explique par une profonde transformation des politiques des États envers les capitaux étrangers puisque, ces dix dernières années, 94 % des 1 035 révisions réglementaires leurs sont plus favorables alors que les traités bilatéraux interétatiques assurant leur sécurité sont passés de 181 fin 1980 à 1 856 en 1999. La libéralisation quasi totale des investissements étrangers balaye une grande partie de la planète de l'Amérique centrale (1998 : Guatemala, Nicaragua et Honduras, 1999 : Salvador et Belize) à l'Europe (France : loi du 14 février 1996).

Cependant, malgré les traités ou l'adhésion à l'OMC, impliquant le démantèlement automatique de ces barrières, certains secteurs considérés comme sensibles par les États demeurent parfois protégés : industries de défense, ressources naturelles, santé publique... Dans l'Australie libérale, le FIRB (Foreign Investment Rewiew Board) continue d'examiner la conformité des IDE à l'intérêt national dans l'immobilier urbain, les médias, les mines d'uranium, l'aviation civile et le secteur bancaire. En Malaisie, le FIC (*Foreign Investment Commitee*) et le MIDA (*Malaysian Industrial Development Authority*) contrôlent l'adéquation des IDE à la nouvelle politique économique promue par l'État développeur. Celle-ci revendique un partage équilibré des pouvoirs entre intérêts malaisiens et étrangers, un développement local (formation, expertise, emplois, débouchés à l'export...) et la promotion des Bumiputra*s*, malaisiens de souche généralement musulmans, face à la puissante minorité chinoise qui détient traditionnellement les rênes de l'économie. À Taiwan, la *Negative List for Investment by Foreign Nationals* définit des secteurs soit totalement interdits aux IDE (agriculture, forêts, chimie, transports terrestres), soit très contrôlés (extraction, hydrocarbures, transport maritime, fluviaux et aériens, finance/assurance/immobilier, expertise comptable...).

Toutefois ces logiques d'ouverture n'abolissent en rien les différenciations géographiques entre États. Face à un processus de relative homogénéisation libérale, les principaux déterminants des choix de localisations deviennent encore plus sélectifs : dynamisme et taille du marché national, accès au marché régional, degrés de rentabilité, politiques économiques et commerciales de l'État, régime fiscal, qualité du marché du travail, niveau des infrastructures, accès aux ressources naturelles, politiques incitatives...

La montée des risques-pays comme prix de l'instabilité géopolitique

Au-delà des facteurs purement réglementaires, les contextes géopolitiques locaux, nationaux et continentaux conditionnent étroitement la protection et la rentabilité des IDE. Aux risques concurrentiels, technologiques ou commerciaux que les firmes doivent classiquement gérer se superposent les risques politiques. Ils peuvent être définis comme l'ensemble des évènements (révolutions, coups d'État, guerres et guerres civiles, émeutes, sécessions...) pouvant entraîner des pertes économiques, commerciales ou financières pour la transnationale. Mais l'exposition de celle-ci est très différente selon la nature de l'activité et parfois la nationalité de la firme. Plus les volumes de capitaux sont considérables et moins ils sont mobiles géographiquement, plus les risques sont considérables : une usine de montage électronique ne répond pas aux mêmes logiques que l'ouverture d'un nouveau champ pétrolier ou minier (Rio Tinto) ou la création d'infrastructures électriques qui se rentabilisent à quinze ou vingt ans.

Principaux facteurs de risques géopolitiques selon l'américain Rio Tinto (Rapport annuel, 2000)	
Expropriation, guerre civile, nationalisation, renégociation ou annulation des contrats existants, modification des permis miniers,	transformation des lois et des politiques de taxation, restriction des opérations de change

La montée des inégalités et tensions internationales dans un monde de plus en plus interdépendant mais asymétrique pose aux transnationales de redoutables difficultés d'anticipation. Elle les oblige à recourir à une évaluation fine des situations géographiques et à la couverture des risques politiques et économiques à l'exportation ou à l'investissement. Celle-ci est prise en charge par des assureurs-crédits qui exercent leurs activités soit pour le compte des États (Coface française, Hermes allemande...), soit comme compagnies privées d'assurance à dominante anglo-saxonne. En 1988, est créée la Miga (Agence multilatérale de garantie des investissements), filiale de la Banque mondiale spécialisée dans l'assurance des risques politiques afin d'encourager les investisseurs à aller dans les Pays en développement.

Tableau 2.15 Le palmarès mondial du risque-pays de la Coface : une géographie du risque géopolitique, de l'exclusion et de l'évitement

	Europe	Amérique	Asie	Maghreb/ Proche Orient	Afrique sub-saharienne
A1 (excellent)	Royaume-Uni, Suède	États-Unis	Japon, H.Kong, Australie		
A2	Portugal, Grèce, Italie, Rep. tchèque	Chili	Malaisie, Corée du Sud	Koweit, Qatar, É.A.U.	Botswana
A3	Slovaquie, Malte, Lettonie	Mexique, Trinitad	Inde, Thaïlande	Oman, Bahrein	Afrique du Sud, Ile Maurice
A4	Roumanie, Bulgarie, Croatie	Brésil, Canada, Panama, Colombie		Israël, Arabie saoudite	Algérie, Maroc, Tunisie
B (moyen)	Russie, Kazakstan	Pérou, Costa Rica, Guatemala	Sri Lanka, Indonésie, Viet-Nam	Jordanie, Turquie, Egypte	Mali, Gabon, Lesotho, Sénégal
Pays à risques C + D	*15 États sur 49*	*11 États sur 24*	*8 États sur 26*	*6 États sur 15*	*32 États sur 51*
C (médiocre)	Ukraine, Géorgie, Arménie,	Paraguay, Argentine, Vénézuela	Mongolie, Pakistan	Iran, Libye, Syrie, Yémen	Madagascar, Niger, Togo, Zambie
D (très risqué)	Albanie, Bosnie, Biélorussie, Tadjikistan	Cuba, Bolivie, Nicaragua, Haiti	Afghanistan, Cambodge, Corée du Nord	Irak	Nigeria, Sierra Leone, Côte d'Ivoire, Libéria

Source : Coface, 2007.

Si l'évaluation des risques pays a fait ces deux dernières décennies des progrès considérables, la crise asiatique des années 1997-1998 ou les attentats contre le World Trade Center de New York en septembre 2001 témoignent pourtant de l'extrême cécité des décideurs, voire de la totale ineptie de certaines prévisions. Ce phénomène s'explique par l'hypertrophie des critères purement financiers ou économiques mobilisés face aux facteurs sociaux, culturels, politiques et géopolitiques. Cette démarche purement économiciste est d'autant plus réductrice qu'elle se prive des apports essentiels de la géographie régionale et de la géopolitique. Il est vrai qu'il demeure heureusement très difficile de faire rentrer la multiplicité et la complexité des situations géographiques dans de simples indicateurs économétriques.

Trente États polarisent 97 % du stock mondial d'IDE

Une intégration prioritaire entre pays riches dominants de la Triade

Globalement, on assiste à un phénomène de diffusion spatiale des IDE dans l'espace mondial : les pays accueillant un stock supérieur à dix milliards de dollars passent en vingt ans de 17 à 50, dont 20 pays en développement, et ceux émettant vers l'étranger un stock supérieur à 10 milliards de dollars de 10 à 39, dont 12 PVD. Mais cette diffusion relative ne doit pas masquer le maintien d'une extrême concentration géographique. Seulement 28 États sont responsables de l'exportation de 98 % du stock d'IDE et 16 pays accueillent 88 % du stock mondial d'IDE, essentiellement les pays industrialisés ou en voie de décollage, et trente États 97,5 %.

En effet, cette troisième mondialisation fonctionne d'abord et avant tout comme une intégration croissante mais concurrentielle entre les économies déjà les plus riches contrairement à la théorie néo-classique : les pays développés émettent 87 % du stock d'IDE et en reçoivent 70 %, les investissements croisés entre pays développés passent de 40 % du stock mondial en 1914 à 85 % aujourd'hui. Ainsi, à eux seuls, les États-Unis accueillent autant d'IDE que l'Afrique, l'Amérique latine et l'Asie du Sud et du Sud-Est réunies. Le capital tend à se concentrer, à toutes les échelles géographiques, dans les espaces qui en ont, apparemment, le moins besoin tout simplement parce que la rentabilité y est la plus élevée et les risques les plus faibles.

La seule véritable rupture – cependant essentielle dans les équilibres géoéconomiques mondiaux – réside dans un double mouvement. À l'échelle des États s'affirment progressivement de nouvelles puissances régionales dont le dynamisme repose sur leur capacité à intégrer à leur profit leur environnement régional comme le Brésil avec le Mercosur, l'Afrique du Sud en Afrique méridionale et centrale, l'Inde en Asie du Sud, la Chine en Asie de l'Est et en Asie centrale ou la Russie dans l'ex-CEI. Ils sont complétés par des pays émergents de plus petite taille disposant de marges de manœuvre internes comme la Corée du Sud, la Malaisie, le Mexique, Taiwan, les Philippines, la Thaïlande ou la Turquie. À l'échelle des continents, face à la relative marginalité de l'Amérique latine, de l'Afrique et du Proche Orient, on assiste surtout à la montée en puissance de l'Asie de l'Est sur des bases autonomes du fait, en particulier, des stratégies d'ouvertures chinoise et indienne grâce à l'immensité de leurs marchés intérieurs et de leurs réservoirs de main d'oeuvre.

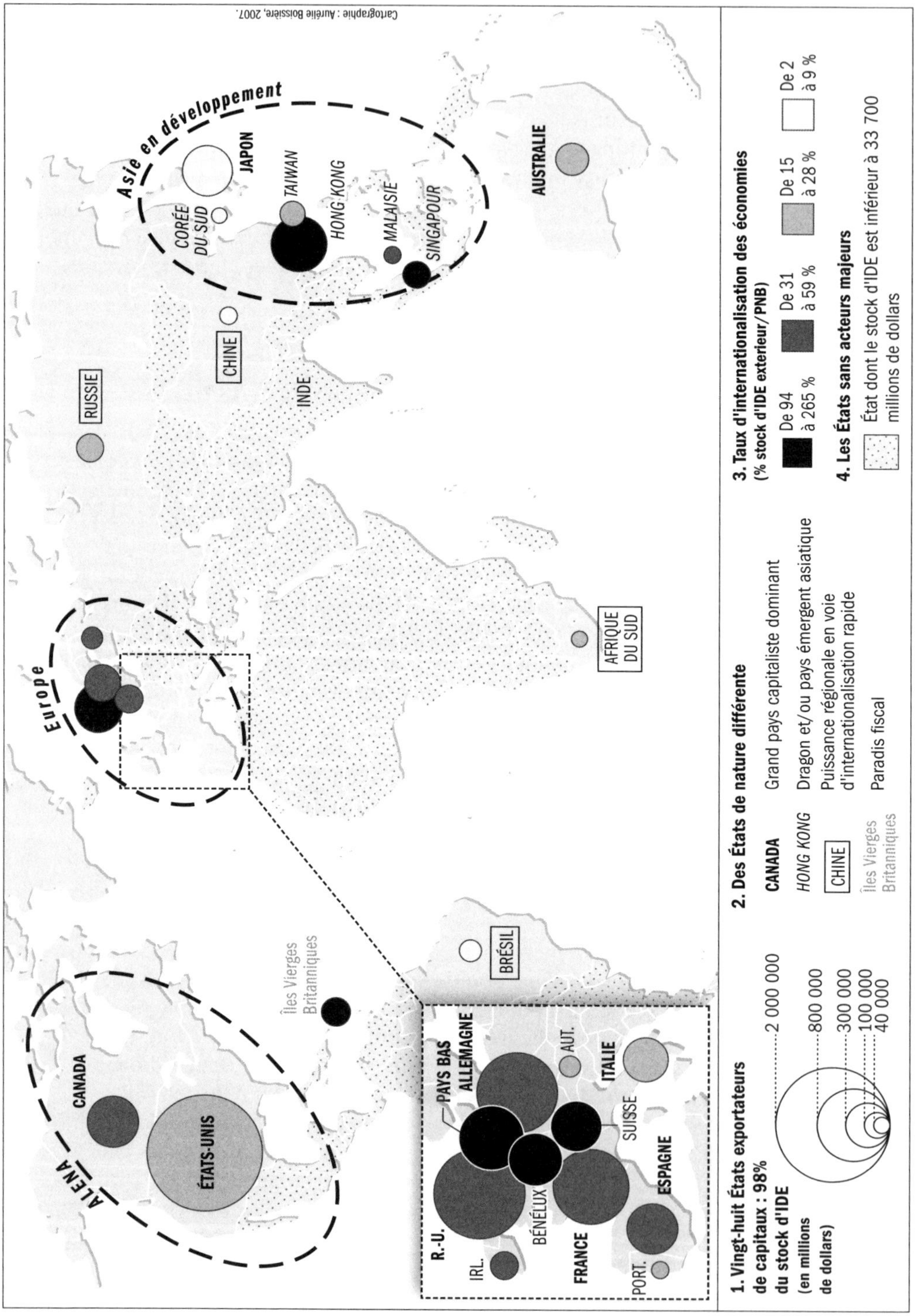

Figure 2.2 Le stock d'investissements (IDE) à l'étranger : une internationalisation des firmes très inégale (AD)

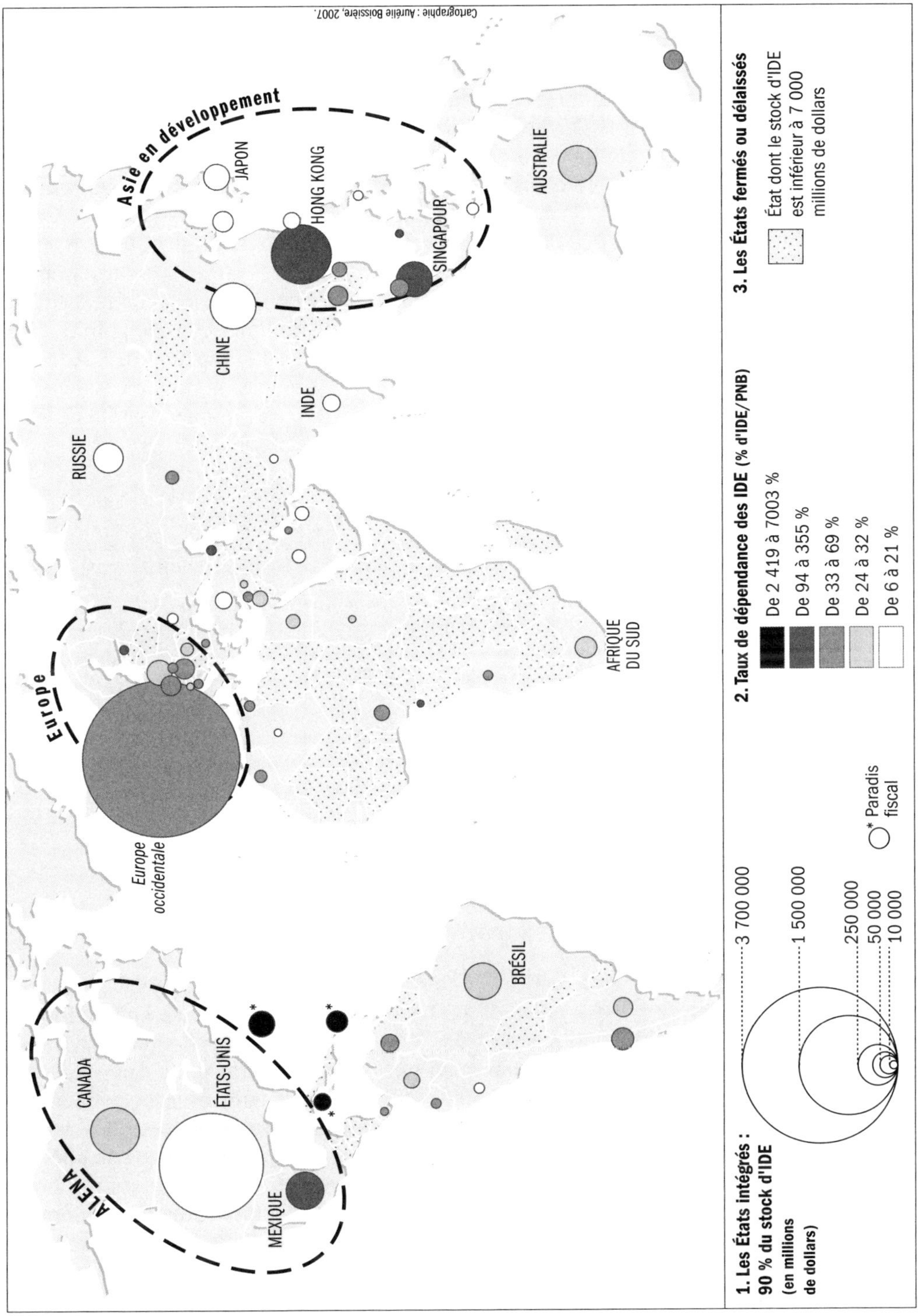

Figure 2.3 Le stock d'investissements étrangers (IDE) : pays d'accueil, une attractivité si inégale (AD)

Cette intégration entre pays riches ne signifie aucunement une homogénéisation des stratégies territoriales des firmes et un abandon des logiques structurelles propre à l'histoire et à la géographie des systèmes productifs nationaux comme l'illustre la comparaison entre les cinq grands pays développés. Si l'internationalisation progresse partout, le Royaume-Uni est le système le plus extraverti du fait de la sortie massive de capitaux au détriment de la base nationale, qui passent de 23 à 56 % du PNB en vingt cinq ans et de l'accueil privilégié des IDE étrangers qui montent à 37 % du PNB. Dans sa mondialisation, le lien transatlantique est surdéterminant : la moitié du stock britannique est aux États-Unis alors que 45 % des IDE étrangers sont américains. Cette structure participe de la conception même que se font les britanniques de la construction européenne, réduite à un grand marché, et de leur alignement géostratégique sur les États-Unis en politique extérieure. À l'opposé, l'internationalisation du Japon, de la France et de l'Allemagne sont plus tardives, et plus limitées malgré une progression rapide ces deux dernières décennies. Sur vingts cinq ans, les stocks d'IDE à l'étranger passent de 9 à 40,5 % du PNB pour la France et de 9 à 34,6 % pour l'Allemagne.

Tableau 2.16 L'internationalisation différenciée des cinq grands pays développés (millions de dollars et %)

	Accueil d'IDE				**Exportation d'IDE**			
	1980	2005	% PNB 1990	% PNB 2005	1980	2005	% PNB 1980	% PNB 2005
Royaume-Uni	63 014	816 716	20,6	37,1	80 434	1 237 997	23,2	56,2
France	26 674	600 821	7,1	28,5	23 883	853 159	9	40,5
États-Unis	83 046	1 625 749	6,9	13	215 375	2 051 284	7,5	16,4
Japon	3 270	100 599	0,3	2,2	19 612	386 581	6,6	8,5
Allemagne	36 630	502 790	6,7	18	43 127	967 299	9,1	34,6

Source : Cnuced, 2006.

L'intégration des marges actives aux économies dominantes

Débordant l'intégration entre pôles de la Triade, on assiste aussi à l'intégration productive aux économies dominantes des marges les plus actives que sont les Dragons asiatiques, les pays émergents et les pays de l'Est en transition. Bien insérés dans la production et les échanges, les Nouveaux pays industriels accueillent 17 % du stock d'IDE mondial, devant les pays en voie de développement (11 %) et les pays de l'Est en transition (2 %). La hiérarchisation spatiale en cascade du phénomène est particulièrement nette en Asie. Les Dragons sont survalorisés par la Triade : 50 % du stock d'IDE à Taiwan provient des États-Unis et du Japon alors qu'en Corée du Sud 81 % sont originaires de la Triade (États-Unis : 30 %, Europe occid. 35 %, Japon : 16 %). Mais ces Dragons intègrent eux-mêmes par délocalisations productives les Pays émergents à leurs systèmes productifs comme l'illustre la Thaïlande (Triade : 60 %, Dragons : 40 %).

Tableau 2.17 Géographie du stock d'IDE à l'étranger de trois grands pays : intégration de la Triade et des zones de voisinage (en %) en 2006

	Allemagne	Japon	États-Unis
Europe	53,3	25,6	52,2
Alena	35,2	44,1	13,5
dont États-Unis	*33,6*	*41,9*	*0*
Asie	7	23,2	17,2
Amérique latine	1,9	5,8	13,6
Afrique	0,4	0,7	1
Moyen- Orient	2,2	0,6	2,5

Tableau 2.18 Origine géographique des IDE en Thaïlande (% cumul 1970-1999)

Japon	28,6 %	Hong-Kong	12,4 %
États-Unis	17,4 %	Asean	11,8 %
Union europénne	14,4 %	Singapour	11,1 %
dont Pays-Bas	4,8 %	Taiwan	4,5 %

Source : Dree, 2000.

Tableau 2.19 L'Europe de l'Est : les IDE par pays d'accueil, pays d'origine et secteurs (stock, cumul 1990-2000 en %)

Pays	Stock	1er investisseur	Stock	Activités économiques	Stock
Pologne	32,0 %	Allemagne	18 %	Autres ind. Manufacturières	14 %
Tchéquie	21,8 %	Pays-Bas	12 %	Agroalimentaire	11 %
Hongrie	21,0 %	Autriche	7 %	Électricité, gaz, eau, mines	7 %
Roumanie	6,3 %	France	6 %	Mécanique	5 %
Slovaquie	3,5 %	R-U	6 %	Chimie	4 %
Lituanie	3,4 %	Autre UE	11 %	Automobile	4 %
Estonie	3,2 %	Autre Europe	6 %	Commerce	12 %
Bulgarie	3,1 %	États-Unis	16 %	Finance	11 %
Slovénie	2,9 %	Pays Eur. centrale	3 %	Transport communications	9 %
Lettonie	2,6 %	Autres	15 %	Autres	33 %

Un processus d'intégration similaire se développe rapidement depuis la chute du Mur de Berlin et l'intégration à l'économie de marché des pays de l'Est en transition où cette dynamique est renforcée ces dernières années par les perspectives d'élargissement de l'Union européenne. Elle valorise cependant les espaces les plus proches, les plus développés et les plus stables puisque trois États polarisent les trois quarts du stock d'IDE. La mondialisation y fait ainsi rejouer des lignes de fractures séculaires préexistant aux effondrements des Empires centraux en 1918 (Russie, 2e Reich, Autriche-Hongrie, Empire ottoman) et remontant aux modes de diffusion des 1er et 2e Révolutions industrielles.

Les pays du Sud : entre intégration dominée et évitement

Si les IDE survalorisent la Triade et ses marges actives, les Pays du Sud constituent un vaste espace, représentant les trois quarts de la planète, où les logiques de valorisation du capital sont hypersélectives : dix à quinze États y polarisent 80 % du stock de capital du fait d'une logique générale d'évitement. Ces trente dernières années, ces logiques se traduisent aux échelles continentales par un brutal déclassement de l'Afrique et du Proche et Moyen-Orient au profit essentiellement de l'Asie, alors que l'Amérique latine connait des progrès sensibles depuis 1990.

Tableau 2.20 Répartition géographique et sectorielle des IDE des et aux États-Unis (en % du stock)

Investissements américains à l'étranger				**Investissements étrangers aux États-Unis**			
Europe	51	Finance	52	Europe	70	Finance	21
Amériques	28	Ind. manufact.	22	Amériques	14	Ind. manufact.	33
Asie	19	Mines	6	Asie	15	Mines	0
autres	2	autres	20	autres	1	autres	46

Source : Survey of Current Business, 2006.

Mais même en Asie, cette géographie apparaît très polarisée essentiellement par l'ouverture chinoise à l'économie de marché et par le renforcement de certains Pays émergents. Entre 1979 et 1989, la Chine est en effet le second récipiendaire d'IDE derrière les États-Unis, en recevant 10 % du total mondial et 30 % des capitaux affectés aux PVD du fait du caractère très attractif de son immense marché intérieur (1,3 milliard d'habitants) et de sa main-d'œuvre. En Amérique latine, les rapports de force sont très favorables aux États-Unis qui contrôlent directement entre 35 et 51 % du stock d'IDE dans chaque pays (Costa Rica : 78 %, Chili 40 %).

Tableau 2.21 Géographie des investissements directs aux Suds : une succession de cycles géoéconomiques et spatiaux (cumul des Suds en %)

	1970	**1990**	**2000**	**2005**
Asie	20	47,8	34,4	42,9
Amérique latine	55	33,7	42,8	28,7
Pays de l'Est en transition	5	4,5	16,2	15,8
Afrique	5	3,7	4,1	8
Proche et Moyen Orient	15	10,3	2,5	4,6

En Arabie saoudite, soixante-quatre États ont investi ces vingt-cinq dernières années dans 1 600 projets qui représentent 57 % du capital industriel et 21 % des emplois, soit seulement 67 000 salariés. Mais alors que le stock d'IDE ne dépasse

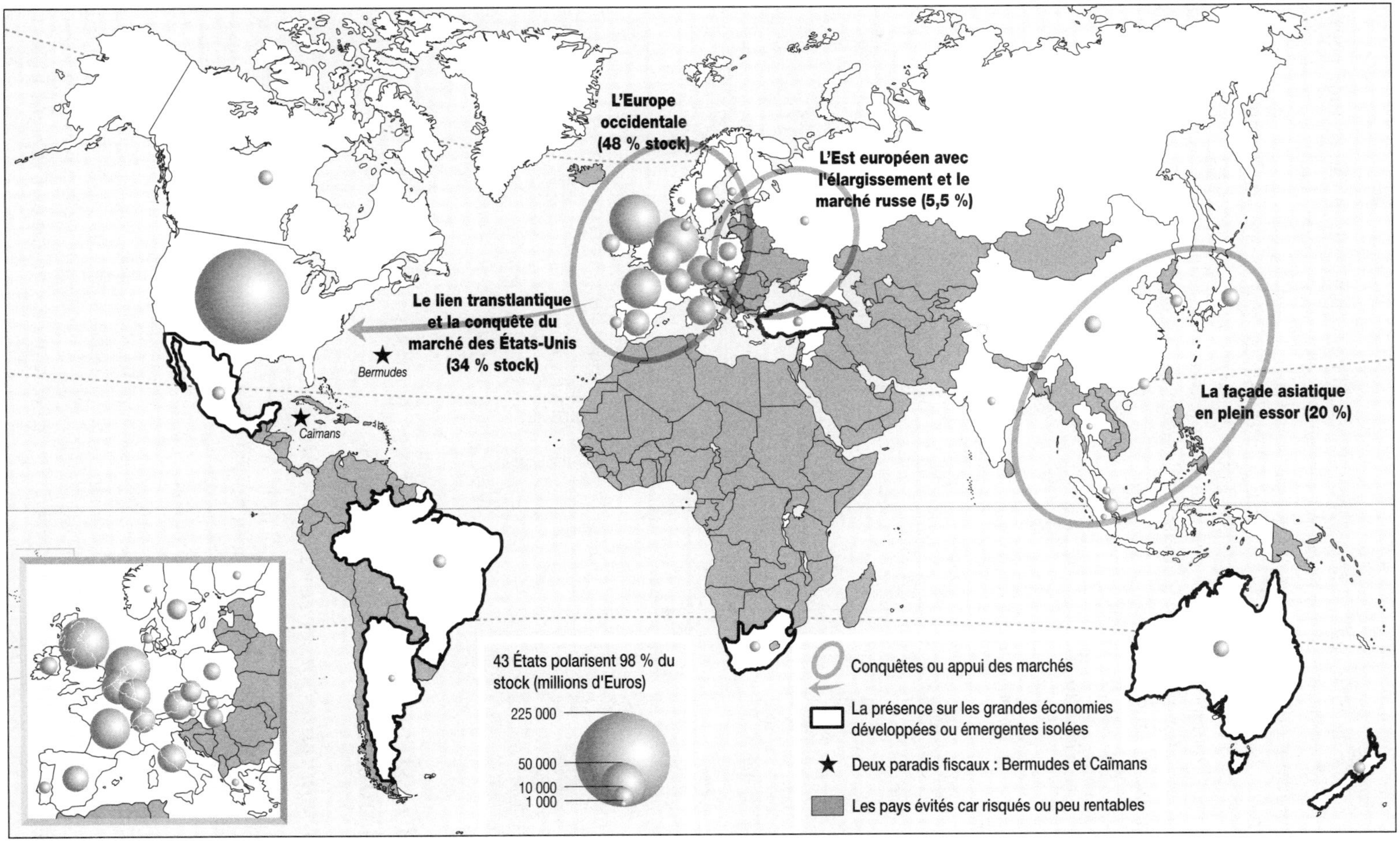

Figure 2.4 L'internationalisation sélective de l'Allemagne : géographie du stock d'IDE

pas 3 % du PIB, ceux-ci sont sectoriellement concentrés sur la valorisation pétrolière et ses dérivés (chimie) et proviennent essentiellement des États-Unis (45 %), du Japon (12 %) et d'Europe occidentale (18 %). À cette concentration économique et technique répond une forte polarisation géographique sur Damman, Djeddah et Riyad (70 % emplois). Pour les pays en voie de développement, la problématique essentielle consiste à intégrer au mieux les apports des IDE à leur développement endogène. Leurs capacités de négociation, cependant très inégales, peuvent parfois permettre des retombées positives (transferts de technologies, de compétences, de savoir-faire).

Tableau 2.22 Les IDE en Asie : comparaison des trajectoires nationales (millions de dollars et %)

Stock d'IDE reçus				Stocks d'IDE à l'étranger			
	1990	**2005**	**% PNB 2005**		**1990**	**2005**	**% PNB 2005**
Hong Kong	*45 073*	*532 956*	*300*	*Hong Kong*	*11 920*	*470 458*	*265*
Chine	*20 691*	*317 873*	*14*	*Singapour*	*7 808*	*110 932*	*94*
Singapour	*30 468*	*186 926*	*159*	*Taiwan*	*30 356*	*97 293*	*28*
Corée du Sud	5 186	63 199	8	*Chine*	*4 455*	*46 311*	*2,1*
Thaïlande	8 242	56 542	34	Malaisie	2 671	44 480	34
Malaisie	10 318	47 771	37	Corée du Sud	2 301	36 478	4,6
Inde	1 657	45 274	6	Indonésie	86	13 735	5
Taiwan	*9 735*	*41 929*	*12*	Inde	124	9 569	1,2
Viêtnam	1 650	31 135	61	Thaïlande	418	3 947	2,3
Indonésie	8 855	21 118	8	Philippines	155	2 039	2,1
Philippines	3 268	14 028	14	Vietnam	0	0	0

En italique : Monde sinisé. *Source* : Cnuced, 2006.

Les stratégies des entreprises transnationales : l'adéquation aux territoires

Mondialisation et revalorisation des bases historiques

Pour les transnationales, le contrôle de leur territoire national demeure un impératif stratégique comme marché et base productive : il polarise la moitié des ventes et 60 % des effectifs des 100 premières. Les dix premières capitalisations boursières américaines demeurent dépendantes de leur économie nationale par le biais de l'investissement des sociétés locales, des commandes publiques et du niveau de consommation des ménages comme en témoigne le poids du marché américain dans leurs ventes (General Electric 70 %, IBM 44 %, Intel 46 %, Microsoft 61 %...). Le cœur des appareils décisionnels et productifs (R & D et innovation, production à haute valeur ajoutée...) y demeure ancré comme en témoigne la polarisation de la recherche (Japon : 97 %, États-Unis : 87 %, Royaume-Uni : 56 %, Suède : 42 %). Les 18 000 filialess américaines à l'étranger représentent seulement un quart de la production des maisons-mères (Japon : 8 %, Allemagne : 20 %) même si seulement 40 % des marchandises que ces filiales vendent dans le monde sont encore fabriquées aux États-Unis même. Au Japon, les IDE ne représentent que 15 % des investissements effectués dans l'Archipel.

Cet ancrage se traduit aussi aux échelles régionales par une revalorisation fonctionnelle des bases historiques. Si certaines activités productives sont parfois transférées vers l'étranger, les pôles d'origine continuent d'accueillir les centres de recherche et de commandement stratégiques comme le traduit le processus de métropolisation.

Tableau 2.23 Évaluation de l'ancrage régional des transnationales suédoises

Entreprises	Salariés suédois	Cumul trois premières régions dans l'emploi national	1ère région	Siège historique	2e région	3e région
Volvo	35 500	87,0 %	71 %	Goteborg	10 %	6 %
Ericsson	25 000	68,0 %	37 %	Stockholm	16 %	15 %
AB	15 500	68,5 %	47 %	Vamstmanlands (NW Stock)	16,5 %	5 %
Saab	13 000	97,0 %	58 %	Goteborg	35 %	4 %
Scanna	8 250	91,5 %	59 %	Stockholm	23 %	9,5 %

Les trois grandes stratégies spatiales

Selon leurs secteurs d'activité, les transnationales développent trois grands axes stratégiques qui guident leurs logiques d'implantation.

L'accès aux produits et matières premières

Les firmes intervenant dans les matières premières minérales et végétales cherchent à accéder à moindre coût et à moindre risque aux gisements (chap. 5). Soit sous forme directe en contrôlant mines, champs pétroliers et plantations, soit indirectement en contrôlant la logistique et le négoce pour l'exportation. Du fait de l'immobilité géographique des ressources, elles sont très sensibles aux risques géopolitiques. Si historiquement, certaines ont réussi à se tailler de véritables fiefs territoriaux en asservissant les petits États à leurs impératifs productifs et commerciaux (républiques bananières d'Amérique centrale), le processus de décolonisation et la recherche d'une plus grande autonomie des États concernés ont progressivement remis en cause ces logiques coloniales ou néo-coloniales. Elles doivent donc composer avec les autorités en place et de plus en plus partager de manière un peu moins inégale selon les régions et les secteurs d'activités les profits tirés de ces activités sous ces formes plus ou moins avouables (poids de la corruption…). Cependant, face à l'exacerbation des tensions socio-économiques et à l'instabilité géopolitiques de certaines zones, elles cherchent aujourd'hui à disperser géographiquement leurs activités entre différents pôles d'échelles nationales ou continentales afin de réduire les risques.

L'accès aux marchés nationaux et continentaux

Dans les activités manufacturières et les services aux entreprises et aux populations, la stratégie d'accès aux marché nationaux et continentaux joue un rôle central : en 1999, le total des ventes effectuées par les filiales à l'étranger des transnationales s'élève à 14 000 milliards de dollars, contre 3 000 en 1980, soit le double du commerce mondial. La production locale remplace ou complète les flux commerciaux : à partir de 1995, la production à l'étranger des constructeurs automobiles japonais excède leurs exportations à partir du Japon. Cette stratégie déjà ancienne, puisqu'elle apparaît dès la fin du XIXe siècle, s'épanouit dans les décennies 1960-1980.

À partir des années 1980, des transformations qualitatives profondes apparaissent du fait d'un processus d'intégration croissante des échanges et des productions à l'échelle mondiale qui permet d'arbitrer plus efficacement entre différentes localisations. Cependant, comme nous l'avons vu avec les IDE, la logique de conquête des marchés est extrêmement sélective : les transnationales valorisent prioritairement les marchés les plus puissants, les plus dynamiques et les plus stables (*cf.* chap. 5). Ceci n'empêche cependant nullement l'expression de stratégies géographiques différentes comme en témoigne le rôle inégal du marché américain dans l'activité des grandes firmes européennes.

Tableau 2.24 Le poids inégal du marché américain dans l'activité des principales entreprises européennes par pays (cotées au DJ Stock, en % CAF, en 2000)

Ensemble	Suisse	Allemagne	Pays-Bas	Espagne	Suède	France	Italie
21	31	28	25	24	24	15	9

Les bases productives de réexportation : un nouveau taylorisme

La capacité à segmenter techniquement et fonctionnellement de plus en plus finement les appareils productifs sur des bases territoriales de plus en plus lointaines se traduit par une valorisation sans précédent des inégalités socio-économiques et salariales. L'explosion des bases productives dans les pays à bas salaires a pour finalité la réexportation vers les marchés développés même si une partie de ces activités dessert les marchés intérieurs.

Ce processus a aussi un impact considérable dans les pays développés avec l'accélération des délocalisations d'emplois des segments sectoriels (textile – habillement, chaussure, électronique grand public, jouet...) ou fonctionnels (production de masse banale) les plus déqualifiés à fort contenu de main d'œuvre. Si les quelques millions d'emplois qui y disparaissent sont cependant relativement limités face aux nouvelles créations d'emplois dans d'autres secteurs économiques, l'impact social est profondément déstabilisateur dans les États et régions où la division fonctionnelle du travail était historiquement la plus poussée (Royaume-Uni, France, Pays-Bas...).

La montée de structures territoriales plus complexes

Cependant, si ces trois logiques constituent l'ossature des stratégies de localisation des transnationales à l'échelle mondiale, leurs traductions spatiales sont très différenciées. Elles peuvent enfermer des territoires dans des spécialisations fragiles mais tout autant produire par leurs actions conjointes des structures territoriales plus complexes. En effet, on assiste souvent à l'échelle d'un État à la juxtaposition d'implantations s'articulant à plusieurs logiques qui sont elles mêmes mouvantes selon la conjoncture ou les choix structurels à long terme des acteurs endogènes (développement et hausse des niveaux de vie et de consommation dans certains PVD). Car les pays récepteurs disposent de larges marges de manœuvre s'ils n'abdiquent pas toute politique de développement autonome.

Ainsi en Thaïlande, pays émergent d'Asie de 65 millions d'habitants, en fort développement, les firmes françaises choisissent soit de se développer sur un marché intérieur dynamique (Carrefour et Casino dans les hypermarchés, TotalFinaElf dans l'énergie), soit de construire une base de réexportations productives (Michelin, Devanley, Lacoste...). Après trois ans d'absence du fait de la crise asiatique, Thomson Multimédia revient en 2000 pour desservir le marché domestique alors que la production de verre de Saint-Gobain est tirée dans l'automobile à la fois par la hausse du marché intérieur et par celle des exportations.

Fusions, alliances internationales et réseaux

Si les firmes transnationales développent différents axes stratégiques d'implantations, elles mettent aussi en œuvre différents modes d'organisation géoéconomiques afin d'assurer leur développement international.

Fusions, concentrations économiques et suraccumulation du capital

Ces dernières décennies, les opérations de fusion et acquisitions transfrontalières (OPA amicales ou hostiles, raids, rachats...) explosent : le nombre d'opérations passe de 2 500 par an en 1990 à 6 134 en 2005 pour un total cumulé de 75 000 opérations en quinze alors que la valeur annuelle des transactions passe de 150 576 millions de dollars à 716 302 pour un total cumulé de plus de six milliards de dollars. Cette forte montée de la mobilité du capital, qui témoigne d'une internationalisation croissante, ne doit pas masquer cependant deux faits essentiels. Premièrement, cette intégration opère d'abord entre économies développées (92 % du capital) en particulier du fait de l'intégration européenne puis ensuite en Asie et en Amérique latine où les FTN s'achètent des parts de marché ou se diversifient. Deuxièmement, si les opérations transfrontalières augmentent sensiblement, une grande partie des fusions- acquisitions opère encore dans les cadres nationaux (opérateurs américains de télécommunications, banquiers italiens, espagnoles ou français...) : cette course à la taille vise alors à défendre ses positions face à la concurrence et les autorités publiques y sont souvent très sensibles en intervenant directement ou indirectement dans ces opérations. Car le renforcement de champions nationaux sur des bases défensives face à la concurrence demeure un préalable indispensable à toute offensive d'envergure internationale. Ces fusions nationales ou transfrontalières se traduisent par une montée considérable des besoins financiers des transnationales qui accélère ainsi leurs financiarisation et par l'envolée des activités des banques d'affaires qui négocient ces opérations (Morgan Stanley, Lazard, JP Morgan...) (*cf.* chapitres 1 à 5).

Tableau 2.25 Les opérations de fusions transfrontalières (cumul 1990/2005)

	valeur millions dollars	**% valeur**	**Nombre opérations**	**% opérations**
Monde	6 038 351	100	75 032	100
Pays développés	5 520 437	92	59 350	79
Europe	*3 683 586*	*61*	*37 704*	*50*
Amérique du Nord	*1 516 680*	*25*	*16 473*	*22*
Pays en dév.	488 483	8	13 878	19
Asie	*246 356*	*4*	*7 576*	*10*
Amérique latine	*190 157*	*3*	*4 989*	*7*
Afrique	*51 971*	*1*	*1 313*	*2*
Europe Sud-Est et CEI	*20 674*	*0*	*1 785*	*2*

Source : Cnuced, 2007.

Cette croissance externe constitue une forme particulière d'internationalisation qui répond à la pression concurrentielle, à une intégration continentale croissante et à la dérégulation des secteurs publics nationaux (télécommunications, transports, finance). Trois stratégies apparaissent. Les concentrations horizontales, regroupant les entreprises d'une même branche d'activité, dominent largement avec 60 % des capitaux mobilisés entre 1987 et 1999 alors que les fusions verticales, associant les stades amont ou aval d'une filière, n'en représentent que 6 %. Le solde est dégagé par les opérations conglomérales (34 %) dont la logique est essentiellement guidée par la rentabilité financière immédiate. En permettant d'atteindre une taille continentale et d'augmenter le chiffre d'affaires, la fusion est le moyen le plus rapide pour prendre pied sur de nouveaux marchés, accéder à des produits, marques et compétences complémentaires ou intégrer le coût croissant de la mise au point des nouveaux produits innovants.

Mais ces mutations affectent différemment les secteurs économiques, les plus concentrés étant l'énergie, l'automobile, la pharmacie, les télécommunications, les assurances et la banque. Ces unions à vocation défensive ont pour objectif de répondre à la déflation et à la baisse structurelle des prix des produits du fait, en particulier, des surcapacités productives accumulées. Dans l'automobile, le potentiel mondial est de 70 millions de véhicules annuels pour un marché de 50 millions. Cette suraccumulation du capital touche les produits de base (acier, papier...), les biens intermédiaires (aluminium, chimie...) et les produits de grande consommation (voiture, téléviseurs, ordinateurs, vêtements...). Mais cette crise de suraccumulation, qui touche les pays développés et leurs annexes, est toute relative à l'échelle mondiale puisque les besoins élémentaires, mais non solvables, d'une large partie de la population demeurent totalement ignorés (*cf.* chap. 1). Un des grands gâchis de la mondialisation actuelle.

Ainsi dans la pharmacie, malgré de nombreux rapprochements, les fusions devraient se poursuivre afin de supporter l'explosion des dépenses de marketing et

Tableau 2.26 La fusion Renault -Nissan en 1988 :
le jeu des complémentarités géographiques commerciales

Espace	Ventes cumulées	Part de marché %	Firme dominante
Europe occidentale	2 251 000	14,1 %	Renault
Japon	903 000	15,3 %	Nissan
Amérique du Nord	655 000	4,3 %	Nissan
Afrique du Nord-Turquie/ Moyen-Orient	246 000	17 %	Nissan
Amérique centrale	188 000	15,7 %	Nissan
Amérique latine	127 000	6 %	Renault
Asean	124 000	10,9 %	Nissan
Europe de l'Est	89 000	9 %	Renault
Océanie	50 000	6,2 %	Nissan
Afrique	38 000	7,6 %	Renault
Chine	16 000	1,2 %	Nissan
Russie	12 000	0,9 %	Renault

des coûts de recherche, le développement d'une nouvelle molécule étant évalué à 600 millions d'Euros sur dix ans. En effet, face à un marché encore atomisé du fait de la vigueur des traditions médicales et culturelles nationales et des politiques de santé des États, de nombreux brevets vont bientôt tomber dans le domaine public au profit des fabricants de médicaments génériques.

Cette concentration sans précédent peut déboucher sur l'établissement d'imposants oligopoles dominant leur secteur mondial et étouffant progressivement toute concurrence nouvelle. Dans l'automobile, les dix plus grandes firmes passent de 69 à plus de 80 % de la production mondiale entre 1996 et 2006 et dans la chimie de 33 à plus de 60 %. Mais ce phénomène demeure réservé aux pays développés dont les firmes renforcent considérablement leur influence économique (Vodafone-Mannesmann, AOL – Time Warner, Exxon – Mobil...). Enfin, si les groupes allemands et français justifient celles-ci essentiellement par des objectifs stratégiques (internationalisation, consolidation des métiers de base), les groupes anglo-saxons sont guidés par des objectifs financiers (bénéfice par action) dont témoignent leurs structures souvent conglomérales.

Mais ces opérations se heurtent parfois à l'intervention des États dont le droit des concentrations est géographiquement très hétérogène et historiquement souvent fluctuant. Ils peuvent interdire certaines fusions afin de maintenir un minimum de concurrence comme lors du veto de la Commission européenne à la fusion entre les américains General Electric et Honeywell en juillet 2001 ou les procès contre Microsoft aux États-Unis poussés sous la Présidence Clinton et freinés sous la Présidence de G. W. Bush. Mais ces concentrations se heurtent d'abord à des impératifs économiques, financiers, technologiques et surtout humains et culturels largement sous-estimés comme si les territoires prenaient leur revanche sur les logiques purement financières du capital. C'est pourquoi nombreux sont les échecs dans ces fusions géantes (de 50 à 75 %) comme en témoigne l'échec de la reprise du constructeur automobile américain Chrysler par l'allemand Daimler Benz.

Tableau 2.27 Les États champions des fusions-acquisitions transfrontalières (cumul en millions de dollars pour 1990/ 2005 et % mondial)

Pays développés						Pays émergents		
R.-Uni	1 284 571	21,3	Suisse	215 554	3,6	Singapour	65 444	1,1
États-Unis	1 239 568	20,5	Espagne	183 684	3	H Kong	59 760	1
France	554 186	9,2	Australie	164 331	2,7	Brésil	30 574	0,5
Allemagne	472 733	7,8	Italie	132 746	2,2	Malaisie	25 359	0,4
PaysBas	348 553	5,8	Suède	128 302	2,1	Chine	14 324	0,2
Canada	277 094	4,6	Japon	122 640	2	Corée Sud	11 087	0,2

Croissance externe, rationalisation et impacts territoriaux

Il convient en étudiant les critères de localisation des entreprises transnationales de distinguer ce qui ressort aux logiques de croissance externe et de croissance interne puisqu'elles modifient totalement les rapports aux territoires. Ceci est d'autant plus important que la croissance externe – rachat d'une entreprise – est aujourd'hui la forme dominante de l'internationalisation.

La croissance interne se traduit par la création d'une nouvelle filiale et d'un nouvel établissement *ex nihilo*, avec création d'emplois à la clé, dont la localisation est le fruit d'un arbitrage entre différents facteurs endogènes et exogènes. Par contre, la croissance externe appelle en général des économies d'échelle et la rationalisation (licenciements, fermetures de sites) de certaines fonctions (services administratifs centraux, recherche-développement, production, logistique). Elle agglomère aux réseaux préexistants un potentiel productif qui peut être défini comme un héritage lié à des choix stratégiques et géographiques exogènes. Sa gestion par ses nouveaux propriétaires peut se traduire par une fermeture complète ou partielle quand il y a surcapacités, un renforcement quand cette production ou ce marché sont jugés prioritaires, ou des réorganisations sectorielles ou fonctionnelles avec spécialisation des sites dans le cadre d'une nouvelle échelle technique et géographique.

Ainsi, le groupe agroalimentaire Danone est la troisième firme agroalimentaire européenne avec 88 000 salariés, 186 sites et un chiffre d'affaires de 14 milliards d'euros derrière Nestlé et Unilever. Cette dernière décennie, Danone a mis l'accent sur une forte croissance externe dont témoigne l'importance de ses investissements financiers (60 %) face aux investissements industriels (40 %), un recentrage sur trois activités principales (produits laitiers frais : 56,5 % des ventes, boissons : 16 %, biscuits : 27,5 %) et un fort développement international en Europe de l'Est (1 % ventes) en Transition relayé depuis par l'Amérique latine (15, 5 %) et surtout l'Asie (17 %).

Tableau 2.28 Danone : quinze ans de croissance internationale (millions d'euros et salariés)

	1989	1992	1994	1996	1998	2000	2003	2004	2005	2006
Investissements industriels	447	548	545	684	711	798	543	520	607	692
Investissements financiers	n.d.	684	893	1 140	485	2 849	1 066	98	636	575
Effectifs totaux	49 693	58 063	68 181	81 579	78 945	86 657	88 607	89 449	88 184	88 124
Effectifs Europe occidentale	26 980	54 696	54 061	50 770	42 170	28 023	35 533	22 492	20 985	20 688
Effectifs reste du monde	22 713	3 367	14 120	30 809	36 775	58 634	55 074	66 257	67 199	67 426

Après avoir restructuré ses activités boissons et produits frais avec la suppression d'une dizaine de sites en dix ans, il lance en 2001 un vaste plan de licenciements en Europe dans son activité biscuit (Lu, Heudebert, Belin, Saïwa, Opavia, Jacob's...) afin d'augmenter sa rentabilité et rationaliser son dispositif industriel. En effet, ce secteur d'activité est le résultat de nombreuses acquisitions (1986 : General Biscuit, 1989 : Nabisco, 1991 : tchèque Cokoladovny, 2000 : United Biscuit). Il est confronté à trois problèmes : un potentiel dispersé géographiquement (36 usines, 13 pays), une nette surcapacité face aux besoins du marché, la pression sur ses marges des groupes de la grande distribution. Il décide, en 2001, de fermer Dordrecht (Pays-Bas), Beveren (Belgique), Györ (Hongrie), Calais, Ris Orangis et Château-Thierry (France). En 2007, il vend cette activité à General Biscuit pour se recentrer sur l'eau et les produits frais.

Comme chez ses concurrents, sa logique est de fabriquer des produits de masse sous des marques identiques pour toute l'Europe dans un minimum de sites. Mais cet équilibre est difficile à trouver car, premièrement, le besoin de variété et d'innovation freine la concentration technique, et, deuxièmement, la création d'un concept unique de biscuit pour tout le continent européen se heurte à des traditions gustatives et à des modes de consommation très différents (rôle du goûter chez les français, du petit-déjeuner chez les italiens et les Espagnols...).

Alliances internationales, réseaux et croissance réticulaire

Enfin, la complexification des systèmes productifs se traduit par le développement d'une troisième méthode d'internationalisation appelée parfois « nouvelle forme d'investissement » et qui s'apparente à un mode de *croissance réticulaire* s'appuyant sur la mise en œuvre de réseaux d'entreprises. Elle intègre la sous-traitance internationale, l'assistance technique, les accords de coproduction, de gestion ou de cofinancement ou alliances stratégiques. Elle peut être mise en œuvre par des structures très différentes.

Dans les nouvelles technologies, les transnationales ont multiplié ces dernières décennies les opérations de partenariat et d'alliances stratégiques devant le poids croissant des investissements nécessaires aux grands projets. Le niveau de risque technologique et commercial est tel qu'on partage la recherche (aéronautique, pharmacie, électronique, télécommunications, armements...) afin d'établir les nouveaux standards et les normes mondiales et de sortir les nouveaux produits.

Cependant, ce phénomène ne fait que déplacer les logiques concurrentielles vers la production de biens dérivés. À l'opposé, on a aussi vu apparaître dans la production manufacturière banalisée durant la décennie 1980 des firmes-réseaux sans usines propres, en particulier dans le textile (Nike), qui font réaliser leurs productions par des centaines de sous-traitants, en Asie ou en Amérique latine dans des conditions sociales très dures comme nous le verrons par la suite (*cf.* chap. 5).

Les différents modes d'articulations géographiques des organisations

L'organisation juridique, commerciale, technique et industrielle d'une entreprise transnationale à l'échelle mondiale pose de redoutables problèmes d'adéquation et d'équilibre entre les objectifs de la firme et la grande diversité des territoires conçus à la fois comme des bases productives et des marchés de consommation. Contrairement à toute la littérature sur l'homogénéisation progressive des systèmes productifs, il n'y a aucune structure idéale des modes d'organisation. Les arbitrages réalisés dépendent de nombreux facteurs endogènes et exogènes à la firme : histoire et culture de celle-ci, nombre d'activités, localisation des clients et concurrents... L'analyse des différents modes d'organisation géographique des firmes témoigne du fait que celles-ci doivent en définitive se mouler le plus étroitement possible dans les aspérités socioculturelles, économiques et géopolitiques des différents territoires.

L'organisation par produits

Les grandes transnationales produisant des équipements (General Electric, BP, BT, Siemens, Ericsson, 3M, Philips...) ou des biens de consommation (Gillette, Sara Lee...) dissemblables structurent leur organisation internationale par lignes de produits à l'échelle mondiale. Ainsi, General Electric, première multinationale au monde avec 307 000 salariés et 152,8 milliards de dollars de vente, segmente son activité en une douzaine de divisions – produits dont la direction est centralisée aux États-Unis et qui gèrent leurs potentiels commerciaux et productifs à l'échelle mondiale. Le principal avantage de cette articulation est de faciliter la coordination et l'intégration. Mais elle a parfois du mal à tenir compte des spécificités de chaque pays et est donc doublée par des directions nationales aux pouvoirs cependant très limités.

Tableau 2.29 Les douze métiers de General Electric, première transnationale du monde

Systèmes industriels	**Matériel médical**	**Plastiques**	**Services financiers**
Moteurs électriques (1er rang mondial)	Appareils d'imagerie et de diagnostic (1er rang mondial)	Matières plastiques (1er rang mondial)	Crédit, cartes de crédit, leasing (1er rang mondial)
Transport	**Générateurs d'énergie**	**Éclairage**	**Systèmes d'information**
Locomotive et équipement ferroviaire (1er rang mondial)	Turbines pour centrales électriques (1er rang mondial)	Ampoules et néons (1er rang mondial)	Réseaux d'entreprises, messageries (1er rang mondial)
Aéronautique	**Équipement électrique**	**Électroménager**	**Télévision**
Réacteurs et moteurs d'avions (1er rang mondial)	Systèmes de contrôle pour l'industrie (1er rang mondial)	Cuisinières, réfrigérateurs, lave-linge (1er rang mondial)	Chaînes généralistes (NBC) et toute info (CNBC) (1er network américain)

L'organisation par continent

Ce mode d'organisation est souvent dominant dans les grandes transnationales intervenant dans des secteurs relativement homogènes. Après être parvenus à occuper un segment considérable des grands marchés continentaux, elles investissent dans les nouveaux marchés émergents (Philips, Nestlé, Danone, Shell, Unilever, United Biscuit, Michelin, Ford, Renault, Electrolux, Ciments Lafarge, Sumitomo Electric...). Le monde est partagé entre grandes directions continentales (Amérique du Nord, Europe, Asie-Pacifique...) qui ont la responsabilité des activités industrielles et commerciales de leur périmètre géographique.

Cette structure a le principal avantage d'être très réactive face aux évolutions des principaux marchés puisque chaque continent dispose de ses propres ressources et d'une large autonomie. Ainsi, en 2001, Opel, principale filiale européenne de l'américain General Motors (avec Saab, Vauxhall), doit réduire ses capacités de 300 000 unités par an face aux erreurs stratégiques de sa direction européenne : manque de produits innovants et gammes vieillissantes, absence de diesel moderne, échec commercial des « produits mondiaux » susceptibles de plaire à tous les consommateurs, volonté de « dégermaniser » ses produits alors que le marché allemand est son point d'ancrage essentiel... En arbitrant entre spécialisation des lignes de montage par modèle, productivité des usines, coûts salariaux et pressions politiques, la direction européenne décide de réduire production et emplois à Anvers et Bochum.

Tableau 2.30 Le quadrillage spatial des huit marques de Ford en 2006 : la combinaison de marques continentales plus ou moins internationalisées, du bas de gamme au luxe (% des ventes)

	Ford	Lincoln	Mercury	Aston Martin	Jaguar	Volvo	Land Rover	Mazda
Ventes	5 539 455	130 685	188 579	7 000	74 953	428 780	193 640	1 297 966
Pays d'origine	États-Unis	États-Unis	États-Unis	R.-U.	R.-U.	Suède	R.-U.	Japon
Amerique du Nord	**51 %**	**99%**	**97%**	30%	29%	30 %	26 %	28 %
Europe	27 %			**62%**	**55%**	**56 %**	**51 %**	21 %
Asie-Pacifique	8 %				10%	8 %	8 %	**40 %**
Amérique du Sud	7 %						3 %	2 %
Autres	7 %						12 %	9 %

Mais ce mode d'organisation rend plus difficile la coordination d'ensemble de la firme à l'échelle mondiale et pose des problèmes d'économies d'échelle au niveau de la recherche-développement et de l'industrialisation des produits. C'est pourquoi cette structure est parfois remaniée sous une forme plus mixte comme dans le cas d'Unilever : si cette entreprise garde une organisation par continent, elle développe aussi des divisions par produits en Europe et en Amérique du Nord, là où les marchés sont le plus intégrés, et créée une division nettoyage industriel (Diversey-Lever) gérée comme une activité internationale autonome.

L'organisation produit/continent

L'organisation produit/continent essaye de tenir compte des avantages et inconvénients des deux premiers modes d'organisation en étant partagée en divisions verticales, ou *business units* qui coordonnent à l'échelle planétaire une stratégie de produits, et en divisions géographiques par continent ou grands pays. Née dans le secteur de la défense afin de structurer des équipes transversales, elle se diffuse lentement dans les autres secteurs avant de s'étendre plus franchement au début des années 1990. L'objectif est de parvenir à la fois à une intégration internationale maximale et à une forte capacité d'adaptation géographique aux marchés locaux, en fait nationaux ou sub-continentaux.

Tableau 2.31 Le système produit -continent du japonais Hitachi en 2006 (% ventes)

Activités		**Zones géographiques**	
Systèmes informatiques et de télécom.	21,5	Japon	70,4
Équipements électroniques	11,0	Asie	14,8
Systèmes de puissance et industriels	24,3	Amérique du Nord	8,7
Électronique grand public	13,4	Europe	4,9
Materiaux et composants	15,0	Autres	1,2
Logistiques et services financiers	14,3		

Entreprise japonaise de 347 000 salariés dont 104 000 à l'étranger, Hitachi est la cinquante-huitième transnationale mondiale. Spécialisée dans l'équipement électrique et électronique, elle est organisée à la fois sur une logique de sept lignes de produits et en cinq grandes zones géographiques.

Chapitre 3

L'explosion des échanges et de la logistique

HISTORIQUEMENT, la mondialisation et sa diffusion spatiale reposent fondamentalement sur la mobilité géographique du capital et des marchandises grâce à l'amélioration permanente des facteurs logistiques. Il convient cependant de souligner les caractères novateurs introduits par ce troisième stade historique, aux plans réglementaires, technologiques et géoéconomiques. On tend en effet, depuis les années 1950, à passer d'un système international reposant sur des échanges entre États et nations à un système global mondialisé qui peut potentiellement intégrer jusqu'aux endroits les plus reculés du monde. Si l'espace terrestre ne se réduit pas, la capacité des hommes à maîtriser le rapport distance-temps ne cesse de s'améliorer, en particulier grâce à la numérisation des données et des informations.

Pour autant, ce processus non seulement ne supprime aucunement les différenciations géographiques mais tend au contraire à les survaloriser. On passe ainsi de plus en plus d'une *distance métrique* planétaire homogène à une *distance systémique* du fait de la modernisation et de la densification inégales des réseaux d'échanges. Les économies et les sociétés mondiales sont plus ou moins bien intégrées aux nouvelles *interdépendances asymétriques* qui reposent sur des *interconnexions sélectives et hiérarchisées*. Celles-ci fonctionnent aux différentes échelles géographiques au profit des continents, États et régions déjà les plus puissants face à la marginalisation logistique d'une large partie du globe qui devient elle aussi un facteur supplémentaire d'exclusion.

La mondialisation des échanges : spécialisation et continentalisation

La forte progression des échanges internationaux de ces dernières décennies s'accompagne d'une reconfiguration géographique, avec l'émergence de nouveaux acteurs, et sectorielle, avec un basculement au profit des produits manufacturés et des services. Mais les modèles de gravité adaptés à la géographique des échanges internationaux confirment que la proximité géographique demeure une variable essentielle d'explication des flux et polarités. Elle repose sur ce que l'on peut définir comme une intégration fonctionnelle fondée sur des liens d'interdépendance entre économies et territoires centraux et périphériques, plus ou moins complémentaires.

L'explosion et les mutations du commerce international

Approche statistique et méthodologique

Avant d'étudier la géographie du commerce mondial, il faut souligner les limites d'un tel exercice du fait des difficultés à en évaluer rigoureusement les volumes et la nature. Alors que le commerce de produits illicites (drogues, armements...) joue un rôle croissant, la collecte d'informations crédibles exige au préalable l'existence d'un appareil douanier et statistique à peu près fiable. Cette condition n'est pas réunie sur à peu près la moitié de la planète, du fait de la faiblesse des appareils d'États (corruption, contrebande, détournement de trafic...).

Même si ces flux sont marginaux en valeur à l'échelle mondiale, ils peuvent dans certaines zones représenter des phénomènes géographiques tout à fait considérables. Ainsi, en Afrique, le Bénin s'est spécialisé dans la réexportation légale et surtout illégale vers le Nigeria : alors qu'officiellement son grand voisin n'est que son 23e partenaire commercial, il vient en réalité au 1er rang car ce transit représente 40 % des recettes fiscales et 75 % des marchandises débarquées à Cotonou. Au Pakistan, une large partie des importations manufacturées (automobiles, pneus, dentifrice...) passe clandestinement par Dubaï, l'Iran et l'Afghanistan – par bateaux puis camions et convois de mules – afin d'échapper aux droits de douanes (30 %) et à la TVA (15 %).

Tableau 3.1 Poids des exportations dans la production mondiale des produits agricoles (moyenne 1992-1996 en %)

Ignames	0,1	Lait	2,8	Poisson pélagique	55,6
Patates douces	0,3	Huile de sésame	3,7	Huile de coprah	64,5
Bananes plantains	0,5	Pommes de terre	4,2	Cacao	70,8
Millet	0,8	Noisettes	40	Huile de palme	72
Œufs	2,3	Huile d'olive	38,3	Sucre	74,4
Olives	2,8	Thé	40,8	Poivre	91,8
Riz	2,8	Raisin	42,4	Café	98

Source : FAO

Il convient enfin de nuancer l'impact du commerce mondial en soulignant que l'essentiel des flux repose sur les activités endogènes ne faisant pas l'objet d'un échange international. Ainsi, 75 % des ventes des entreprises espagnoles sont orientées vers leur marché national. Enfin, le degré d'ouverture des activités est fort inégal et ne touche, au total, que quelques secteurs spécifiques comme en témoigne le fait que seulement 5 à 10 % de la production agricole mondiale fasse l'objet de transactions internationales. L'activité agricole demeure en définitive une activité de proximité géographique pour la très grande masse des agriculteurs et paysans, en particulier dans les pays du Tiers-monde où l'autosubsistance et l'approvisionnement des marchés urbains locaux ou nationaux demeurent le socle de leurs activités.

Explosion des flux, concurrence et basculement sectoriel

Ce dernier demi-siècle, le commerce a connu une hausse sensiblement plus rapide que la création globale de richesses pour atteindre 12 600 milliards de dollars en 2006, soit 25 % du PIB mondial. S'il faut attendre 1990 pour que le taux d'exportation des pays développés rattrapent ceux de 1913 (15 % du PIB) après la très forte baisse de l'entre-deux-guerres (1950 : 9 %), le degré d'ouverture des économies s'est considérablement renforcé depuis vingt ans, en particulier grâce à l'explosion des échanges de services (finance, transports, tourisme). Par contre, le contexte et la structure en sont très différents alors que, contrairement aux années 1930, les crises économiques ne réduisent pas ou peu les échanges. Au total, entre 1970 et 2002, les exportations mondiales doublent et passent de 17 % à 21 % du PIB mondial, ce qui signifie que 80 % de l'activité économique ne fait pas l'objet d'échanges internationaux et demeurent consommés sur des bases nationales. On doit donc considérer le processus actuel d'ouverture du marché mondial comme historiquement récent, économiquement brutal et géographiquement exceptionnel par ses dimensions spatiales.

Tableau 3.2 La montée en puissance des échanges internationaux (base 100 en 2000)

	1950	1960	1970	1980	1990	2005
PIB mondial	15	23	39	58	80	114
Valeur exportations mondiales	1	2	5	32	55	162

Source : OMC, 2007.

Ce dynamisme s'explique par la conjonction de nombreux facteurs comme les cycles économiques, les innovations technologiques, les stratégies d'insertion des États et régions et choix de localisation des firmes transnationales et, surtout, la libéralisation progressive des échanges avec l'abaissement des barrières douanières et le démantèlement dans un cadre bi-ou multilatéral (OCDE, GATT, OMC) des règlements qui protégeaient les marchés nationaux (*cf* chap. 2).

Le commerce mondial est l'objet d'énormes intérêts géoéconomiques qui expliquent le nombre et la violence des conflits entre États et entre firmes, la puissance des interventions et pressions politiques directes et indirectes, la transformation des chefs d'États ou de gouvernement en véritables représentants de commerce (gigantesque déficit commercial américain) ou les accusations réciproques d'espionnage industriel, technologique et commercial. La contrefaçon sur les vêtements, chaussures, médicaments, cosmétiques, disques, vidéos ou logiciels est, en 2006, évaluée à quelque 1 200 milliards de dollars. À ceci s'ajoute le fait que si les barrières tarifaires sont abaissées, les barrières dites non-tarifaires demeurent qui renvoient au maintien des profondes spécificités continentales et nationales d'ordre juridique, culturel ou socio-économique.

Tableau 3.3 Évolution des droits de douane moyens des produits manufacturés (moyenne pondérée en % de la valeur)

	1820	1875	1913	1925	1931	1950	1980	1990
Allemagne	8 à 12	4 à 6	13	20	21	26	8,3	5,9
France	?	12 à 15	20	21	30	18	8,3	5,9
Pays-Bas	6 à 8	3 à 5	4			11	8,3	5,9
Royaume-Uni	45 à 55	0	0	5		23	8,3	5,9
États-Unis	35 à 45	40 à 50	44	37	48	14	7	4,8

La montée généralisée des échanges s'accompagne d'une profonde modification de leurs configurations sectorielles. Si les matières premières jouent un rôle majeur jusque dans les années 1950, leur poids relatif n'est plus que de 20,5 % face à la montée progressive des produits industriels à partir des années 1970 qui atteignent aujourd'hui 58 %. Mais depuis les années 1980, les échanges de services (transport et voyages, services financiers et technologiques) explosent pour représenter 21,5 % des échanges mondiaux. Ils constituent dorénavant un enjeu central des négociations internationales alors qu'on assiste à la spécialisation croissante des pays hautement développés dans la fourniture de prestations intellectuelles à l'ensemble de l'économie mondiale comme en témoignent les royalties issues de la propriété intellectuelle (brevets, logiciels, droits d'auteurs…) et les activités de conseil aux entreprises (conseil, audit, expertises).

Tableau 3.4 Évolution comparative des exportations, productions et PIB par grands secteurs (base 100 = 2000)

	1950	1960	1970	1980	1990	2005
Volumes des productions agricoles	29	40	51	63	81	111
Prod. agricole. : valeur exportations	5	7	12	54	76	154
Volumes prod. minerais-combustibles	25	38	65	85	86	109
Minerais- combustible : valeur des exportations	1	2	6	67	58	203
Volumes des prod. manfacturières	10	18	57	37	76	112
Prod. manufacturière : valeur des exportations	0	1	4	23	51	156

Source : OMC, 2007.

Des échanges polarisés : une dynamique d'intégration sélective

Enfin, loin d'être ubiquiste, le système commercial mondial demeure inégal, hiérarchisé et polarisé : les pays de l'OCDE réalisent les trois quarts du commerce mondial contre 25 % aux PVD. Entre 1950 et 2007, les équilibres mondiaux sont bouleversés par le sensible recul du poids relatif de l'Afrique, de l'Amérique latine, du Proche et Moyen-Orient, de l'Australie et des pays d'Europe de l'Est. Alors que l'internationalisation des entreprises transnationales d'Amérique du Nord a un impact considérable, on assiste conjointement à la montée en puissance de l'Europe occidentale du fait de l'intégration communautaire, à l'affirmation des Dragons asiatiques et plus récemment à l'ouverture de la Chine qui adhère à l'OMC en 2001.

Enfin, si on assiste à une sensible montée du commerce Sud/Sud, ce processus reflète d'abord et avant tout l'internationalisation de l'appareil productif des firmes transnationales du nord dont les filiales et sous-traitants du sud travaillent entre elles à l'élaboration de produits complexes ensuite largement réexportés vers le nord.

Tableau 3.5 Flux du commerce mondial : polarisation et continentalisation (en milliards de dollars puis % mondial et continental des destinations croisées)

	Amérique du Nord	**Amérique latine**	**Europe**	**CEI**	**Afrique**	**Moyen Orient**	**Asie**
Milliards de dollars	2 093	301	4 398	224	240	321	2 443
% mondial	14,5	3,5	43,0	3,3	2,9	5,3	27,4
% des échanges							
Amérique du Nord	*55,8*	5,9	16,1	0,5	1,2	2,3	18,2
Amérique latine	*33,2*	*24,3*	19,1	1,6	2,7	1,8	13,4
Europe	9,1	1,3	*73,2*	2,5	2,6	2,8	7,6
CEI	5,7	2	*52,3*	*18,1*	1,4	3,1	11,8
Afrique	20,2	2,8	*42,9*	0,3	*8,9*	1,7	16,3
Moyen Orient	12,3	0,6	16,1	0,6	2,9	*10,1*	*52,2*
Asie	21,9	1,9	17,9	1,3	1,9	3,2	*51,2*

Source : OMC, 2007.

Cette polarisation continentale renvoie aux poids et stratégies d'insertion des États comme le montre l'évaluation des quinze premiers pays dans les flux sectoriels mondiaux. Les activités matures comme le tourisme, l'acier, la chimie ou les produits alimentaires se déconcentrent géographiquement du fait des efforts d'équipement et d'industrialisation de nouveaux États et des délocalisations des firmes transnationales alors qu'à l'inverse les activités informatiques et de télécommunication se repolarisent du fait des exigences qualitatives de la révolution scientifique et technique.

Tableau 3.6 Poids relatif cumulé des quinze premiers États dans le commerce mondial : des processus géographiques très inégaux (% mondial)

	1980	**1990**	**2005**	**analyse**
Produits agricoles	61	68	82,6	repolarisation
Ind. manufacturière *	75,9	79,2	89	repolarisation
Informatique et télécom. *	78,3	85,4	96,3	repolarisation
Fer et acier *	75,4	72,1	89,5	repolarisation

Tableau 3.6 Poids relatif cumulé des quinze premiers États dans le commerce mondial : des processus géographiques très inégaux (% mondial)

Prod. chimiques *	81,5	82,3	92	repolarisation
Automobile *	91,2	95	97,7	repolarisation
Services transport	n.d.	73,5	60,5	diffusion
Services touristiques	n.d.	70,2	60,5	diffusion
Autres services commerciaux	n.d.	78,2	64,5	diffusion

* exportations uniquement. OMC, 2007.

Si l'école économique libérale, de David Ricardo à E. Hecksher, B. Ohlin et P. Samuelson, représente le libre-échange comme le *nec plus ultra* du développement dans le cadre de la recherche d'un avantage comparatif présenté comme mutuellement avantageux, l'histoire économique montre qu'il n'en est rien. Alors qu'au XIXe siècle les décollages industriels allemand, russe, américain ou japonais s'effectuèrent à l'abri de droits de douane élevés, aujourd'hui le commerce demeure polarisé par les États les plus développés dont les dotations en facteur de production sont assez similaires. De plus, le commerce intra-branche joue un rôle majeur du fait en particulier des stratégies territoriales et productives des transnationales car enfin, il n'y a de « concurrence parfaite » que dans les ouvrages théoriques.

Tableau 3.7 L'évolution des taux d'ouverture des grands pays (% exportations/PIB)

	1990	**2002**	**différence**		**1990**	**2002**	**différence**
Hong-Kong	128,4	144	+ 15,6	R.-U.	23	27	+ 4
Singapour	152,9	174	+ 21,1	Nlle-Zélande	23,5	37	+ 13,5
Taiwan	44,7	56	+ 11,3	France	18,1	28	+ 10
Corée du Sud	22,3	43	+ 20,7	Australie	13,1	23	+ 10
Canada	25,6	44	+ 18,4	États-Unis	8,2	11	+ 2,8
Allemagne	30,1	35	+ 4,9	Japon	8,3	10	+ 1,7

Pour les pays pauvres, cette ouverture au commerce mondial à tout prix est socialement et économiquement très coûteuse car elle met en fait en contact des structures sociales, économiques et territoriales aux niveaux de compétitivité très différents. Le bénéfice éventuel qu'un pays peut retirer de son insertion commerciale mondiale repose d'abord et avant tout sur sa capacité endogène à se doter de solides structures économiques et technologiques nationales comme en témoigne l'affirmation dans les années 1970-1980 des Dragons puis des Tigres asiatiques. Elle s'explique par la mise en place par des États développeurs de stratégies définies aujourd'hui comme hétérodoxes : protection du marché intérieur permettant l'accumulation, appuis massifs aux entreprises nationales, subventions à l'exportation, restriction aux investissements étrangers, non-respect des brevets et de la propriété intellectuelle…

On doit aujourd'hui constater que la politique définie par l'OMC impose des règles de plus en plus contraignantes qui limitent de façon drastique les marges de manœuvre nationale des États bloquant, voire interdisant, ainsi toute nouvelle expérience de ce type. Géographiquement, on peut donc analyser la généralisation du système OMC à l'ensemble de la planète comme l'interdiction faite à toute nation de rattraper sur des bases équilibrées et autonomes les États capitalistes les plus développés et leurs périphéries intégrées.

Les spécialisations nationales : des structures fort contrastées

Battant en brèche le discours unificateur tenu généralement sur la mondialisation, l'étude des spécialisations géographiques et sectorielles des États témoigne de structures et de dynamiques contrastées. Ces dernières décennies, les grandes spécialisations demeurent identiques : la Triade continue de contrôler les savoirs, les technologies et les produits les plus élaborés à haute valeur ajoutée alors que le Moyen-Orient, l'Amérique latine et l'Afrique restent spécialisés dans la fourniture de denrées végétales, énergétiques et minérales. Cependant, certains Pays émergents, en particulier asiatiques, ont réussi à s'insérer dans la division internationale du travail en se spécialisant sur des fonctions manufacturières qui occupent une place de choix dans leurs échanges.

Les spécialisations géographiques des États et régions

Le cas du commerce extérieur de la France, du Royaume-Uni et de l'Allemagne

Contre toute attente, il n'y a aucune convergence des spécialisations des grands États, y compris en Europe, ce qui explique de nettes divergences d'intérêt géoéconomique. On assiste en effet au maintien de fortes spécificités structurelles nationales qui tiennent tant à l'histoire, à la géographie qu'à l'économie. L'Allemagne exporte en valeur deux fois plus que le Royaume-Uni dont le degré d'ouverture est pourtant plus élevé (Royaume-Uni : 30 % du PIB, France et Allemagne 25 %). Mais surtout, elle dégage ces dix dernières années un solde commercial de 497 milliards d'Écus alors que la France est en relatif équilibre (–12) et que le Royaume-Uni connaît un déficit structurel record (– 325).

Tableau 3.8 Typologie des exportations de la France, de l'Allemagne et du Royaume-Uni en 1999 (%)

% Exportations par continent				% Exportations par branche			
	France	Allemagne	R.-U.		France	Allemagne	R.-U.
Europe occidentale	70,5	64,6	63,5	Agro-alimentaire	22,5	9,5	11,5
Amérique du Nord	8,8	11	16	Produits manufacturés	71	83,5	75
Europe Est	3	9,1	2,5	dont produits semi-finis	21	23	19,7
Afrique	5,3	2	2,6	Matières premières	6,5	7	13,5
Autres	12,4	13,3	15,4				

Ces trois puissances font des choix divergents. L'Allemagne mise sur les biens d'équipement à fort contenu technologique (Siemens, *cf.* chap. 5) en s'adressant prioritairement aux marchés concurrentiels des pays développés. Le Royaume-Uni joue davantage la carte pétrolière et celle des produits semi-finis et des services intellectuels et financiers au détriment relatif de son engagement européen et au profit de l'Amérique du Nord sur représentée et des anciens pays coloniaux. Enfin, la France valorise son potentiel agro-industriel et manufacturier par son très fort ancrage en Europe occidentale et une survalorisation relative de l'Afrique et de l'Asie.

Les interdépendances : l'impact mondial des cycles étatsuniens

L'augmentation des échanges construit de nouvelles interdépendances qu'illustre l'impact des cycles conjoncturels des grandes régions motrices sur leurs périphéries. Ces répercussions en chaîne sont d'autant plus brutales que la dépendance est affirmée. Cependant, les différentes activités économiques ne sont pas soumises aux mêmes pressions. Si globalement les activités de services et périproductives demeurent ancrées nationalement, l'agriculture et l'industrie sont des secteurs plus ouverts : un salarié de l'industrie allemande sur cinq vit des exportations et celles-ci représentent 12 millions d'emplois aux États-Unis en 2000. Si pour les grands pays développés, l'ancrage américain est souvent surestimé du fait du poids des marchés nationaux et régionaux (Europe) et de la relative diversification géographique des échanges, il n'en est pas de même pour les Dragons asiatiques.

Tableau 3.9 Le poids comparé des exportations vers les États-Unis en 2000 (% du PIB)

Royaume-Uni	Allemagne	Italie	France	Malaisie	Thaïlande	Corée
3,3 %	2,5 %	2 %	1,5 %	20 %	10 %	7 %

Dans les Pays émergents, l'impact d'un ralentissement américain dépend du degré d'ouverture global et du poids des États-Unis dans les échanges. L'atténuation d'un choc asymétrique dépend des conditions économiques et sociales internes et de la plus ou moins grande capacité à se réorienter vers d'autres marchés. Ainsi, les exportations indonésiennes reculent de 25 % en 2001 du fait du ralentissement américain et japonais, pays qui absorbent respectivement 14 % et 23 % de celles-ci. Par contre, s'appuyant sur un vaste marché intérieur et une ouverture limitée au marché mondial, l'Inde est relativement immunisée contre les chocs mondiaux malgré l'exposition privilégiée de quelques secteurs traditionnels ou modernes. Alors que le textile-habillement et la bijouterie représentent 60 % de ses exportations totales et les deux tiers des exportations vers les États-Unis, le pôle informatique de Bangalore est touché par la crise en 2001.

Ces interdépendances fonctionnent bien sûr aussi au niveau des échelles régionales comme en témoigne l'inégale exposition des régions françaises aux marchés nord-américains. Alors que l'Aquitaine réalise 25 % de ses exportations vers cette zone grâce à l'automobile (usine Ford de Blanquefort), l'aéronautique (avions d'affaires de Dassault), la pharmacie et le négoce du vin (Bordeaux) et du cognac en Poitou-Charentes (15,6 %), l'Alsace tombe à 3,9 % et la Lorraine à 2,6 %.

Tableau 3.10 La fragilité différenciée des Pays émergents face aux retournements conjoncturels des États-Unis

	Brésil	Chili	Russie	Indo-nésie	Corée	Thaï-lande	Tai-wan	Chine	Mexique
% Exportation/PIB	10	21	40	35	35	48	43	20	30
% États-Unis/Export.	20	19	5	18	20	20	23	40	90
Interdépendance	faible	faible	moyen	moyen	assez fort	assez fort	assez fort	fort	très fort

Source : *Les Echos*, avril 2001

Les zones franches commerciales et logistiques

Dans ce nouveau contexte, on assiste parfois à la promotion renouvelée des vieilles logiques historiques de comptoirs commerciaux déjà développées lors des précédentes phases de mondialisation (Hong-Kong, Singapour). Certains États tentent de valoriser leurs avantages comparatifs en créant des zones franches commerciales et logistiques qui peuvent parfois devenir des nœuds de connexion (transport de transit, stockage, reconditionnement, adaptation clients) entre flux mondiaux et flux régionaux.

Panama : la Zone Libre de Colon (ZLC), valorisation du canal de Panama

Créée en 1948 sur l'entrée atlantique du canal, par où transitent 4 % du commerce mondial de marchandises et 12 % du commerce des États-Unis, la Zone libre de Colon (ZLC) est la seconde du monde après celle de Hong-Kong et la première d'Amérique latine avec 1,4 milliard de tonnes métriques de transit grâce à la présence de 1 200 sociétés. Cette immense zone d'entrepôts importe des marchandises (textiles, électronique) essentiellement d'Asie (65 %) redistribuées en Amérique latine. Face à l'abaissement des tarifs douaniers et à la perspective de création d'un marché régional intégré qui menacent à terme son avantage fiscal, elle mise sur l'amélioration de ses équipements (ports, autoroutes, voies ferrées) et sa maîtrise des circuits de distribution.

Les Émirats arabes unis

Souhaitant diversifier leurs économies grâce à la rente pétrolière, ils lancent dans les années 1990 de vastes zones franches. Celle de Jebel Ali rassemble 1 650 entreprises utilisant un des plus grands ports artificiels au monde (67 quais pour porte-conteneurs, pétroliers) qui dispose d'équipements ultra modernes (terminaux, entrepôts frigorifiques, silo à grain…). Sa réussite incite le Sharjah à créer une Zone franche aéroportuaire à Hamriyah, en 1996, accueillant plus de 500 sociétés dont la Lufthansa qui y a établi en 1998 son plus grand centre de tri et de stockage de fret aérien, hors d'Allemagne.

Les spécialisations régionales intra-étatiques

L'étude des impacts géographiques des échanges oblige à descendre plus finement dans les échelles territoriales en s'intéressant tout particulièrement aux spécialisations régionales. En effet, les données par État masquent de fortes disparités internes qui illustrent le fait essentiel que la mondialisation ne profite pas à tous les territoires.

Le jeu centrifuge des Provinces canadiennes dans la continentalisation

Potentiellement très riche mais relativement peu peuplé, l'ancien Dominion entretient des rapports ambivalents avec son grand voisin méridional. Lors de sa constitution comme entité indépendante, Londres dut promettre la construction d'une voie ferrée transcontinentale en vue d'unifier le marché national afin d'arracher l'adhésion des États du centre et de l'Ouest dont les élites économiques lorgnaient déjà vers le sud. Si son économie fut relativement intégrée horizontalement jusque dans les années 1980, les traités de libre commerce avec les États-Unis de 1988 puis de l'Alena de 1992 renforcent aujourd'hui les logiques centrifuges.

La géographie des échanges extérieurs des Provinces canadiennes traduit un processus de désintégration horizontale puisque le marché national ne concentre plus qu'un tiers des flux au profit d'une intégration verticale nord/sud polarisée par l'espace économique états-unien (58 %). Ce phénomène est particulièrement net pour l'Ontario et le Québec qui réalisent les 3/4 du PIB national. Chaque économie provinciale se spécialise dans une division du travail de plus en plus intercontinentale qui valorise ses avantages comparatifs prioritairement sur le marché voisin : céréales des grandes plaines, hydrocarbures du piémont des Rocheuses, industrie manufacturière (automobile et aéronautique) de l'est, hydroélectricité du Québec vers la côte est des États-Unis.

Tableau 3.11 Le commerce extérieur des Provinces canadiennes : le poids du commerce extérieur et des États-Unis (en milliards de dollars canadiens et %)

	Exportations totales	% Exportations interprovinciales	% Exportations internationales	États-Unis % exportations internationales
Prov. maritimes	27,7	43	57	78
Québec	107	35,5	64,5	85
Ontario	257,6	28,1	71,9	93,5
Manitoba	17	53,5	46,5	81
Saskatchewan	16,2	39,5	60,5	60
Alberta	62,3	38,5	61,5	88
Colombie brit.	46,3	30	70	66
Total	534,1	33	67	87

Source : *Figaro Économie*, mars 2001.

Le rôle moteur des grandes régions économiques métropolitaines

À l'exception de quelques spécialisations minières ou agricoles particulières, les moteurs et les premiers bénéficiaires de la mondialisation des échanges sont les régions économiques les plus puissantes des pays développés. Alors que les exportations mondiales des États-Unis augmentent de 74 % ces dix dernières années, les effets d'entraînement de cette hausse sur les économies régionales sont très inégaux : la Californie et le Texas captent un tiers des surplus, six États la moitié

(Illinois, New York, Washington, Floride) et quinze États les trois quarts. À l'opposé, la moitié des États ne s'en partage que les 10 %. À une échelle plus fine, ce sont les grands espaces métropolitains les plus dynamiques qui renforcent sensiblement leur influence. Sur les 42 principaux districts douaniers, seulement sept réalisent 53 % des exportations et douze 67 % avec en tête Detroit, New York, Los Angeles, Seattle, San Francisco, Laredo et Miami.

On retrouve les mêmes polarisations au Royaume-Uni où Londres et le Grand Bassin londonien réalisent 50 % des exportations et 64 % des importations du fait de leur potentiel productif et de leur positionnement géographique mais surtout de leurs nettes spécialisations sectorielles et fonctionnelles.

Tableau 3.12 La répartition régionale du commerce extérieur britannique : le poids du Grand Bassin londonien

	Londres	***Est/Sud Est/ Sud Ouest***	**Écosse**	**Midlands**	**Nord-Ouest**	**Ulster**	**pays de Galles**
% national import + export	*17,5*	*38,5*	6,5	20	12	2	3,5
Solde commercial (en millions de livres)	*12 218*	*42 116*	+ 6 705	3 287	+ 2 291	398	778

Source : *Regional Trends*, 2004.

La géographie du commerce extérieur des Communautés autonomes espagnoles témoigne elle aussi de deux phénomènes majeurs. La Catalogne et Madrid réalisent tout d'abord la moitié des échanges extérieurs et jouent un rôle essentiel dans la redistribution à l'échelle nationale des produits importés du fait de leurs fonctions commerciales et de la puissance de leurs équipements logistiques. En second lieu, il apparaît un net gradient entre le grand nord-est – qui regroupe aussi Valence, le Pays basque, la Navarre et l'Aragon – très intégré au marché mondial du fait, en particulier, de sa proximité avec le nord de l'Union européenne et le sud du pays de plus en plus marginal.

Tableau 3.13 Géographie du commerce extérieur des régions espagnoles (en millions pesetas et en % national)

	Total Export+Import		**Solde commercial**	**% Export**	**% Import**
Espagne	40 158 049	100	5 726 151	100	100
Catalogne	11 348 706	28	2 067 496	26,7	29
Madrid	7 947 828	20	3 958 858	11,5	25,7
Grand Nord-Est	9 776 993	24	+ 1 065 599	31,2	18,8
Reste de l'Espagne	11 444 522	28	765 396	30,6	26,5

Source **:** Institut statistique espagnol, 2000.

Le rôle des filiales des transnationales : un tiers du commerce mondial

La géographie des échanges est de plus en plus dépendante des stratégies de localisation des entreprises transnationales puisque les flux entre filiales représentent un tiers du commerce mondial et échappent souvent aux seules logiques commerciales pour des raisons d'optimisation fiscale. Ainsi, dix multinationales font 22 % des échanges de la France et les filiales étrangères, qui représentent 2,5 % des firmes, 30 % des exportations et 37 % des importations. Les transnationales réalisent 40 % des exportations du Viêt-Nam (textile, électronique) et 75 % de celles de l'Irlande (électronique, chimie, pharmacie).

En général, plus les échelles géographiques sont fines et moins le potentiel économique est puissant et diversifié, plus la dépendance s'accroît. Ces structures économiques, techniques et commerciales ont un fort impact sur l'emploi et les qualifications régionales. Du fait de l'implantation de Volkswagen à Saragosse, 58 % des exportations et 38 % des importations de l'Aragon (Espagne) sont des produits automobiles. À Malte, ST Microelectronics, filiale du groupe franco-italien de composants électroniques, réalise 44 % des exportations du pays et explique que la France soit le premier partenaire commercial de l'île. Presque la moitié des exportations du Surinam est polarisée par trois pays (Norvège, États-Unis, Pays-Bas) car les trois quarts de ses exportations sont constituées de bauxite et d'aluminium. En 1997, le transfert d'une usine de composants électroniques de l'américain Intel de Puerto Rico dans une de ses zones franches transforme totalement la structure commerciale du Costa Rica : les circuits imprimés deviennent le premier poste d'exportation du pays (38 %) devant les produits agricoles.

Les organisations commerciales continentales intégrées

La dynamique actuelle est aussi la conséquence directe de la multiplication des accords régionaux qui passent de 5 en 1970 à 20 en 1980 et plus de 80 en 1999. Ils entraînent la constitution progressive d'organisations commerciales régionales de plus en plus intégrées qui traduisent les logiques de continentalisation à l'œuvre. En effet, la mondialisation des échanges se construit d'abord par la forte montée des échanges internes aux différentes grandes régions du monde qui représentent 56 % du commerce mondial.

Tableau 3.14 L'importance du commerce intra-continental (milliards de dollars et %)

	flux commerciaux totaux	flux intracontinentaux	% des flux intracontinentaux
Monde	10 160	5 724	56,3
Amérique du Nord	1 478	824	55,8
Amérique latine	355	86	24,2
Europe	4 372	3 201	73,2
CEI	340	62	18,1
Afrique	298	26	8,7
Moyen Orient	538	54	10
Asie	2 779	1 424	51,2

OMC, 2007.

La multiplication des organisations à bases régionales

Si dans le cadre de la guerre froide, les systèmes de coopérations régionales reposaient avant tout sur des systèmes d'alliances de nature militaire (OTAN, Pacte de Varsovie, OTASE, ASEAN...), on assiste aujourd'hui à l'émergence de grands ensembles de nature géoéconomique. Leur principal objectif est de constituer des associations commerciales à bases régionales intégrées afin de faciliter la circulation des marchandises. Depuis 1992, l'Alena regroupe ainsi les États-Unis, le Canada et le Mexique tout en maintenant un très étroit contrôle des flux migratoires latino-américains vers le nord. En Amérique latine, le Mercosur regroupe initialement l'Argentine, le Brésil et le Paraguay. En Asie, l'ASEAN, fondée en 1967,prend depuis une dimension nettement économique tout en accueillant de nouveaux États (Viêt-Nam...). Dans le Pacifique, l'APEC tente d'organiser les échanges entre les façades asiatique et américaine. Jusqu'ici assez faible à l'exception notable de l'Union européenne et d'une moindre mesure de l'Alena du fait des liens étroits déjà tissés entre les États-Unis et le Canada, la création de ces nouveaux dispositifs favorise la régionalisation progressive du commerce mondial.

Tableau 3.15 L'inégale intégration commerciale institutionnelle (milliards de dollars et %)

	Flux commerciaux Totaux	Flux internes	% régionalisation
UE à 25	8 136	5 346	65,7
Alena	3 745	1 606	42,9
Anase	1 247	306	24,5
Mercosur	277	43	15,5
Pacte andin	97	9	9,3

OMC, 2007.

L'Union européenne : un processus exceptionnel

Dans ce cadre général, il convient de souligner l'extrême spécificité du processus communautaire européen qui, à partir d'un marché commun, s'oriente progressivement vers une structure politique de plus en plus intégrée disposant d'une monnaie commune, l'Euro, depuis janvier 2002. Premier pôle commercial mondial, sa très forte intégration régionale constitue une relative protection face aux évolutions des marchés américains et asiatiques. Elle dégage un solde commercial légèrement négatif du fait d'un fort déficit avec l'Asie. Ses principaux points forts sont les biens d'équipements industriels, les matériels de transport et l'agroalimentaire. Par contre, son déficit est important dans les produits agricoles bruts, le textile du fait de la division internationale du travail, les produits informatiques et électroniques et surtout l'énergie. Elle importe en effet 42 % de sa consommation intérieure d'énergie brute.

Mais le processus d'intégration européenne et les rapports de l'UE au monde sont de plus en plus soumis aux pressions des intérêts stratégiques et géoéconomiques des États-Unis (lois Hems-Burton, « guerre de la banane » *cf* chap. 4, interdiction du bœuf américain traité aux hormones, Organismes génétiquement modifiés, menaces contre les aides publiques aux industries aéronautiques...). Ces pressions sont d'autant plus efficaces que de nombreux États ont tissé depuis le début du XXe siècle puis durant la guerre froide un axe stratégique singulier avec Washington. L'affirmation d'un ensemble collectif uni autour d'un projet autonome suppose donc une révision parfois déchirante de cette ancienne articulation stratégique.

L'Alena et l'Amérique latine : une dépendance renouvelée

Contrairement à l'Europe où les rapports de forces internes sont relativement équilibrés entre États, l'Amérique latine peine à se dégager de la dépendance des États-Unis. Entre 1990 et 2005, l'ouverture de ses marchés augmente ses exportations de 50 % mais ses importations de 75 %. Son solde commercial s'effondre et la balance des services est très déficitaire. Elle continue de fournir essentiellement des produits primaires agricoles et miniers, qui représentent selon les États entre la moitié et les trois quarts des exportations à l'exception du Brésil. Son économie reste tributaire de cours mondiaux très volatils et d'un échange structurellement inégal. On assiste cependant à la montée des processus d'intégration institutionnelle, productive et commerciale. Face aux accords de l'Alena qui intègrent largement les économies canadienne et mexicaine aux États-Unis (85 % exportations) transformés progressivement en annexes productifs, la création du Pacte andin (Venezuela, Colombie, Bolivie, Équateur, Pérou) encore assez immature mais surtout la réussite – encore fragile mais réelle – du Mercosur symbolisent la recherche de nouvelles coopérations échappant à l'hégémonie des États-Unis dont le projet de création d'un vaste marché continental unique, l'Alca, est mise en échec malgré d'énormes pressions géopolitiques et économiques.

Tableau 3.16 Poids commercial des États-Unis en Amérique (cumul % importations et exportations)

100 à 145	Porto Rico, Canada, Mexique, Haïti, Rép. Dominicaine, Honduras, Salvador
62 à 96	Guatemala, Costa Rica, Venezuela, Équateur, Panama, Colombie, Jamaïque
41 à 55	Nicaragua, Bahamas, Pérou, Surinam
25 à 38,5	Grenade, Brésil, Chili, Uruguay, Bolivie, Argentine
5 à 21	Antigua et Barbade, Bermudes, Cuba, Paraguay

Source : CIA, 2007.

Difficultés et enjeux d'une construction pan-asiatique

Enfin, si la construction d'un dispositif pan-asiatique intégré est un enjeu mondial de premier plan, elle se heurte à de nombreux obstacles de nature géoéconomique et géopolitique. La première question réside dans le statut de puissance régionale du Japon. Sa pleine affirmation se heurte à la fois à son refus de condamner clairement son passé impérialiste, contrairement à l'Allemagne, à une intervention américaine massive et multiforme renforcée par la guerre froide, à une érosion de ses positions due à une crise politique et économique structurelle, et, enfin, au réveil de la Chine populaire. Il demeure cependant un partenaire essentiel comme premier fournisseur (20 %) et second client (11,5 % contre 22,6 % aux États-Unis) et l'un des principaux investisseurs avec 1,5 million de salariés dans les filiales de ses transnationales. Mais le yen demeure une monnaie peu internationalisée face à un dollar qui représente 60 % des réserves régionales. Après avoir joué la carte du multilatéralisme, le Japon est aujourd'hui obligé de passer à une stratégie plus régionaliste.

Tableau 3.17 Place du Japon en Asie : un système régional hiérarchisé (% et 100 millions de yens)

	Chine	**Singapour**	**Thaïl.**	**Indo-nésie**	**Hong Kong**	**Corée**	**Taiwan**	**Malaisie**	**Philippines**
% exportations	11	5,5	13,6	21	5,3	8,5	7,3	9	17,5
% Importations	15	9,5	22	12	11	18,5	23	15	17
Stock d'IDE	16 362	10 511	8 183	7 207	6 082	5 428	4 651	4 235	3 381
Recettes, ventes brevets et technol	4 112	1 194	3 379	1 401	n.d.	2 194	3 342	1 514	712
% engagements bancaires	29,5	24	55,8	37,9	31,3	26,1	11	34,3	13
% dettes en yens en 2004	32	n.d.	54	39,5	n.d.	23	n.d.	15	25
Flux téléphoniques en 2004	n.d.	N° 1	n°2	n°2	n.d.	n°1	n°1	n°1	n°2

En effet, la seconde question concerne le mode de développement régional adopté à partir des années 1950 qui articule insertion directe dans le marché mondial et mise en place d'un système régional intégré mais profondément hiérarchisé par la division du travail entre Japon, Dragons (Singapour, Taiwan, Corée) aux structures assez proches dans leurs positionnements sectoriels et géographiques et Pays émergents (Philippines, Malaisie, Indonésie, Thaïlande, Viêt-Nam, Chine). Si l'essor des échanges intra-asiatiques est la résultante d'un phénomène de rattrapage étroitement corrélé aux logiques d'investissements des firmes transnationales, le taux de commerce intra-zone est de 51 %, intermédiaire entre l'Union européenne (66 %) et le Mercosur (15,5 %).

Contrairement à l'Europe et à l'Amérique, l'Asie hésite encore sur le statut et la nature de l'organisation géoéconomique qui peut la fédérer car les objectifs à long terme des différents pays ne sont pas forcément compatibles et les équilibres internes loin d'être stabilisés. Alors que la crise asiatique des années 1990 révèle la fragilité des modes de développement des Pays émergents, la péninsule indochinoise est l'objet de rivalités entre la Thaïlande et le Viêt-Nam alors que la Chine émerge comme une puissance régionale de plus en plus active. Enfin, les États-Unis n'ont aucune intention de laisser l'Asie s'affirmer comme pôle autonome.

Transports et logistique : la mise en réseaux du monde

Historiquement, chaque grande phase de la mondialisation s'est accompagnée d'une révolution dans les modes et moyens de transport. Elle accélère la mobilité spatiale du capital, des biens matériels et intellectuels et des hommes grâce à une augmentation générale des capacités et à une accélération de la vitesse. Mais le facteur géographique déterminant est le fort abaissement des coûts qui tend à décloisonner les territoires sur des échelles de plus en plus larges. Ceci est dû à une succession d'interactions entre de profondes ruptures technologiques liées à l'arrivée d'innovations majeures, des interventions étatiques décisives du fait du caractère stratégique des nouveaux moyens de communication et des concurrences sans merci entre entreprises. À chaque phase, les rapports géoéconomiques et géopolitiques aux territoires, les modes d'organisation géographique des activités et la conception même que se fait l'homme du monde et de l'humanité sont bouleversés.

Paradoxalement, alors que l'essor des transports pose la question de la finitude de notre monde terrestre et que les possibilités techniques n'ont jamais été aussi favorables à une complète intégration, le système logistique n'a jamais été aussi inégal comme l'illustre l'étude des flux d'informations ou des transports maritimes, aériens et énergétiques.

Mobilité, distance et coûts de transport

Mobilité, distance et mondialisation

Depuis l'Antiquité, la constitution de vastes réseaux reliant les pôles les plus actifs de la planète sur des distances de plus en plus lointaines a été un vecteur essentiel de l'interdépendance des économies. Le contrôle des nœuds et des axes, terrestres ou maritimes, a été un objet permanent de conflits géopolitiques (contrôle des détroits, des cols et des canaux comme Suez ou Panama). La redistribution des avantages comparatifs a bouleversé le statut géoéconomique de nombreux systèmes (marginalisation des routes des Foires de Champagne, de la route de la Soie, des caravanes transsahariennes…).

Au XIXe et XXe siècles, la révolution des transports a permis une augmentation générale des capacités, une accélération de la vitesse de circulation et un effondrement des coûts… Ainsi, les appels téléphoniques internationaux passent de 33 à plus de 100 milliards de minutes entre 1990 et 2000. Il s'en est suivi un pouvoir d'action des hommes sur l'espace considérablement accru et un profond bouleversement de la conception et de la représentation du globe. Ainsi, l'expression de « *village planétaire* » date de la fin du XIXe siècle avec l'arrivée des navires à vapeur, du train et du téléphone.

Cette explosion de la mobilité se traduit par le fait que l'espace de contrainte peut devenir une nouvelle liberté comme en témoigne, par exemple, le tourisme où l'acte de déplacement lui-même est au cœur de l'activité. Il convient cependant de souligner que la planète ne devient pas pour autant un espace homogène et ubiquiste.

La maîtrise de la mobilité demeure extrêmement sélective car elle est distribuée de manière très inégale entre catégories sociales, États, entreprises et territoires :

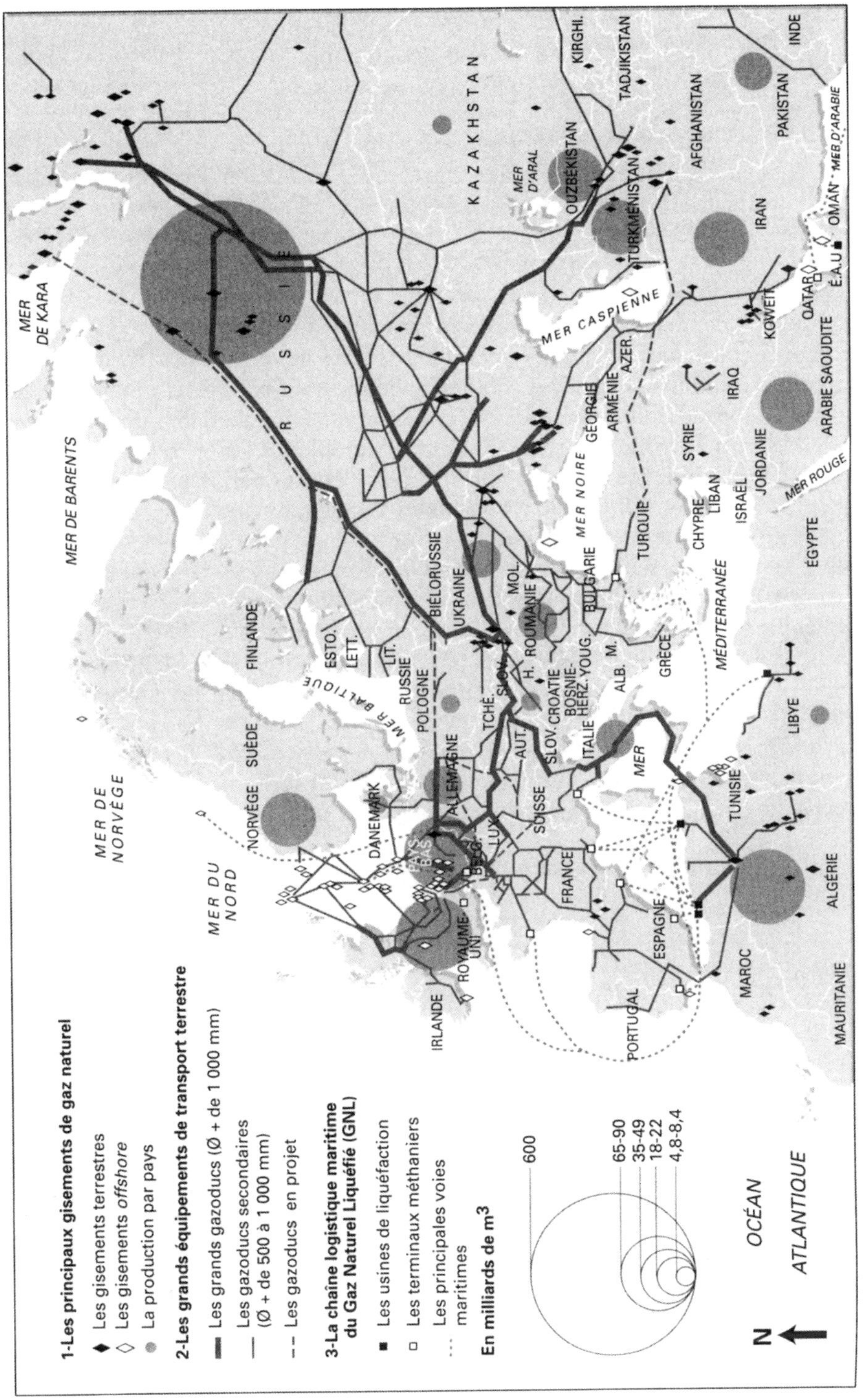

Figure 3.1 : Le système gazier en Europe occidentale

c'est donc un facteur de différenciation géographique majeur. Elle suppose en effet la mobilisation de moyens linguistiques, culturels, techniques et financiers considérables et la définition d'un projet.

Cette liberté potentielle n'est opératoire que si elle dispose d'un système intégré dont ne manque aucun maillon au réseau. La création d'une chaîne logistique complète fournissant le bon produit ou service, au bon moment au bon endroit nécessite des infrastructures techniques amont et aval, un ensemble organisationnel intégré et efficient et un maillage dense de l'espace. Cette situation ne se retrouve que dans les pays développés : le téléachat par Internet n'est viable qu'à condition de disposer d'une chaîne assurant les livraisons.

Le concept de distance demeure relatif car la terre ne rétrécit pas. Il suffit d'un accident technique (rupture d'un câble sous-marin), climatique (fermeture d'un col, d'une autoroute) ou d'une guerre (fermeture du canal de Suez) pour prendre conscience de la fragilité des réseaux. À ceci s'ajoute que si les technologies se diffusent géographiquement des pôles émetteurs vers les périphéries, les innovations permanentes et l'émergence constantes de besoins nouveaux font que les systèmes hiérarchiques demeurent très marqués.

Enfin, la mobilité est aussi une activité économique et un marché qui est l'objet d'une véritable guerre économique dans un cadre de plus en plus dérégulé. Dans les échanges mondiaux de services, les transports représentent 570 milliards de dollars, les flux touristiques 685 et les télécommunications 700 en 2006. Depuis 1975, le trafic maritime mondial augmente de 65 %, grâce en particulier au doublement des produits manufacturés conteneurisés alors que les capacités de la flotte mondiale sont multipliées par vingt et un entre 1950 et 1998. Ces dix dernières années, le transport aérien, qui représente 21 millions d'emplois directs, augmente de 66 % pour les passagers et de 76 % pour le fret.

Tableau 3.18 La forte baisse des coûts de transport (dollars constants 1990)

	1920	1930	1940	1950	1960	1970	1980	1990
Fret maritime/tonne	95	60	63	34	27	27	24	29
3 minutes communication téléphonique New-York/Londres	?	245	189	53	46	32	5	3

Source : PNUD, 1999.

Transports : un dispositif mondial hiérarchisé et polarisé

La logistique devient un facteur essentiel d'intégration ou de marginalisation à toutes les échelles scalaires car il n'y a pas d'échanges possibles et de développement sans transports. Ces critères géographiquement sélectifs participent aux profonds déséquilibres géoéconomiques de la planète. En 2006, quinze États polarisent environ 60 % des services de transports mondiaux. On retrouve des pôles logistiques spécialisés dans la redistribution régionale (Singapour, Hongkong), les pays de la Triade et quelques Pays émergents (Corée, Chine).

La marginalisation de certains pays en développement est due non seulement à la faiblesse de leurs bases productives mais tout autant aux difficultés à accéder à

Tableau 3.19 La forte concentration des services de transports

	Exportations Milliards de $	% mondial	évolution 2000/2005 en %
États-Unis	56	11,2	+ 3
Allemagne	33,2	6,6	+ 14
Japon	32,1	6,4	+ 6
Royaume-Uni	27,1	5,4	+ 9
France	25,6	5,1	+ 8
Pays Bas	23,8	4,7	+ 9
Corée du Sud	22,4	4,5	+ 13
Danemark	21,7	4,3	+ 11
Hong Kong	17,2	3,4	+ 8
Grèce	16,6	3,3	+ 20
Norvège	14,9	3	+ 12
Singapour	13,8	2,7	+ 4

OMC, 2007.

des services de transports efficients et peu chers, le coût excessif des transports étant directement préjudiciables aux activités sociales et économiques. Ainsi, dans les Pays les moins avancés (PMA) sans littoral, le coût du fret peut représenter jusqu'à 40 % de la valeur des importations contre 6 % en moyenne mondiale.

Tableau 3.20 L'impact économique inégal des coûts de transports sur les territoires

Région monde	% Frais transport/valeur importations	Coûts du transport international à export. en Afrique (% valeur export)	
Pays développés	4,19	Café, thé, épices	5,1
Pays en développement	8,06	Vêtements	5,7
dont Amériques	7,08	Tissus coton	7,5
dont Asie	7,97	Fèves cacao et chocolat	11,7
dont Afrique	11,41	Bois	19,1
dont Afrique sans littoral	18,79	Minerais	24,9

Source : Cnuced, 1999.

Technologies et marchés : l'exemple des télécommunications

À l'échelle historique, une des principales ruptures est apportée par les télécommunications (satellites, câbles terrestres et sous-marins à très hauts débits) qui permettent d'établir un contact quasi-instantané sur l'ensemble du globe. De la pose en 1851 d'un câble reliant la City londonienne aux places financières d'Europe continentale, on assiste à une explosion des flux immatériels d'information (+ 85 % /an) grâce à la révolution technologique : entre le câble coaxial en cuivre des années 1960 et les fibres optiques de 2e et 3e génération arrivant en 2010, la capacité de transmission passera de 0,001 à 1 000 gigabits/seconde. Développés pour des raisons géostratégiques et militaires à partir des années 1950, les réseaux de télécommunications se sont nettement perfectionnés (débit, fiabilité...), « civilisés » et démocratisés.

Cependant, comme le montre l'échec retentissant ou la faillite commerciale à la fin des années 1990 des grands systèmes de télécommunication par satellites devant desservir la surface planétaire en téléphonie mobile (Iridium : constellation de 66 satellites en orbite basse, ICO, Globalstar), les meilleures innovations technologiques ne sont viables que si elles répondent à des besoins économiques et sociaux solvables à des coûts financiers raisonnables. Face aux énormes besoins des populations et économies du Sud en moyens de communication modernes, cette concurrence entre firmes occidentales pour desservir une richissime clientèle très réduite constitue un énorme gâchis.

Tableau 3.21 L'échec retentissant des grandes constellations satellitaires commerciales en 1999-2000

	Iridium	**ICO**	**Globalstar**
Nombre satellites	77	12	56
Coût (milliards d'Euros)	4,57	4,57	3,81
Services	Voix, données	Voix, données	Voix, données
Entreprises	Motorola, Raytheon, Sprint, Lockheed	Inmarsat, TRW, Hughes, Deutsche Telekom	Loral, Alcatel, France Télécom

Informations, médias et Internet : entre économies et cultures

Parallèlement à l'essor des télécommunications, qui représentent un marché équivalent à 3 % du PNB mondial dominé par la Triade, la production (collecte, tri et traitement), la circulation (stockage et diffusion), le contrôle et la vente d'informations (textes, données, sons, vidéos) sont devenus un enjeu essentiel des rapports géopolitiques, géoéconomiques et culturels mondiaux.

Informations et médias : un véritable oligo-monopole anglo-saxon

Environ 80 % des informations mondiales, politiques, économiques, culturelles ou financières, sont produites par une poignée d'acteurs, pour l'essentiel anglo-saxon. On retrouve trois grands types d'acteurs :

– Les *agences généralistes* (Agence France Presse, Associated Press...) ont pour clients les gouvernements et les médias grâce à un réseau mondial de correspondants locaux et régionaux.

– Les *géants polyvalents* viennent en second. Créée à Londres en 1851, Reuters est aujourd'hui la première agence de presse mondiale avec 19 000 salariés dans 160 pays. Elle développe deux grandes activités. Une production généraliste dans un marché de l'information en pleine globalisation grâce à une organisation par continents dont les principaux clients sont la presse traditionnelle, le secteur des médias (CNN) et les serveurs Internet (Yahoo, AOL). Une production purement financière dont elle tire aujourd'hui l'essentiel de ses revenus organisée par grands clients : banques d'investissement et courtage, marché et taux de change, gestion d'actifs et entreprises. Dès 1964, elle informatise la transmission des cours boursiers et dès 1992 ses services Globex et Dealing 2000-2 permettent de couvrir tous les instruments financiers mondiaux et de réaliser en temps réel toutes les opérations (*cf.* chap. 1). En 2007, la fusion de Reuters avec le canadien Thomson vise à la création d'une firme contrôlant 34 % de l'information économique et financière mondiale devant Bloomberg (33 %) et Dow Jones, qui est créée en 1882 à New York et donc l'indice boursier est repris à travers toute la planète.

– *Les agences productrices d'images* s'affirment rapidement depuis les années 1980 dont le prototype fut l'américain Cable News Network (CNN). Grâce aux matériels vidéo portables et aux liaisons satellites, l'ère du « direct » permet à un événement d'être vécu en direct (Guerre du Golfe en 1991, attentat contre le World Trade Center et le Pentagone, en septembre 2001...). Au début des années 2000, se constituent enfin de grands groupes privés mondiaux souhaitant constituer des monopoles sur les nouveaux produits culturels.

Ces processus transforment profondément les équilibres géographiques mondiaux en promouvant une nouvelle vision du dispositif planétaire.

Une vision déformée du monde

Centrés pour l'essentiel entre Londres et New York, ces médias diffusent un modèle hiérarchisé et unilatéral où plus de la moitié de l'espace planétaire et environ 70 % de sa population sont marginalisés. Le Sud est le plus souvent oublié entre deux famines ou deux guerres. Face à cette hégémonie, l'UNESCO tenta entre 1975 et 1985 de lancer un Nouvel ordre mondial de l'information (NOMIC) dotant les PVD de leur propre agence, mais ce projet fut voué à l'échec pour des raisons politiques et financières.

Un nouveau fonctionnement géopolitique

Par leurs réseaux, leurs personnels et leurs moyens, ces acteurs maîtrisent l'information et modèlent les systèmes d'évaluation et de représentation des rapports mondiaux. Les traditionnelles marges de manœuvre politiques, diplomatiques et militaires dont disposent les États pour gérer les crises sont bouleversées par l'irruption de la dictature de l'affect et de l'instantané (coup de bluff en direct, personnalisation outrancière des rapports diplomatiques, course éperdue contre la montre...) en empêchant au temps de la réflexion et de l'analyse de jouer son rôle.

Un nouveau fonctionnement géoéconomique

Elles sont enfin les acteurs centraux de l'interconnexion des marchés de l'information, des matières premières minérales et agricoles ou financières qui deviennent ainsi de plus en plus interdépendants (*cf.* chap. 1 et 4).

Internet : les cyberfractures sociales et territoriales du monde

Conçu dans les laboratoires américains sur crédits du Pentagone pour répondre initialement aux besoins des États-Unis ou dans les grands laboratoires scientifiques européens, l'Internet et le Web sont issus du mariage de l'informatique et des télécommunications. Outil multimédia disposant de fonctions multiples (courrier, banques de données, travail ou commerce à distance...), il permet un accès facile et rapide à l'information, aux savoirs et à la culture sur de très longues distances géographiques et à un coût financier raisonnable. Confidentielle au début des années 1990, sa diffusion est exponentielle en passant de 26 millions à plus de 400 millions d'utilisateurs, entre 1995 et 2001.

Mais sa diffusion dessine une géographie ultra sélective aux échelles mondiale, nationale et régionale. Car il ne s'agit pas seulement d'un simple outil technique mais d'un dispositif mettant en œuvre un système complexe. Elle suppose en effet un certain nombre de conditions économiques, techniques et culturelles rédhibitoires qui renvoient directement aux niveaux de développement des États et des sociétés : électrification, réseaux de télécommunication, équipements informatiques, demandes sociales et culturelles solvables, carences techniques et technologiques de la main d'œuvre... Alors qu'un quart de la population mondiale n'a pas accès à l'électricité et la moitié aux lignes téléphoniques, le quartier de Manhattan possède un nombre de lignes téléphoniques équivalant au continent africain. En Afrique sub-saharienne, le prix d'un système informatique étant hors de portée du pouvoir d'achat moyen, l'accès au réseau se fait le plus souvent par des voies collectives dans le cadre d'un usage d'intérêt général : universités, cybercafés, associations de quartiers, ONG... Mais même dans les pays les mieux équipés, l'accès à Internet demeure socialement inégal : aux États-Unis, le tiers des ménages disposant de moins de 25 000 dollars de revenus annuels a un taux d'accès quatre fois inférieur au reste de la population.

Enfin, même si l'internet se diffuse progressivement, les oppositions structurelles se renforcent puisque les pays développés sont en train de se doter des réseaux à haut débit de 155 à 622e bits de puissance afin de répondre à la saturation de leurs équipements de télécommunications.

Ces inégalités territoriales sont encore plus flagrantes en ce qui concerne la fourniture des services et des contenus qui jouent un rôle linguistique, culturel et politique déterminant comme en témoigne le fait que les principaux fournisseurs d'accès sont essentiellement américains (America on Line/AOL, Yahoo...). Les pays du Sud et les petits États sont absents des débats concernant les futures réglementations internationales (contenus, libertés individuelles, droits d'auteurs, normes, identification et attribution des sites, droits de douane, régimes fiscaux...). Aux espaces branchés du cyberespace répond donc une marginalisation de vastes portions de territoires où on assiste à un effet cumulatif des phénomènes d'exclusion. Cette situation nécessite la mise en place d'urgence dans le cadre d'une coopération nord/sud d'un vaste programme d'équipement et d'éducation et l'abandon du seul dogme de la concurrence dans le secteur des télécommunications alors que certains États se dotent de politiques volontaristes de rattrapage (Inde, Malaisie...).

Les *Call Centers* en Inde : télécommunication et délocalisations

La chute vertigineuse des prix des télécommunications, la montée en puissance des réseaux et la mutation des économies offrent à certains pays du Sud de nouvelles opportunités dans la délocalisation des services informatiques des pays du

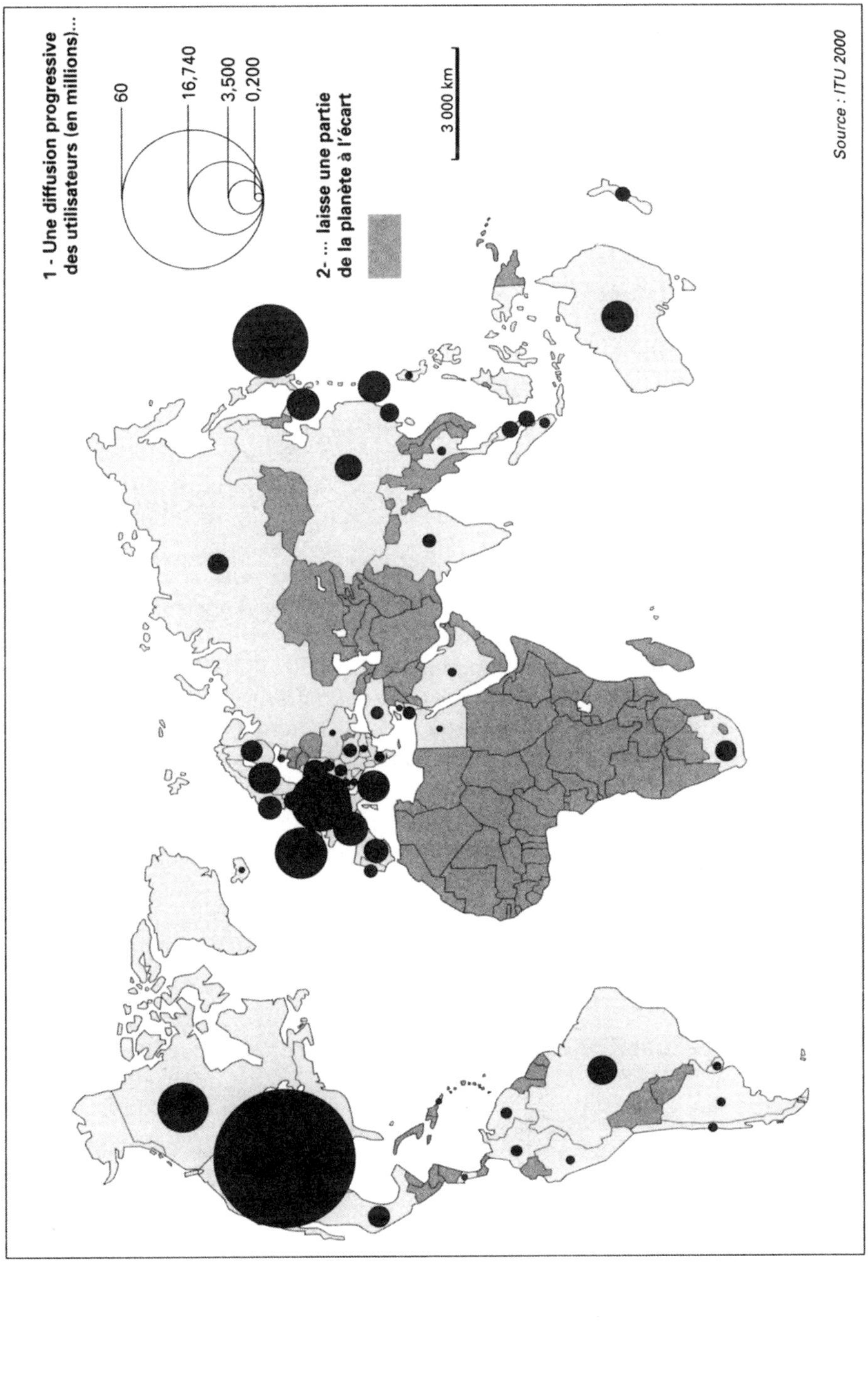

Figure 3.2 Internet : polarisation et diffusion sélective

Nord, un marché évalué à 30 milliards de dollars. C'est ainsi que l'Inde se spécialise dans la fourniture de prestations (relation clients, facturation, marketing, comptabilité, vente en ligne, maintenance informatique, etc.) à travers l'explosion des *Call Centers*. En cinq ans, plus de 300 centres sont nés en Inde, créant des dizaines de milliers d'emplois alors que le pays espère atteindre un million d'emplois et 20 milliards de dollars de prestations d'ici 2008 grâce à une main-d'œuvre relativement qualifiée, anglophone et deux à trois fois moins chère que dans les pays développés puisque les salaires représentent 65 % des coûts de fonctionnement d'un centre d'appel. 60 % des prestations indiennes sont destinées aux États-Unis, devant l'Union européenne (26 %) et le Japon (4 %).

Cette activité est complétée par l'arrivée d'activités de conception de logiciels et de maintenance informatique à distance (General Electric, Oracle, Intel, Microsoft, IBM...) attirées par un stock de 650 000 ingénieurs de haut niveau. Au total, les activités *off shore* – polarisées sur Bangalore, Bombay, Delhi, Hyderabad ou Chennai – représentent 50 % de l'activité des services informatiques du pays. L'Inde accueille ainsi la grande majorité des 200 000 postes transférés depuis 2000 par les services informatiques des États-Unis à l'étranger.

Les transports maritimes, au miroir de la mondialisation

Explosion des flux et des volumes et libéralisation du secteur

Du fait de ses nombreux atouts (grandes capacités à longues distances, économie en énergie, souplesse), le trafic maritime mondial explose avec la mondialisation des échanges : ses volumes triplent presque entre 1970 et 2005 (2,3 % an) et les capacités de la flotte sont multipliées par 25 entre 1950 et 2005. Alors que les coûts du fret maritime mondial représentent 5 % de la valeur totale des importations, cette activité cotée à la bourse de Londres est étroitement dépendante des cycles économiques. Comme en témoigne l'évolution de la flotte, on assiste ces dernières décennies au recul relatif des transports pondéreux de matières premières (pétroliers, vraquiers) au profit des produits manufacturés (navires généraux, porte-conteneurs).

Tableau 3.22 Evolution du trafic maritime mondial par produit (tonnes-milles)

	1970	1990	2005	Différence 1970/ 2005	% secteur croissance 1970/2005	% secteur en 2005
Total	10 654	17 121	29 045	+ 18 391	100,0	100
Prod. pétroliers	6 487	7 821	11 705	+ 5 218	28,4	40
Minerai de fer	1 093	1 978	3 720	+ 2 627	14,3	13
Charbon	481	1 849	3 140	+ 2 659	14,5	11
Grains	475	1 075	1 380	+ 905	4,9	5
Autres*	2 118	4 398	9 100	+ 6 982	38,0	31

* Dont les produits manufacturés et les flux conteneurisés

Mais la dérégulation qui affecte l'ensemble des secteurs économiques prend ici une ampleur inédite. Jusqu'en 1970, les grandes nations maritimes traditionnelles assuraient la construction des navires et leur exploitation sous leur propre pavillon garantissant ainsi une bonne sécurité technique et des salaires décents. Puis l'externalisation massive de cette importante fonction périproductive répondit à deux objectifs : financièrement baisser les coûts généraux d'exploitation, juridiquement échapper à toutes sanctions grâce à un système opaque de sociétés souvent localisées dans des Paradis fiscaux. Paradoxalement, alors que la réglementation internationale édictée par l'Organisation maritime internationale (OMI), agence de l'ONU basée à Londres, est de plus en plus exigeante, elle est de moins en moins mise en pratique par une majorité d'États faute de moyens ou de volonté politique claire, contrairement au transport aérien.

La gangrène des pavillons de complaisance : souveraineté à vendre

Cette externalisation s'appuie sur les pavillons de complaisance (*open registry flags*) dont les dix principaux (Panama, Libéria, Grèce, Bahamas...) passent, entre 1955 et 2002, de 9 % à 65 % de la flotte mondiale. Leurs tonnages augmentent de près de 80 % entre 1980 et 2000. Une quinzaine de micro-États, représentant 0,4 % de la population mondiale, marchandent ainsi leur souveraineté sur le marché maritime international en enregistrant les flottes tout en ne disposant pas des moyens de gestion et de contrôle adéquats. Ils en tirent une manne considérable (Malte : 60 millions d'euros en 2001). Symbole de cette pure fiction juridique, la flotte du Liberia – frappé par la guerre civile – est gérée par une société de Virginie et un accord entre Monrovia et Washington prévoit qu'en cas de crise tous les navires libériens appartenant à des intérêts américains peuvent être immédiatement rapatriés sous pavillon des États-Unis. Ce dynamisme s'explique par les avantages qu'ils présentent pour un armateur non-résident grâce à un triple dumping d'ordre réglementaire, fiscal et social qui baisse les coûts de 50 à 75 %.

Tableau 3.23 Montée en puissance puis stagnation des pavillons de complaisance (PVC) (1 000 tjb de 1939 à 1985 puis tpl de 1985 à 2006)

	1939	1955	1965	1975	1985	2000	2006
Flotte mondiale	68 509	100 569	160 391	416 269	673 692	759 300	960 000
Total 11 PVC	2 497	9 165	29 141	138 082	250 474	478 359	431 900
En %	3,5	9	18	33	37	63	45

Cet espace de non-droit réglementaire, technique et social ne peut se développer qu'avec la complicité des États et des entreprises des grands pays développés : 50 % des navires et 66 % des tonnages des trente-cinq premiers états maritimes naviguent sous pavillons de complaisance. Au lieu de mener une vigoureuse contre-offensive sur la base du droit face à une telle concurrence, ils se lancent eux-mêmes dans la création de pavillons bis qui permettent d'engager des marins au contrat et de composer les équipages avec une nombreuse main d'œuvre étrangère sous-payée et parfois peu qualifiée originaires des pays du Sud.

Tableau 3.24 Puissances maritimes et pavillons de complaisance en 2006 (flotte en millions TPL et en %)

États	Flottes (millions TPL)	% flotte mondiale	% sous pavillon étranger	États	Flottes (millions TPL)	% flotte mondiale	% sous pavillon étranger
Monde	90,6,7	100	66,5	Corée du Sud	29,6	3,2	57
35 premiers États	862,9	95,17	66,88	Taiwan	24,3	2,6	80,5
Grèce	163,3	18	70,9	Singapour	22,9	2,5	36
Japon	131,7	14,5	91	Royaume-Uni	21,2	2,3	58
Allemagne	71,5	7,89	81,5	Danemark	19,5	2,1	53
Chine	65,4	7,2	54,5	Russie	16,6	1,8	59
États-Unis	46,9	5,18	78,3	Italie	14,4	1,6	24,6
Norvège	45,	5	70	Inde	13,7	1,5	9,7
Hong Kong	43,8	4,8	59				

Mais le prix à payer de ces dérives en termes de sécurité environnementale en devient insupportable comme en témoigne la longue litanie des pollutions pétrolières du Torrey Canyon en 1967 et de l'Erika en 2000. Cette situation n'a en effet rien de fatal si les autorités nationales et internationales agissent vigoureusement. Mais la volonté politique fait encore largement défaut. Ainsi, alors qu'une Convention internationale sur les conditions d'immatriculation des navires fut adoptée après dix ans de négociations sous l'égide de la Cnuced en février 1986 qui consacrait la réalité d'un « lien authentique entre navires et États d'immatriculation », le refus de nombreux États de la ratifier en bloque toujours la mise en œuvre. Après avoir longtemps tergiversé, l'Union européenne prend quelques timides mesures en 2003 (*cf.* pétroliers double coque) mais se heurte aux intérêts de la Grèce, de Malte ou de Chypre. Enfin, l'Organisation maritime internationale (OMI) – agence de l'ONU basée à Londres gérant la sécurité maritime et qui devrait jouer un rôle majeur dans la régulation de l'activité – est largement paralysée car dominée par les petits États qui accueillent l'essentiel de la flotte mondiale. Dans ce contexte, le Japon et les États-Unis ont fait cavaliers seuls en instaurant des lois extrêmement contraignantes envers les navires séjournant dans leurs eaux territoriales et en réservant le cabotage à leurs flottes nationales.

Cependant, face à la mobilisation des opinions publiques pour que les États prennent des mesures de régulation et de contrôle, le climat commence à changer comme en témoignent entre 2000 et 2006 le recul des tonnages et en novembre 2003 l'abandon de cette activité par les héritiers du légendaire armateur grec Stavros Niarchos qui fit sa fortune dans le transport pétrolier, devant les menaces de sanctions juridiques et financières. Mais paradoxalement, l'adoption de mesures contraignantes uniquement dans les pays développés se traduirait par la fuite des bateaux poubelles dans les eaux des pays du Sud. Au-delà d'une nécessaire régulation à l'échelle internationale du transport maritime, la question posée est bien de payer le prix du transport à sa juste valeur et de rompre aussi avec les conditions de travail et de sécurité désastreuses que connaissent les marins embarqués en liant sécurité et progrès technique et social.

Conteneurisation, grands armateurs et lignes régulières mondiales

Mais les pavillons de complaisance ne sont qu'une des facettes de la structure duale des flottes et du trafic maritime. En effet, l'explosion des échanges de biens manufacturés à moyenne et haute valeur ajoutée entre les grands pays industriels se traduit aussi par l'essor du transport de conteneurs qui assure sécurité, fiabilité, vitesse et intermodalité. L'intérêt de son étude est de monter les interactions entre acteurs amont et aval de la chaîne logistique et comment les dynamiques économiques et techniques participent aux logiques d'emboîtements d'échelle des polarisations de flux très hiérarchisées.

À la suite de nombreuses fusions, ce segment dynamique voit émerger des armateurs de plus en plus puissants, économiquement et techniquement concentrés : les dix premiers *global carriers* totalisent la moitié des capacités mondiales. Comme dans le transport aérien, des alliances internationales entre opérateurs complètent ce dispositif car elles permettent une concentration technique sans fusion économique : la Grande Alliance réunit P & O Nedlloyd, le japonais NYK, l'allemand Hapag-Lloyd, le chinois OOCL et le malaisien MISC alors qu'United Alliance réunit l'allemand DSR Senator, les sud-coréens Hanjin et Cho Yang et l'UASC (Arabie saoudite et États du Golfe).

Ce phénomène de concentration est directement dicté en amont par les exigences des grands clients et par le coût des investissements à rentabiliser en cherchant des économies d'échelles. En effet, les *global accounts* que sont les sociétés transnationales (Nike, Coca Cola, Carrefour...) sélectionnent les transporteurs selon leurs capacités logistiques à desservir l'ensemble de leur appareil productif et commercial mondial afin d'en maîtriser la complexité. Les armateurs tissent donc de véritables réseaux maritimes constitués d'axes et de ports privilégiés : les 165 navires de P & O Nedlloyd relient ainsi 250 ports dans 120 pays et ceux d'Hanjin DSR 44 ports dans 34 pays à partir de sièges régionaux qui gèrent les cargaisons par continent (New Jersey, Hambourg, Singapour).

Tableau 3.25 Les principaux armateurs de lignes régulières en 2006 (capacités en milliers d'EVP)

Rang	entreprise	pays	navives	capacités	Rang	entreprise	pays	navives	capacités
1	AP Moeller	Danemark	399	1 005,5	6	NOL APL	Singapour	106	322,5
2	MSC	Suisse	264	713,8	7	China Shipping	Chine	108	304,7
3	Pet O Nedlloyd	R.-U./ Pays-Bas	165	990,4	8	Cosco	Chine	116	299,9
4	Evergreen	Taïwan	150	450,9	9	Hanjin DSA	Corée/All.	77	296,3
5	CMA CGM	France	192	426,9	10	NYK	Japon	107	287,1

Le dispositif logistique – flottes, réseaux de lignes, pôles portuaires – est lui-même très hiérarchisé par des emboîtements d'échelles :

– *Aux échelles mondiales*, la flotte d'environ 3 500 navires dessert un réseau de lignes régulières dont le cœur du marché est constitué par les principales routes est/ouest transcontinentales qui relient la Triade (Europe-Asie, Asie-États-Unis, États-Unis-Europe) et par des niches secondaires rentables (Méditerranée-Asie...).

– *Niches secondaires rentables (MeditAsie)*. Mais reflétant la géographie des échanges mondiaux, la puissance des flottes et les prix pratiqués pour les grandes liaisons transcontinentales sont fort différentes et font bien apparaître la forte polarisation asiatique qui cumule 80 % flux face à une liaison transatlantique sensiblement plus faible.

Tableau 3.26 Les différences de prix du fret maritime : une image des inégalités des échanges (entre façades maritimes)

	Trans-Pacifique		Europe - Asie		Trans-Atlantique	
	Asie/ USA	USA/ Asie	Europe/ Asie	Asie/ Europe	USA/ Europe	Europe/ USA
Prix en $ par TEU (jan. 2006)	1 836	818	793	1 459	985	1 832
Flotte en millions de TEU	13,9	4,3	7,7	11,2	5,9	3,1
% volume des flottes	30 %	9 %	17 %	24 %	13 %	7 %

– *Aux échelles continentales*, la logique de gain de temps par rapides rotations de la flotte sur lignes régulières a des conséquences géographiques considérables en sélectionnant pour chaque grande façade maritime seulement deux ou trois pôles, les *main ports* (Singapour, Hong-Kong, Kaohsiung, Rotterdam, Pusan, Hambourg, Long Beach...). Afin d'alimenter ces énormes complexes et remplir des navires de plus en plus volumineux, un système de cabotage (*feedering*) utilise des navires plus petits et plus maniables afin de rabattre ou redistribuer les flux secondaires. Par exemple, des ports comme Rouen, Nantes et Le Havre sont reliés à Rotterdam alors que Singapour polarise 9 % du fret mondial grâce à un exceptionnel réseau de feeders drainant tout l'est de l'Inde, la péninsule indochinoise et les Philippines.

– *Aux échelles nationales et locales*, le tout débouche sur la création de quelques très vastes complexes portuaires intégrés de taille considérable. Mais la concurrence entre eux est rude. En Asie, l'avance technologique acquise par Hong-Kong, Dubaï et Singapour leur assure un monopole de fait comme hubs régionaux puisque Hong-Kong réexpédie par voie maritime 30 % de la marchandise qui lui arrive par la mer et Singapour 70 %. Mais ils sont menacés par l'émergence de nouveaux ports car Singapour doit faire face aux tentatives de la Malaisie et de l'Indonésie de récupérer leurs trafics.

Dans ce contexte émerge un troisième acteur, les opérateurs portuaires. Ils doivent tout à la fois répondre à la politique de concentration de leurs clients et transporteurs et chercher à partager des investissements financiers de plus en plus lourds dans les nouveaux terminaux. Ces jeux d'acteurs peuvent avoir des conséquences géographiques considérables : en 2000, Maersk quitte Singapour pour

Tanjung (Malaisie) dont il détient 30 % du capital alors que dans le Golfe, Dubaï est concurrencé par le port de Salalah, au sud d'Oman, où interviennent l'État omanais, l'américain Seeland (15 %) et Maersk (15 %) qui évitent ainsi de rentrer dans le Golfe persique par l'étroit détroit d'Ormuz.

Enfin, certains opérateurs portuaires internationalisent aussi leurs activités. Alors qu'il intervient déjà en Inde, en Chine, au Yémen, en Italie et au Portugal, Port of Singapour, au deuxième rang mondial, prend, en 2001, une participation dans le principal manutentionnaire d'Anvers. Cette opération apporte les capitaux nécessaires au nouveau terminal de Flessingue et au projet Deuerganck déjà partiellement financé par la ville d'Anvers et le gouvernement flamand. Pour sa part Hutchison Port Holdings (HPH) de Hong-Kong, au premier rang mondial, présent dans dix neufs ports, s'allie à ECT, le manutentionnaire de Rotterdam.

Un système portuaire mondial très hiérarchisé et polarisé

Pôles techniques à l'interface logistique mer/hinterland, les appareils portuaires ont progressivement dû s'adapter aux nouvelles conditions du trafic marchandise en devant faire face à l'augmentation croissante de la taille des navires puis aux processus de spécialisation des flottes. La mondialisation débouche sur un système portuaire mondial géographiquement hiérarchisé et sélectif, entre pays développés et PVD, et au sein de chaque grande façade maritime continentale, entre grands pôles concurrents.

Dans les pays développés, l'efficience de systèmes terrestres complexes devient centrale car la concurrence tend à se déplacer à terre du fait du caractère de plus en plus sélectif de l'efficience de la chaîne logistique : qualité de l'appareil portuaire (chargement, stockage, manutention), densité des liaisons avec l'hinterland (fret et distribution, plates-formes multimodales vers le chemin de fer, les voies navigables ou la route) et diversité des services complémentaires (assurance, douane, gestion...). À Rotterdam, la valeur ajoutée directe et indirecte générée par le 3e port du monde représente 7 % du PIB néerlandais et 315 000 emplois avec les complexes industriels connexes.

Aux échelles locales, la polarisation des dynamiques maritimes mondiales sur un nombre restreint de systèmes industrialo-portuaires métropolitains s'y traduit par des transformations considérables. Si historiquement Rotterdam glisse progressivement de l'amont vers l'aval en étant guidé par les fortes contraintes de son étroit site d'estuaire, la saturation est telle qu'une partie de ses opérateurs doit transférer leurs activités dans les ports connexes de Belgique ou de France, à Dunkerque. On retrouve la même logique à l'œuvre à Singapour qui est à l'origine un comptoir de la Compagnie anglaise des Indes orientales installé en 1819 dans une île de 966 km^2 sur le détroit de Malacca, à l'extrémité méridionale de la péninsule malaise.

Au fur et à mesure du développement de ses fonctions internationales, elle doit aménager à partir de Keppel, son noyau historique, un espace industrialo-portuaire en le spécialisant par fonction : Pasir Panjang (péniches, caboteurs), Tanjong Pagar (port ultramoderne pour conteneurs), Sembawang (étain, caoutchouc) et Jurong (port pétrolier). Ce dispositif est complété par de vastes terminaux pétroliers sur les îles du Sud (Shell à Bukum, PSA et Esso à Ayer Chawan et Merlimau).

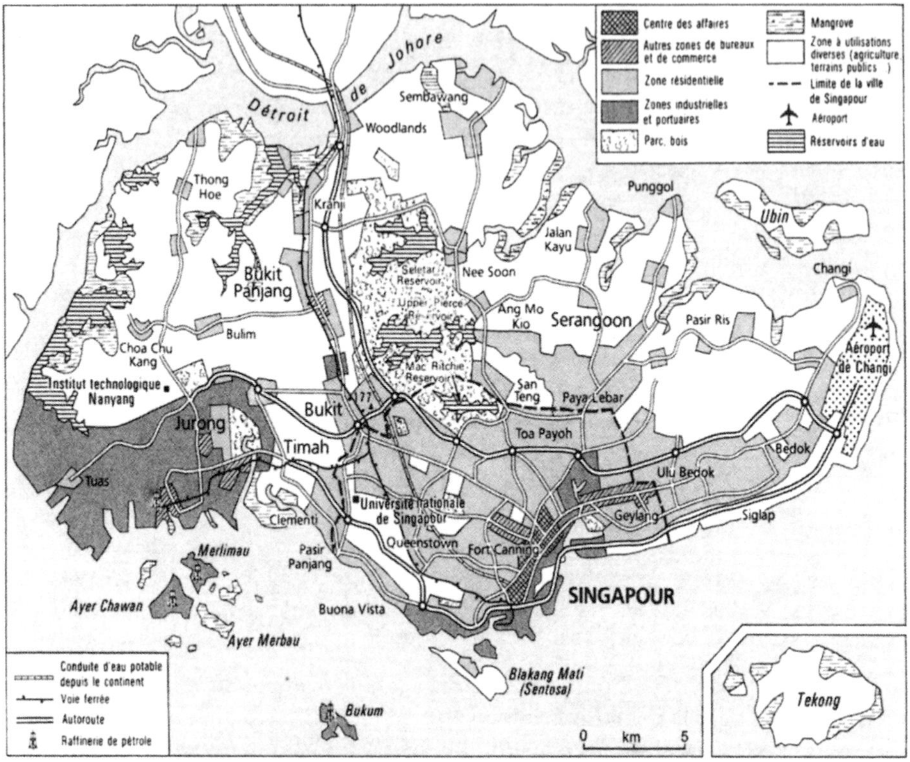

Figure 3.3 Singapour : les aménagements insulaires dans un cadre hyper-concurrentiel

Source : R. Blanadet, *Singapour et la Malaisie*, Nathan Université, coll. « Géographie d'Aujourd'hui », 1993, p. 162

Mais comme à Rotterdam, les fortes contraintes de sites et les déséconomies d'agglomération engendrées par une telle concentration poussent à une sélectivité plus grande des fonctions portuaires et à certains transferts vers les pays voisins.

Mais à l'accumulation de techniques, technologies et capitaux dans les plus grands ports mondiaux s'oppose le sous-équipement de la majeure partie des PVD. Il est d'autant plus dramatique que le trafic maritime joue un rôle majeur de par la nature et l'orientation de leurs échanges : exportation de matières premières et biens semi-finis et importation de biens d'équipement et de produits alimentaires. En Inde, alors que 95 % des échanges internationaux passent par la voie maritime, les 6 000 km de côtes sont équipés de seulement douze *majors ports* qui polarisent 90 % du trafic. À ceci s'ajoute l'inertie des héritages coloniaux avec le rôle essentiel des axes ferroviaires et routiers drainant l'hinterland dans l'organisation des États et des régions. En Afrique de l'Est, le transit pour les marchés captifs des pays enclavés (Ouganda, Rwanda, Burundi, République démocratique du Congo) représente un tiers de l'activité du port de Mombassa, au Mozambique, créé en 1896, alors que l'importation représente 70 % de son activité totale (1/3 en hydrocarbures).

Face à leurs énormes besoins, les systèmes logistiques cumulent inefficacité technique, sociale, organisationnelle et financière. L'impact de ces carences est immédiat. Le temps d'attente au mouillage pour un porte-conteneurs est de quatre heures à Singapour contre vingt-sept au minimum en Inde et soixante à Mombassa. Alors que les *Major Ports* indiens réalisent 251,5 millions de tonnes de trafic annuel avec 106 000 salariés, Singapour en traite 249 millions avec 6 700 salariés, soit un rapport de 1 à 16. Enfin, le coût d'une escale (pilotage, remorquage, amarrage à quai…) est huit fois plus cher dans l'ancien Zaïre que dans un port européen.

Le transport aérien : le dualisme des pôles et réseaux

Dérégulation, concurrence et réseaux d'alliances

Réservé jusque dans les années 1960 à une petite élite, le transport aérien se démocratise et devient un transport de masse grâce à la baisse des prix. Mais cette activité dépend étroitement de la conjoncture économique et géopolitique, des cycles de sur et sous-investissements des compagnies et du prix des carburants. Initiée aux États-Unis en octobre 1978, la déréglementation du secteur favorise la concurrence mais affecte tant la rentabilité des entreprises (marges moyennes de 3 %) que leurs situations financières sont des plus fragiles. C'est pourquoi, vingt-cinq ans après, trois compagnies (American, Delta et United Airlines), se partagent à nouveau les deux tiers du marché américain alors que 172 villes ne sont plus desservies car non-rentables du fait de la disparition des obligations de service public. À l'échelle mondiale, le partage des axes les plus rentables (accords ciel ouvert) est l'objet de conflits géoéconomiques, en particulier sous la pression de Washington. Enfin, au-delà de fusions jusqu'ici essentiellement intra-nationales ou continentales (Europe), les compagnies nouent des systèmes d'alliances permettant d'offrir de multiples destinations à moindre coût, afin d'améliorer les taux de remplissage et réaliser certaines économies d'échelle. Née en 1997, Star Alliance réalise 22 % du trafic mondial devant Oneworld fondée en 1999 et Skyteam.

Le secteur aérien représente d'énormes enjeux économiques, technologiques et financiers dont témoigne l'âpreté des conflits entre les différents États, industriels (Boeing/Airbus) et compagnies aériennes. Alors que le fret aérien représente déjà 40 % de la valeur des exportations mondiales des produits manufacturés, sa valeur ajoutée devrait augmenter d'un tiers entre 1999 et 2010, ses emplois directs de 37 %, ses passagers de 43 % et sa flotte de 82 %. Mais comme l'illustre à l'automne 2001 la chute brutale de clientèle à la suite des détournements d'avions et des attaques suicides contre New York et le Pentagone, son activité demeure dépendante et fragile.

Une structure d'échanges polarisée sur la Triade et les *hubs*

Mais sa dynamique est géographiquement hypersélective. D'une part, la mondialisation repose d'abord sur une logique de continentalisation puisque les flux intracontinentaux représentent 78,5 % des flux mondiaux, du fait du poids de l'Amérique du Nord (39 %), de l'Asie (18,3 %) et de l'Europe occidentale (13 %). D'autre part, dans les liaisons intercontinentales, les liaisons au sein de la Triade (Amérique/Europe/Asie de l'Est) représentent la moitié de ce trafic du fait de liens historiques, culturels, linguistiques et interpersonnels puissants. Alors que l'Amérique du Sud, l'Afrique et une partie du Pacifique sont marginalisés, ces espaces se caractérisent par l'inexistence d'une structure d'échanges cohérente et solidaire. Enfin, à l'échelle locale, on retrouve l'affirmation exceptionnelle des grandes métropoles des pays développés dans l'organisation des flux planétaires. Sur un millier d'aéroports internationaux, les 25 premiers polarisent 67 % du trafic passager mondial et dans le fret, les cinq premiers un tiers des flux et les 15 premiers 70 %.

Ces polarisations locales et nationales sont enfin renforcées par les mesures organisationnelles adoptées par les compagnies pour faire face à la dérégulation. Elles passent d'un réseau maillé offrant de nombreux vols directs secondaires à des réseaux en étoile centrés sur des *hubs*, ou pôles de redistribution, sur lesquels convergent toutes leurs liaisons (Dallas, Denver, Chicago, Atlanta, Londres, Francfort, Roissy, Amsterdam, Tokyo, Singapour...). L'organisation locale des plates-formes aéroportuaires en sort remodelée par une course au gigantisme des infrastructures au sol (pistes, aérogares...) et des liaisons avec les centres des métropoles qui pose cependant de plus en plus de problèmes environnementaux.

Tableau 3.27 Le réseau mondialisé des trois grandes alliances du transport aérien en 2006

	Star Alliance	**Skyteam**	**OneWorld**
Nombre de passagers (millions)	425	373	230
Nombres de destinations	842	728	600
Nombre de compagnies	15	6	8
Compagnies principales			
Compagnies Europe	Lufthansa Scandinavian Airlines	Air France/KLM Alitalia CSA Czech	British Airways Air Lingus Finnair Iberia
Compagnies Amériques	United Airlines US Airways Air Canada Varig	Delta Airlines Northwest Airlines Continentale Airlines Aeromexicano	American Airlines Lan Chile
Compagnies Asie	Singapour Airlines All Nippon Airlines Thai Airways Air New Zeland Ansett Australie	Korean Airlines	Cathay Pacific Japan Airlines

La stratégie des transporteurs express de fret : l'américain Fedex

Symbolisé dans l'entre-deux-guerres par l'Aéropostale, le transport de fret aérien a connu un formidable développement grâce aux appareils mixtes ou aux 1 700 avions cargo en activité. Ces vingt dernières années, la généralisation de la production en juste à temps, l'externalisation des fonctions logistiques, l'internationalisa-

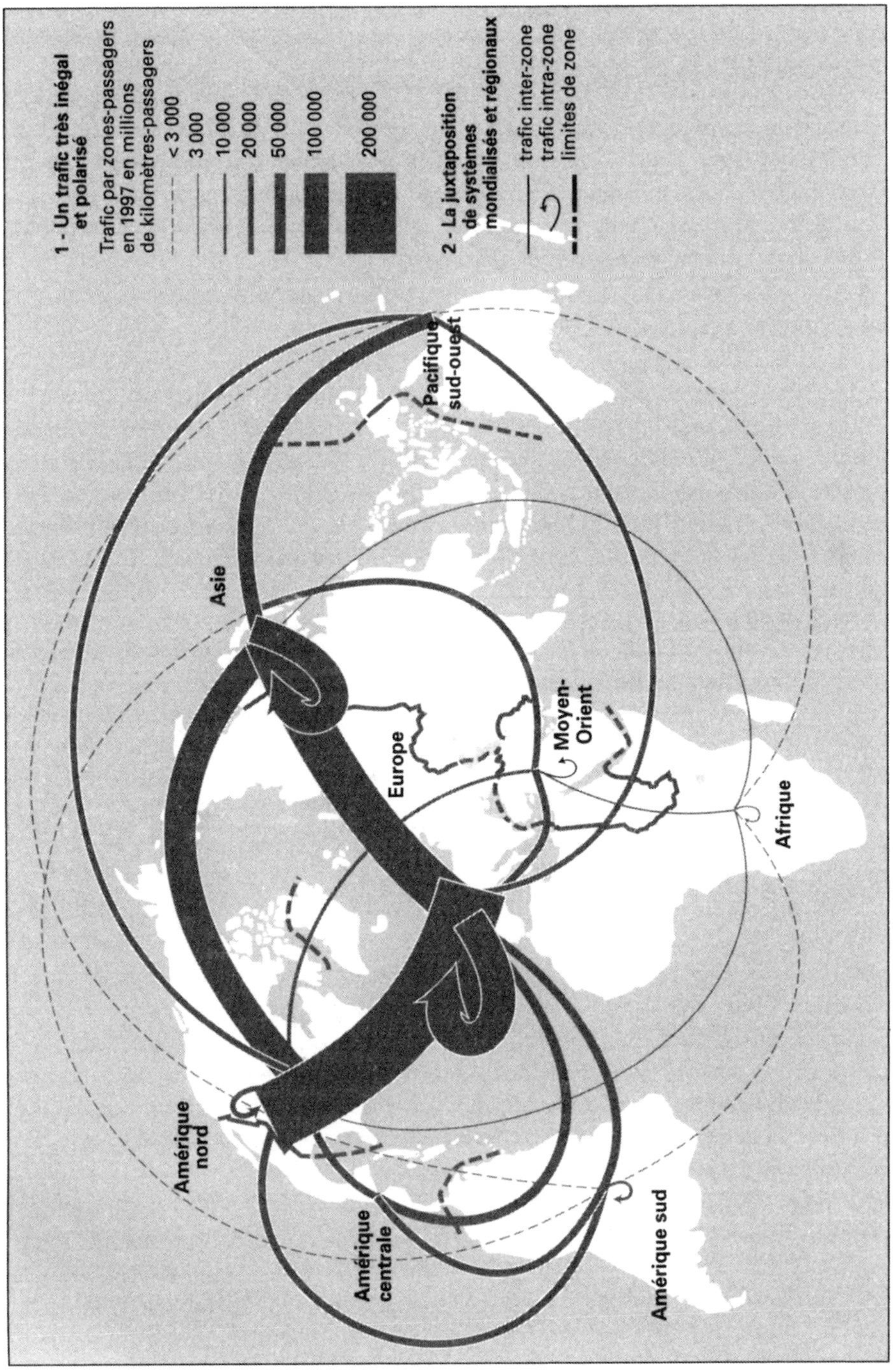

Figure 3.4 Les flux aériens mondiaux : polarisation sur la Triade et marginalisation

tion des firmes et le caractère stratégique des délais d'acheminement expliquent un recours croissant aux firmes de messagerie qui doivent passer de 5 à 40 % du fret aérien mondial entre 1999 et 2015.

Grâce à l'importance de leur marché domestique et à leur avance historique, les grands intégrateurs d'origine américaine (UPS/United Parcel Service, Fedex/ Federal Express, DHL) se sont imposés en assurant une prestation complète. La clé de leur réussite repose sur leur capacité à articuler un puissant système de ramassage/distribution terrestre (entrepôts automatisés, flottes de véhicules) à un réseau de liaisons aériennes transcontinentales (flottes de centaines d'appareils) géré par de puissants systèmes informatiques.

Basé à Memphis, Fedex a percé dans les messageries express aériennes en jouant le premier la carte de l'acheminement nocturne (*overnight*) plus rentable et plus sûr. Afin d'élargir son maillage territorial aux États-Unis, il absorbe des groupes de messagerie routière comme Viking Freight ou American Freightway (17 000 salariés dans 265 centres) et signe une alliance avec la poste fédérale américaine (US Postal Service). À l'international, il profite de l'ouverture du marché européen à la concurrence en 2003 pour signer un accord avec Chronospost International, filiale de la Poste française. Mais en réaction à cette offensive des opérateurs américains, la Deutsche Post s'allie avec Lufthansa et Japan Airlines, afin de prendre le contrôle de DHL International et Airborne et devenir un gigantesque intégrateur logistique.

Tableau 3.28 Les trois géants du fret express en 2007

Firme	Siège	Salariés	Flotte d'avions	Flotte de véhicules	États desservis
Fedex	Memphis	140 000	672	44 000	220
DHL	Bonn	123 700	420	76 200	220
UPS	Atlanta	428 000	282	23 000	200

À partir de la couverture prioritaire des zones les plus dynamiques et les plus peuplées car les plus rentables, contrairement aux logiques postales publiques, ces entreprises disposent de leur réseau aérien international. Il est articulé autour de *hubs* de fret d'échelle mondiale, qui traitent et réexpédient les colis par grands continents, eux-mêmes en liaison avec des centaines d'aéroports secondaires. Fedex dispose ainsi de Memphis (Tennessee) pour l'Amérique, de Subic Bay (Philippines) pour l'Asie, de Dubaï (Émirats arabes unis) pour le Moyen-Orient et de Roissy pour l'Europe alors que DHL est à Derby, Bruxelles, Bahreïn et Panama City. Mais la congestion des espaces aériens métropolitains contraint parfois à sélectionner des sites moins encombrés : GDEW bascule de Cologne à Liège en 1997 alors que Fedex préfère Paris à Amsterdam en 1996 et que DHL quitte Bruxelles pour Leipziq. Enfin, à côté de ces *hubs* principaux, certains intégrateurs multiplient les *hubs* régionaux secondaires comme DHL (huit en Europe dont Metz-Nancy avec 250 salariés).

Tableau 3.29 Les systèmes de hubs des trois géants du fret express desservant les continents

	Fedex	DHL	UPS
États-Unis	**Memphis** (É.-U.)		**Atlanta** (É.-U.) Louisville (Usa)
Canada	Toronto (Ontario)		Hamilton (Ontario)
Amérique latine	Miami (Floride, Usa)	Panama	Miami (Flo., Usa)
Europe	Paris	Derby (R Uni) Bruxelles/Leipzig	Cologne
Proche et Moyen Orient	Dubaï	Bahraïn	
Asie	Subic Bay (Phil.) Guangzhou (Chine)		Taipe (Taiwan), Pampanga (Phillip.) Hong Kong, Singapour

Le tourisme : le déplacement géographique au cœur d'une activité

Un développement récent et spectaculaire mais si inégal

Étroitement lié à la révolution des transports de masse, en particulier aériens, à la hausse du niveau de vie et à l'allongement du temps libre, l'essor spectaculaire du tourisme international, qui passe de 25,3 à plus de 800 millions de visiteurs entre 1950 et 2006, symbolise les nouvelles possibilités de mobilité géographique. Cependant, à l'échelle du globe, il demeure un privilège. Même si le nombre de touristes internationaux passe de l'équivalent de 1 % à 10 % de la population mondiale entre 1950 et aujourd'hui, il ne concerne que les pays et les groupes sociaux les plus riches ou aisés. Malgré sa diffusion spatiale progressive, les pôles émetteurs et récepteurs sont géographiquement polarisés puisque seulement dix pays concentrent plus de 50 % des flux mondiaux et les quinze premiers 66 %. L'essentiel de cette mondialisation touristique s'effectue au sein des pays développés alors qu'une large partie de l'Asie et de l'Amérique latine et la quasi-totalité de l'Afrique en sont exclues en dehors de quelques pôles spécialisés. Enfin, l'essentiel des flux mondiaux demeure largement structuré sur des rapports de proximité géographique, historique ou culturelle alors que les échanges intercontinentaux à grande distance demeurent limités. À l'opposé, les échanges intra-régionaux entre États d'un même ensemble régional explosent.

Le développement international du tourisme en fait aujourd'hui une activité économique véritablement mondialisée qui s'insère dans des échelles territoriales emboîtées – de l'espace mondial à l'espace local.

Son impact est évalué par l'Organisation Mondiale du Tourisme à 680 milliards de dollars de chiffres d'affaires, soit l'équivalent de 6 % des exportations mondiales, dont 130 milliards pour le transport, en particulier aérien, et à 230 millions d'emplois dans le monde en 2005. Mais le tourisme, même international, demeure

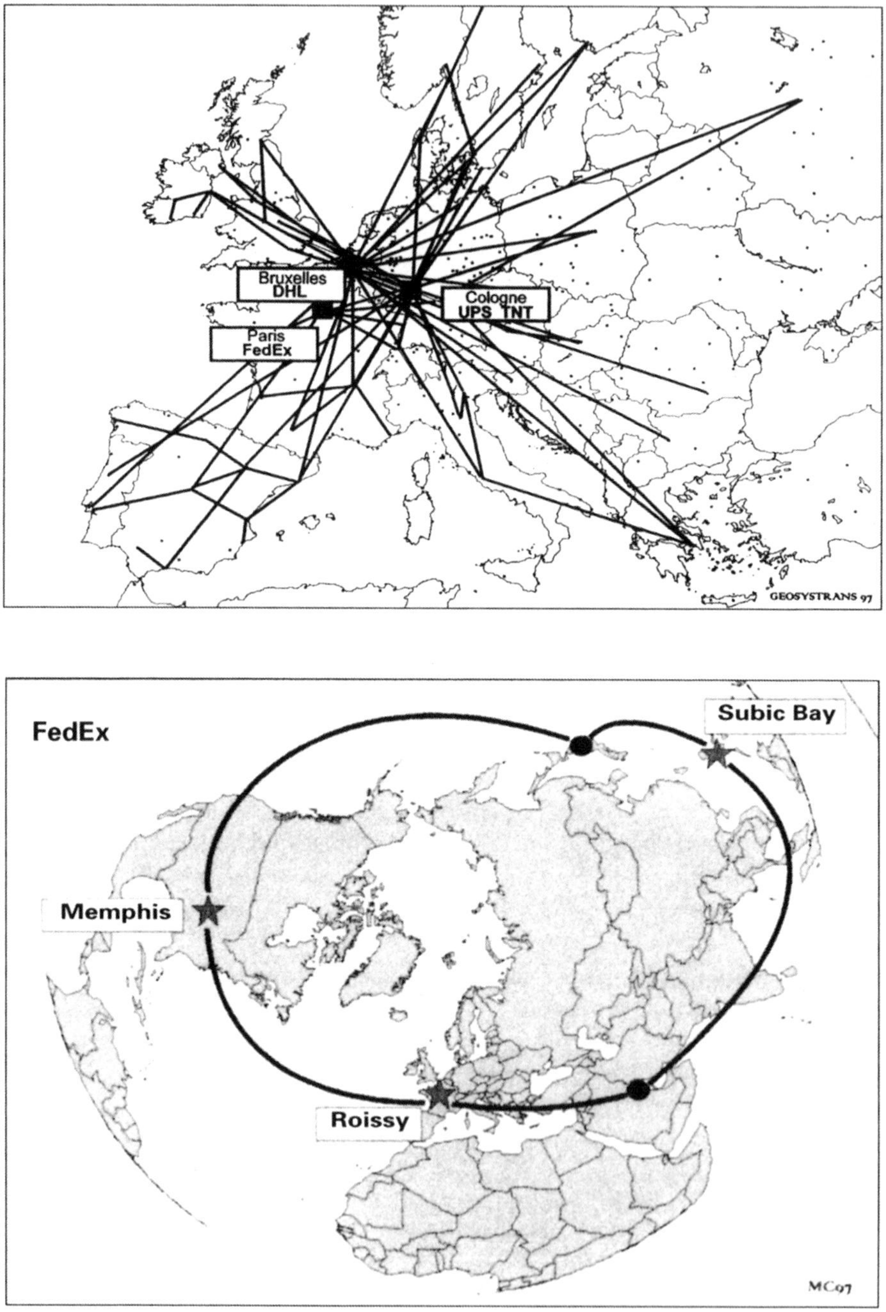

Figure 3.5 : Le système Fedex dans le monde et en Europe

Source : J. Marcadon et al., *Les transports*, Armand Colin, coll. « Prépas », 1997, p. 46 et p. 49.

largement une activité de relative proximité : 50 % des flux sont terrestres, dont 43 % automobiles, et 79 % des touristes internationaux demeurent dans leur bassin de voisinage immédiat. Cependant, les échanges à longue distance ne cessent de progresser, en particulier du fait de la démocratisation du transport aérien (45 % des flux totaux). Ces quinze dernières années témoignent de sa diffusion progressive en liaison étroite avec la hausse du niveau de vie et la libre-circulation de certaines populations, en particulier en Asie de l'Est et Europe centrale.

Tableau 3.30 Poids du tourisme international par continents et grands bassins

	Arrivées en millions et %			**Dépenses en 2005**		
	1990	**2005**	**% 2005**	**milliards de $**	**% 2005**	**$ par touriste**
Monde	439,4	806,2	100	680	100	840
Par continents						
Europe	265,6	441,5	54,7	348,2	51,2	790
Asie Pacifique	56,2	155,4	19,3	138,6	20,4	890
Amériques	92,8	133,5	16,6	144,6	21,2	1 080
Afrique	15,2	36,7	4,6	21,5	3,2	590
Moyen Orient	9,6	39,1	4,8	27,6	4	710
Par grands bassins						
Europe du Sud/Médit.	93,9	158	19,6	140,2	20,6	890
Europe occidentale	108,6	142,7	17,7	121,9	17,9	850
Amérique du Nord	71,7	89,9	11,2	107,1	15,7	1 190
Europe cent. Orient.	31,5	87,9	10,9	32,3	4,7	370
Asie du Nord-Est	26,4	87,6	10,9	70,8	10,4	810
Europe du Nord	31,6	52	6,6	53,8	7,9	1 020
Asie du Sud-Est	21,5	49,3	6,1	33,4	4,9	680
Afrique sub-saharienne	6,8	23	2,9	14,5	2,1	630
Caraïbes	11,4	18,9	2,3	20,4	3	1 080
Amérique du Sud	7,7	18,2	2,3	12,5	1,8	690
Afrique du Nord	8,4	13,7	1,7	7	1	510
Océanie	5,2	10,5	1,3	24,5	3,6	2 330
Asie du Sud	3,2	8	1	9,8	1,4	1 220
Amérique centrale	1,9	6,5	0,8	4,6	0,7	700

Source : OMT, 2006.

Les dynamiques spatiales des nouvelles interdépendances assymétriques

Mais les nouvelles interdépendances assymétriques entre pôles émetteurs et pôles récepteurs sont soumises aux aléas économiques (crises monétaires) et géopolitiques et peuvent parfois connaître certaines dérives (tourisme sexuel en Asie). Dans certains États et régions spécialisés l'impact du secteur touristique est considérable. Il assure le développement local et régional des zones d'accueil. Mais il pose aussi de redoutables problèmes environnementaux et d'aménagement. Enfin, certaines sociétés traditionnelles parfois fragiles sont déstabilisées par l'intrusion brutale de nouveaux modes de vie et de consommation.

Ce secteur économique est une activité porteuse, de plus en plus promue par les États, les collectivités et les acteurs privés comme un produit de consommation. Dans un cadre de plus en plus concurrentiel, sa valorisation dépend de certaines potentialités (climat, paysages, patrimoine historique et culturel) mais tout autant de la qualité des infrastructures de transport, de la sécurité des estivants, du rapport qualité/prix des prestations et des opérations de promotions. De nouvelles tendances apparaissent sans cesse comme le tourisme vert dans les pays industrialisés, le trekking en Himalaya ou les croisières, en particulier dans les Caraïbes. Enfin, il est souvent contrôlé par de puissants acteurs économiques internationalisés, à l'instar des grandes chaînes hôtelières dont les cinq premières contrôlent 45 % des chambres (Holidays Inn, Hilton, Accor…).

Chapitre 4

La mondialisation des marchés et des facteurs de production

La TENDANCE LOURDE à la rapide mondialisation des marchés et des facteurs de production de ces dernières décennies se traduit par l'émergence de systèmes économiques et techniques de plus en plus intégrés et interdépendants. Ce contexte explique qu'un événement dans telle ou telle partie du monde peut avoir un retentissement et un impact direct – conjoncturel ou plus structurel – sur un territoire géographiquement très éloigné. Mais loin d'être des *deus ex machina* omniprésents et omnipotents déterritorialisés, les effets de la mondialisation sont en fait le produit d'un *jeu d'interactions réciproques* entre des *stratégies d'acteurs* plus ou moins autonomes qui fonctionnent dans une série d'*échelles spatiales emboîtées* dont il est nécessaire d'analyser le fonctionnement concret.

La forte croissance des IDE et la mobilité géographique accrue des activités des entreprises transnationales ne signifient en aucune manière que la mondialisation intègre de manière homogène les hommes et les territoires. On assiste au contraire aujourd'hui au déploiement de fortes *spécialisations* concurrentes, de *polarisations*, de *ségrégations* et d'*évitements* aux échelles mondiales, nationales et régionales.

Ne pouvant bien sûr étudier dans cet ouvrage l'ensemble des processus à l'œuvre, nous avons sélectionné les secteurs d'activités, les fonctions productives et les filières qui nous semblaient les plus représentatives de ces nouveaux processus hiérarchiques, producteurs d'une intégration fragmentée.

Les matières premières minérales et végétales : le piège de l'échange inégal

Les matières premières, qui désignent des produits de base pas ou assez peu élaborés, constituent un marché historiquement très tôt mondialisé et soumis à un certain nombre de risques spécifiques, en particulier climatiques pour les produits agricoles et géopolitiques pour les mines. Malgré leur faible poids relatif dans la production de richesses et les échanges mondiaux, les matières premières occupent une place stratégique dans le système économique et l'organisation géoéconomique d'une large partie du monde depuis la mise en place du système colonial.

Termes de l'échange et spécialisations internationales

Alternance de cycles historiques, instabilité et termes de l'échange

Structurellement, le marché des matières premières alterne ces soixante dernières années des cycles haussiers d'une durée de 25 à 30 ans (début des années 1950, milieu des années 1970) encadrés de baisses drastiques des prix. Ceci s'explique par les lois de l'offre et de la demande guidées, par les logiques économiques et tout autant par les équilibres géopolitiques et géostratégiques imposés par les puissances dominantes, y compris à travers des interventions militaires plus ou moins durables (guerres, renversement de gouvernements...).

Si entre 1950 et 1970, les volumes de production et des exportations croissent sensiblement, la mondialisation des marchés demeure limitée structurellement et géographiquement et, surtout, la valeur des exportations demeure faible du fait de rapports de domination géoéconomiques Nord/Sud qui pénalisent les principaux pays producteurs. Selon la Cnuced, le prix des matières premières passe d'un indice 120 en 1960 à 100 en 1980 pour tomber à 81 en 2000. Cet échange inégal, largement dénoncé dans le cadre du mouvement de décolonisation et de la Guerre froide, se traduit par une dégradation structurelle des termes de l'échange. Face à la stagnation générale des cours mondiaux non-énergétique (– 0,6 %/an entre 1900 et 1980), on assiste à un décalage croissant du fait de la hausse continue des prix des produits manufacturés et des services vendus au Sud. C'est ainsi qu'entre 1960 et 2001, les prix moyens des produits agricoles vendus par les Pays les Moins Avancés (PMA) chutent de 70 % par rapport aux prix des produits manufacturés achetés aux pays développés.

Tableau 4.1 Indices comparés de la production et des exportations agricoles et minérales mondiales en volumes matériels et en valeurs marchande (2000 = base 100)

	1950	1960	1970	1980	1990	2005	1970/2005
Produits agricoles							
– volumes production	29	40	51	63	81	111	+ 60
– exportations en volumes	17	28	41	58	68	119	+ 78
– exportations en valeur	5	7	12	54	76	154	+ 142
Produits miniers et combustibles							
– volumes de production	25	38	65	85	86	109	+ 44
– exportations en volumes	12	26	52	62	68	114	+ 62
– exportations en valeur	1	2	6	67	58	203	+ 197

Source : OMC, 2007.

Les effets de cet échange inégal sont amplifiés par une instabilité chronique des prix mondiaux qui ne cesse de croître depuis les années 1970 du fait de la fin des accords de Bretton Wood en 1971, de la généralisation des changes flottants notamment du dollar – monnaie de référence de nombreux marchés des matières premières, de l'implosion des différents cartels de pays producteurs et des effets de King qui accentuent la baisse ou la hausse de prix lors des phases de sur-ou sous-production agricole. On passe alors d'un cadre stable à des systèmes volatils qui affectent les recettes d'exportations des PVD et déstabilisent les territoires productifs dont l'organisation, la gestion et la production s'inscrivent dans le moyen et long terme.

La hausse actuelle des prix : vers un nouveau paradigme géopolitique ?

Cependant, depuis une dizaine d'années, on assiste globalement à un brutal renversement de tendance à travers une forte hausse du prix de nombreux produits, en particulier énergétiques et miniers. Ces tensions nouvelles s'expliquent par trois raisons. Premièrement, un retour de la croissance mondiale qui dope la demande alors que l'appareil productif, du fait d'un sous-investissement lié à de faibles prix rémunérateurs, répond difficilement à la demande. Deuxièmement, les tensions ou conflits géopolitiques que connaissent certaines zones productrices. Troisièmement, l'arrivée massive de fonds financiers spéculatifs qui délaissent des marchés boursiers jugés trop peu rémunérateurs pour les marchés des matières premières.

À elle seule, la hausse des prix du pétrole par les pays exportateurs représentent un gain cumulé de 2 000 milliards de dollars entre 1999 et 2005. Mais du fait des interdépendances, une grande partie de cette rente est réinvestie dans les pays développés à travers l'importation de biens et services nouveaux (70 %), placée à l'étranger et sur les marchés financiers (25 %) alors que seulement 10 % est réinvesti sur place pour des investissements efficaces au développement économique (infrastructures, éducation, santé) ou social (subventions aux produits alimentaires de base).

Tableau 4.2 Les matières premières dans le commerce mondial

	Exportations (milliards de dollars)	**% commerce mondial 1990**	**% commerce mondial 2005**	**variation valeur des exportations 2000/2005**	**% exportation des produits primaines**
produits agricoles	852	12,2	8,4	+ 9	32,8
produits miniers	1 748	14,3	17,2	+ 15	67,2

Source : OMC, 2007.

Mais surtout, il semble que cette hausse soit plus structurelle et réponde à un nouveau paradigme géopolitique. Cette nouvelle étape de la mondialisation – qui bouleverse les équilibres géoéconomiques et géopolitiques antérieurs – brise le monopole de la demande des pays du nord avec l'arrivée rapide, brutale et incontournable de nouvelles puissances régionales, en particulier l'Inde, le Brésil et surtout la Chine alors que, comme le montre l'échec de l'intervention américaine en Irak, le recours à la force pour imposer son hégémonie devient de plus en plus difficile. La Chine, du fait de ses énormes besoins, est ainsi devenue le 1er consommateur mondial de minerais de fer, de zinc, de cuivre, de charbon et le 2e d'aluminium ou de plomb (*cf.* carte 4.1). Le monde redécouvre ainsi sa forte dépendance envers les matières premières, le fait que l'économie mondiale est encore loin d'être dématérialisée et prend conscience que l'exploitation intensive de ressources non renouvelables pose à moyen terme de graves questions d'équité, de développement durable et de finitude du monde.

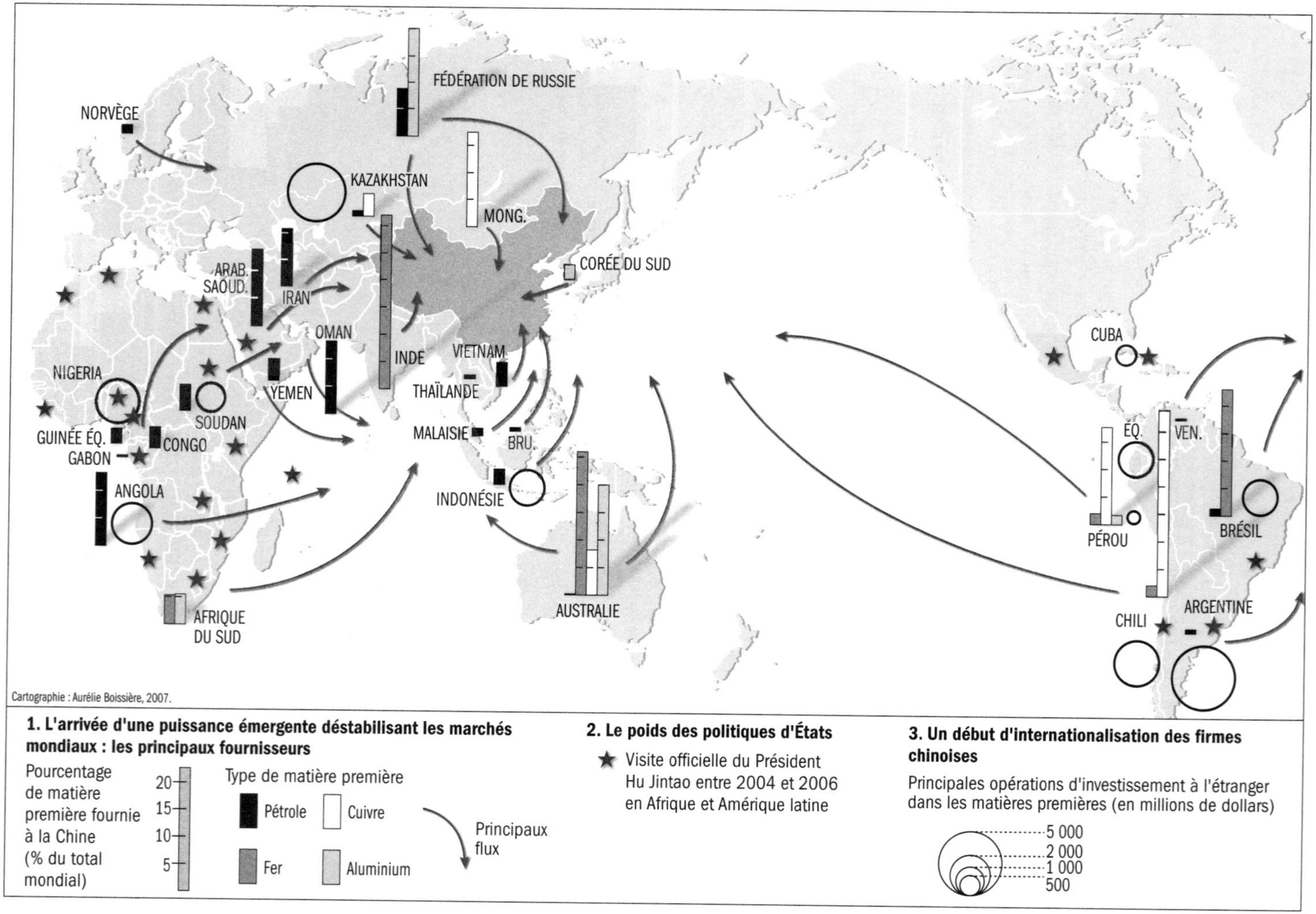

Figure 4.1 La Chine émergente : le nécessaire accès aux matières premières

Un système hiérarchique très prononcé

L'organisation de la production et du commerce des matières premières est dans son ensemble structurée par un système hiérarchique qui fonctionne sur un emboîtement d'échelles géographiques :

– *À l'échelle mondiale*, les pays développés absorbent à leur bénéfice l'essentiel des flux mondiaux : l'Amérique du Nord et l'Europe sont destinataires de 61 % des exportations mondiales de produits agricoles et miniers. Ils s'opposent aux régions productrices du Sud spécialisées par la division du travail dans la fourniture de produits (Amérique latine, Afrique et Proche-Orient). En ce début de XXIe siècle, les vieux équilibres structurels des échanges nés de la période coloniale demeurent terriblement actifs.

Tableau 4.3 La spécialisation du Sud dans l'exportation de produits primaires agricoles et miniers

	% prod. agricoles/ exportation	**% prod. agricoles/ export prod. primaire**	**% region exportations mondiales**	**% prod miniers/ export totales**	**% prod.miniers/ exportations prod primaine**	**% region exportations mondiales**
Monde	8,4	32,8	100	17,2	67,2	100
Amérique du Nord	9,2	43,3	16	12,1	56,7	10,2
Amérique latine	*26,4*	41,6	11	*37,1*	58,4	7,5
Europe	9,1	49,4	46,5	9,3	50,6	23,2
CEI	7,8	11,5	3,1	*60,1*	88,5	11,7
Afrique	*10,9*	14,3	3,8	*65,2*	85,7	11,1
Moye Orient	2,3	3,1	1,5	*70,9*	96,9	21,8
Asie	5,6	37,9	18,1	9,1	62,1	14,4

Source : OMC, 2007.

– *Aux échelles nationales*, le processus de spécialisation rentière est encore plus sensible comme l'indiquent les 22 États réalisant plus du quart de leurs exportations dans les produits agricoles. La dépendance de ces économies nationales du marché mondial est d'autant plus marquée qu'elle repose souvent sur des spécialisations étroites. L'utilisation plus ou moins efficace de cette rente dépend des conditions géopolitiques nationales qui expliquent des trajectoires très contrastées. Ainsi, au Nigeria, alors que le pétrole représente les trois quarts des recettes de l'État, 96 % des revenus d'exportation et qu'en quarante ans d'exploitation ce secteur a fourni un revenu total de 320 milliards d'Euros, l'essentiel en a été capté et gaspillé par une élite prédatrice, militaire et civile.

Cette spécialisation peut avoir parfois des conséquences géopolitiques internes inattendues. Ainsi, au Chili, lors de sa prise de pouvoir, le général Pinochet fit voter la loi selon laquelle 10 % des ventes de cuivre (30 % de l'offre mondiale) devaient être reversées au budget des armées pour financer son effort d'armement. C'est pourquoi malgré les politiques ultra-libérales mise en œuvre par la dictature sur les conseils des *Chicago Boys*, l'entreprise minière nationale, Codelco, ne fut jamais privatisée.

– *Aux échelles régionales et locales*, ces spécialisations ont historiquement modelé les systèmes socio-économiques et territoriaux, les cycles de développement (Gabon : commerce de l'ivoire, récolte du caoutchouc, puis exploitation du bois précieux comme l'okoumé et enfin extraction du pétrole et du manganèse), les paysages et structures agraires (grandes plantations, fronts pionniers, café au Brésil, *latifundia/minifundia*...), les rapports sociaux (traite négrière et commerce triangulaire, domination des élites), les réseaux de transport drainant vers les ports les richesses et, enfin, la trame et les hiérarchies urbaines, en particulier dans les Pays en développement.

Toutefois, au-delà de la puissance des héritages, ce sont bien les modes d'articulation contemporains au marché mondial qui jouent un rôle essentiel dans la différenciation des trajectoires territoriales. Comme en témoigne, par exemple, l'impact différencié de la crise caféière. Dans les provinces de l'est et du centre de la Tanzanie, où le café est la 3e source de devises et à 94 % exportés, les petites exploitations familiales groupées en coopératives représentent 75 % des surfaces et 58 % de la production devant les grandes plantations : face à la crise, elles abandonnent progressivement cette culture qui devient secondaire. Par contre, en Amérique latine, l'effondrement sans fin des cours menace 1,5 million d'emplois. Au Guatemala, 6e producteur mondial, la crise est d'autant plus sévère que le café – qui occupe 11 % de la population active, soit 2,2 millions personnes – est une monoactivité source quasi-unique de revenu.

Tableau 4.4 L'impact social de la crise caféière : emplois dépendants en Amérique latine en 2003

Guatemala	Honduras	Nicaragua	El Salvador	Costa Rica
700 000	111 000	280 000	135 000	200 000

En Australie, 3e producteur mondial de minerais non combustibles, les minerais représentent 27 % des exportations, 4 % du PIB et 80 000 emplois. Mais l'impact de l'économie minière est très différent selon les États (Australie occidentale : 16 % PNB, Territoires du nord-est 14 %, Queensland 5 %, Australie du Sud 4 %, Tasmanie 3 %). À elle seule, l'Australie occidentale polarise 40 % de cette richesse (or, fer, nickel, diamants de Kimberley) alors que les trois quarts du charbon sont extraits par deux États (Nouvelle-Galles-du-Sud et Queensland).

Structures des marchés, producteurs et spéculation

Des systèmes intégrés et interdépendants

Cette situation générale structurellement instable et dégradée pour les pays producteurs s'explique par trois principaux grands facteurs :

– *Les crises climatiques, environnementales ou sanitaires* jouent un rôle majeur. Alors qu'en 1998, El Nino entraîne un effondrement de la production d'agrumes en Floride, en Californie, au Brésil et au Mexique, la terrible sécheresse de 1999-2000 réduit de 40 % l'offre de laine australienne qui représente 16 % des exportations mondiales tandis qu'au printemps 2001 un gel exceptionnel bloque le port sibérien de Doudinka et oblige Norilsk à suspendre ses exportations de nickel et de palladium (1er prod. mondial).

– *Les mutations technologiques ou économiques* modifient la demande comme en témoignent les cycles énergétiques (charbon, pétrole, nucléaire, gaz naturel). Avec la fin de la guerre froide, l'effondrement des besoins en uranium déstructure l'économie de la région d'Arlit au Niger qui fournissait 10 % de la demande mondiale. Si l'aéronautique civile représente 70 % de la demande mondiale de titane, les cycles de l'industrie automobile jouent un rôle majeur dans la demande mondiale de plomb (60 %, batteries), de zinc (60 %, aciers galvanisés) ou de rhodium (pots catalytiques) alors que les cours de l'étain dépendent à 60 % du marché électronique.

– *Les crises géopolitiques* peuvent d'autant plus modifier les volumes fournis sur le marché mondial qu'un État ou une région disposent d'un monopole. Alors que l'insurrection indépendantiste de l'île de Bougainville, en Papouasie-Nouvelle-Guinée (12 000 morts en dix ans), provoque la fermeture de Panguna, une des plus grandes mines de cuivre à ciel ouvert en 1989, le marché de l'étain est déstabilisé par l'extrême confusion politique régnant dans l'archipel indonésien (*cf* chap. 6). À l'opposé, la stabilisation même précaire du Congo-Brazzaville – après une terrible guerre civile alimentée par les rivalités des États voisins – se traduit par la relance des chantiers forestiers dans le centre du pays (Niari et la Lékoumou) qui réalisent 40 % de la production nationale.

L'échec global des tentatives de régulations et contrôle des marchés

Cette instabilité générale des prix est un phénomène relativement récent lié à la nouvelle phase de mondialisation. En effet, avant 1945, des cartels stabilisaient les cours des principales productions (sucre, blé, thé, caoutchouc, étain) afin de défendre des prix planchers rémunérateurs pour les compagnies coloniales. Si, en avril 1942, Keynes proposa la création d'une institution internationale pour la régulation des marchés mondiaux des produits de base, elle ne vit jamais le jour devant le refus des grandes puissances occidentales malgré la mise en place entre 1945 et 1964 d'accords de stabilisation pour le blé, le sucre, l'étain et le café.

Par la suite, les principaux pays producteurs du Tiers-monde et la CNUCED ont tenté de reconstruire et d'étendre les systèmes de régulation par produit (accords de produits, financements compensatoires, quotas d'exportations, plans de rétention, campagnes d'arrachage…) afin de protéger leurs intérêts à l'instar d'une partie des pays pétroliers avec la création de l'OPEP. L'ACPC regroupe ainsi les quatorze principaux producteurs de café qui représentent 70 % de la récolte mondiale.

Mais ces tentatives se heurtent en permanence à deux obstacles majeurs : l'opposition systématique des États-Unis et de la grande majorité des pays développés et la domination d'une conception libérale des échanges. On assiste ces dernières années au démantèlement des organisations existantes dont témoignent en avril 2000 la liquidation de l'Organisation internationale du jute ou l'implosion en 2001 de l'Inro (Organisation internationale du caoutchouc, 22 États producteurs) du fait du retrait de la Thaïlande et de la Malaisie. Dans le café, l'Ouganda, 2e producteur africain, quitte l'ACPC et l'Organisation interafricaine du café (Iaco) sous la pression directe des États-Unis qui tentent ainsi d'isoler le Brésil et la Colombie alors que Paris quitte le Fonds commun des produits de base de l'ONU créé en 1989 afin d'aider au financement des divers stocks régulateurs et à l'amélioration de la production et la commercialisation des grands produits tropicaux des PVD. En définitive, seul le cartel de l'OPEP, dans le pétrole, malgré ses divergences internes, a relativement réussi à préserver les intérêts des pays producteurs ; ce qui explique sans doute les attaques virulentes dont il est l'objet.

L'agriculture mexicaine ruinée par l'Alena

Du fait de l'entrée en vigueur de l'Alena en 1994, les échanges agricoles entre les États-Unis et le Mexique ont été libéralisés en janvier 2003 pour douze produits (blé, riz, orge, café, fruit, tabac, viandes...). Du fait du différentiel de productivité et des nouvelles mesures qui accordent 180 milliards de dollars d'aides annuelles dans les dix prochaines années aux producteurs nord-américains, la petite et moyenne paysannerie mexicaine traditionnelle est ruinée alors qu'avec 8 millions d'individus elle représente 22 % des actifs.

Une course permanente à la concurrence entre pays producteurs

Dans un cadre dérégulé et concurrentiel, les pays producteurs se livrent à une guerre économique permanente afin d'augmenter leurs parts de marché ou de trouver de nouvelles spécialisations productives. En 2001, alors que la crise du caoutchouc pousse la Malaisie et la Thaïlande à convertir leurs plantations d'hévéas en palmiers à huile ou en vigne à poivre, plus rentables, le Viêt-Nam, le Sri Lanka et le Liberia se lancent dans d'ambitieuses politiques de développement. Ce processus se traduit, par exemple, par un profond bouleversement de la géographie poivrière. Jusqu'ici dominants, l'Inde, l'Indonésie et la Malaisie se voient concurrencer à la fois par le Brésil littoral et surtout le Vietnam qui vise la première place mondiale grâce à l'arrivée en production des vignes plantées en 1997 sous l'impulsion de l'État.

Ces logiques d'État se conjuguent souvent avec l'intervention des capitaux privés internationaux. Ainsi, le groupe français Bolloré, qui s'est emparé au cours des années 1990 des actifs du vieux groupe Rivaud, cède en 2001 ses plantations malaisiennes d'hévéas en bordure des zones périurbaines. Puis il bascule ses intérêts d'Asie en Afrique en profitant de la pacification progressive du Libéria pour s'emparer d'une plantation de 150 000 hectares, au sud de Monrovia, en y disposant d'un bail de 99 ans tout en valorisant des terrains peu onéreux et des coûts salariaux bien moins élevés qu'en Malaisie ou en Côte d'Ivoire.

Tableau 4.5 La stratégie de spécialisation concurrentielle de l'Indonésie : l'évolution des surfaces plantées (en milliers hectares)

	Palmiers à huile	Hévéa	Tabac	Cacao	Canne à sucre	Thé	Café	Quinine
1988	525,9	487,6	254,7	56,9	110,8	70,2	56,9	1,9
1999	1 502,80	543,9	232,2	171,5	170,1	90,3	54,7	1,3
Diff.	+ 976,90	+ 56,30	22,50	+ 114,60	+ 59,30	+ 20,10	2,20	0,60
Diff.%	+ 186 %	+ 11,5 %	8,8 %	+ 201,5 %	+ 53,5 %	+ 28,6 %	3,8 %	61,5 %

Source : Statistics Indonesia, 2001.

Des traders et spéculateurs au « commerce équitable »

Sur ces marchés, trois types d'acteurs jouent un rôle central dans l'organisation des échanges, la formation des prix et des revenus et la gestion du risque.

Grands clients traditionnels, les transnationales pèsent sur les cours mondiaux grâce à leurs volumes d'achat et mettent en concurrence les régions productives. Ainsi, les deux tiers de la production mondiale de caoutchouc sont consommés par Goodyear, Bridgestone et Michelin.

Les firmes de négoce international servent d'intermédiaires, organisent les transports et alimentent les marchés. Discrètes, elles disposent de pouvoirs considérables comme Incontra (Zurich) dans le cobalt ou Ed and F Man (Royaume-Uni) premier négociant mondial du sucre. Assurant déjà 25 % du commerce mondial des céréales et oléagineux, Cargill reprend, en 2001, Continental Grain qui réalise plus de la moitié des ventes de céréales des États-Unis et est le premier exportateur mondial grâce à d'énormes capacités de stockage et de distributions terrestres et portuaires qui quadrillent le globe.

Enfin, ces marchés deviennent le champ d'intervention privilégié des fonds financiers (*cf.* chap. 1) en rupture avec les vieilles logiques spéculatives commerciales traditionnelles (comme par exemple le gel du café brésilien en 1994). Ils représentent 2/3 du marché du cuivre, 50 % des marchés du coton et du pétrole à New York ou 2/3 du marché de l'aluminium, du cuivre et du zinc au LME de Londres en 2001. Les cours des matières premières sont en effet fixés par les Bourses de commerce, qui apparaissent vers 1850, puis par les marchés à terme dont le premier est né à Chicago pour gérer les échanges de produits agricoles. Cinq ou six places financières jouent un rôle majeur : Londres (Liffe pour cacao...), New York (le CSCE, Coffee, Sugar and Cocoa Exchange), Chicago, Paris ou Hambourg. Au London Metal Exchange, fondé en 1877 et qui monopolise 90 % des transactions mondiales des non-ferreux, les *brokers* du 62 Leadenhall Street vendent plus de mille fois la production mondiale par jour (aluminium, cuivre, nickel, zinc, étain et plomb). En 1999, le LME introduit même un contrat « virtuel » destiné aux fonds spéculatifs et portant sur un panier de métaux non ferreux qui ne donne lieu à aucune livraison physique.

Face aux contraintes financières extrêmes sur les pays producteurs que font peser ces structures de marché, de nombreuses Organisations non gouvernementales (TransFair, Oxfam ou Max Havelaar...) en sont venues à partir des années 1980 à promouvoir le développement d'un « commerce équitable ». Son objectif est double : assurer un prix minimum garanti et rémunérateur aux petits agriculteurs du Sud et des produits de qualité à la traçabilité garantie aux consommateurs du Nord et vendus dans des réseaux de magasins agréés (Allemagne : 26 200, France : 2 500). Ce commerce s'appuie sur des systèmes coopératifs telle la Kilimandjaro Native Cooperative Union (KNCU) de Tanzanie, labélisée par Max Havelaar en 1993, qui regroupe 93 coopératives représentant 100 000 petits producteurs. Malgré un poids économique encore fort modeste avec 1 à 3 % des marchés européens du café, du thé ou de la banane, son dynamisme témoigne de la crédibilité de certaines alternatives puisque la grande distribution, comme Auchan et Carrefour en France, commence à s'y intéresser.

Tableau 4.6 Les prix du café Arabica d'Amérique centrale dans les deux systèmes (en euros et %)

	Système traditionnel	%	**Système Max Havelaar**	%
Prix de vente en grande surface	1,8 à 3	100	2,3 à 3,35	100
Coût d'importation, de torréfaction et de distribution	1,41 à 2,61	87,1	1,45 à 2,50	74,7
Droit du Label Max Havelaar	0	0	0,05	1,5
Coût d'exportation	0,14	4,6	0,14	4,1
Frais de gestion de la coopérative	0	0	0,08	2,4
Intermédiaire	0,06	2	0	0
Petit producteur	0,19	6,3	0,58	17,3

Source : Max Havelaar France, mars 2002.

Des enjeux géopolitiques et géoéconomiques essentiels

Dès les Grandes découvertes ou la création des Empires coloniaux, la valorisation et le contrôle des richesses agricoles et minières représentèrent un des enjeux essentiels de la mondialisation. Malgré de nombreux changements, ce processus garde encore aujourd'hui toute son importance.

Le jeu des facteurs externes aux échelles mondiales et continentales

Les jeux d'influence des États et les conflits d'hégémonies perdurent. Le pétrole est sans doute le cas le plus éclairant du fait de son caractère stratégique comme en témoignent de nombreux conflits internationaux (Guerre du Golfe contre l'Irak) ou nationaux (conflit congolais) et de nombreuses situations de crise (Proche-Orient, Guinée, Tchad…). Dès l'entre-deux-guerres, les puissances impériales se disputèrent le partage du Proche et Moyen-Orient sur les ruines de l'Empire ottoman et s'affrontèrent sur la définition des frontières de la péninsule Arabique (*cf.* chap. 5). En 2001, le statut juridique de la Caspienne n'est toujours pas tranché entre les cinq États riverains en partie issus de l'effondrement de l'URSS, car selon qu'elle est définie comme une mer ou un lac, le partage des ressources en est très différent. Enfin, l'intervention militaire américaine en Afghanistan contre les Talibans en 2001-2002 vise aussi au contrôle stratégique des hydrocarbures d'Asie centrale en plein développement.

Dans un autre ordre de dynamique, le débordement du front pionnier du soja du sud-ouest brésilien sur le Paraguay est aussi intéressant. Initialement, il met en valeur dans le Mato Grosso et le Parana de vastes terres vierges et fertiles selon une logique spéculative afin de desservir le marché agro-industriel mondial. Mais la modernisation des campagnes (motorisation, concentration agraire, exclusion de la main-d'œuvre…) y chasse progressivement les colons les plus pauvres vers le Paraguay (+ 500 000, soit 10 % pop.) où la frontière politique coupe un même milieu naturel sous-peuplé. Cette progression du front pionnier débouche sur de nouvelles logiques géoéconomiques transfrontalières qui font basculer la partie orientale du Paraguay dans l'aire d'influence brésilienne. Ce pays devient ainsi le 8e producteur mondial de soja, qui représente l'essentiel de la valeur de ses exportations, et tend à se transformer en une annexe du complexe agro-industriel brésilien orienté vers le marché mondial.

Tableau 4.7 Les fronts pionniers du soja du cône sud insérés dans des échanges mondiaux polarisés (millions de tonnes et % mondial)

	Exportations		**importations**
millions t	125	millions t	122
États -Unis	31 %	UE 5	35,5 %
Brésil	*30,3 %*	Chine	21,2 %
Argentine	*28 %*	Japon	5,1 %
Paraguay	*2,8 %*	Mexique	4,1 %
Total 3 États	*92,1 %*	Total 4	65,9 %
Reste monde	7,9 %	Reste du monde	34,1 %

Source : USDA, 2006.

Les facteurs internes aux échelles nationales, régionales et locales

Dans l'agriculture, la mise en valeur de nouveaux espaces par des fronts pionniers peut aussi révéler de graves tensions internes jusqu'ici sous-jacentes ou masquées entre centres dominants et périphéries asservies. Ainsi au Viêt-Nam, la politique de développement caféière de l'État depuis le milieu des années 1990 s'est traduite par la mise en culture de 500 000 hectares grâce à la déforestation à partir de la plaine littorale des Hauts Plateaux du Daklak et du Gia Lai au centre du pays. Mais, en février 2001, les minorités ethniques montagnardes frontalières très pauvres et marginalisées – dont les terres ancestrales ont été confisquées par les planteurs Viets originaires du delta du Fleuve Rouge et des plaines – se sont révoltées, obligeant la police armée à intervenir.

Mais c'est en Afrique sub-saharienne que la logique de pillage et de contrôle des matières premières s'affirme dans sa plus totale violence en étant la clé fondamentale de nombreux confits internes et externes depuis la fin de la guerre froide (Sierra Leone, Angola, ex-Zaïre, Congo Brazaville, République centrafricaine...). À ce propos, le dépeçage et le partage de l'ex-Zaïre a pour objectif direct le pillage des richesses minières et forestières par les clans armés et les États voisins. Ce processus de décomposition est en terrible continuité avec la création du pays en 1878 par le roi des Belges Léopold II, qui en fit sa propriété personnelle, ou, après l'indépendance, avec le sanglant régime du colonel Mobutu.

Plus globalement, alors que les transnationales minières ou pétrolières renouent avec les vieilles logiques d'économies de comptoir en s'y concentrant sur l'exploitation offshore des ressources naturelles sans participer au développement des économies locales (Shell au Nigeria, TotalElf au Gabon ou en Angola...), la responsabilité politique des grands États occidentaux et des instances internationales et l'incurie trop généralisée des élites locales (corruption, népotisme…) y fragilisent les États et sociétés. C'est pourquoi un des enjeux d'avenir pour ces pays exportateurs est de réussir à sortir du piège d'une spécialisation héritée de la période coloniale et qui constitue un très grave facteur de blocage de leur développement.

Le cacao ivoirien : du Miracle au Mirage

L'intérêt de l'étude de la filière-cacao en Côte d'Ivoire est de montrer que les effets de la mondialisation sont en fait le produit d'un jeu d'interactions réciproques mais asymétriques entre acteurs qui fonctionnent dans une série d'échelles spatiales emboîtées, du marché mondial, au pays et à la région.

Le modèle national du *Miracle*

Entre 1955 et 2000, la production ivoirienne de cacao est multipliée par 15,5 et passe de 8 % à 38 % de la production mondiale. Le pays devient le premier exportateur mondial (40 à 50 %). Sous la présidence d'Houphouët-Boigny, lui-même ancien planteur, ce boom débouche sur un véritable Miracle qui fait de la Côte d'Ivoire un modèle de l'Afrique de l'Ouest. L'économie rentière de cet « État-paysan » repose sur le secteur primaire (cacao, mais aussi café, coton, hévéa) qui représente 34 % du PIB, 60 % des emplois, 65 % des recettes d'exportation et fait vivre 50 % de la population. Grâce en particulier à la création lors de l'indépendance de la Caisse de stabilisation des matières premières (Caistab), organisme d'État qui assure au million de petits planteurs et aux 3 millions de personnes qui en vivent sur une population de 15 millions d'habitants un prix plancher garanti d'avance en échange de leur totale soumission au régime. Grâce au boom des prix des matières premières des années 1970, elle fut le banquier du Miracle et la caisse noire du régime. En effet, malgré la corruption, le népotisme et l'affairisme des sphères du pouvoir, l'État ivoirien réinvestit une partie de la manne cacaoyère dans l'équipement du pays (routes, écoles, électricité, hôpitaux, bourses étudiantes…), une importante fonction publique et la création de sociétés d'État (transport, télécommunications, énergie, banques…).

Mais la baisse des cours, le choc pétrolier de 1979 et la hausse des taux d'intérêt débouchent en 1981 sur une grave crise financière et politique qui révèle la fragilité des structures mises en place et la totale dépendance des marchés mondiaux.

Tableau 4.8 Les productions mondiale et ivoirienne de cacao (en milliers de tonnes et en %)

	1955	1965	1975	1985	1995	1999	2002
Monde	903	1 231	1 504	1 802	2 543	2 988	2 809
Côte d'Ivoire	72,3	113,8	241	480	809	1 120	1 000
% Côte d'Ivoire/ monde	8 %	9 %	16 %	26,5 %	32 %	38 %	35,5 %
Afrique de l'Ouest	468,1	679,7	714	425	660	685	388
Amérique latine	n.d.	n.d.	387	614	568	507	507
Indonésie/Malaisie	n.d.	n.d.	n.d.	n.d.	455	488	396

La libéralisation de la filière à l'articulation monde/région/nation

C'est dans ce contexte structurel dégradé qu'intervient la libéralisation de la filière cacao (dissolution de la Caistab, prix spot ultra-spéculatifs fixés à la bourse de Londres...) imposée en août 1999 par le FMI et la Banque mondiale (*cf.* chap. 1) au gouvernement alors que la production mondiale ne cesse d'augmenter et que les prix mondiaux s'effondrent. Le revenu paysan s'écroule de 50 % de même que les rentrées fiscales de l'État (– 40 %) dont la dette extérieure explose (125 % PIB) alors que l'instabilité politique s'installe (putsch de décembre 1999). Mais la crise touche toute l'Afrique cacaoyère ayant libéralisé sa filière (Nigeria, Cameroun, Togo).

Ce processus se traduit par un double phénomène. À l'échelle ivoirienne, la libéralisation profite aux transnationales agroalimentaires et du négoce international au détriment des acteurs nationaux : trois chargeurs réalisent 50 % des exportations et sept 80 % dont Sifca (ADM, n° 1 mondial, États-Unis), Cargill (n° 2 mondial, États-Unis), Dafci et Shac (groupe français Bolloré-Rivaud). À l'échelle mondiale, la déstabilisation des filières africaines est telle que ces groupes cherchent à sécuriser leurs approvisionnements en développant les plantations sous d'autres cieux. Barry-Callebault, 1er broyeur mondial, s'installe au Chiapas mexicain alors que l'Association des producteurs américains de chocolat relance les cultures en Amérique latine où, contrairement à l'Afrique, dominent les grandes plantations (Pérou, Panama, St Domingue) et au Viêt-Nam (région de Daklak).

Tableau 4.9 Le commerce mondial du cacao : un système très polarisé (en % mondial)

Exportateurs	% Mondial	Importateurs	% Mondial
Côte d'Ivoire	47,7	États-Unis	19,2
Ghana	14,9	Allemagne	12,6
Indonésie	13,4	Pays-Bas	12,5
Nigeria	6,27	France	8,7
Cameroun	4,6	R-U	7,7
Malaisie	2,92	Benelux	4,1
Total 6 États	89,8	Total 6 États	64,8

Source : CNUCED 2001.

Une très grave crise interne économique, sociale et géopolitique

Les facteurs endogènes et exogènes se combinent pour déboucher sur une grave crise. En effet, le boom cacaoyer a profondément remodelé les dynamiques territoriales en privilégiant l'ouest et le centre du pays où un vaste front pionnier agricole entraîne une déforestation massive (– 75 %) entre 1960 et 2000. Cette logique prédatrice se révèle aujourd'hui explosive en multipliant les conflits fonciers en milieu rural car la terre devient rare alors que la pression démographique s'accroît (5 à 60 hab. km^2) et que les jeunes migrants urbains chassés des villes par le chômage rentrent au pays. Ces défrichements se sont aussi accompagnés de puissants flux migratoires (environ 35 % pop. étrangère au niveau national). Internes avec l'arrivée massive de Baoulés originaires du nord qui renversent les équilibres ethniques traditionnels. Externes avec l'arrivée de dizaines de milliers de migrants burkinabés, maliens ou guinéens s'installant comme petits planteurs ou comme ouvriers agricoles.

Ces tensions régionales trouvent un large écho national avec les tentatives d'un régime aux abois de jouer la carte ethnique en opposant le nord au sud (notion d'« ivoirité »). Dans ce contexte national, la zone cacaoyère a connu de sanglantes chasses à l'homme provoquant la fuite de centaines de milliers de personnes, en particulier burkinabés, alors que la révision du code foncier interdit l'accès à la terre aux non-ivoiriens. Au total, la crise cacaoyère traduit l'essoufflement d'un modèle rentier d'insertion dans la mondialisation et révèle la fragilité d'une construction nationale et territoriale trop longtemps promue comme modèle. Mais le chaos dans lequel se trouve la filière ivoirienne depuis l'éclatement de la guerre civile en septembre 2002 reflète tout autant l'ampleur des détournements financiers massifs au profit des oligarques du régime dont sont victimes les organismes publics d'encadrement comme la Bourse du café-cacao ou le nouveau Fonds de développement (FDPCC). La question de l'État et de ses logiques, développementalistes ou prédatrices, devient une question géopolitique centrale de la mondialisation. Cette problématique se retrouve dans une grande partie de l'Afrique subsaharienne, en Amérique centrale et dans une partie de l'Asie.

Guerre de la Banane : les accords européens sous pression étatsunienne

Répandue dans le monde tropical, la banane constitue une des bases de l'alimentation traditionnelle comme légume (banane plantain) ou fruit. L'étude du système de la banane-fruit est très intéressante car emblématique de la capacité d'une poignée de transnationales à maîtriser un marché et une production au niveau mondial, continental et national. Il convient de souligner les limites de la mondialisation de cette activité, qui représente 15 % du marché mondial des fruits frais, puisque sur une production de 73 millions de tonnes, seulement 20 % sont exportés. Si la consommation domestique domine en Asie (94 % production) et en Afrique (96 %), l'exportation joue un rôle majeur en Amérique centrale (55 %) et du sud (30 %). Le marché mondial est dominé historiquement depuis la fin du XIXe siècle par trois entreprises transnationales américaines (Chiquita, Dole, Del Monte). Mais face à une crise de surproduction structurelle qui pèse sur les prix, leur contrôle de 64 % du commerce mondial leur paraît encore insuffisant. Elles mènent donc une vaste offensive dans le cadre de l'OMC contre les accords internationaux privilégiés signés entre l'Union européenne et des petits États producteurs.

L'offensive américaine contre l'Union européenne

Premier marché (38 %) devant les États-Unis (26 %), l'Union européenne protégeait en effet les intérêts bananiers de ses propres territoires (Madère, Canaries, Antilles) et anciennes colonies (pays ACP de la Convention de Lomé) grâce à des quotas d'importation par zone gérés par l'Organisation commune des marchés

(OCM banane) de l'UE créée en 1992. En 1998, ses approvisionnements provenaient de la Zone dollar (61 %), d'Europe (16 %) et des ACP (16 %). Ce système préférentiel permettait à des structures peu compétitives (faibles places, pentes fortes, émiettement des parcelles entre petits et moyens producteurs...) de survivre économiquement face aux grandes plantations des transnationales américaines.

Mais jugeant ce système préférentiel discriminatoire et insupportable, les firmes américaines, avec l'appui central de leur gouvernement, déclenchent en 1993 la « Guerre de la Banane » devant l'OMC. Après de multiples péripéties (pressions personnelles de B. Clinton sur le Costa Rica et la Colombie, sanctions contre les importations européennes de roquefort ou de parfums...), la Commission de Bruxelles capitule devant les exigences américaines en 2006 en leur ouvrant encore plus largement le marché communautaire.

Tableau 4.10 Coûts de production en 1995 (dollar américain par boîte)

Dominique	St Vincent	Cote d'Ivoire	Colombie	Costa Rica	Équateur
9,37	8,39	8,53	3,64	3,25	2,95

Source : Cirad, www.Bananas.agoranet.be

La puissance des compagnies étatsuniennes en Amérique centrale

Historiquement, Dole Food (ex-Standard Fruit) est fondée en 1851 à Hawaï pour la production d'ananas et de canne à sucre, Del Monte en 1892 en Californie (canne à sucre, fruits) et l'United Fruit Company entre 1871 et 1899. Se diversifiant sectoriellement et géographiquement, elles créèrent à partir de 1898 un système agro-industriel bananier. Il est fondé sur de très vastes plantations qui réorganisent les territoires des petits États (Panama, Costa Rica, Honduras, Guatemala, République dominicaine, Jamaïque...) et sur un modèle d'intégration verticale quasi-complète (plantation, transformation, jus de fruits, conserveries, transports terrestres et maritimes, circuits de distribution). Cette domination fut si féroce et totale qu'on créa alors le terme de « *Républiques bananières* » tandis qu'United Fruit, surnommée « *La Pieuvre* », reprend en 1944 le nom de sa marque commerciale, Chiquita, afin de se refaire une virginité.

Leurs activités en Amérique centrale traversent plusieurs cycles. De 1870 à 1960, le développement est extensif : la faible productivité de la variété « *Gros Michel* » (20 tonnes/hectares) est compensée par un fort déboisement de la forêt primaire. Puis l'adoption de variétés de plus en plus productives mais fragiles (1970-1980 : *Valéry*, 40 à 50 tonnes/hectares, 1980-1990 : « *Gran Enano* », 60 à 80 tonnes/hectare) pose de redoutables problèmes environnementaux du fait de l'utilisation de plus en plus massive de produits phytosanitaires pourtant prohibés aux États-Unis et en Europe. Longtemps cantonnées aux pays riches, les revendications d'un meilleur respect des équilibres agro-environnementaux se diffusent en Amérique centrale.

Cependant, la banane latino-américaine ne représente plus aujourd'hui qu'une partie de leur activité (Dole 35 % des ventes, mais Chiquita 60 %) du fait d'une large diversification à l'échelle du globe. Ainsi, Dole Food est devenu un leader mondial en vendant dans 90 pays des fruits et légumes (citrons, pommes, poires,

Tableau 4.11 Les principaux pays importateurs et exportateurs de banane (millions tonnes et %)

	exportations	% mondial		Importateurs	% mondial
Équateur	4,698	29,5	UE 25	5,628	37,8
Costa Rica	2,016	12,6	dont Allemagne	1,174	7,9
Philippines	1,797	11,3	États Unis	3,861	26
Colombie	1,471	9,2	Japon	1,026	6,9
Guatemala	1,058	6,6	Russie	0,858	5,8
Honduras	0,582	3,7	Canada	0,442	3
Panama	0,398	2,5	Chine	0,381	2,6
Cameroun	0,295	1,9	Argentine	0,303	2
Sous total	12,315	77,3	Sous total	12,499	84
Total mondial	15,938	100	Total mondial	14,873	100

Équateur : État dont la production est sous étroit contrôle des FTN états-uniennes
Source stat : FAO, 2006.

melons, mangues, tomates, brocolis, laitues ou fleurs coupées) produits dans de grandes exploitations modernes et intensives aux États-Unis, en Australie, en Nouvelle-Zélande, en Chine, aux Philippines, en Afrique du Sud, au Chili, au Costa Rica, au Honduras ou au Brésil (*cf.* chapitre 5).

Tableau 4.12 L'oligopole mondial de la banane : les trois géantes étatsuniennes

	Chiquita	Dole	Del Monte
Ventes 2005 en milliard de $	4,5	5,87	2,3
Salariés	25 000	72 000	16 700
Sièges	Cincinnati	Los Angeles	San Francisco

Malgré ces mutations, la production bananière demeure cependant essentielle dans l'économie de l'isthme latino-américain. Au Costa Rica, elle représente 6 % du PIB, 33 % de la production agricole, 12 % des exportations et 170 000 emplois directs et indirects. Surtout, le poids des compagnies demeure considérable. Dole exploite 16 200 hectares au Honduras, au Guatemala et au Nicaragua alors qu'au Panama, Chiquita emploie 40 % de la main d'œuvre agricole permanente. Si parfois elles se sont partiellement dégagées du contrôle direct du foncier – comme au Guatemala après la révolution de 1954 où Chiquita et Dole n'exploitent plus que 17 000 hectares, leur mainmise s'exerce par la maîtrise quasi-complète du transport et de la commercialisation. Ainsi au Panama, si Chiquita ne dispose plus que de deux plantations (4 000 hectares) face à deux regroupements de producteurs indépendants (Cafco : 800 hectares, AB 2 200 hectares), elle y assure toujours 82 % des exportations. Au Honduras, Chiquita utilise de nombreux prête-noms afin de contourner la législation limitant le contrôle des terres agricoles par les étrangers. Mais elles doivent cependant de plus en plus tenir compte des luttes sociales du prolétariat agricole. Alors qu'en 1998, la production guatémaltèque recule d'un quart du fait des grèves, la Coordination des Syndicats bananiers d'Amérique latine tente d'unifier les revendications (salaires, conditions de travail, reconnaissance des syndicats, application des Conventions internationales de l'OIT...).

La conquête de l'Afrique : adaptation et contournement de l'Europe

Comme toutes les transnationales, les firmes bananières réalisent un certain nombre d'arbitrages géographiques. Face aux mutations des conditions d'exploitation en Amérique centrale, elles cherchent à pénétrer de nouveaux marchés et investissent aux Philippines pour répondre à la hausse du marché asiatique, en Afrique et dans les territoires européens (DOM et Canaries avec Chiquita Coslo) pour encore mieux pénétrer l'Europe. Elles contrôlent ainsi 60 % de la production ivoirienne (1er exportateur ACP) *via* des entreprises locales (Dole/Cie fruitière de Marseille et de Chiquita/Banadur). En rachetant à Bolloré en 1997 les plantations de bananes et d'ananas du groupe Rivaud, Dole en profite pour refondre complètement les modes de commercialisation traditionnels au détriment des petits et moyens producteurs camerounais et ivoiriens. Paradoxalement, ces opérations leur permettent d'accéder aux subventions versées par les contribuables européens au « Fonds européen de modernisation des plantations bananières » qui aidait les pays ACP à se moderniser. Ces aides européennes permettraient ainsi à Dole de baisser ses coûts de production africains de 15 % et de les ramener à un niveau équivalent à ceux d'Amérique centrale.

La drogue : le 1er marché agricole mondial

Ces dernières décennies la production agricole qui a sans doute le plus augmenté en volume et en valeur, qui a le plus mondialisé ses flux et a eu les impacts socio-économiques et territoriaux les plus considérables est la culture des plantes fournissant la drogue comme le soulignent les études de l'Observatoire géopolitique des drogues (OGD). Ce secteur est devenu un enjeu géoéconomique et géopolitique considérable, en particulier à travers l'émergence de pouvoirs criminels de plus en plus influents et la question centrale du blanchiment des capitaux issus de la production et surtout du négoce.

Ce dynamisme s'explique fondamentalement par l'état dramatique de certaines paysanneries et espaces ruraux du Tiers-monde, le mode d'organisation du marché, la stratégie des acteurs et le profond déséquilibre des rapports entre l'offre, globalement au Sud, et la demande, globalement au Nord donc très solvable (environ 200 millions de personnes selon l'ONU, en 2000), qui expliquent la rentabilité exceptionnelle de cette activité. Ces dernières années, l'Afghanistan et le Myanmar réaliseraient 90 % de la production mondiale d'opium, la Colombie, le Pérou et la Bolivie l'essentiel de la coca et de la cocaïne alors que la production de cannabis est plus diffuse (67 à 120 pays).

Culture, survie et échange inégal : un terrible engrenage

Même si les produits traditionnels (héroïne, cocaïne, cannabis avec marijuana ou hachisch, qat...) sont concurrencés par de nouvelles drogues de synthèse (ecstasy, amphétamines), ceux-ci connaissent ces dix dernières années une forte croissance.

On estime que le trafic de stupéfiants représente 4 % du PNB mondial ou 8 % de la valeur des échanges mondiaux (égal au pétrole ou au gaz). Malgré les prix d'achat souvent faibles payés aux producteurs locaux, ces cultures demeurent une des rares productions permettant de dégager un surplus pour vivre. Ainsi en Afrique, un demi-hectare de cannabis rapporterait autant que trente hectares de cacao. Dans le Chaparé bolivien, le programme Coca Cero – s'il a détruit en 1998 34 000 hectares de coca – prive de leur unique ressource solvable 300 000 personnes déjà chassées des mines de l'Altiplano lors de l'effondrement en 1985 des cours de l'étain (25 000 mineurs) du fait de la découverte et de la mise en exploitation de gisements bien plus accessibles et rentables au Brésil. Quand la production de drogue est une question de survie pour des millions de paysans, comment s'étonner de l'échec comme par exemple en Amérique latine, des programmes d'arrachage et de substitution financés par le PNUCID (Programme des Nations Unies contre les drogues) ou des opérations de défoliation menées par les États-Unis, en Colombie. Les paysans boliviens qui avaient investi depuis 1996 dans la banane, l'ananas ou la maracuya ont vu leurs prix fixés par le marché mondial s'effondrer.

En effet, dans le Tiers-monde (Afghanistan, Asie centrale, Turquie…), les zones de culture sont souvent localisées dans les régions périphériques et montagneuses parfois utilisées comme refuge par des ethnies minoritaires ou des mouvements de guérilla qui ainsi se financent (Colombie, Triangle d'Or en Birmanie/Thaïlande/Laos, Iran, Kurdistan, Liban…). Dans le Rif marocain, les 134 000 hectares de cannabis, occupant 25 % de la surface agricole utile, représentent 10 milliards d'euros de chiffre d'affaires annuel faisant vivre 800 000 personnes, soit les deux tiers de la population rurale.

Mondialisation, criminalité et blanchiment

L'énormité des capitaux en jeu explique que la culture, la transformation et le trafic sont contrôlés par de puissantes organisations criminelles qui nouent des alliances : Triades chinoises, Cartels colombiens, Cartels mexicains de Juarez, Tijuana ou du Golfe du Mexique, Yakusa japonais, Mafias américaine, italienne, russe ou albanaise. On assiste parfois à la déliquescence complète de certains États et constructions nationales à travers la constitution de monopoles territoriaux tenus par des milices armées et à une généralisation de la corruption des appareils étatiques (douanes, police, armées), souvent même au plus haut niveau, en particulier dans les pays-escales pour la transformation ou le transit (micro-États antillais insulaires, Panama, Mexique, Brésil…).

Mais ces activités criminelles ne peuvent se développer que si elles parviennent à blanchir et à réinvestir ces capitaux dans le système financier officiel. La mondialisation de la sphère financière leur a été bénéfique grâce à l'utilisation des paradis fiscaux, l'opacité des réseaux et la complicité plus ou moins bienveillante du système bancaire international (*cf* chap. 1). Le système de coopération mis en place par les pays développés à travers le GAFI (Groupe d'action financière internationale) afin de lutter contre le blanchiment réclame moyens et volonté politique. En 1995, la tentative américaine de geler les actifs financiers du cartel de Cali aux États-Unis entraîna leur immédiat transfert vers les places financières de Londres, Tokyo et Francfort. Libéralisation des marchés et criminalisation font en effet bon ménage.

La pêche et l'agriculture intensive entre marché mondial et développement durable

La pêche entre marché et gestion d'une ressource renouvelable

Si dès le Moyen Âge le poisson fumé ou salé est l'objet d'échanges internationaux ou si dès l'Époque moderne la Grande Pêche devient une spécialité de certaines régions atlantiques, la question posée aujourd'hui par la mondialisation de cette activité est simple : la surpêche menace tout simplement la reconstitution des réserves halieutiques du fait d'une logique globalement prédatrice à court terme des acteurs internationaux de la filière. Cette situation oblige à réfléchir à une gestion plus raisonnée, coordonnée et régulée dans le cadre de la promotion d'un développement durable à l'échelle mondiale tout en rééquilibrant les rapports Nord/Sud particulièrement brutaux et injustes dans cette activité.

Le paradoxe de la Planète bleue

Si les mers et les océans couvrent 71 % du globe, cette immensité ne doit pas masquer des ressources halieutiques globalement limitées et géographiquement concentrées du fait de facteurs physiques (T°, lumière, profondeur), chimiques (sels nutritifs) ou biologiques (planctons) qui définissent la zone épipélagique où s'effectue l'essentiel des prises. Les zones d'*upwelling*, remontée d'eaux froides riches en sels minéraux qui favorisent la prolifération planctonique, sont peu nombreuses (Pérou/Chili, Afrique australe comme la Namibie). Au total les plates-formes continentales, qui représentent 10 % de la surface des mers, fournissent 90 % de la production mondiale du fait de leurs rendements élevés.

Pourtant, l'exploitation de ces ressources représente des enjeux considérables. Enjeux sociaux avec 40 millions d'emplois et 200 millions de personnes en vivant directement et indirectement. Enjeux économiques et financiers : environ 90 milliards de dollars de revenus. Enjeux alimentaires : la mer fournit 15 % de la consommation mondiale de protéines animales.

Prélèvements et inquiétant épuisement des ressources

L'augmentation démographique au Sud et la hausse des niveaux de vie au Nord ainsi que les mutations techniques (chaînes du froid, transformation, transport par avions…) et économiques de la filière entraînent une telle explosion des prélèvements qu'ils sont sensiblement supérieurs à la régénération des disponibilités : 70 % des stocks mondiaux sont soit épuisés soit aux limites de la surexploitation. C'est pourquoi la FAO propose de réduire les capacités de la pêche mondiale d'au moins 30 % pendant dix ans. Pendant longtemps, la seule réponse apportée à l'épuisement des meilleures zones de pêche jouxtant les grands marchés de consommation de l'hémisphère nord (États-Unis, Europe, Japon) a été de glisser vers les zones chaudes intertropicales puis, de plus en plus, vers les régions australes, tempérées ou froides alors que la férocité de la compétition se traduit par la multiplication des conflits depuis les années 1980.

Deux logiques s'affrontent. D'un côté, les États côtiers (Chili, Canada, Pérou, Argentine, Norvège, Suède, Maroc, Namibie…) veulent contrôler les ressources appartenant ou jouxtant leurs Zones Économiques Exclusives (ZEE) où sont réali-

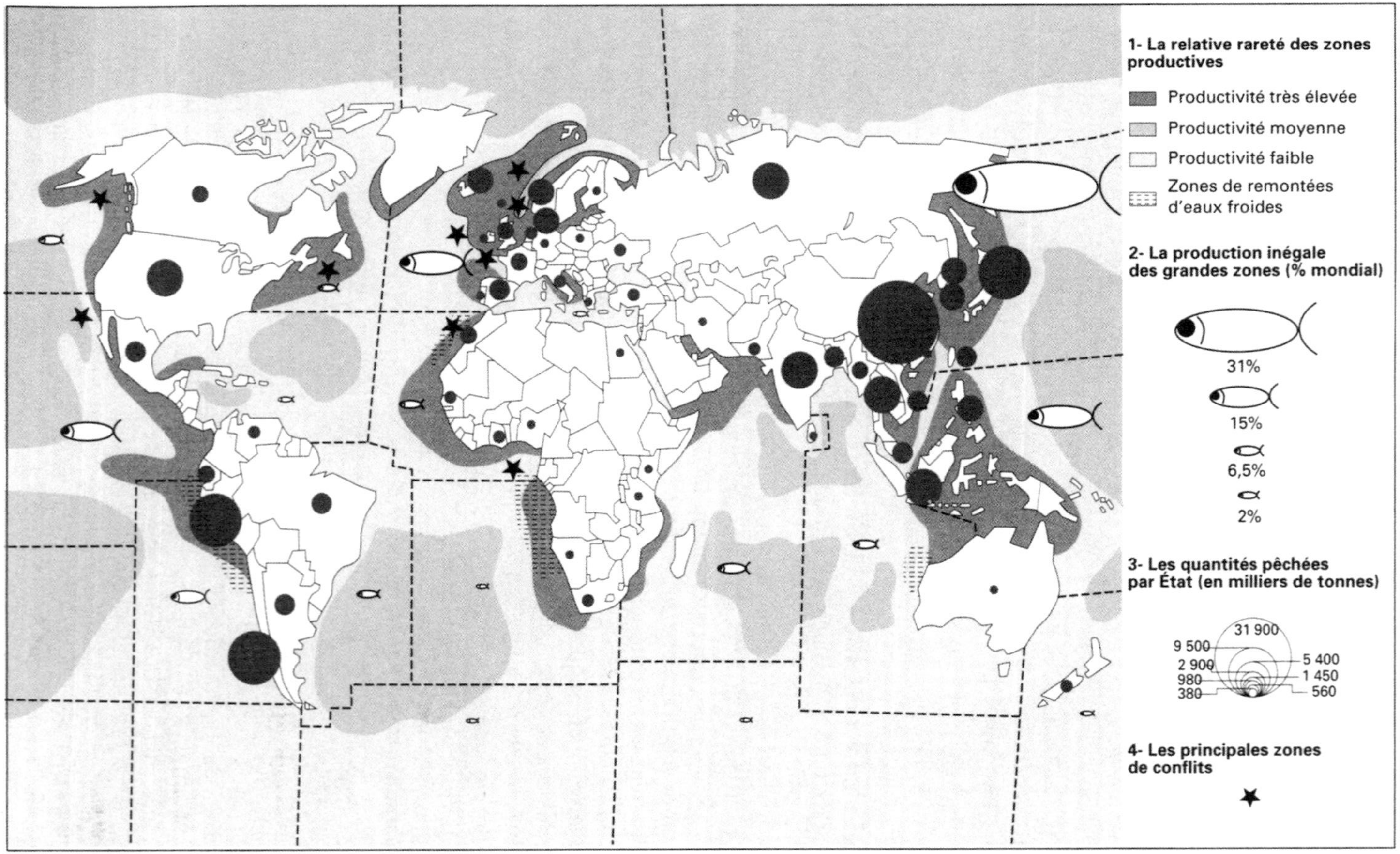

Figure 4.2 La pêche dans le monde : la mondialisation d'une logique de plus en plus prédatrice

sées 90 % des prises mondiales. Dans le Tiers-monde, cette reconnaissance reste encore bien théorique dans la mesure où les États ne disposent pas des moyens de contrôle effectif de leurs zones. De l'autre, les États Pêcheurs, disposant de puissantes flottes (Union. européenne, Japon, Chine, Corée du Sud), veulent accéder aux ressources existantes.

Dans la pêche océanique, l'océan Pacifique fournit 60 % des prises mondiales largement devant l'Atlantique (28 %) et l'océan indien (12 %), en pleine croissance.

Tableau 4.13 L'augmentation des prises mondiales et de l'aquaculture (milliers de tonnes)

	1938	1950	1960	1970	1980	1990	2000	2003
Total	?	19 828	36 712	67 400	76 074	103 271	142 494	146 274
– dont pêche	27 100	19 190	34 684	63 874	68 725	86 479	94 035	91 488
– dont aquaculture	n.s.	638	2 028	3 526	7 349	16 792	48 459	54 186
% aquaculture/ total	n.s.	3,2	5,5	5,2	9,6	16,2	34	37

Source : FAO, 2007.

Évolutions technologiques et marché mondial

À la ligne de fracture États côtiers/États pêcheurs se superpose au sein des États pêcheurs une nette césure Nord-Sud du fait de la juxtaposition de deux systèmes socio-économiques et techniques souvent concurrents. La productivité est de 0,8 tonne par pêcheur par an en Inde du fait de structures artisanales contre 330 en Islande grâce à l'utilisation de technologies sophistiquées. Si 95 % des pêcheurs vivent dans le Tiers-monde, seulement 1 % des bateaux réalise la moitié de la pêche mondiale grâce à des navires-usines ultra performants dont la rentabilité repose sur des prélèvements massifs et des campagnes très longues.

Si les échanges mondiaux sont multipliés par vingt en 25 ans, les pays développés polarisent 85 % des importations dans un marché de plus en plus ouvert, libéralisé et ultra concurrentiel du fait d'importations massives et à bas prix des PVD. Mais seulement la moitié des volumes pêchés est directement destinée à l'alimentation humaine du fait soit du rejet en mer des espèces jugées non commercialisables égales à un tiers des quantités débarquées, soit de la transformation en farines de poissons pour l'alimentation du bétail et l'aquaculture. Grâce au courant d'Humboldt, Pérou et Chili fournissent la moitié de la production mondiale de farines et d'huiles.

Face à cette impasse, certaines évolutions se dessinent grâce, en particulier, à l'action de l'ONU et de la FAO : interdictions temporaires de pêche (Pérou, Canada, États-Unis...), réductions de quotas (Union européenne). Mais la Convention internationale de l'ONU adoptée en 1995 pour préserver les stocks n'est toujours pas ratifiée par un nombre d'États suffisant pour entrer en application. Pourtant de nombreuses propositions existent : meilleur contrôle des ressources, réduction des prélèvements, interdiction de certaines techniques dévastatrices, réglementation des régimes d'accès, régulation du marché mondial qui met en concurrence sauvage les coûts salariaux des pêcheurs grâce à la révolution des transports et de la chaîne du froid, promotion d'une gestion internationale plus solidaire... Ces démarches constituent une véritable rupture de civilisation face à une mondialisation dévastatrice : il s'agit de concevoir l'océan comme un patrimoine mondial, vital mais vulnérable et menacé par les excès du marché.

Dans ce cadre, la très forte croissance de l'aquaculture littorale ne doit pas faire illusion quant au caractère durable de cette alternative : une grande partie des protéines servant de base à l'alimentation est issue des prises de pleine mer et dans de nombreux pays de la zone intertropicale (Thaïlande, Honduras, Madagascar...) son développement intensif se traduit par de nombreux déséquilibres environnementaux, en particulier à travers le recul des mangroves littorales.

Agricultures intensives, concurrence mondiale et environnement

Marché, intensifications agricoles et gestion environnementale

La mondialisation du marché des productions agricoles s'accompagne ces vingt dernières années à la fois d'une hausse d'un tiers de la valeur des exportations, du poids croissant des principaux exportateurs et de conflits commerciaux de plus en plus durs entre trois pôles aux agricultures productivistes : les États-Unis et l'Union européenne, qui subventionnent largement leurs producteurs, et le groupe de Cairn, composé de grandes puissances agricoles très libérales. Orientées vers un marché mondial très concurrentiel, leurs exportations déstabilisent les systèmes agricoles les moins compétitifs, en particulier dans les États les plus fragiles où certaines agricultures vivrières s'effondrent face aux importations subventionnées à bas prix (Afrique sub-saharienne...).

Mais ce processus produit ses propres limites économiques (surproductions, gaspillages, surcoûts, domination d'un vaste complexe agro-industriel), territoriales (déséquilibres), éthiques et environnementales (pollutions et atteintes à l'environnement...) dans les États mêmes qui le mettent en œuvre. La productivité agricole explose du fait de l'intensification technologique (engrais, sélection des semences et des cheptels, utilisation des insecticides, fongicides, pesticides, herbicides...), des mutations techniques (mécanisation, motorisation) et de la forte réduction des actifs. Mais si le revenu global agricole augmente, une grande partie des gains échappe à l'agriculture et aux agriculteurs au profit des secteurs amont et aval ou des banques du fait de l'endettement et de l'importance des consommations intermédiaires. Ces impasses obligent à repenser l'avenir de l'agriculture mondiale dans un cadre plus économe, efficace, durable et solidaire.

Les pollutions des eaux et des sols : l'exemple de l'impasse bretonne

La forte croissance d'un modèle hyper productiviste directement branché sur le marché mondial entraîne dans les régions concernées des pays développés, où les subventions permettent aux exploitants de vendre à bas prix leurs excédents aux pays pauvres, ou dans certains pays du Tiers-monde (fronts pionniers agricoles du Brésil, de Thaïlande, d'Indonésie) des dégâts environnementaux de plus en plus inquiétants. Ainsi en Europe occidentale, l'agriculture est devenue la première consommatrice, du fait du développement de l'irrigation, et le premier pollueur des eaux de surfaces et des sols. En France, 3 % seulement des rivières restent pures alors que 25 millions de français boivent une eau non conforme aux normes européennes. La question de la restauration environnementale et de la préservation des écosystèmes devient un enjeu d'avenir pour l'ensemble de la planète.

Tableau 4.14 Les principaux exportateurs agricoles mondiaux : le conflit Union européenne/ États-Unis/ groupe de Cairn

États	**valeur export (millions de dollars)**	**% croissance 1990/2005**	**% agriculture/ exportations**
UE à 25	84 056*	n.s.	7,1
États-Unis	82 674	+ 39	9,1
Canada	41 178	+ 84	12,6
Brésil	35 039	+ 258	28,1
Chine	28 711	+ 185	6,6
Australie	21 209	+ 82	25,7
Argentine	19 182	+ 156	47,9
Thaïlande	17 816	+ 129	17,7
Nouvelle-Zélande	13 006	+ 118	57,6
Chili	10 098	+ 263	33,3

* exportations extra-communautaires seulement, OMC, 2007.

À ceci s'ajoute que ces structures économiques et territoriales ultra spécialisées s'avèrent des plus fragiles lors des retournements des marchés. Ainsi, l'agriculture bretonne, qui regroupe sur 5 % du territoire, 25 % de la production nationale de viande, 55 % du cheptel porcin, 48 % des œufs et 46 % des poulets grâce aux élevages hors sols, a été trop longtemps présentée comme un modèle de modernité avant d'entrer en crise profonde. Elle se trouve contrainte de négocier une reconversion stratégique du fait d'une surproduction communautaire structurelle, de la forte concurrence des États-Unis et de la perte de certains marchés à l'exportation (Pays arabes, Russie) alors que certaines de ses firmes mondialisent leurs activités. Le groupe Doux rachète au Brésil l'entreprise Frangosoul (4 900 employés et 2 650 éleveurs intégrés) pour produire et exporter sans contrainte vers le Proche-Orient. Devenue emblématique des impasses d'un système ultra productiviste et taylorien, l'agro-industrie bretonne symbolise enfin de plus en plus aux yeux de nombreux consommateurs la mal-bouffe industrialisée déversée par les grandes centrales d'achat de la distribution dans le réseau des grandes surfaces quadrillant le pays. Au total, alors que les agricultures du Nord connaissent crises de surproduction et dégradations de l'environnement, les agricultures paysannes du Sud sont prises au piège de l'ouverture de leurs marchés ; le tout s'accompagnant d'une destruction des équilibres sociaux et environnementaux.

Les mutations de l'industrie manufacturière : croissance, diffusion, selectivité

Un des facteurs essentiels des recompositions spatiales de l'activité industrielle réside dans les profondes transformations apportées par la mondialisation depuis plusieurs décennies. Sa croissance et sa diffusion géographique, loin d'homogénéiser les différents systèmes productifs, reposent sur des logiques territoriales sélectives conditionnées par les facteurs sociaux, géoéconomiques et politiques se déployant encore prioritairement dans des cadres nationaux.

L'activité industrielle : forte croissance et diffusion géographique

Une activité en forte croissance qui se diffuse inégalement

Contrairement à une idée trop courante, l'activité industrielle mondiale connaît une croissance forte et continue ce dernier demi-siècle. Tout simplement parce qu'elle est au cœur du développement économique et social et qu'elle répond à des besoins énormes encore très largement non satisfaits. Entre 1950 et 1999, la production augmente de 109 % et ses exportations de 177 %, les produits manufacturés jouant un rôle central dans le commerce mondial. Ce processus s'amplifie récemment puisqu'entre 1980 et 2005, la valeur de la production mondiale double : en aucun cas on ne peut donc parler de désindustrialisation malgré les profonds changements qualitatifs affectant les systèmes productifs, en particulier dans les pays développés. Mais ce grand dynamisme est géographiquement ultrasélectif et s'inscrit largement à la fois dans les logiques de développement endogènes des États et dans leurs choix d'insertion dans la division internationale du travail fondant la mondialisation. La redistribution spatiale des activités productives laisse apparaître plusieurs clivages et lignes de fractures : en 25 ans, soixante-douze États polarisent 98 % de la croissance industrielle mondiale pour aboutir au fait qu'une centaine d'États seulement en réalise la quasi-totalité.

L'écart Nord/Sud, profond et ancien puisque né des deux Révolutions industrielles, se maintient. Non seulement les pays développés ne connaissent pas de processus de désindustrialisation, mais leurs capacités à maîtriser les segments et les fonctions les plus modernes et innovantes de leur activité leurs permettent de renforcer leur avantage comparatif et leur domination sur le reste du monde. L'OCDE réalise 75 % de la production manufacturière mondiale et polarise environ 90 % des services périproductifs grâce en particulier au potentiel scientifique et technologique. Malgré certaines crises sectorielles ou régionales, la valeur et les volumes produits n'ont jamais été aussi considérables. Cependant, les modes d'organisation techniques et les échelles géographiques de la production s'y sont profondément transformées (*cf.* cartes 4.3 et 4.4).

La nette diffusion géographique de l'industrie touche inégalement les régions du monde pour des raisons d'ordre économique (niveaux de développement), politique (fermeture et protection des États ou régions), démographique (fragmentation et faiblesse des marchés), logistique (éloignement, inaccessibilité) ou sociaux (insolvabilité, pauvreté). Dans les Pays en développement, qui réalisent 25 % de la production mondiale, perdurent massivement artisanat, activités proto-industrielles et PME familiales dans le cadre de logiques visant d'abord à la survie. On assiste à une hétérogénéité croissante des espaces périphériques du fait de leurs degrés et de leurs modalités d'insertion différencié dans la mondialisation. On voit ainsi se dessiner des semi-périphéries intégrées plus ou moins autonomes (pays d'Europe de l'Est et méditerranéens, Brésil, Mexique, Inde, Asie du Sud-est) selon les stratégies publiques mises en place. Dans cet ensemble fonctionnel, la grande nouveauté réside dans la très forte montée de l'Asie de l'Est qui polarise à elle seule 44 % de la croissance industrielle mondiale sur vingt-cinq ans grâce essentiellement à l'ouverture et à la modernisation de l'immense Chine, dont la production industrielle dépasse aujourd'hui celle du Japon, et à la construction d'un système productif régional de plus en plus intégré entre Japon, Dragons, nouveaux pays émergents et Chine. On voit ensuite apparaître des semi-périphéries en cours d'intégration sur des bases nouvelles comme une partie de l'Amérique centrale à travers la diffusion du modèle mexicain de maquiladoras(*cf.* chapitre 6) ou certains pays du Golfe persique grâce à la rente pétrolière. Enfin, de vastes zones périphériques demeurent marginalisées (Afrique sub-saharienne, Asie centrale et en partie du Sud, une partie des pays arabes).

Tableau 4.15 Quinze ans d'évolution spatiale de la production manufacturière : la montée de l'Asie de l'Est (millions de dollars constants 1990 et %)

	1980	**2005**	**% 1980**	**% 2005**	**dif. volumes**	**dif. %**	**% croissance mondiale**
Monde	3 313 203	6 679 689	100	100	3 366 486	101,6	100
Asie	778 469	2 679 598	23,5	40,1	1 901 129	244	56,5
Amérique	1 157 024	2 050 264	34,9	30,7	893 240	77	26,5
Europe	1 327 109	1 849 891	40,1	27,7	522 782	39,4	15,5
Afrique	50 602	99 937	1,5	1,5	49 335	97,5	1,5
Dont sous régions							
Asie de l'Est	624 395	2 096 121	18,8	31,4	1 471 726	235,7	43,7
Amérique Nord	896 987	1 657 556	27,1	24,8	760 569	84,8	22,6
Europe Ouest	682 398	984 557	20,6	14,7	302 159	44,3	9
Europe du Sud	318 927	449 727	9,6	6,7	130 800	41	3,9
Amérique du Sud	199 666	284 244	6	4,3	84 578	42	2,5
Asie du Sud	39 542	202 015	1,2	3	162 473	411	4,8
Europe de l'Est	62 647	199 427	1,9	3	136 780	218	4,1
Asie du Sud-Est	36 182	196 980	1,1	2,9	160 798	444,5	4,8
Asie occidentale	35 448	122 354	1,1	1,8	86 906	245	2,6
Amérique centrale	45 474	77 603	1,4	1,2	32 129	70,6	1

Source : Banque mondiale, 2007.

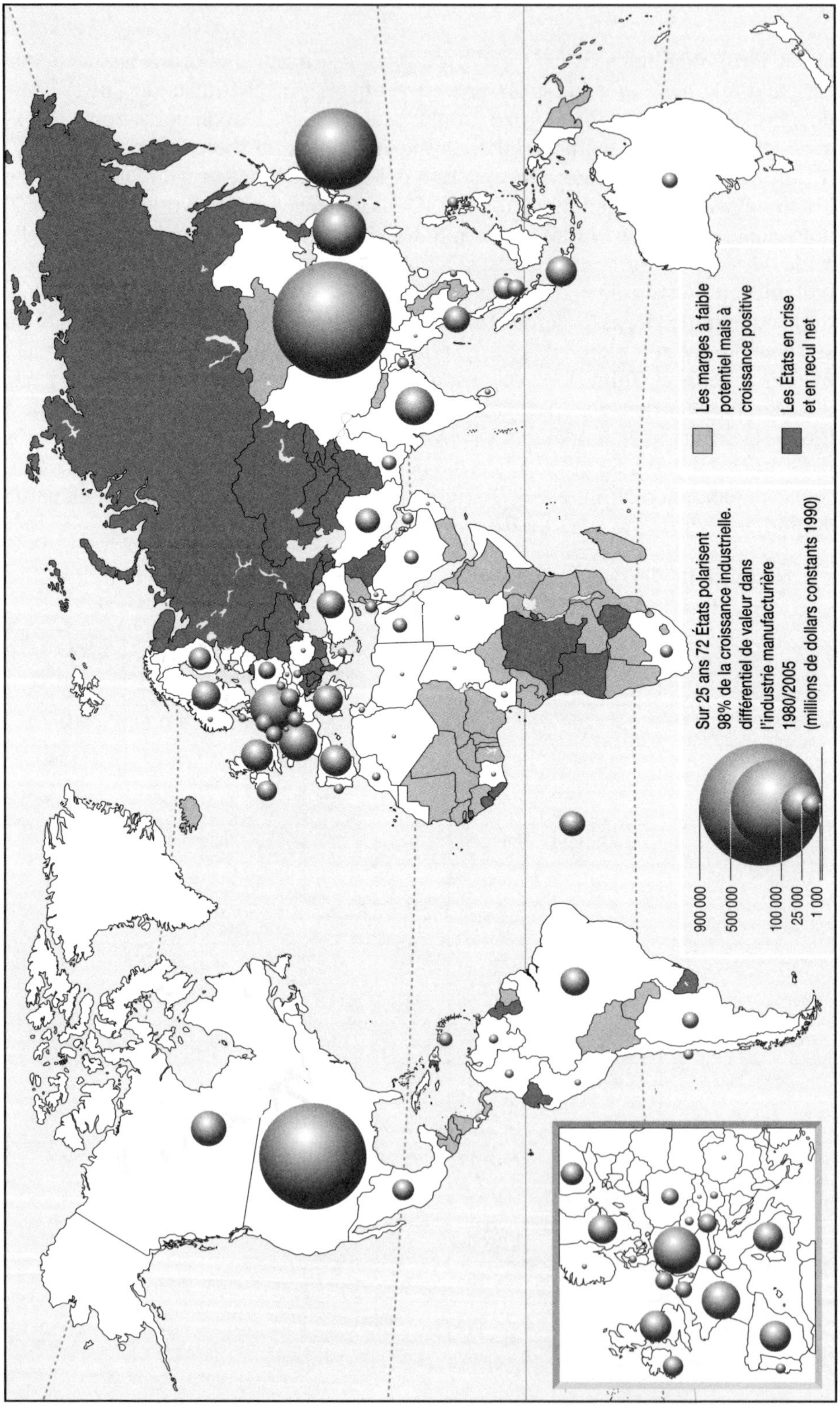

Figure 4.3 La dynamique du système industriel mondial (1980/2005)

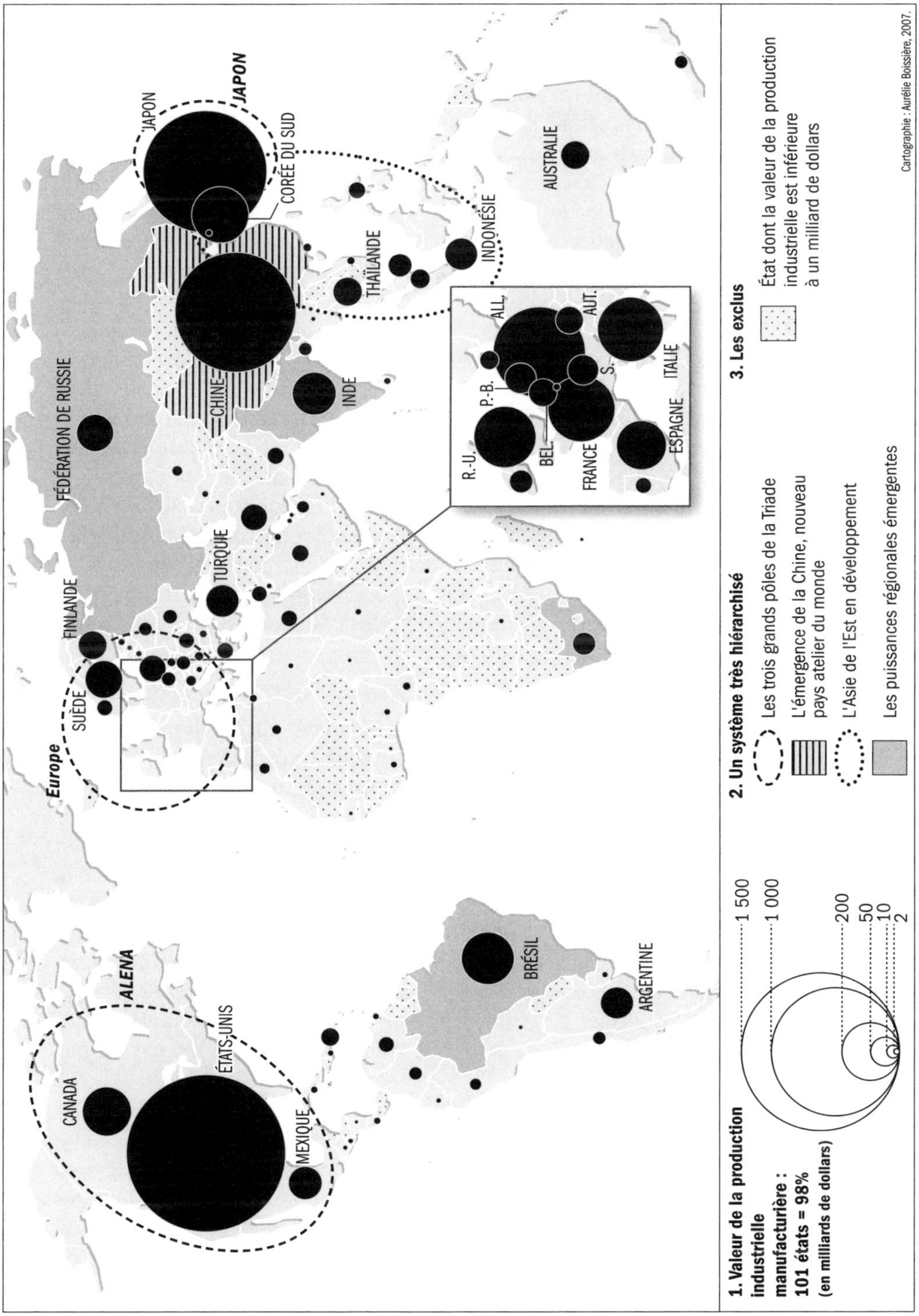

Figure 4.4 Le système industriel mondial en 2005

La profonde transformation productive des pays développés

Dans cet espace, on assiste à de profondes recompositions sectorielles, sociales et fonctionnelles. Le charbon, énergie emblématique de la Première Révolution industrielle, s'effondre devant les importations des PVD et les réorientations vers les hydrocarbures et le nucléaire alors que le textile-habillement est largement délocalisé. Par contre, les biens d'équipements, les biens de consommation durable à haute valeur ajoutée et les produits et services de hautes technologies (télécommunication, aéronautique, informatique, logiciels, pharmacie...) demeurent créateurs d'emplois et de richesses comme le souligne la spécialisation des États-Unis dans les produits les plus élaborés et les services productifs et périproductifs les plus qualifiés.

Ces processus sectoriels s'articulent à une mutation encore plus considérable des différentes fonctions productives et des qualifications socioprofessionnelles. Les salariés des fonctions concrètes, en particulier les moins qualifiés, reculent fortement au profit des salariés des fonctions abstraites de production et des activités périproductives amont et aval. En effet, alors que l'innovation mobilise de plus en plus de chercheurs, ingénieurs et techniciens, l'automatisation bouleverse le monde ouvrier. La mutation des modes de production et l'internationalisation des firmes renforcent les fonctions d'organisation, de gestion et de coordination et les transports. Enfin, la concurrence dope les fonctions commerciales et publicitaires alors que la complexification croissante du cadre économique général exige de nouvelles compétences (cabinets juridiques, d'audit, comptabilité, sociétés informatiques...).

Les espaces en crise

Si ces dynamiques transforment les structures et polarisations géographiques, un classement selon une logique bipolaire espaces attractifs/espaces répulsifs ne rend que partiellement compte de la diversité des itinéraires régionaux. Même dans les vieilles régions industrielles ou les espaces périphériques, certains réussissent leur conversion comme l'Écosse, la Ruhr ou l'Irlande (*cf.* chap. 5). Il n'y a en effet aucun déterminisme géographique au déclin. Les crises structurelles sont dues à la fois aux degrés de spécialisation sectorielle et fonctionnelle et aux stratégies de développement des acteurs locaux et nationaux. La construction de monopoles territoriaux par de grandes firmes s'avère souvent catastrophique comme dans la Lorraine ou la Rust Belt américaine de l'acier, certains bassins charbonniers ou la Normandie rurale de Moulinex (*cf.* carte 4.5) alors que les structures tayloriennes constituées durant les Trente Glorieuses sont concurrencées par les pays à bas salaires du fait des délocalisations.

À l'opposé, on assiste à la nette valorisation de certains espaces littoraux par les pôles industrialo-portuaires et au dynamisme de nœuds logistiques dans le cadre de la mondialisation. Mais surtout, le facteur essentiel de recomposition tient au rôle central joué par les très grandes villes – ou métropoles – qui cumulent des avantages comparatifs incontestables (taille, dynamisme, diversité et qualité du marché du travail, des équipements et du système productif). C'est ce que l'on appelle le processus de métropolisation qui valorise les réseaux urbains les plus denses et interconnectés.

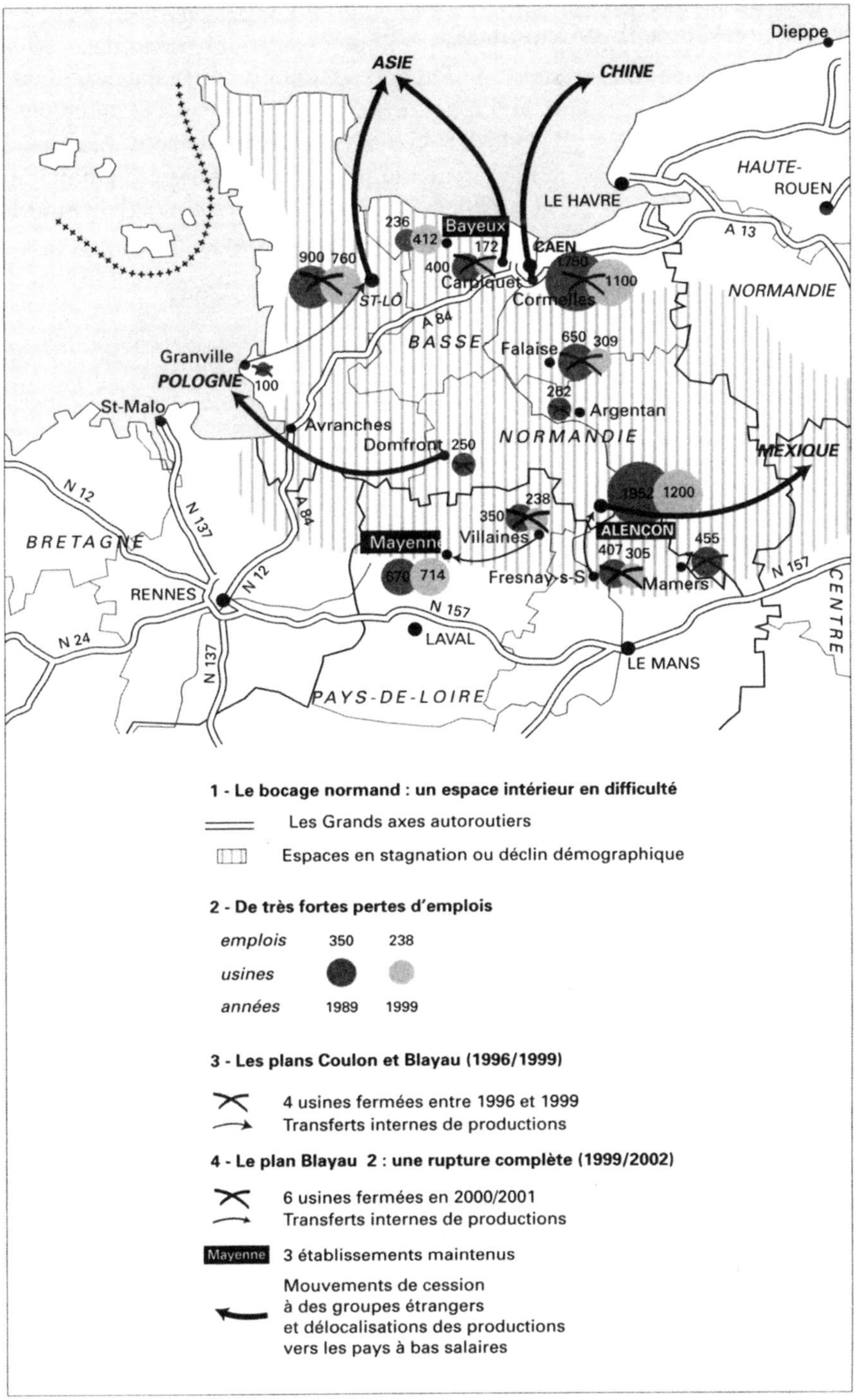

Figure 4.5 Moulinex en Normandie : l'effondrement d'un monopole taylorien face à la concurrence et aux délocalisations

À propos du taylorisme : une question d'échelle géographique

Ces profondes mutations du schéma productif se traduisent par l'apparition d'une large thématique portant sur la fin du taylorisme. Si elle reflète une partie des réalités des pays développés, il convient de souligner qu'à l'échelle mondiale, on assiste au contraire à une extrême vitalité du processus taylorien. En effet, jamais historiquement, la mobilisation par des structures socio-économiques et industrielles tayloriennes de millions d'ouvriers non qualifiés au travail répétitif et peu payé n'a été aussi considérable, y compris dans ses formes les plus sauvages (travail des enfants, bagnes industriels, surexploitation...).

Grâce aux progrès des transports et à l'internationalisation des transnationales, la division internationale du travail diffuse géographiquement l'emploi industriel non qualifié mais selon des logiques hiérarchisées. Après avoir été une des composantes du décollage économique et industriel des Nouveaux pays industrialisés d'Asie dans les années 1960-1970, il intègre aujourd'hui les Pays émergents d'Asie du sud-est, la Chine littorale, le Mexique et l'Amérique centrale, l'Europe de l'Est en transition et une partie du Bassin méditerranéen. L'intégration au système productif mondial y prend des aspects très différents (délocalisations directes d'activités, sous-traitance, simples achats...) et concerne d'abord les segments industriels banalisés avant de s'étendre à certaines activités abstraites (logiciels informatiques...).

Mais selon l'OIT, l'ouverture progressive de pays comme l'Inde, la Chine et les pays de l'Est en transition a profondément bouleversé l'offre de travail sur le marché mondial qui est passée de 1,5 milliard à 3 milliards d'actifs. L'irruption de cette main d'œuvre à bas coûts salariaux, malgré d'énormes différentiels de productivité, corrélée à la hausse du commerce mondial et aux stratégies des firmes transnationales, s'est traduite dans les pays du Nord par des transferts productifs touchant – pour l'instant – essentiellement les emplois peu ou pas qualifiés de l'industrie et des services et, surtout, par une énorme pression sur les salaires. Ceci se traduit en particulier dans les dix pays les plus riches par le sensible recul des salaires dans la valeur ajoutée qui tombe de 63 % à 58 % entre 1975 et 2005. C'est pourquoi face à la mise en concurrence sauvage des salariés, le droit à un travail dans la dignité et justement rémunéré demeure un enjeu central de civilisation, comme en témoignent d'ailleurs les très fortes tensions sociales que connaissent certains pays du Sud comme le Bangladesh ou la Chine.

Tableau 4.16 Évolution de l'emploi dans l'industrie manufacturière : l'envolée chinoise (millions)

	Japon	**États-Unis**	**Union européenne à 15**	**Chine**
1960	12,7	20,6	50,3	23,1
2004	18	27,8	44,5	169,2

La géographie de l'innovation et de la recherche-développement

La recherche : un monopole des pays les plus développés

L'étroit contrôle de la production, de la diffusion et de l'utilisation des connaissances, des sciences et techniques et des technologies est un invariant fondant les équilibres des rapports de forces géopolitiques, stratégiques et géoéconomiques des mondialisations comme l'illustre – à travers la géographie des Prix Nobel depuis 1901 – la maîtrise par les plus grandes puissances de la recherche fondamentale.

Tableau 4.17 Les territoires de la recherche fondamentale : les Prix Nobel scientifique (1901/2005, cumul et %)

TOTAL	545	100	Italie	8	1,5
États-Unis	220	40,4	Belgique	6	1,1
Allemagne	74	13,6	Australie	6	1,1
Royaume-Uni	72	13,2	Canada	5	0,9
France	34	6,2	12 autres pays occid.	20	4
Suède	16	2,9	Argentine	3	0,6
Russie/Ex URSS	16	2,9	Chine	2	0,4
Suisse	15	2,8	Afrique du Sud	2	0,4
Pays-Bas	13	2,4	Pakistan	1	0,2
Japon	11	2	Indonésie	1	0,2
Danemark	9	1,7	Inde	1	0,2
Autriche	9	1,7	Égypte	1	0,2

N.B. : Prix Nobel scientifiques et Médaille Field en mathématique.

Facteur d'efficacité, de compétitivité et de domination, en particulier à travers la maîtrise des technologies militaires, la recherche-développement et sa géographie sont un facteur structurant des équilibres mondiaux. La recherche demeure plus que jamais polarisée par les États les plus riches et les plus puissants : sept États réalisent 76 % de l'effort mondial et vingt-deux 95%. Face aux pays de l'OCDE qui réalisent 90 % de l'effort de recherche mondial, seuls cinq puissances régionales (Russie, Chine, Inde, Brésil, Afrique du Sud) sont en capacité de disposer de potentiels assurant une certaine marge d'autonomie. Car sa mise en œuvre suppose une mobilisation de capitaux et de cerveaux exceptionnelle et des conditions de valorisation exigeantes : savoir-faire technique, compétence organisationnelle, qualité des infrastructures. Comme en témoignent les sensibles efforts chinois de ces dernières années en recherche et pour maîtriser les technologies aérospatiales et nucléaires civiles et militaires ou des équipements comme les trains à grande vitesse en exigeant des transferts technologiques complets des grandes firmes transnationales, la diffusion des innovations est un enjeu de pouvoir. Car si l'innovation technologique tend à devenir globale avec les mutations des systèmes productifs, l'accès et le contrôle de l'innovation demeurent essentiels pour les firmes afin de disposer d'un avantage comparatif décisif face à leurs concurrents. C'est pourquoi les transnationales – si elles déploient des réseaux internationaux de plus en plus denses – gardent le centre de gravité de leur recherche dans leur pays d'origine (Japon : 95 %, États-Unis : 85 %, Royaume-Uni 55 %, Suède : 40%).

Tableau 4.18 Les profonds déséquilibres internationaux de la recherche-développement

	% recherche/ PNB	Nombre de chercheurs	Chercheurs /1 000 emploi	Dépenses de R et D par habitant en $
Ocde	2,26	3 559 133	10,4	627
– dont États Unis	2,5	1 334 628	9,6	841
– dont UE à 15	1,9	1 061 539	6,1	528
– dont Japon	3,13	677 206	6,9	924
Puissances régionales				
Brésil	0,91	86 753	1	75
Chine	1,23	926 252	1,2	72
Inde	0,78	92 500	0,2	22
Russie	1,15	477 647	7,1	116
Afrique du Sud	0,87	17 910	1,6	98

Ocde, 2007.

Mais la situation internationale actuelle est traversée par deux contradictions majeures. La première réside dans l'explosion des coûts de recherche, fondamentale ou appliquée, qui oblige à multiplier les coopérations internationales (station orbitale internationale, projet ITER dans la fusion nucléaire...), un seul État – aussi puissant soit-il – ne pouvant plus seul, ou de plus en plus difficilement, y faire face. La seconde s'explique par l'émergence de nouvelles questions éthiques en liaison avec le débat sur les articulations contradictoires entre mondialisation et universalisation. Transformés en produits et marchandises, les fantastiques progrès scientifiques représentent un marché immense dont il faut s'assurer le contrôle le plus absolu, y compris sur les racines même de la vie (génome humain, végétal et animal, OGM, médicaments...) comme en témoignent les débats au sein de l'OMC sur l'ADPIC (Aspects des droits de propriété industrielle).

Si les pays développés protègent juridiquement leurs innovations en réalisant 98 % des dépôts de brevets, dont 36 % pour les États-Unis, 32 % pour l'UE à 25 et 25,6 % pour le Japon, la question de la contradiction entre le maintien d'un monopole technologique et la diffusion des innovations est posée de façon récurrente à travers le non-respect de la propriété industrielle par les pays émergents, en particulier asiatiques, et surtout par la capacité technologique progressivement acquise par certaines puissances régionales (Brésil, Afrique du Sud) de copier les innovations pour répondre aux énormes besoins de leurs populations (cf médicaments et molécule contre le Sida). Ces politiques volontaristes (*cf.* Brésil en 2007) s'expliquent par le fait que dans le domaine de la santé, les firmes pharmaceutiques du nord ont largement abandonné les recherches intéressant les trois quarts de l'humanité : entre 1975 et 2006, seulement une vingtaine des 1 300 nouvelles molécules lancées sur le marché traitent les maladies infectieuses causant des ravages dans les PVD. Un nouvel ordre mondial coopératif du savoir, de l'éducation et de la connaissance reste à bâtir.

Au sein même des pays développés, les rapports de forces sont inégaux en intensité et en volumes. Alors que l'innovation joue un rôle majeur dans la compétitivité, la valeur ajoutée, les exportations et les créations d'emplois, comme en témoigne le dynamisme de l'économie américaine depuis dix ans, les faiblesses japonaise et surtout européenne renforcent l'*imperium* technologique mondial des États-Unis. Cette situation entraîne des déficits des échanges technologiques, de graves faiblesses sectorielles (composants, informatique), des dépôts de brevets insuffisants et une fuite considérable des cerveaux. Les États-Unis, qui disposent déjà de la moitié du stock mondial de chercheurs, attirent les spécialistes chinois, coréens, indiens ou européens. Sous couvert de libre circulation des hommes, les rapports de domination s'exercent alors dans toute leur brutalité.

Les polarisations régionales métropolitaines : l'exemple européen

Face à des besoins croissants, la relative rareté de la recherche se traduit par des polarisations territoriales considérables qui fonctionnent au profit des régions métropolitaines mondiales déjà les mieux dotées comme en témoigne, par exemple, l'Europe occidentale où un tiers de la recherche est concentré sur quatre régions (Ile -de -France, Bade-Wurtemberg, Bavière, région londonienne).

Tableau 4.19 Classement des régions européennes en quatre niveaux scientifiques et technologiques

Niveau qualitatif des régions	Supérieur	Médian	Inférieur	Périphéries	Ensemble
Nombre de régions	68	140	165	72	445
– Population totale	27,6	36,8	24,6	10,9	100%
– PIB total	36,4	36,6	20,2	6,8	100%
Niveau de productivité	132	99	82	63	100
– Production technologique	57,6	35,2	6,9	0,3	100%
– Production scientifique	56,7	33,7	7,1	2,6	100%
Densité technologique	208	96	28	2	100%
Densité scientifique	205	91	29	24	100%

Source : OST.

Surtout, les travaux de l'OST témoignent de l'impact immédiat de cette polarisation sur les dynamiques des systèmes productifs européens et les capacités régionales d'innovation. Seulement 68 régions communautaires sur 445, essentiellement métropolitaines, réalisent 36,4 % du PIB européen grâce à une forte productivité et à une densité de laboratoires et de chercheurs qui leur permettent de réaliser 57 % de la production scientifique et technique continentale. À l'opposé, 72 régions périphériques ne réalisent que 0,3 % de la production technologique et 7 % du PIB européen.

Les territoires de la recherche des transnationales : pôles et réseaux

Les stratégies mondiales de localisation des fonctions recherche des entreprises transnationales répondent à un double impératif qui se traduit par la création de puissants pôles interconnectés en réseaux. Chaque grande firme dispose de ses propres technopôles qui constituent le cœur de leurs dispositifs mondiaux (Siemens, à Munich, Philips, à Eindhoven, Thomson, en Ile-de-France...). Aux échelles nationales, ils s'articulent étroitement à la fois aux grands centres publics et universitaires (Oxford, Cambridge, Munich, Ile de France, Tokyo, côte Est, Californie...) et à ceux des autres grandes firmes.

Tableau 4.20 Les centres de recherche et de design du japonais Toyota hors du Japon

États	Région	Salariés	État	Région	Salariés
États-Unis	Californie	51	Allemagne	Kerpen	30
États-Unis	Michigan	533	R-U	Londres	30
Belgique	Flandre	70	France	Côte d'Azur	30

Tableau 4.21 La géographie de la recherche-développement de l'allemand Siemens

	Chercheurs	%	Principales localisations métropolitaines
Allemagne	21 204	43	Munich, Berlin, Nuremberg, Dresde, Paderborn, Regensbourg
Europe	13 875	28	Vienne, Salzbourg, Graz, Zurich, Toulouse, Cergy, Grenoble, Sophia Antipolis, Madrid, Bruxelles, Londres
Amérique	7 857	16	Santa Clara, Redmond, Raleigh, Pittsburgh, Arlington, Austin, Berkeley, Princeton
Asie	5 602	12	Bombay, Bangalore, Shanghai, Séoul, Singapour, Taipeh, Yokohama, Malacca
Afrique, Proche Orient	362	1	Tel Aviv

Enfin, aux échelles mondiales, chaque transnationale cherche à constituer des antennes branchées sur les pôles d'innovation concurrents afin de disposer de leurs avancées respectives par percolation ou de mettre en œuvre les alliances technologiques partielles nouées avec les différents partenaires-concurrents. En Europe, les firmes américaines, contrôlent par exemple 23 % des laboratoires britanniques, jouent un rôle important à Francfort, Stuttgart, Londres, Louvain et Anvers alors que les sociétés japonaises privilégient le Grand Londres, Francfort, Rotterdam ou Dublin. Siemens, une des premières transnationales européennes qui consacre 8 % de son chiffre d'affaires à la recherche (*cf.* chap. 5), polarise son appareil sur l'Allemagne et ses annexes (Suisse, Autriche), les États-Unis définis comme stratégiquement prioritaires et 25 autres États, y compris des Dragons et des Pays émergents (Inde, Chine).

Division du travail et spécialisations sectorielles des États

La mobilité spatiale du capital dans le cadre d'une division internationale du travail de plus en plus fine fonctionnellement transforme les spécialisations sectorielles des États qui réussissent à capter les segments productifs des activités géographiquement les plus mobiles. Mais loin d'être homogène, l'étude comparative du textile, de l'électronique ou de l'automobile traduit le maintien de fortes spécificités sectorielles.

Le textile-habillement : l'intégration progressive de nouvelles marges

Ces dernières décennies, le textile – qui représente 30 millions d'emplois, dont 75 % de femmes, et près de 10 % des exportations manufacturées qui doublent en quinze ans – est le secteur où le basculement territorial est le plus spectaculaire du fait de sa banalisation technologique et du poids des coûts de main d'œuvre (50 à 60 %). Comme en témoigne le rôle acquis par l'Asie dans les exportations (47 %), sa diffusion s'explique par la conjonction des stratégies des États et des firmes.

Tableau 4.22 La diffusion du textile -habillement aux marges du Sud (exportations en millions de dollars et %)

	Exportations 1990	Exportations 2005	Différences	Différence %	% textile/ export en 2005
Chine	16 888	115 213	+ 98 325	+ 582	14,7
Turquie	4 771	18 886	+ 14 115	+ 296	25,7
Pakistan	3 677	10 691	+ 7 014	+ 191	67,1
Hong Kong local	11 437	7 835	- 3 602	- 31,5	39
Bangladesh	986	6 639	+ 5 653	+ 573	76,8
Roumanie	488	5 300	+ 4 812	+ 986	19,1
Tunisie	1 238	3 637	+ 2 399	+ 194	34,7
Sri Lanka	663	3 013	+ 2 350	+ 354	47,1
Maroc	925	2 927	+ 2 002	+ 216	27,5
Honduras	64	2 626	+ 2 562	+ 4 003	59,9
Cambodge	0	2 199	+ 2 199	n.s.	70,9
Bulgarie	0	2 042	+ 2 042	n.s.	17,4
Salvador	184	1 702	+ 1 518	+ 825	50,2
Guatemala	58	1 681	+ 1 623	+ 2 798	31,3
Maurice	642	820	+ 178	+ 28	38,2
Madagascar	7	530	+ 523	+ 7 471	69,7

Omc, 2007.

À la suite des accords multifibres (AMF) de 1974, les accords sur les textiles et habillement (ATC) négociés par l'OMC accélèrent l'ouverture complète d'un marché mondial très polarisé puisque treize pays développés captent 68 % des importations mondiales et quinze États réalisent 90 % des exportations.

Dans les pays développés, les délocalisations se traduisent par une réduction drastique des emplois productifs, l'Union européenne perd plus de deux millions d'emplois en vingt ans, et de profondes crises régionales et locales. On assiste par contre à un renforcement des fonctions abstraites (direction, conception, vente) et à une spécialisation sur le haut de gamme alors que certains pôles régionaux aux tissus de PME familiales (Italie, Portugal, Espagne) jouent la carte de la création et de la flexibilité. Par contre, les transnationales comme Nike ou la grande distribution commerciale délocalisent leurs achats : l'allemand Quelle achète deux tiers de ses textiles en Asie et en Afrique grâce à 25 bureaux qui mettent en compétition l'ensemble des pays du Sud.

Dans les pays fournisseurs périphériques, on assiste à une double logique liée à la diffusion progressive des cycles du développement technologique et socio-économique. Les Dragons, Pays émergents d'Asie et certains pays méditerranéens de l'Union européenne se désengagent du textile au profit de secteurs plus élaborés (automobile, électronique) alors qu'au contraire on assiste à l'émergence de nouveaux producteurs (*cf.* pays de l'Est en transition, certains PVD) qui placent le textile le cœur de leur nouveau dispositif industriel.

Tableau 4.23 La montée de la concurrence de l'Asie dans le textile en 2006

	Part dans les exportations mondiales (en %)		**Part dans la production manufacturière (en %)**	**Part dans l'emploi de l'industrie manufacturière (en %)**	**Part dans les exportations (en %)**	**Coût horaire (en dollars)**
	1990	2004				
Viêtnam	0	0,8	10	?	21	0,28
Cambodge	0	0,4	70	80	75	
Sri Lanka	0,3	0,6	39	49	51	0,46
Pakistan	1,7	2	?	43	68	0,37
Bangladesh	0,5	1,1	?	35	59	0,28
Hong Kong	11,1	8,7	22	24	15	6,21
Thaïlande	1,8	1,5	13	22	7	1,29
Inde	2,2	3	14	22	21	0,67
Chine	7,9	21	8	19	16	0,5
Indonésie	1,4	1,7	12	15	11	0,55

Alors qu'au Bangladesh cette spécialisation porte le « miracle des années 1990 », au Pakistan un tiers de la main-d'œuvre industrielle totale travaille dans les grandes filatures (470 usines, 180 000 salariés) ou les unités familiales (150 000 à 200 000 personnes dont beaucoup d'enfants) pour le prêt à porter et la maille. Mais moins le pays est développé, plus le dispositif productif est polarisé sur le haut de la hiérarchie urbaine du fait d'un minimum d'exigence sociale, technique (électricité, eau, logistique, qualité de la main d'œuvre) et industrielles (délais de livraison, systèmes de paiement, transport des marchandises) : Managua, au Nicaragua, Casablanca (53 %) et Tétouan/Rabat (28 %), au Maroc, Istanbul, Bursa et la Thrace, en Turquie... Mais ces spécialisations interviennent dans un cadre très concurrentiel et instable : pionnier dans l'Océan indien, l'île Maurice est de plus en plus concurrencée par Madagascar et le Bassin méditerranéen par l'Asie et l'Amérique centrale. En réponse, certains États ou entreprises cherchent à investir les filières amont (plan coton vietnamien en 1997) ou aval (du textile vers habillement...) afin d'augmenter la valeur ajoutée.

L'informatique – électronique : le jeu des Dragons et Pays émergents d'Asie

Contrairement à la géographie textile où la diffusion industrielle intègre des États encore pauvres et retardataires, la géographie des produits informatiques et électroniques est beaucoup plus sélective. En effet, alors que la Triade réalise presque 60 % des exportations mondiales, les quatre Dragons montent à 24 % grâce à leur forte spécialisation depuis les années 1950-1960 et les pays émergents à 19 % en particulier du fait des cinq États asiatiques alors que les autres régions du monde demeurent encore marginales. Enfin, grâce à un effort scientifique et technique considérable, l'Inde est devenue le second exportateur mondial de logiciels. Alors que ces produits passent de 9 à 14 % des exportations mondiales durant la dernière décennie, certaines économies nationales progressent fortement grâce au dynamisme de leurs firmes (Suède et Finlande : Ericsson et Nokia) ou à l'arrivée de transnationales (Irlande, Hongrie, Mexique, Chine).

Tableau 4.24 La spécialisation des États dans l'exportation des produits informatiques, électroniques et de télécommunication : la montée de l'Asie (millions de dollars et %)

Exportations			% exportations du pays		% pays dans les exportations mondiales		
États	**1990**	**2005**	**2000**	**2005**	**1980**	**2000**	**2005**
UE à 25	n.s.	361 723	11,6	9	ns	ns	28,4
Chine	*3 126*	*225 864*	*17,5*	*29,7*	*0,1*	*1*	*17,7*
États-Unis	51 658	125 659	19,6	13,9	19,5	17,3	9,9
Hong-Kong	*12 886*	*109 557*	*24,7*	*37,5*	*0,8*	*2,7*	*8,3*
Singapour	*19 235*	*101 683*	*53,6*	*44,3*	*3,2*	*6,4*	*8*
Japon	67 032	97 950	22,6	16,5	21,1	22,5	7,7
Corée du Sud	*14 339*	*82 991*	*34,1*	*29,1*	*2*	*4,8*	*6,5*
Malaisie	*8 207*	*60 091*	*53*	*43*	*1,4*	*2,7*	*4,7*
Taiwan	*14 105*	*56 580*	*39*	*30*	*3,2*	*4,7*	*4,4*
Mexique	4 535	37 821	20,5	17,7	0,1	1,5	3
Thailande	*3 520*	*23 913*	*27*	*21,7*	*0*	*1,2*	*1,9*
Philippines	*1 835*	*23 871*	*63*	*57,9*	*0,8*	*0,6*	*1,9*

OMC, 2007.

Tableau 4.25 Les liens d'interdépendances du *triangle asiatique* dans la fourniture de composants et sous-ensembles électroniques (% importations)

	Chine		UE à 25		États-Unis
Taiwan	22	UE à 25	52,6	*Taiwan*	14
Corée du Sud	17	États-Unis	7,3	*Malaisie*	13
Japon	13,5	*Malaisie*	6,8	*Japon*	11,6
Malaisie	11,4	*Japon*	5,9	*Corée*	11,6
Philippines	8,8	*Singapour*	5,3	UE 25	10,2
Total 5	72,5	Total 5	78	Total 5	60,3

Omc, 2007.

En Asie, l'éclatement, en 2001, de la bulle internet et des télécommunications se traduit par une crise d'autant plus sévère qu'elle rompt avec une longue période d'euphorie qui débouche sur un net surinvestissement et un effondrement des prix, en particulier dans les semi-conducteurs (49 % de la production mondiale). Cependant, la fragilité des économies nationales dépend de leurs degrés de spécialisation, de leur ancrage inégal aux marchés de la Triade et du maintien ou non du dynamisme de la demande interne qui peut prendre la relève des exportations (Chine).

À moyen terme cependant se dessine une sensible redistribution des cartes du dispositif électronique asiatique du fait d'une localisation privilégiée des investissements dans les pays les plus compétitifs et les plus dynamiques, de la spécialisation accrue des pays technologiquement les plus avancés sur les nouveaux produits innovants (Japon, Taiwan, Corée) et surtout de la montée en puissance de l'Inde et de la Chine (spécialisation sectorielle du Guangdong) qui s'appuie sur leurs très bas coûts de main d'œuvre et leurs énormes besoins intérieurs menaçant ainsi certains pays d'Asie du Sud-Est.

Tableau 4.26 La montée de l'électronique dans les exportations du Guangdong (en milliards de dollars et %)

Milliards de dollars américains	1990	1997	2005	dif. 1990/2005
Total exportations	22,22	74,56	238	x 10,7
Exportations électroniques	1,64	18,2	84,5	x 51,5
% électronique/exportations	7,4	25,4	35,5	+ 28
% région/export. électronique nationale	12	48	60	+ 48

Source : d'après *China Stat. Yearbook, 2007.*

L'automobile : la juxtaposition de systèmes continentaux

Branche géographiquement très mobile tout comme l'électronique du fait de ses possibilités de segmentation technique, fonctionnelle et spatiale, l'automobile, qui représente 13 % des exportations totales de produits manufacturés, connaît elle aussi une montée en puissance de nouveaux pays exportateurs.

Cependant, dans cette branche prédomine très largement une intégration intra-continentale contrairement au textile et à l'électronique. Les flux intra-européens représentent 43 % des flux commerciaux mondiaux, les flux intra-Alena 18 %, et ceux de l'Asie vers Amérique du Nord 9 %. À l'origine de 84 % importations canadiennes, les États-Unis se fournissent eux-mêmes au Canada (38 %), au Japon (26 %), en Europe (18 %) et au Mexique (14 %) alors que l'Union européenne s'approvisionne à 80 % en interne et seulement à hauteur de 2,7 % aux États-Unis. Ces échanges renvoient directement au mode d'organisation des quelques transnationales qui dominent la production mondiale (*cf.* Toyota, chapitre 5).

Tableau 4.27 Les principaux pays exportateurs dans l'automobile

	valeur export millions dollars	**% automobile dans export**	**% pays export. mondiales**
UE à 25	486 834	12,2	53,3
Mexique	35 382	16,6	3,9
Japon	122 903	20,7	13,5
États-Unis	85 993	9,5	9,4
Corée du Sud	37 748	13,3	4,1
Canada	66 754	18,6	7,3
Brésil	11 970	10,1	1,3

Source : OMC, 2007.

Les Zones franches productives exportatrices : les pôles extravertis

Développement spectaculaire et diffusion géographique

Afin de capter plus efficacement usines et emplois, certains États ont doté des portions de leurs territoires d'un statut dérogatoire permanent ou temporaire. Ces Zones franches productives bénéficient d'une détaxe des investissements et marchandises, de charges sociales très faibles et d'un droit du travail limité ou inexistant (ultra flexibilité, horaires démentiels, répression syndicale, conditions de travail souvent déplorables, salaires infimes...). Espaces juridiques et techniques directement connectés aux réseaux industriels mondiaux, elles attirent de nombreux sous-traitants des firmes-réseaux ou des filiales de transnationales.

Rarissimes dans les années 1960 (*Shannon Free Trade Zone*, en Irlande), elles se multiplient depuis les années 1970, sous des terminologies et statuts très variables, grâce à leur promotion par les grands organismes internationaux comme le FIAS (*Foreign Investment Advisory Service*) créé en 1985 par la Banque mondiale pour conseiller les pays en développement. Les quelque 900 zones franches industrielles emploient plus de 30 millions de salariés. À côté des dispositifs publics, les gouvernements peuvent aussi favoriser des zones franches privées, en général au plus grand bénéfice des oligarchies en place.

Le nombre d'États en disposant passe de 10 en 1970 à plus de 80 actuellement. En Afrique, le modèle se diffuse progressivement (1962 : Maroc, 1970 : Ile Maurice, 1974 : Sénégal, 1980 : Égypte, 1989 : Togo et Madagascar, 1990 : Kenya, 1991 : Cameroun et Nigeria, 1993 : Mozambique, 1995 : Ghana et Zimbabwe, 1996 : Namibie...). Au Proche et Moyen-Orient, elles sont en plein développement : l'Égypte compte ainsi cinq zones franches (Alexandrie, Port Said, Suez, Ismailia) et six nouveaux projets. En Jordanie, les QIZ (*qualifying industrialised zones*) furent créées dans le cadre de l'amélioration du climat géopolitique régional à la suite des premiers accords de paix : conçues comme des zones franches à l'export vers les États-Unis, elles prévoyaient l'intégration à hauteur de 8 % de la valeur ajoutée de produits israéliens. Mais cette perspective est remise en cause par les tensions actuelles.

Enfin, on assiste dans certains États à une généralisation de leur statut dérogatoire à l'ensemble du territoire (Mexique, Ceylan, Maurice) qui traduit une déréglementation complète des rapports salariaux au bénéfice des transnationales. Ces États s'inscrivent en effet de plus en plus dans une logique de concurrence exacerbée qui remet perpétuellement en cause les équilibres existants comme en témoigne la diffusion de l'industrie maquila (*cf.* chap. 6) en Amérique centrale sur copie du modèle mexicain initial (Honduras, Salvador, Panama, Guatemala, Costa Rica...). Cette dynamique menace une partie de l'économie de Porto Rico, État libre associé aux États-Unis. Alors qu'il avait réussi à attirer 300 entreprises dans le textile, l'électronique ou les médicaments (production de 50 % des médicaments consommés aux États-Unis dont le Viagra de Pfizer), son industrie voit disparaître ses avantages fiscaux (disparition de la section 936 du code des impôts) alors qu'elle souffrait déjà d'infrastructures déficientes (eau, électricité, transports). Face à la fuite des usines, comme Motorola qui ferme une usine de 1 500 salariés pour le Costa Rica, le gouvernement local lance en 2000 un vaste programme d'équipements et met en place une politique fiscale plus avantageuse tout en aidant la recherche (seulement 0,3 % PNB).

Un impact économique et social inégal

Greffes exogènes sur des tissus fragiles, elles polarisent souvent une grande part des investissements étrangers manufacturiers (Maurice 100 %, Malaisie 70 %, Singapour 65 %, République dominicaine 40 %) et pèsent d'un poids parfois considérable dans l'économie et l'industrie nationales. Les 47 zones, dont un tiers publiques, de St Domingue regroupent 500 entreprises et 200 000 salariés. Afin de favoriser son développement au sortir d'une terrible guerre civile, le Salvador passe de cinq à vingt zones franches entre 1995 et 2000, dont quatre sont la propriété de la sœur du Président. Les 225 firmes, à 50 % étrangères, y emploient plus de 100 000 salariés, dont 85 % de femmes, essentiellement dans le textile. Elles représentent 11 % de la production industrielle, 33 % des actifs industriels, 21 % des importations et 54 % des exportations, essentiellement vers les États-Unis. Les conditions d'emploi y sont draconiennes : test de grossesse à l'embauche, licenciement des femmes de plus de 30 ans, journée de 12 à 14 heures... Ce mépris complet de la législation sociale y a débouché sur la création de syndicats sur une partie des zones franches qui ont réussi à arracher un certain nombre de conquêtes sociales de base (journée de 8 heures sur 5 jours, sécurité sociale, double salaire le samedi et dimanche...).

Du fait du faible niveau d'équipement général de ces États, les Zones Franches valorisent souvent le haut de la hiérarchie urbaine nationale et modifient parfois sensiblement les marchés du travail. Au Honduras, le taux de chômage national de 22 % masque d'importantes divergences (zones rurales : 28 %, zones urbaines : 16 %, District fédéral : 14 %) dues, en particulier, à la localisation différenciée des 115 000 emplois des maquiladoras.

Cependant, comme l'illustrent les nombreux échecs de celles-ci en Afrique sub-saharienne, les Zones franches productives exportatrices ne sont que des outils de promotion d'une insertion particulière dans la division internationale du travail. Réussites ou échecs renvoient à des facteurs exogènes et endogènes bien plus complexes. Au-delà de la puissances des héritages, ce sont bien les modes d'articulation contemporains au marché mondial qui jouent un rôle essentiel dans la différenciation des trajectoires territoriales nationales et régionales.

Chapitre 5

Territoires et transnationales

L'UNIFICATION DU MONDE par la mondialisation est elle-même productrice de profondes recompositions géoéconomiques des territoires. Elles se traduisent par des processus de *surintégration* et de *surexclusion* dont le fonctionnement des *emboîtements des échelles* peut, soit les neutraliser, soit les exacerber. Pour en analyser concrètement les composantes et les effets géographiques, il faut varier les angles d'analyse.

C'est pourquoi, en première partie, nous développerons une analyse ascendante en partant des territoires d'accueils des IDE. Pour étudier les *modalités d'articulation à la mondialisation* entre espaces régionaux, nationaux et mondiaux, nous proposons d'utiliser à l'échelle nationale deux concepts, ceux de *territoires nationaux intégrés* et de *territoires nationaux dissociés*. Mais ces logiques peuvent aussi se retrouver à l'échelle régionale ou subnationale et déboucher alors sur de nouvelles lignes de fracture. On pourra alors distinguer deux nouveaux types d'articulation, les *espaces branchés* sur les capitaux et les flux mondiaux et les *espaces évités*, victimes de nouvelles exclusions cumulatives.

Dans une seconde partie, nous développerons une analyse descendante en présentant huit entreprises transnationales d'origines et de secteurs différents. L'objectif est de démontrer, qu'au-delà de processus communs à la mondialisation, la nationalité et le secteur économique d'appartenance définissent des *logiques et stratégies géographiques différenciées*. Ne pouvant dans cet ouvrage traiter de l'ensemble des situations, nous avons sélectionné quatre grandes logiques : écrémage sélectif des patrimoines financiers, contrôle et exploitation des ressources naturelles, accès aux grands marchés d'équipements et recherche des bas coûts de production. Cette démarche a l'avantage d'illustrer la diversité et la *complexité systémique* de la mondialisation capitaliste actuelle.

Les territoires d'accueil des transnationales

Territoires nationaux intégrés, territoires nationaux dissociés

Contrairement à tous les discours officiels des États ou de nombreuses collectivités territoriales sur l'importance stratégique des transnationales pour développer les régions périphériques ou rééquilibrer les territoires nationaux et régionaux, la géographie des IDE et des transnationales, bien que fort variable selon le mode de croissance adopté, interne ou externe (*cf.* chap 1), est hypersélective. Elle dépend de nombreux facteurs dont les stratégies des firmes et les régimes et politiques d'accueils mis en place par les territoires nationaux et régionaux.

Des territoires régionaux et locaux sélectifs et polarisés

Aux échelles intra-nationales des pays développés, les pôles émetteurs privilégiés des IDE sont le plus souvent les espaces économiques dominants où siègent les sociétés transnationales comme l'illustre l'Allemagne. Dans les régions d'accueil, trois phénomènes sont à relever. Tout d'abord, non seulement elles sont fortement polarisées mais leurs dynamiques spatiales tendent à renforcer les déséquilibres territoriaux préexistants. Ainsi, le nord de l'Italie regroupe 67 % des emplois des entreprises étrangères contre 14,5 % dans le Mezzogiorno. De plus, les orientations fonctionnelles et sectorielles des IDE accentuent les spécialisations préexistantes (Portugal sur industries manufacturières exportatrices à faible niveau technique : textile, bois, papier, faïences).

Enfin, elles se moulent étroitement dans les hiérarchies urbaines nationales : 50 % des investissements étrangers autrichiens sont polarisés sur Vienne, au Portugal 84 % sur Lisbonne, en Slovaquie 63 % sur Bratislava, en Tchéquie 50 % sur Prague, au Japon – encore très fermé malgré les évolutions récentes – 80 % sur Tokyo. Enfin, en Turquie, 75 % des investissements français sont regroupés dans la région d'Istanbul et en Australie (40 000 salariés), les deux tiers sont dans l'État de Nouvelle-Galles-du-Sud et 17 % dans le Victoria.

Tableau 5.1 Polarisation régionale des IDE en Europe occidentale (% national)

Allemagne	Espagne	Italie
Rhénanie du Nord : 37,5 %	Madrid : 69,5 %	Lombardie : 43,5 %
Hesse : 21,6 %	Catalogne : 13,6 %	Piémont : 14,9 %
Bade-Wurtemberg : 11,7 %	Pays basque : 5,5 %	Latium : 8,4 %
Bavière : 9 %	Comm. Valence : 2,7 %	Émilie Romagne : 7,8 %
Total : 80 %	Total : 91,6 %	Total : 74,6 %

Source : Commission européenne, février 2004.

En France, alors que les firmes étrangères contrôlent 30 % des effectifs industriels et réalisent 36 % du chiffre d'affaires et 40 % des exportations de l'industrie manufacturière, l'analyse des données pour la période 1980-2003 fournies par la DATAR sur la localisation d'environ 360 000 emplois soit sauvegardés par l'arrivée d'une entreprise étrangère, soit directement créés par elle témoigne aussi d'une forte polarisation. Cinq régions sur 22 rassemblent 51 % des emplois et les dix premières 76 %. Un tiers des emplois industriels franciliens dépend d'une entreprise étrangère contre 45 % en Alsace et 16 % en Bretagne. Si certaines logiques de proximités frontalières interviennent – le nord-est est largement intégré à l'espace productif allemand alors que les capitaux suisses valorisent la région Rhône-Alpes et la Franche-Comté – les IDE se moulent en définitive largement sur les structures nationales préexistantes.

Tableau 5.2 Répartition régionale des emplois créés ou sauvegardés par les firmes étrangères entre 1980 et 2003 (en % national)

Île de France	12	Alsace	8	Midi-Pyrénées	6	Bretagne	3
Lorraine	10	Provence-Côte d'Azur	8	Centre	4	Bourgogne	3
Nord-Pas de Calais	11	Picardie	4	Haute-Normandie	3	Basse-Normandie	2
Rhône-Alpes	10	Pays de Loire	4	Champagne-Ardenne	3	Autres	9

Source : d'après données DATAR.

En Espagne, si les IDE représentent cette dernière décennie 30 % des créations d'emplois et 50 % de la FBCF alors que plus de la moitié de la production espagnole est réalisée sous licences étrangères, Madrid (commerce, finance) et Barcelone (métallurgie, chimie, automobile) en polarisent 83 % devant les régions touristiques (Andalousie, Baléares, Canaries, Valence) alors que les périphéries restent totalement ignorées (Galice, Castille et Léon, Estrémadure).

Enfin, en Europe de l'Est en transition, on assiste aussi à un écrémage des systèmes territoriaux valorisant les espaces les mieux dotés et délaissant les autres. En Pologne, les investissements, majoritairement manufacturiers, se localisent dans l'ouest et sur Varsovie au détriment de l'est et du sud-est : cinq régions sur dix-sept en polarisent 67 %. En Hongrie, la géographie des 30 000 entreprises étrangères valorise la macrocéphalie budapestoise, qui reçoit 65 % du stock d'IDE, et la Transdanubie (16 %), l'espace économiquement le plus développé depuis l'Empire austro-hongrois qui ancre le pays à l'Autriche.

Si on inverse l'approche en partant des entreprises, ces stratégies territoriales sélectives se retrouvent aussi dans l'étude des localisations des filiales industrielles françaises dans les régions européennes. Alors que la moitié des emplois appartient à seulement trois secteurs (électrique-électronique, automobile, chimie), dix régions communautaires sur 147 polarisent plus de 50 % des emplois. Dans chaque État, l'essentiel des emplois est localisé sur une ou deux régions (Madrid 70 %, Athènes et Lisbonne quasi-totalité) alors que les grandes oppositions nationales sont gardées en Italie (valorisation du nord industrialo-urbain) ou en Allemagne (faiblesse des nouveaux *Länder* et du nord du pays).

Territoires intégrés, territoires dissociés

Comme les IDE en s'implantant localement produisent aussi du territoire, il convient d'évaluer leurs capacités à transformer ceux-ci selon leurs exigences. L'étude des logiques sectorielles et fonctionnelles d'insertion des IDE dans les territoires régionaux préexistants et les modalités d'articulation de ceux-ci entre espaces régionaux, nationaux et mondiaux obligent alors à différencier des structures très différentes aux interactions potentiellement divergentes.

Dans les États développés, les IDE s'implantent sur des substrats territoriaux, en général relativement puissants et cohérents, intégrés économiquement et socialement sur des bases nationales anciennes et fortes, et pour lesquels les États maintiennent de réelles solidarités. Même si les IDE s'inscrivent en définitive assez peu dans les politiques d'aménagement des territoires, leur poids relatif et leurs capacités de remodelage des systèmes productifs locaux demeurent limités. On peut alors parler de territoire national intégré.

Il en est souvent tout autrement dans les PVD du fait de grandes fragilités structurelles. Dans ces territoires, les IDE, par leurs poids et influence relative et par les logiques de spécialisation fonctionnelles qu'ils tendent à promouvoir avec la participation des élites locales, tendent parfois à créer des systèmes-mosaïques. On assiste ainsi à la juxtaposition de cellules aux fonctions dissociées qui s'adressent de manière privilégiée à tel ou tel segment du marché mondial sans cohérence forte entre elles. On assiste alors à l'apparition d'un territoire national dissocié dont l'extraversion systémique pose de redoutables problèmes d'unité à l'État et à la construction nationale. Par exemple, l'insertion de la Thaïlande dans la mondialisation repose sur cinq grandes spécialités très différentes les unes des autres (marchés, acteurs, capitaux, cycles, concurrences...) qui valorisent chacune une portion réduite de l'espace national sans forte cohérence.

Tableau 5.3 Les spécialisations des régions thaïlandaises : des *territoires dissociés*

Spécialisations fonctionnelles	Régions privilégiées
Industrie manufacturière d'exportation	Centre et Bangkok
Émigration de travail vers le Moyen-Orient	Paysannerie pauvre du centre et nord-est
Hévéaculture	Sud
Pêche et aquaculture	Golfe du Siam et mer d'Andaman
Tourisme de masse	Axe Bangkok, Pattaya (centre), Chiang Mai et Phuket (sud)

Les stratégies irlandaises et écossaises : espaces branchés et évités

Aux échelles régionales et locales, les effets de la mondialisation peuvent jouer sur des échelles territoriales très fines, y compris dans les régions ayant joué l'intégration de manière précoce et dynamique comme dans les Iles Britanniques. On est alors conduit à distinguer deux nouveaux types d'articulation, les espaces branchés sur les capitaux et les flux mondiaux et les espaces évités, victimes de nouvelles exclusions. Historiquement, le Royaume-Uni et d'Irlande sont les premiers territoires d'Europe occidentale à favoriser dès les années 1950 l'accueil privilégié des IDE pour des raisons à la fois idéologiques, politiques et économiques alors que la *City* et les grandes transnationales britanniques sacrifient progressivement leurs bases productives nationales.

Le modèle britannique : du captage des IDE à l'extraversion

Initialement, ces territoires engagent une active stratégie d'attraction des transnationales industrielles, en priorité américaines puis asiatiques, souhaitant investir le marché insulaire et continental. L'objectif est de répondre soit à la crise d'industries traditionnelles (Écosse, Ulster, Midlands) en créant des emplois (Pays de Galles : 60 000), soit de développer des sociétés restées encore rurales et agricoles

(Irlande). Ils valorisent de nombreux atouts (nombreuses aides nationales et régionales, faibles coûts salariaux, protection sociale minimale et emplois plus ou moins déqualifiés) dans un contexte concurrentiel entretenu par les grandes agences régionales (Ida irlandaise, *Locate in Scotland* écossaise, *Welsh Development Agency* – WDA galloise et *Invest in Britain* Bureau IBB anglais). Plus d'un quart de la production manufacturière britannique est réalisé par des firmes étrangères représentant plus de 500 000 salariés.

Mais, ces vingt dernières années, ce processus d'ouverture change de plus en plus de logique puisque le Royaume-Uni bascule d'une logique de captage des IDE à une totale extraversion. Il livre des pans entiers de son économie aux transnationales étrangères comme l'énergie électrique dominée par les firmes américaines depuis l'éclatement des monopoles publics, la distribution des eaux, les transports, les services (banques, assurances, conseils, immobilier, maisons d'enchères comme Christie's ou Sotheby's), les médias (Rupert Murdoch, Conrad Black) ou le commerce du luxe. C'est dans les pays développés un choix stratégique d'extraversion tout à fait exceptionnel.

Le cas irlandais : d'un système inégal à un système duel

Le choix irlandais est assez différent puisque du fait de l'histoire coloniale, la base économique nationale était très faible et l'Irlande figurait dans les années 1950 parmi les États les plus pauvres du continent. Combinant une politique d'État à la fois très interventionniste et libérale, la promotion des IDE visait à desserrer l'étreinte britannique en assurant les bases d'un décollage économique en s'appuyant sur certains atouts internes et externes. Grâce à un large dumping salarial et fiscal – le régime d'imposition des entreprises est un des plus légers d'Europe – et des aides publiques massives, 6 000 euros par emplois crée en 2005, l'Irlande a réussi à capter de nombreux IDE en devenant un base privilégiée d'implantation pour les FTN, en particulier américaines. Les firmes transnationales représentent 25 % du PNB, 45 % des emplois et 76 % de la production industrielle, 70 % de la recherche-développement et 80 % des exportations non agricoles. Mais cette logique de développement par extraversion s'avère fragile car dépendante des stratégies des firmes transnationales. D'autant que seulement deux secteurs réalisent 75 % des exportations, devant les services financiers du centre *off shore* de Dublin : l'électronique–informatique et logiciels, qui emploie 100 000 salariés, et la pharmacie–matériels de santé (30 000 emplois, 50 % des exportations). Enfin, on assiste ces dernières années à une relative stagnation des IDE du fait de nouvelles concurrences (Chine, Europe de l'Est) qui se traduit par une érosion des emplois qui tombent à 132 000. De plus, si de graves déséquilibres internes persistent avec en particulier l'émergence d'une société à deux vitesses produisant de nombreux exclus dans les populations les plus fragiles, l'essor économique général a sensiblement amélioré le niveau de vie de la population.

Mais géographiquement, ce développement bouleverse les équilibres territoriaux. On passe d'un dispositif inégal à un système dual du fait de la connexion de quelques pôles à des réseaux extravertis face à la marginalisation de la moitié de l'espace national (structures rurales et archaïques en crise, déclin démographique et migrations, crise des industries traditionnelles). En effet, 80 % des nouvelles

Tableau 5.4 Nationalités des transnationales en Irlande en 2003

États	Total	États-Unis	UE 15	*Dont Royaume-Uni*	*Dont Allemagne*	Japon/ Corée/ Taiwan	Autres
Salariés	133 246	89 656	35 000	*8 729*	*11 746*	3 163	5 427
%	100	67	26	*6,5*	*9*	2	5,5

Source : IDA, 2003.

dynamiques sont polarisées par Dublin, Cork et Limerick. Si entre 1995 et 2002, l'emploi des transnationales augmente de 40 %, on assiste à un relatif désinvestissement dans la région nord-ouest et frontalière de l'Ulster alors que se renforcent très nettement l'Est (Dublin) et le sud-ouest (Cork). Ces dernières années, si la marginalisation des Border et la métropolisation dublinoise (50 % des emplois) se maintiennent, le sud se retrouve en déclin au profit de la zone centrale, plus rurale et moins chère, qui a bénéficié d'une sensible mise à niveau de ses équipements. Au total, s'il est spectaculaire, le rattrapage irlandais révèle donc des lignes de fractures internes inquiétantes qui obligent l'État à refondre partiellement ses stratégies au tournant des années 2000 dont témoigne le *National Development Plan 2000-2006*.

Tableau 5.5 La géographie des emplois des IDE en Irlande : de nouvelles polarisations sélectives (salariés et % régional)

	1995	2001	2005	% 1995	% 2005
Border	11 737	9 551	9 183	13	6,9
Midlands et West	14 346	18 891	29 764	16	22,4
South	31 300	44 331	31 130	35	23,4
East/Dublin	32 434	65 236	62 651	36	47,2
Total	89 817	138 009	132 728	100	100

Source : IDA, Census irlandais, 2007.

Le cas écossais : ségrégation, sélectivité et évitement

Échangeant progressivement au XVIIe et XVIIIe siècle leur indépendance politique contre une participation active aux bénéfices économiques et financiers de l'aventure coloniale puis à l'industrialisation du Royaume-Uni, les élites écossaises ont permis à la région de se doter d'une puissante base industrielle (charbon, aciéries, constructions navales). Mais l'entrée en crise structurelle de l'Écosse dans les années 1950 obligea à promouvoir l'accueil des IDE. En 2000, elle localise 600 entreprises étrangères, pour moitié américaines, et un quart du stock d'IDE du Royaume-Uni grâce à une politique attractive menée par le Locate in Scotland : système fiscal avec exonération à 100 %, aides régionales à l'investissement de 30 %, primes à l'embauche et à la formation de 50 %…

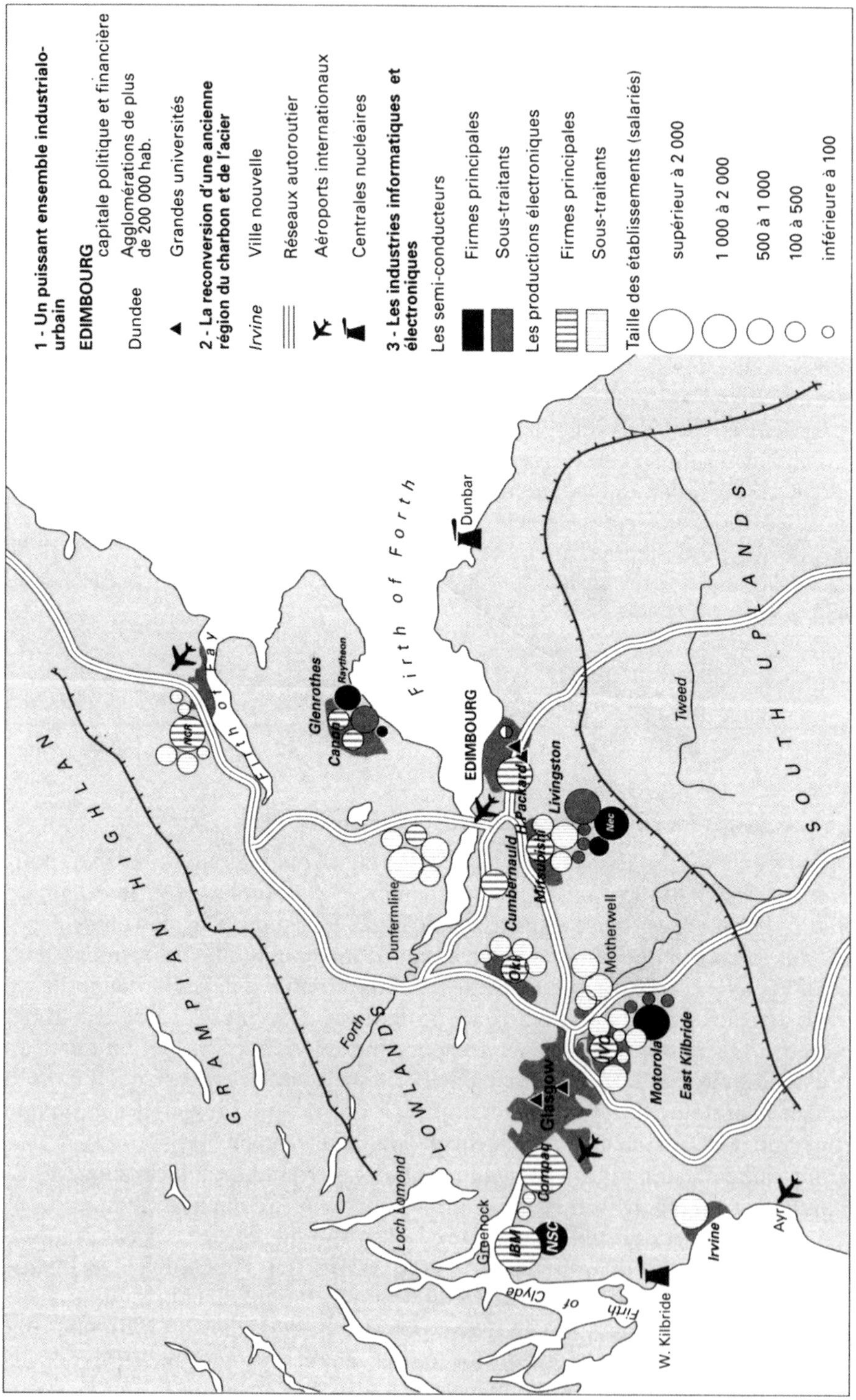

Figure 5.1 La Silicon Glenn en Écosse

Cette stratégie valorise trois atouts inexistants en Irlande. L'électronique militaire, qui avait fui à partir de 1941 les bombardements allemands sur Londres et le Sud, se reconvertit partiellement dans l'électronique civile en s'ouvrant aux capitaux étrangers américains (IBM, Motorola, NEC, H. Packard, Texas Instrument…). Le potentiel économique, démographique, industriel et logistique accumulé bénéficie d'un réseau urbain dense polarisé par Glasgow et Édimbourg et d'un niveau d'équipement élevé en formation, qualification et recherche-développement (13 universités, 54 « collèges »). Enfin, le pétrole de la mer du Nord participe du dynamisme de la côte Est alors que la côte Ouest, plus sauvage, se spécialise sur le saumon d'élevage pour le marché mondial.

Traditionnellement, l'électronique de la Silicon Glenn est un fleuron régional dynamique puisque sa production augmente de 72 % entre 1995 et 2001. Mais cette spécialisation révèle de grandes fragilités structurelles : entre 2001 et 2006, l'emploi salarié tombe de 75 000 à 30 000 postes (– 60 %), sa place dans la production industrielle de 50 à 20 % et dans les exportations de 65 à 30 %. En effet, de nombreuses usines de montage de produits de grande consommation (radios, télévisions, télécoms) sont délocalisées par les transnationales (Motorola, IBM, NEC, Compaq, Solectron…) vers l'Asie. Cette crise oblige la Silicon Glenn à s'orienter vers des activités à plus forte valeur ajoutée comme l'indique la résistance de trois secteurs qui bénéficient de la formation de 5 000 diplômés par an : la microélectronique, grâce à la présence de l'Alba Center dans le dessin des semi-conducteurs, l'optronique, portée en partie par les budgets militaires, et la conception de logiciels. Pour renforcer cette orientation, le *Scottish Enterprise*, en charge du développement économique, investit massivement à côté des universités dans trois *Intermediary Technology Institutes* dans les sciences de la vie (clonage), l'énergie et l'informatique.

Cette fragilité du « miracle écossais » apparaît en corrélant l'emploi au chiffre d'affaires réalisé par les entreprises à l'exportation. Après une forte montée du nombre de salariés liés aux activités exportatrices endogènes et exogènes jusqu'en 1995, on assiste depuis à un sensible déclin dû aux restructurations brutales des transnationales.

Tableau 5.6 Écosse : l'évolution des emplois liés à l'exportation : une forte dépendance extérieure

1990	1991	1992	1993	1994	1995	1996	1997	1998
93 215	92 240	104 133	110 211	120 749	124 714	117 456	111 913	112 069

Sources : Survey of Scot. manuf. and export, 1999.

Mais cette croissance puis crise de la Silicon Glenn se traduisent aussi à l'échelle régionale et locale à la fois par l'écrémage progressif des postes les moins qualifiés et, surtout, par la mise en œuvre d'une stratégie de ségrégation fonctionnelle et socioéconomique qui aggrave des déséquilibres de la construction régionale. Elle repose sur une vaste logique d'évitement par les industries de haute technologie des espaces industriels et urbains traditionnels en difficulté, en particulier à l'ouest et dans l'agglomération de Glasgow. À l'opposé, les localisations des transnationales valorisent essentiellement le sud et l'est de l'agglomération, certaines villes nouvelles et les nouveaux parcs industriels qui fleurissent le long des corridors et principaux nœuds autoroutiers. Ce dispositif se traduit par une forte ségrégation sociale et résidentielle qui oppose les nouvelles banlieues pavillonnaires plus ou moins chics des ingénieurs, cadres et techniciens aux vieux quartiers ouvriers marginalisés, en proie au chômage, à la drogue et au déclassement, qui se transforment en ghettos pour les populations démunies et les nouveaux immigrés.

La géographie des capitaux japonais en Europe : Sony

Comme nous l'avons vu en partant des territoires, les stratégies de localisation des transnationales tout en répondant à leurs propres impératifs géoéconomiques et productifs se moulent en définitive étroitement dans les structures préexistantes. Nous voudrions valider cette hypothèse en inversant la démarche et en partant de la conception territoriale du continent européen que peut développer une transnationale japonaise, ici Sony.

L'Europe : un enjeu majeur de la continentalisation pour les japonais

À partir des années 1970, le Japon devient un des principaux investisseurs mondiaux. Au-delà de fortes variations conjoncturelles, ces firmes jouent la continentalisation des marchés et productions en investissant prioritairement la façade asiatique du Pacifique (23 % stock d'IDE) puis les États-Unis (43 %) et l'Europe (26 %). Relativement limitée jusqu'aux années 1980, celle-ci devient incontournable avec la création du Marché unique puis de l'Euro. Alors que les usines y sont multipliées par douze entre 1983 et 2007 par croissance interne ou externe pour dépasser les 900 unités, l'orientation sectorielle se diversifie de l'industrie (automobile, électronique) vers les services (finance, commerce, médias, culture), l'immobilier et le foncier, bénéficiant des stratégies d'attraction des États et des collectivités.

Dans un marché intégré, ces firmes valorisent les différences intra-européennes en jouant sur la proximité des centres urbains, le coût et la qualité des infrastructures de transports et de la main-d'œuvre plus ou moins qualifiée, les disponibilités techniques et technologiques du tissu industriel, l'importance des aides européennes, nationales et régionales…

Le territoire de Sony en Europe : une adaptation fine aux réalités

Dans ce contexte général, l'analyse de Sony Europe met en lumière l'étroite adéquation entre logiques territoriales et offensive commerciale, technologique et industrielle. Née après-guerre, Sony est – comme le soulignent les travaux de C. Milelli – une firme nippone atypique puisqu'elle n'appartient pas aux grandes dynasties d'avant-guerre et aux Kereitsus traditionnels. Elle a bâti son ascension dans les années 1960 sur une forte image de marque, une spécialisation dans l'électronique grand public (TV, vidéo, audio, téléphone, composants) puis la culture (cinéma, musique), et une innovation permanente (télévision couleur Trinitron, puis walkman, compact-disc, camescopes, PlayStation qui représente aujourd'hui 46 % des bénéfices). Pour des raisons politiques, économiques et industrielles, elle délocalise précocement ses activités industrielles et de recherche (1972 : San Diego, 1973 : Bridgend, au Pays de Galles et Barcelone, 1975 : rachat de Wega Radio, à Stuttgart…).

Figure 5.2 Le système Sony en Europe

Mais dans les années 1990/2000, Sony est confrontée a plusieurs difficultés : un sensible recul de rentabilité qui mécontente ses actionnaires, les investisseurs internationaux détenant plus de 40 % de son capital, la baisse de certains secteurs (jeux, musiques, images), des problèmes de fiabilités de certains composants réalisés en sous-traitance en Asie et, enfin, la menace de pillage technologique de certains pays émergents d'Asie. Pour y répondre, elle lance un vaste programme de restructuration à l'échelle mondiale en externalisant les produits les moins stratégiques ou en voie d'obsolescence, en se recentrant sur les activités de haute technologie les plus dynamiques, en éclatant ses branches en centres de profit autonomes.

Elle remodèle aussi son appareil productif et sa géographie. Alors que ses effectifs mondiaux passent de 163 000 salariés en 1997 à 198 700 en 2000 pour descendre à 158 500 en 2006, son appareil industriel – par cession – tombe de 106 usines en 1997 à 54 en 2006. Du fait de son caractère stratégique, la base japonaise demeure essentielle avec 29,5 % des ventes, 39 % des salariés et surtout le maintien de 50 % de la production mondiale, la plus innovante, dont 65 % sont exportés. En particulier, certaines activités stratégiques qui devaient être délocalisées en Asie non seulement demeurent au Japon mais y bénéficient de forts investissements. Si l'Amérique latine et l'Afrique – Proche et Moyen Orient sont relativement marginaux, les États-Unis (28 % des ventes) et l'Europe (23,6 %) gardent un rôle important en réalisant 25 % de la production mondiale, essentiellement à destination de leurs marchés intérieurs. Par contre la Chine, l'Asie de l'Est (Hong Kong, Taiwan, Corée du Sud) et les pays émergents (Malaisie, Thaïlande, Singapour) jouent un rôle croissant – dans le cadre d'une division régionale du travail toujours plus intégrée sur des bases continentales, le *Triangle asiatique* – en réalisant 20 % de la production mondiale dont 70 % sont exportés avec 20 % des salariés du groupe à l'échelle mondiale.

Avec 15 000 salariés et 12 usines, la firme quadrille l'Europe. 80 % de la production est destinée au marché régional. Ses choix territoriaux sont sélectifs. Les fonctions stratégiques sont localisées au sommet de la hiérarchie urbaine continentale : siège à Berlin sur la Potsdamer Platz, base logistique au cœur des Pays-Bas, recherche à Bruxelles, Paris et Oxford. Par contre les 12 usines sont souvent en relative périphérie et bénéficient d'aides financières substantielles. Après s'être installée au pays de Galles et en Catalogne dans les années 1980, Sony choisit la France dans les années 1990 puis la Slovaquie et la Hongrie dans les années 2000. Faisant peu appel à la sous-traitance continentale, le fort contenu local s'explique par l'intégration technique de son dispositif interne : ainsi Bridgend fournit en tubes cathodiques les usines d'assemblage de téléviseurs couleurs (Barcelone, Stuttgart).

Les territoires des IDE dans un pays en voie de développement : le Viêtnam

L'ouverture récente et spectaculaire d'un nouveau pays émergent

Pays de 80 millions d'habitants parmi les plus pauvres du monde, le Viêtnam appartient à ces nombreux pays en voie de développement qui cherchent à s'insérer dans les échanges mondiaux afin de dynamiser leur économie et améliorer leur niveau de vie. La politique de rénovation (*do moï*) lancée en 1986 se fonde sur l'ouverture progressive à une économie de marché (décollectivisation, réhabilitation de l'entreprise privée…) sous le contrôle politique étroit du Parti communiste vietnamien (PCV), une normalisation des relations avec les États-Unis (accord de commerce bilatéral en 2000) et les États de la région (adhésion à l'ASEAN), une stratégie de promotion des matières premières minérales et végétales d'exportations (pétrole, café) et la valorisation des industries de main-d'œuvre (textile-habillement, chaussure, électronique) attirant les IDE.

Mais sa dynamique économique, de plus en plus extravertie, est dépendante de la conjoncture asiatique du fait de l'étroitesse des liens commerciaux et industriels tissés avec les transnationales originaires du Japon et surtout des Dragons qui contrôlent 60 % du stock d'IDE et transforment le pays en base productive intégrée à leur système régional. 50 % des exportations et 25 % des importations sont réalisés par les entreprises étrangères.

Tableau 5.7 Le stock d'IDE au Viêtnam : l'ancrage aux Dragons (cumul 1988-2005)

	Milliards $	%		**Milliards $**	%
Singapour	8	17	Hong Kong	3,47	7,4
Taiwan	7,34	15,6	France	2,1	4,5
Japon	5,49	11,6	Pays bas	1,85	3,9
Corée du sud	4,8	10,2	Thailande	1,39	2,9

Source : MPI/PEE, 2007.

Une structure classique de PVD : polarisation métropolitaine et évitement

L'afflux des investissements étrangers s'accompagne d'un sensible redéploiement sectoriel et géographique de l'appareil productif. Malgré les efforts du gouvernement, la relative autonomie des 61 provinces, qui disposent depuis les réformes administratives de 1996 de nouvelles marges de manœuvre, et la création depuis 1997 de 84 zones économiques spéciales qui bénéficient d'un régime fiscal très avantageux dans le cadre de l'aménagement du territoire, la géographie des IDE est profondément inégale. À l'évitement de la majorité de l'espace national répond la polarisation de 80 % du stock d'IDE sur Saigon au Sud et Hanoi au Nord. Cette logique de métropolisation exceptionnelle sur les deux villes capitales et leurs sous-espaces deltaïques respectifs renvoie en fait à deux logiques complémentaires.

Premièrement, elle témoigne de la vivacité d'une structure historique millénaire qui organise les différents espaces régionaux. Au Nord, Hanoi est à la fois la capitale administrative et politique du pays et la métropole d'une région largement influencée par la culture chinoise très proche. Regroupant 27 % du potentiel productif, elle demeure marquée par les industries d'État de la période socialiste (mines, industries lourdes d'État, chimie, textile). À l'opposé, Saigon est la capitale d'un Sud frondeur et la métropole d'une active et ancienne bourgeoisie commerçante influencée par les autres cultures de la péninsule indochinoise, de fortes tradi-

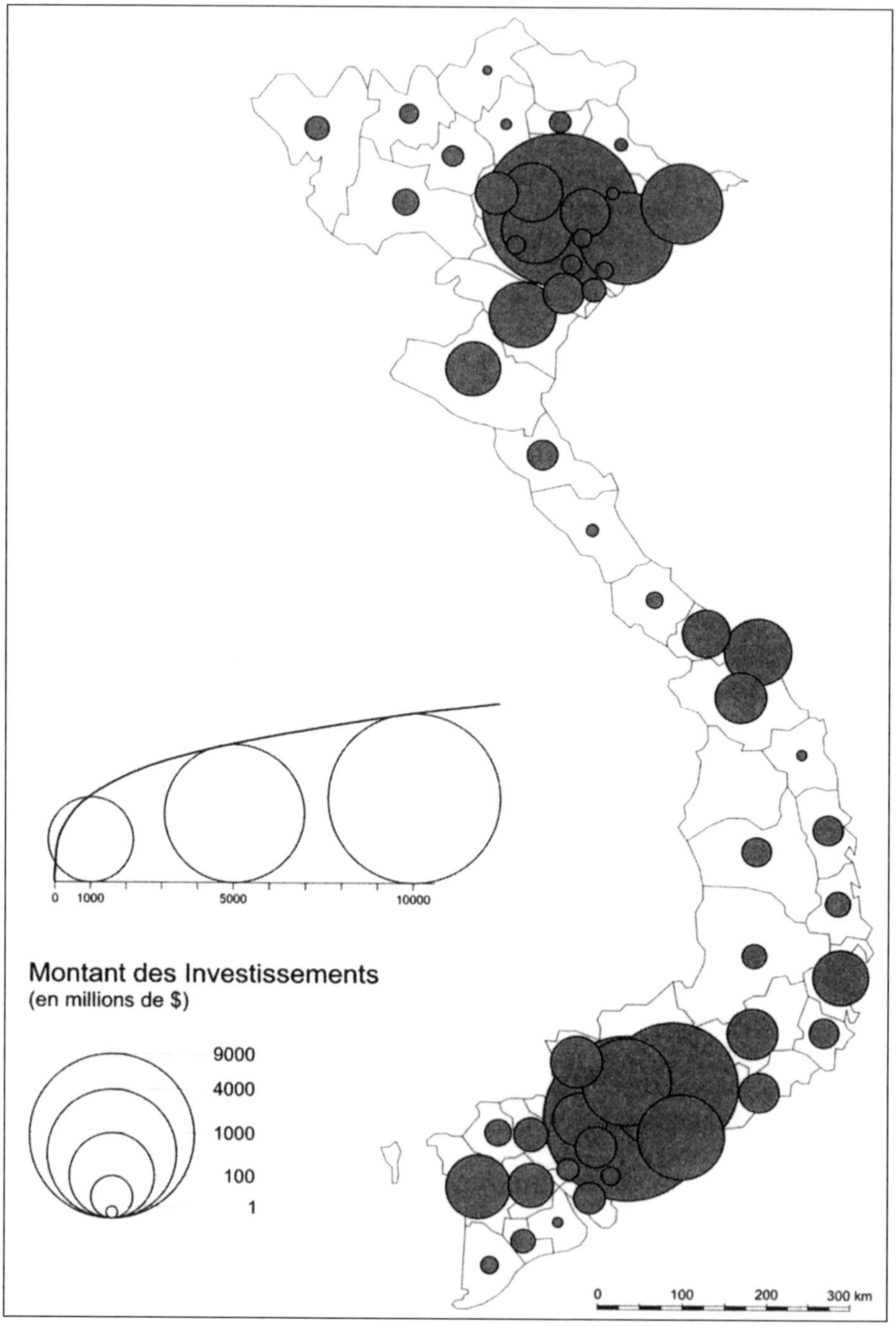

Figure 5.3 Les investissements étrangers au Viêtnam

Source : D. Weissberg, « Réformes économiques, investissement étranger et mutations du territoire au Viêtnam, *Annales de Géographie*, n° 605, 1999, p. 75

tions d'ouverture et une puissante diaspora : 4 % du territoire polarise 12 % de la population, 35 % du PIB, 57 % de la production industrielle, 53 % du stock d'IDE (services, confection, chaussures, agroalimentaire) et 61 % des exportations.

Deuxièmement, ces articulations territoriales reflètent les conditions minimales nécessaires au déploiement spatial du capital moderne dans les PVD. En particulier, si le secteur public est tombé de 62 à 42 % de la production industrielle en dix ans et si 30 000 commerces et ateliers sont sortis de la clandestinité du fait des changements administratifs, les infrastructures demeurent très retardataires (routes, ponts, ports, aéroports, énergie...) et la lenteur du développement des campagnes profondes freine la mutation du pays. En définitive dans la grande majorité des PVD, seule la tête de la hiérarchie urbaine – c'est-à-dire la capitale et les plus grandes métropoles – présente les conditions socio-économiques, culturelle et environnementale nécessaires à un fonctionnement relativement efficient du capitalisme moderne, industriel et commercial. Plus le pays est pauvre, en difficulté et sous-équipé, plus la polarisation des investissements étrangers est forte sur la région économique la mieux desservie en infrastructures productives et périproductives.

Si la logique d'extraversion adoptée par le Viêt-Nam se traduit dans un premier temps par une profonde exacerbation des inégalités socio-économiques régionales, un des enjeux géopolitiques et géoéconomiques essentiels pour les décennies à venir est de passer d'un territoire dissocié à un territoire intégré. En particulier, un processus de diffusion va-t-il progressivement se mettre en place à moyen terme afin d'intégrer les espaces en voie de marginalisation (Centre médian, Hauts Plateaux, Nord-Ouest) ? Comme dans tous les PVD, la réponse a cette question renvoie largement aux capacités financières, politiques et économiques des États et constructions nationales à promouvoir de nouvelles solidarités. Ceci suppose de garder une marge d'autonomie minimale face à une intégration totalement dominée.

Les stratégies territoriales différenciées des firmes transnationales

Alors que les grandes firmes transnationales sont devenues un facteur considérable de l'organisation et de la dynamique des territoires, il convient de s'attacher à une étude détaillée du rapport entretenu entre leurs choix stratégiques et leurs logiques de valorisation différenciées des organisations géographiques. Au-delà de certaines convergences, il convient de souligner la forte spécificité des logiques d'acteurs. Elles dépendent de leur ancrage historique et de leurs branches d'activités, de leurs capacités plus ou moins grandes à articuler les emboîtements d'échelles géographiques (régional, national, continental, mondial). La création d'un réseau transnational oblige à composer avec les réalités locales, régionales, nationales et continentales.

Merryl Lynch, la logique d'écrémage d'une banque d'affaires américaine

Les grandes banques d'investissement ou d'affaires sont au cœur de l'intermédiation entre des marchés financiers de plus en plus globaux et intégrés (*cf.* chap. 1) et des clients très divers (États, institutions, entreprises, personnes privées...) dont elles gèrent le capital. Face à des analyses souvent abstraites, leur étude permet de comprendre le rôle de ces acteurs dans la circulation mondiale du capital et les articulations territoriales entretenus entre zones, espaces et réseaux.

Les grandes banques d'investissement au cœur de la finance internationale

Par leurs savoir-faire, leurs personnels hautement qualifiés et leurs réseaux techniques d'établissements interconnectés, elles assurent de nombreux services : gestion d'actifs et banque privée haut de gamme pour une clientèle de privilégiés (produits de taux, obligations, dérivés, courtage...), introduction en bourse d'entreprises, levées d'emprunts publics et privés, conseils en fusion-acquisition, financement des dettes, montage de portefeuilles... Dix à quinze sociétés constituent un véritable oligopole mondial dont l'activité dégage des profits considérables. Majoritairement anglo-saxonnes, leurs sièges sont pour l'essentiel à New York et Londres.

En position culturelle hégémonique, leurs analystes financiers sont devenus de véritables « gourous » des marchés mondiaux dont les conseils sont suivis par de nombreux gestionnaires de Fonds et des millions de petits porteurs. Cependant, si ce système dispose d'une large marge d'autonomie, ses emplois et son chiffre d'affaires dépendent étroitement de la dynamique de l'économie mondiale. Ainsi, en 2001, le retournement brutal du marché entraîne 30 000 suppressions de postes sur 504 000 salariés chez les quinze premières entreprises mondiales du secteur.

Tableau 5.8 Les grandes banques d'affaires dans le conseil en fusion et acquisition en 2003

	CAF total 2000 (en millions de dollars)	Siège	Salariés	Présence dans des États	Montant des opérations de fusion conseillées (en milliards de dollars)	Rang dans les fusions
Goldman Sachs	33 000	New York	22 627	40	366,67	1
Morgan Stanley Dean Witter	45 448	New York	64 500	25	232,73	2
Merryl Lynch	44 872	New York	72 000	43	230,6	3
JP Morgan	60 665	New York	120 000	n.d.	213,38	4
Lazard					164,12	5
Crédit Suisse FB	12 635	New York	28 000	40	154,97	5
UBS Warburg	12 120	Londres	38 445	60	608,9	6
Salomon Smith Barney	30 772	New York	45 457	500 offices	607,5	7
Rothschild	669,2	Londres	725	30	424,6	8
Lehman Brothers	7 707	New York	11 326		334,6	9

Merryl Lynch, un des plus grands intermédiaires de Wall Street

Portée par la financiarisation croissante de l'économie mondiale, Merryl Lynch est une des cinq premières banques mondiales d'investissement : en 2006, elle gère ainsi un portefeuille de 841 299 millions de dollars d'actifs qui est multiplié par deux depuis 2002. Mais son chiffre d'affaires, ses résultats et ses effectifs sont fluctuants car fortement dépendants du dynamisme des marchés financiers. Ainsi, ses revenus nets augmentent de 170 % entre 1993 et 2000 avant de reculer de 38 % entre 2000 et 2003 puis d'augmenter à nouveau de 57 % entre 2004 et 2006. Entre 2000 et 2007, ses effectifs varient entre 38 200 et 72 000 salariés et sa rentabilité annuelle fluctue de 13 % à 30 %. Si son siège est dans le *World Financial Center* de New York, elle est enregistrée comme firme dans l'Etat fédéré du Delaware qui, du fait du cadre fédéral états-unien, s'est doté d'une législation particulièrement favorable aux firmes financières. De même, si les États-Unis demeurent son cœur géographique d'action en représentant en moyenne 70 % de ses activités et emplois, elle s'est largement internationalisée en étant présente dans 37 États. Elle est organisée en deux grands segments :

– Le Wealth Management, qui représente 37 % de ses revenus, intègre la gestion des fortunes privées américaines et mondiales (courtage de titres, gestion d'actifs, banque de détail et privée, produits d'assurance) grâce à 670 agences aux États-Unis et 220 agences à l'étranger.

– Le Groupe de Clientèle d'Entreprises et Institutionnelle, qui représente 57 % de ses revenus, s'adresse aux entreprises, dont beaucoup de transnationales, aux institutions financières (banques, assurances, fonds de pension...) et aux États. Elle leur fournit contre rémunérations des conseils bancaires (gestion de dettes, emprunts privés ou d'États, placements en devises ou sur les marchés dérivés...) et des conseils stratégiques en fusions-acquisitions ou en privatisation...

Tableau 5.9 Merryl Lynch, acteur majeur de la financiarisation de l'économie mondiale (en milliards de dollars et %)

	1993	1998	2000	2003	2006	Dif. 1993/2006
Revenus nets	16,58	34,83	44,87	27,74	34,65	x 2
Total des actifs	152,91	286,44	407,2	440,25	841,29	x 5,5
Résultat net	1,359	1,271	3,784	3,826	7,311	x 5,3
Rendements des capitaux propres en %	27,3	13,4	24,2	16	30	n.s.

Une polarisation sur les lieux mêmes du pouvoir et de la richesse

Loin d'être détérritorialisé, le réseau de ses agences doit d'abord lui permettre de drainer le capital ou l'épargne d'une zone plus ou moins étendue avant de l'investir. L'extrême concurrence et la saturation du marché américain sur son segment et sa spécialisation sur des activités à haut rendement mais instables l'obligent à se diversifier géographiquement afin de répartir les risques et amoindrir les chocs régionaux ou nationaux pouvant survenir brutalement comme en 2001 aux États-Unis. La localisation de son dispositif technique se moule donc sur la géographie des centres de décision de l'économie mondiale et sur les espaces les plus riches de la planète. Concentrant initialement l'essentiel de ses activités sur les États-Unis, elle opère aujourd'hui un vaste mouvement d'internationalisation en acquérant des sociétés dans les économies les plus dynamiques des pays développés (Japon, Canada, Royaume-Uni, Australie, Espagne, Italie…) ou émergents (Afrique du Sud, Inde, Thaïlande) afin de compléter sa couverture du marché mondial. Mais la qualité de son ancrage national demeure essentielle. Ainsi, malgré l'augmentation de 21 % de ses emplois mondiaux entre 1993 et 2006, le marché américain demeure déterminant (78 %).

Tableau 5.10 L'évolution des salariés de Merryl Lynch par directions continentales

	2004	2000	1998	1994	% 2004	% 2000	% 1994
Emplois totaux	48 100	72 000	63 800	46 300	100	100	100
États-Unis	38 200	51 800	46 700	38 750	79	72	84
Hors États-Unis	9 900	20 200	17 100	7 550	21	28	16
Europe, Moyen-Orient, Afrique	5 700	8 800	7 200	4 100	12	12	9
Canada	300	4 000	3 700	800	1	5,5	2
Japon	1 200	3 500	2 900	585	2	5	2
Asie-Pacifique	1 900	2 700	2 300	1 190	4	4	3
Amérique latine	800	1 200	980	75	2	1,5	0

Ensuite, malgré une tendance à la mondialisation des marchés financiers, elle doit tenir compte de la résistance de fortes spécificités nationales et régionales (politiques monétaires, natures des monnaies utilisées, taux d'intérêts différenciés, structurations variables des endettements…). Ces différences économiques, culturelles ou juridiques sont suffisamment fortes pour que Merryl Lynch organise son système mondial en grandes zones continentales et y spécialise ses équipes par grands segments, tout en les localisant sur les principales places financières internationales. C'est pourquoi elle découpe la terre hors des États-Unis en six grandes zones géographiques. Si les entités Japon et Europe/Moyen Orient/Afrique demeurent stables dans les années 1990, la zone Australie/ Nouvelle-Zélande est séparée de la zone Asie Pacifique avant d'y être à nouveau fusionnée en 2000 en raison de la faiblesse de ce marché, et l'Amérique latine est séparée du Canada, du fait d'un effort particulier porté sur ce dernier pays.

Une géographie de captage des richesses financières régionales

Développée à l'échelle mondiale, sa stratégie de drainage sélective du capital fonctionne aussi aux échelles continentales et nationales comme l'illustrent ses localisations dans la zone Europe/Afrique/Moyen-Orient. En Europe, elle s'implante dans les régions les plus prospères aux activités financières reconnues et dans les principaux paradis fiscaux, tout en plaçant son siège de commandement régional sur la place de Londres. En France, où elle s'installe à la fin des années 1990, elle s'implante à Paris où se concentrent 60 % de l'épargne nationale et sa clientèle privilégiée, les riches ménages disposant d'un patrimoine supérieur ou égal à 7 622,45 euros. Dans le reste de la zone, alors qu'elle délaisse complètement l'Afrique, à l'exception de l'Afrique du Sud, elle valorise aussi les nœuds stratégiques de Dubaï dans la péninsule Arabo-persique, afin de servir les monarchies pétrolières et de Beyrouth, vieille place financière arabe traditionnelle en reconstruction.

Tableau 5.11 Les localisations des sièges de la région Europe/Moyen-Orient/Afrique : une géographie très sélective du captage de la richesse

Europe	Afrique	Moyen-Orient	Paradis fiscaux
Londres, Newcastle, Edimbourg, Vienne, Amsterdam, Paris, Francfort, Rome, Milan, Madrid, Barcelone, Varsovie	Johannesburg, Durban, Cape Town,	Beyrouth, Dubaï	Luxembourg, Genève, Zurich, Lugano, Monaco, Ile de Man, Dublin

Comme l'illustre la géographie de ses profits, ses choix de localisation et de drainage s'avèrent particulièrement judicieux et très réactifs aux différentes conjonctures nationales et continentales car il n'existe pas de marché financier mondial unique. Ainsi, face à la crise financière des années 2001, elle réduit fortement son exposition au Japon, au Canada, en Australie et en Inde au profit de l'Europe avant d'y revenir en force en 2004/2005. Au delà de sa capacité de gestion des différentes conjonctures, une approche structurelle sur les dix dernières années souligne l'importance de son marché et de ses infrastructures nationales, qui lui fournissent 60 % de la croissance de ses profits grâce en particulier au statut central de la place new-yorkaise, et son effort envers l'Europe–Moyen Orient (23 % des profits) et l'Asie (12 %).

Tableau 5.12 La géographie économique du revenu net de Merryl Lynch : internationalisation, polarisation (en millions de dollars et en %)

	1995	2006	% 1995	% 2006	% région/ croissance 1995/ 2006
Total monde	10 615	34 659	100	100	100
États-Unis	8 248	22 603	78	65	60
Reste du monde	2 367	12 056	22	35	40
dont Europe, Moyen-Orient, Afrique	1 319	6 967	12	20	23
dont Asie (Japon, Pacifique, Australie)	701	3 691	7	11	12
Dont Canada et Am. Latine dont Canada dont Amérique latine	347 n.d. n.d.	1 398 378 1 020	3 n.d. n.d.	4 1 3	4

La Citigroup américaine, 2e groupe financier mondial

Face aux banques d'affaires très spécifiques comme Merryl Lynch, l'étude d'une banque classique de dépôt et de gestion comme la Citigroup américaine – qui est devenue le 2e groupe financier mondial avec la gestion de plus 200 000 comptes et 300 000 salariés – souligne l'importance vitale du quadrillage territorial et de l'analyse géographique dans la compréhension fine des dynamiques des différentes phases historiques de la mondialisation.

En effet, née à New-York en 1812, le processus de diffusion spatiale de la banque à aujourd'hui 92 pays est directement commandé, premièrement, par les conditions géopolitiques et ensuite deuxièmement par le niveau de développement économique du pays d'implantation. Entre 1902 et 1904, elle jette ses premières bases au Mexique et au Panama, au Royaume-Uni et est déjà très présente en Asie (Hong Kong, Inde, Japon, Singapour, Philippines). Entre 1914 et 1926, elle renforce et élargie ses implantations latino-américaines, y témoignant alors de l'importance de l'hégémonie des États-Unis, et installe ses premiers points d'appui en Europe occidentale. Puis la Crise de 1929 et la montée des tensions internationales bloquent sa croissance. Après la Seconde guerre mondiale, elle intègre entre 1950 et 1969 les « obligés » de la Guerre froide (Grèce, Liban, Pakistan, Malaisie, Taiwan, Corée du Sud…). Puis, entre 1970 et 1987, elle bénéficie de la relative détente internationale pour compléter son puzzle avant d'élargir son influence aux anciens pays communistes entre 1988 et 2007 (*cf.* carte 5.4).

Aujourd'hui encore, l'ancrage états-unien demeure essentiel : économiquement avec 45 % des emplois et 57 % des résultats nets, technologiquement et commercialement car c'est là que sont testées les principales innovations avant leur diffusion dans l'espace mondial (carte bancaire…). Elle organise son activité mondiale sur six grands marchés représentés soit par trois grands pays (annexes canadien et mexicain dans le cadre de l'Alena et Japon), soit par continent : Amérique latine, Asie et Europe d'où elle rayonne – comme beaucoup d'autres firmes transnationales américaines – sur l'Afrique et le Moyen Orient.

Tableau 5.13 L'organisation par marchés et activités de Citygroup

millions $	États Unis/ Canada	Mexique	Amérique latine	EMEA*	Japon	Asie
Banque des particuliers, 200 millions de comptes	6 799	1 432	236	374	706	1 350
Banque d'investissement	2 950	450	619	1 130	498	1 248
Banque de gestion de fortunes	1 141	44	17	8	82	116
Total	10 890	1 926	872	1 512	1286	2 714

EMEA = Europe, Moyen Orient et Afrique.

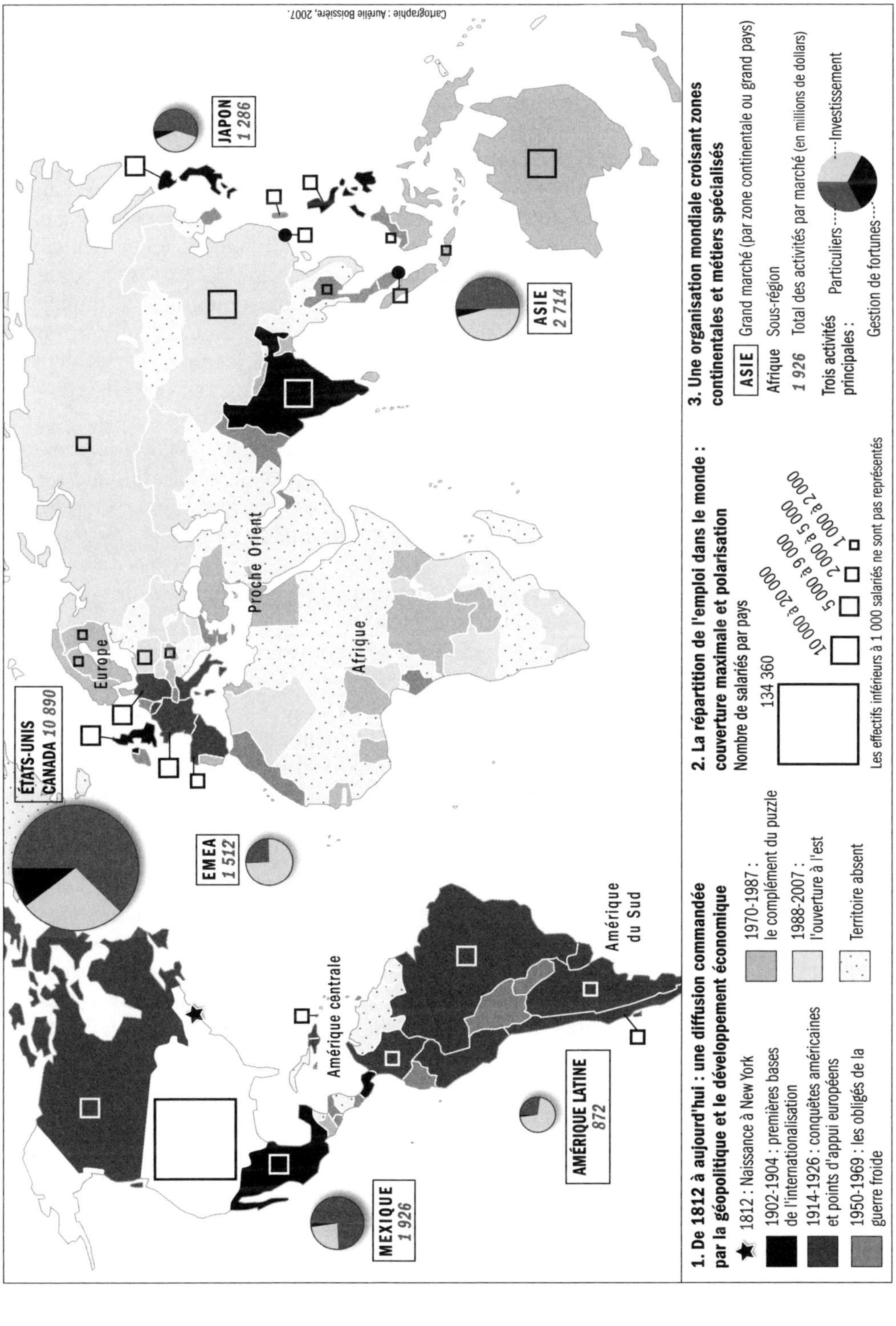

Figure 5.4 La Citigroup américaine, 2e groupe financier mondial

Dole, un géant agroalimentaire américain des fruits et légumes

Fondée en 1851 à Hawaï sur la culture de l'ananas et ayant son siège en Californie, Dole – tout comme Chiquita et Del Monte – est une des premières firmes transnationales dans la production de fruits et légumes en étant totalement intégrée verticalement. Ses ventes sont à destination des pays hautement développés : les États-Unis (46 % des ventes), l'Europe occidentale (26 %) et le Japon (11 %). Face à la pression des grandes surfaces, qui réalisent un tiers de ses ventes, elle cherche par rachats successifs à se doter de ses propres réseaux de distributeurs, en particulier en Europe. L'articulation zones de production/ marchés de consommation passe par le déploiement d'un vaste système de 60 centres logistique dans le monde reliés par voie maritime, grâce à une flotte de 24 bateaux frigorifiques et un parc de 13 700 containeurs frigorifiques, ou par voie aérienne pour les produits les plus périssables à haute valeur ajoutée. Miami joue ainsi un rôle majeur dans la redistribution aux États-Unis des fleurs coupées colombiennes.

Dans la production, Dole est présente dans 65 pays et emploie 64 000 salariés, dont 23 000 saisonniers. Si les États-Unis demeurent une vaste base productive (ananas à Hawaï, légumes, citrons, raisins et pistaches en Californie et Floride, pommes dans l'Etat de Washington, salades en Caroline du Nord…), l'essentiel des productions est réalisé dans les pays du Sud en y jouant sur les bas coûts de production et les avantages climatiques, en particulier pour les produits de contre-saison de l'hémisphère sud à destination du nord.

Le globe est partagé en trois grands blocs nord/sud : les production de Thaïlande et des Philippines sont destinées à 50 % au Japon et à 50 % aux États-Unis, celles d'Amérique centrale à 50 % aux États-Unis et 50 % à l'Europe et celles de l'Afrique (Côte d'Ivoire, Cameroun) uniquement à l'Europe. Dole dispose alors soit d'un vaste système de plantations valorisé en direct comme en Amérique latine (Chili, Colombie, Costa Rica, Equateur, Guatemala, Honduras) ou en Asie du Sud Est (Philippines, Thaïlande), soit d'accords de partenariat et de sous-traitance en ne gardant que la transformation et la commercialisation.

Les fruits frais représentent 64 % de ses ventes. Dans la banane, elle est l'héritière directe par rachat de la fameuse Standard Fruit Compagny qui mit en coupe réglée au début du XXe siècle, avec United Brand devenue Chiquita, les économies des petits États de l'isthme centre-américain, les fameuses « Républiques bananières » avant d'élargir sa base à la Colombie, au Venezuela et à l'Equateur. Ces deux dernières décennies, elle joue un rôle majeur dans la *Guerre de la banane* qui oppose devant l'OMC ces États producteurs au régime spécifique de quota mis en place par l'Union européenne avec les pays ACP. Dans ce cadre et afin de faciliter ses exportations vers l'Europe, elle rachète des entreprises en Côte d'Ivoire dont elle contrôle 56 % des exportations. Dans les années 1970, elle s'implante en Thaïlande (ananas, bananes, papayes, agaves, lychees, mangues) où elle emploie plus de 6 000 salariés dans ses plantations et ses usines de transformation. Au début des années 1980, elle investie massivement au Chili, où elle est devenue le 1er producteur et 1er exportateur de fruits, essentiellement vers les États-Unis et l'Europe (raisin, pommes, poires, pêches, kiwi).

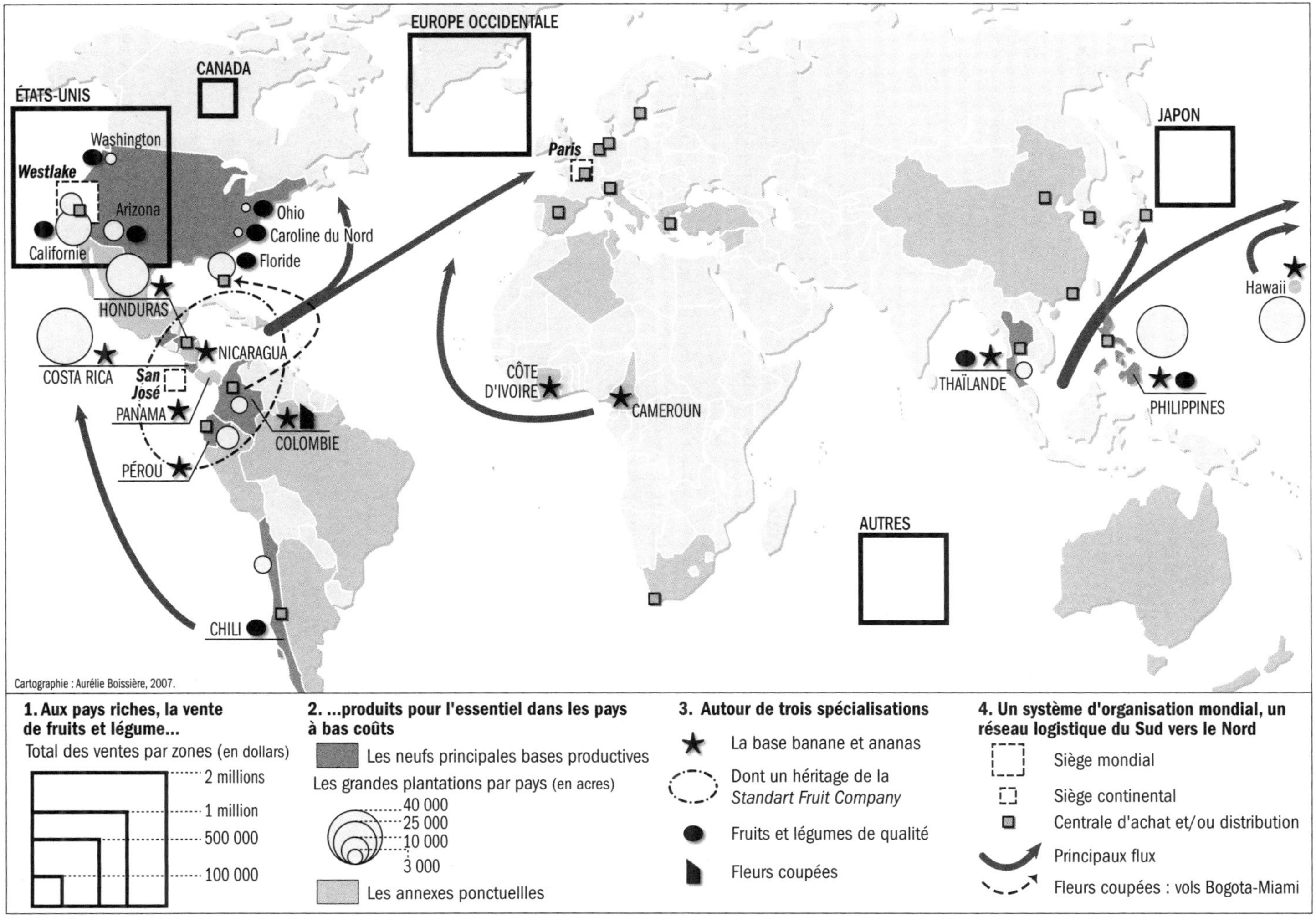

Figure 5.5 Dole, un géant agroalimentaire américain des fruits et légumes (AD)

Enfin, Dole Flores participe, à partir de 1998, très largement au développement de la culture de fleurs en Colombie dans la région de Bogota : 2 600 salariés dans 23 exploitations y cultivent 800 variétés, ce qui représente 3 % de ses ventes mondiales et 20 % des exportations colombiennes de fleurs. Mais dans le cadre de l'étude des emboîtements d'échelles, qui joue un rôle majeur dans la nécessaire compréhension de la mondialisation, cette implantation de Dole valorise opportunément une initiative des élites foncières locales organisée en une active association professionnelle, Asocolflores. En effet, quatre États réalisent 83 % des exportations mondiales de fleurs (Pays Bas, Colombie, Equateur, Kenya). Les 165 exploitations colombiennes réalisent 8,5 milliards de dollars de ventes par an et représentent 200 000 emplois directs, à 60 % des jeunes femmes peu payées et soumises à des conditions de travail dangereuses (empoisonnement par une utilisation massive et peu contrôlée des pesticides, engrais...). 80 % de la production est destinée aux États-Unis, et un tiers des ventes annuelles est réalisé ... pour la Saint-Valentin.

L'agroalimentaire face aux marques : Unilever

L'alimentation entre marché et culture

À l'articulation entre productions agricoles, transformations industrielles des produits et séduction de consommateurs de plus en plus exigeants qui constituent leurs marchés, les transnationales de l'agroalimentaire doivent intégrer de multiples contraintes économiques, techniques et géographiques. Une des principales contradictions ressort au statut même de l'alimentation et de la nourriture dans les sociétés humaines : la production en masse se heurte à des représentations et valeurs sociétales emblématiques, en particulier culturelles, tout à fait spécifiques selon les territoires.

Afin de gérer au mieux ces contradictions, plusieurs réponses sont adoptées par le secteur. La pression concurrentielle, en accélérant les fusions, pourrait bientôt déboucher sur un oligopole de quatre à six groupes mondiaux afin de permettre d'accéder à de nouveaux marchés ou développer de nouvelles activités. Mais la nécessité de disposer d'un avantage concurrentiel évident modifie la morphologie des firmes qui passent d'une logique d'accumulation conglomérale tous azimuts à des stratégies de spécialisation avec recentrages sur trois ou quatre activités. Dans cette optique, certaines firmes spécialisées, comme Nestlé ou Danone contrairement à Unilever, cherchent à forger une identité de groupe unique basée sur une marque emblématique pour tous les produits, ce qui permet de fidéliser les consommateurs sur une marque face à la concurrence en assurant un label de qualité. Ces stratégies obligent à disposer de budgets promotionnels énormes (Procter et Gamble : 10 % du CAF) et de budgets conséquents en recherche et développement (2 à 5 % CAF) afin d'innover en permanence.

Tout cela se traduit enfin par un processus permanent de rationalisations sociales et industrielles afin de réduire les coûts industriels, logistiques et administratifs tout en préservant les intérêts des actionnaires. Ainsi, l'américain Procter et Gamble (300 marques : Ariel, Tide, Monsieur Propre, Pampers, Always, Pantène, Oil of Olaz...) lance un plan « Organisation 2005 » prévoyant la suppression de 15 000 emplois (13 % effectif), la fermeture de 10 usines et la réduction de son portefeuille de 300 marques alors qu'en 1999 Nestlé ferme 10 de ses 50 usines en Europe.

Tableau 5.14 Les quatre géants européens de l'agroalimentaire et des produits d'entretien en 2002

Firme	Pays	CAF	Effectifs	Europe/CAF	agroalimentaire/CAF
Nestlé	Suisse	89,16 milliards de francs suisses	254 199	36 %	84 %
Unilever	Royaume-Uni/ Pays-Bas	48,27 milliards de francs suisses	258 000	46 %	50 %
Danone	France	13,56 milliards d'euros	92 209	71 %	96 %
Cadbury Schweppes	Royaume-Uni	5,298 milliards de livres	42 314	31 %	12 %

Unilever : Régime yoyo, stratégie de marques et rentabilité

Au-delà du système de représentation d'elle-même que souhaite donner la firme anglo-néerlandaise Unilever en se présentant comme « *a multi-local multinational* », l'étude de cette entreprise présente deux intérêts majeurs. Elle est le premier groupe agroalimentaire mondial avec 212 000 salariés dans 150 pays et une des rares véritables multinationales puisqu'elle est issue de la fusion en 1930 du britannique Lever et du hollandais Unie. Après avoir cédé sa chimie, ses emballages, ses aliments pour animaux et ses activités dans les transports ou la publicité, elle s'est recentrée sur deux grands domaines : l'alimentation et l'hygiène/produits ménagers. Sa gamme de produits de grande consommation va des thés Lipton, aux soupes Knorr, en passant par la moutarde Maille, les eaux de toilette Calvin Klein et les parfums (Cerruti, Lagerfeld, Chloé, Valentino…).

Les stratégies géographiques d'un grand groupe des biens de consommation reposent fondamentalement sur la maîtrise d'un marché de consommateurs grâce à la valorisation d'un portefeuille de marques commerciales notoires qui disposent soit d'un rayonnement international (Dove, Lipton, Magnum, Omo ou Cif), soit d'une position locale quasi-monopolistique (Égypte, Honduras, Chine, Mexique…). Dans cette quête, Unilever s'est imposé un régime yoyo fait de cessions et d'acquisitions permanentes. Afin d'augmenter sa marge bénéficiaire, elle réduit entre 2001 et 2004 son catalogue de marques de 1 600 à 400 en se concentrant sur celles qui lui procurent 80 % de ses ventes. Ce processus est d'autant plus important qu'Unilever connaît un recul sensible de ses ventes ces dernières années du fait de la forte pression financière et commerciale exercée par les grandes firmes de la vente en grande surface comme Carrefour, Tesco, Ahold ou Walmart, elles aussi en pleine internationalisation.

En réaction, elle réorganise son dispositif en croisant organisation géographique du marché mondial sur trois grands continents (Europe, Amériques, Afrique-Asie) et organisation sectorielle autour de deux branches (produits ménagers et soins de la personne, produits alimentaires). Surtout, elle réduit d'un tiers ses effectifs mondiaux entre 1995 et 2005, en particulier en Europe, qui se partagent entre activités de production et activités de ventes. Elle liquide une large partie de ses plantations qui la fournissaient en corps gras, réduit son appareil industriel

(337 usines dans le monde) et externalise au maximum ses activités vers des sous-traitants et des fournisseurs indépendants grâce à une base de données mondiale qui met en concurrence plus de 10 000 entreprises répertoriées.

Tableau 5.15 Évolution des emplois d'Unilever par zones géographiques (en milliers)

	1995	1997	2000	2003	2005	dif. 1995/2005	% 1995	% 2005
Monde	308	287	295	240	212	- 96	100	100
Europe	103	93	82	57	51	- 52	33,5	24
Amériques	58	57	83	51	46	- 12	19	22
Asie Afrique	147	138	130	132	115	- 32	47,5	54

Unilever emploie ainsi 7 000 salariés en Indonésie : 2 000 travaillent chez des sous-traitants et 5 000 chez elle, mais 40 % y sont sous contrat précaire. Si 5 % sont affectés à la gestion et 63 % à la vente pour la conquête du marché, 35 % travaillent à la production agricole pour fournir la firme en matières premières agricoles qui représentent à l'échelle mondiale 65 % de ses achats.

Mais Unilever doit faire face à une contradiction géoéconomique majeure. En effet, si l'Afrique mais surtout l'Asie jouent un rôle croissant – à la fois productif au plan agricole et industriel et commercial – plus de la moitié de ses ventes et de ses profits et une part notable de ses achats et de sa valeur ajoutée sont encore réalisées dans les pays hautement développés que sont l'Europe et l'Amérique du Nord. Du fait du haut pouvoir d'achat de leurs populations, du niveau de développement des économies (services, publicités…) et de la plus forte productivité de leur appareil industriel.

Tableau 5.16 Les équilibres géoéconomiques d'Unilever : une difficile équation

	Ventes Millions de $	Profits Millions de $	Salariés	Valeur ajoutée	Achats
Monde	39 672	5 314	212 000	?	?
Monde	*100%*	*100%*	*100 %*	*100%*	*100%*
Europe	*41%*	*44%*	*24%*	*38%*	*48%*
Amériques	*33%*	*32%*	*22%*	*33%*	*33%*
Asie Afrique	*26%*	*24%*	*54%*	*29%*	*19%*

Cette stratégie se traduit directement dans la géographie de l'appareil productif qui connaît une instabilité juridique et économique permanente selon un emboîtement d'échelles territoriales assez simple :

– À l'échelle mondiale, la production est concentrée sur 150 sites stratégiques de niveau mondial complétés par une trentaine d'unités à rayonnement national. Entre 1999 et 2004, 150 des 380 sites sont fermés ou vendus et 45 000 emplois supprimés.

– Aux échelles continentales, deux marchés très différents coexistent. Dans les pays développés (Europe occidentale, Amérique du Nord) aux marchés matures et stables, sa croissance repose sur les rachats et la promotion des grandes marques. Dans les pays en développement, surtout dans les pays émergents d'Amérique latine et d'Asie-Pacifique, le potentiel de croissance est considérable du fait de l'émergence d'une classe moyenne et d'une soif de consommation de produits emblématiques du modèle occidental.

– Aux échelles nationales et locales, les situations sont très variables du fait des héritages historiques et de la spécialisation des sites sur des marques vendues ou gardées. En Europe, alors que le Royaume-Uni est très touché, la France est plus épargnée. Dans ce pays, trois usines se voient attribuer des responsabilités européennes dans le cadre de l'organisation verticale du continent par activités (Compiègne/Le Meux, Marseille/Géménos, St. Vulbas). Trois autres se voient confirmer des responsabilités nationales grâce à l'aspect « terroir » de leurs productions et à leur importance sur le marché français (Boursin, Amora).

Tableau 5.17 L'évolution des sites Unilever en France en 1999/2001

Filiales	Activité	Localisation	Emplois	Devenir
Royco	*Soupes*	*Dissay (Vienne)*	*102 p*	*Cédé à Campbell Soup (É.-U.)*
Boursault	*Fromages*	*Auzances (Creuse)*	*45 p*	*Cédé à Bongrain (Fr)*
Benedicta	*Condiments*	*Seclin et Pont de Briques*	*179 p*	*Cédé*
Lever	*Lessives*	*Haubourdin/Lille*	*433 p*	*Cédé au basque Bilore*
Amora	*Vinaigre*	*Carvin*	*25 p*	*Cédé*
Elida Fabergé	Shampoings, dentifrice	Le Meux (Oise)	270 p	Europe
Boursin	Fromage	Pacy/Eure	150 p	Terroir local
Fralib	Thés Lipton	Géménos (Bouches du Rhône)	260 p	Europe
Amora	sauces, tomatine	Dijon	250 p	Terroir local
Amora	Moutardes	Chevigny	250 p	Terroir local
Sun	Lessive	St Vulbas (Ain)	435 p	Europe

Le sud-africain Anglo American et les matières premières minérales

Les activités minières entretiennent des rapports particuliers à l'espace géographique alors qu'elles furent très précocement un enjeu essentiel de la mondialisation capitaliste et de la colonisation (arrivée des minerais d'Amérique latine dans l'Espagne du XVIe siècle). Anomalies géologiques de la croûte terrestre, les gisements sont des richesses naturelles non renouvelables ancrées territorialement qu'il faut remplacer au fur et à mesure de leur épuisement grâce à la prospection. Mais les notions de ressources exploitables sont relatives car étroitement dépendantes du contexte technologique, économique et commercial. La recherche minière est aléatoire et la mise en exploitation est une opération risquée alors que le marché même des minerais est un des plus sensibles aux conjonctures économiques et aux crises géopolitiques. Il s'ensuit une stratégie des firmes du secteur très particulière dans un marché depuis déjà longtemps d'échelle mondiale.

Logiques monopolistiques, marchés mondiaux et risques géopolitiques

L'activité minière mondiale est économiquement très concentrée puisque 14 multinationales représentent 60 % de la capitalisation boursière du secteur. Deux stratégies sont mises en œuvre : soit des groupes spécialisés cherchant à acquérir une position mondiale dominante (Alcan 40 % de l'aluminium mondial, canadien Inco 25 % du nickel), soit des conglomérats (BHP Billinton, Rio Tinto, Anglo American) cherchant conjointement à consolider leurs activités sectorielles (non ferreux, fer, charbon) et à les diversifier géographiquement. Avant sa fusion avec Billinton, l'Australien BHP contrôlait 50 sociétés dans 70 pays.

Mais toutes ces firmes tentent d'acquérir des situations oligomonopolistiques afin de peser sur les cours déprimés en réduisant l'offre, d'augmenter leurs pouvoirs de négociation face aux clients et traders et, enfin, de se constituer des portefeuilles de réserves exploitables pour les décennies à venir. Dans le platine, Anglo American souhaite atteindre 50 % de la production mondiale alors que deux firmes contrôlent 43 % de l'aluminium et six firmes 56 % du cuivre. Dans les minerais de fer, 80 % des exportations mondiales sont contrôlés par trois groupes (Rio Tinto, BHP et CVRD) qui se répartissent des zones d'influence et tentent de limiter au maximum la mise en œuvre de nouvelles exploitations. Dans le niobium dominé par trois groupes, Anglo American tente de bloquer le développement du gisement géant de Mabounié, au Gabon par des intérêts allemands et autrichiens en 1999.

Tableau 5.18 Les principaux groupes miniers (ventes en millions de dollars en 2006)

Firme	États	Activités	Ventes	Salariés
Anglo-American	Afrique du Sud	Or, platine, charbon, diamants	33 072	162 000
BHP Billinton	Australie / Royaume-Uni	Fer, charbon, cuivre, nickel, chrome…	32 153	33 184
Alcoa [(1)]	États-Unis	aluminium	30 379	129 000
Rio Tinto	Royaume-Uni/ Australie	Cuivre, aluminium, chrome, charbon, nickel, fer, manganèse…	24 440	32 000
Alcan [(2)]	Canada	Aluminium	23 641	64 700
Codelco	Chili	cuivre	17 077	17 936

1 : Intégration verticale entre activités minières et sidérurgie -métallurgie.
2 : Rachat de Péchiney en 2004.

Gérant leurs activités par produit d'emblée à l'échelle planétaire en tenant compte des variations des cours mondiaux, ces firmes arbitrent entre leurs différents sites produisant les mêmes minerais. Ceci explique parfois des divergences d'intérêt avec l'échelon local ou national où elles sont implantées quand une mine ne tourne qu'à 10 ou 20 % de ses capacités. Enfin, la recherche de la réduction des coûts de production peut se traduire par la fermeture des mines les moins rentables. Car, selon les structures géologiques (mines à ciel ouvert ou souterraines), le niveau de concentration des minerais, les coûts salariaux, l'éloignement du littoral ou la qualité des réseaux de transport, les coûts de prospection et d'exploitation peuvent varier considérablement. Ainsi dans la production aurifère, l'once revient à 260 dollars dans la mine sud-africaine de Randfontein et à 48 dollars dans la mine de Carlin aux États-Unis.

Mais leur développement international dépend étroitement d'équilibres géoéconomiques et géopolitiques continentaux, nationaux, régionaux et locaux. L'emboîtement des échelles territoriales joue ici un rôle d'autant plus fondamental que la ressource est rare et polarisée. Une crise locale peut alors avoir des effets dominos exceptionnels. En effet, de par la nature de leurs activités, cette industrie entretient des liens spécifiques avec les États dont les politiques minières lui sont plus ou moins favorables (codes miniers, législations fiscales, choix des investisseurs, concessions, poids des redevances...). Alors que la nationalisation du cuivre chilien par le gouvernement Allende, en 1973, joua un rôle essentiel dans l'aide apportée par la CIA au putsch sanglant du général Pinochet, les privatisations de la décennie 1990 en Amérique latine (Chili, Argentine, Pérou...) se traduisent par un afflux massif des conglomérats miniers. La gestion du risque géopolitique, en particulier dans des régions très instables, nécessite donc un arbitrage permanent et oblige à la recherche d'un équilibre avec des zones plus sûres. Par exemple dans le platine, l'instabilité de la Russie ou de l'Afrique du Sud en 2000 pousse à diversifier les investissements au Canada, en Finlande ou en Amérique du Sud (Ceara). À ce titre, l'étude de l'Afrique du Sud est d'un intérêt majeur.

Tableau 5.19 Le territoire de Rio Tinto en 2003 : répartir géographiquement les risques

	Ventes (%)	Actifs (%)	Salariés	Salariés (%)
Monde	100	100	34 399	100
Amérique du Nord	31,2	35,5	8 641	25
Australie, Nouvelle-Zélande	41,6	48,5	8 155	24
Afrique	7,2	3,5	7 437	21,5
Europe	5,6	2,7	3 283	9,5
Amérique latine	4,8	5,3	2 465	7
Indonésie	2,6	4,5	4 080	12
Autres	7	0	338	1

Chute de l'Apartheid et crise structurelle de l'Afrique du Sud minière

Indissociable de la colonisation afrikaner et britannique puis du système d'Apartheid (1948-1984), la mine fut le moteur de l'économie sud-africaine et de son insertion dans la mondialisation dès la fin du XIXe siècle. Quatre composantes principales l'identifiaient. Un potentiel géologique exceptionnel avec des minerais à haute valeur (or, platinoïdes, diamants et charbon) et des filons à haute teneur. Un système socio-technique reposant sur la surexploitation de la main-d'œuvre noire locale ou importée des pays voisins. La domination des *Mining Houses*, puissants holdings captant la rente minière en contrôlant en cascade une multitude de filiales productives, chaque mine étant une entité juridique spécifique. Un régime d'Apartheid bloquant toute modernisation du fait de la déqualification et des bas salaires.

Mais ce modèle entre en crise structurelle sous la pression de facteurs géoéconomiques et géopolitiques internes et externes : épuisement de certains filons (charbon à coke), déstabilisation des cartels du platine et du diamant, marginalisation des mines d'or qui génèrent cependant encore 28 % des recettes minières et 3 % du revenu national, baisse des cours mondiaux, dévaluations du Rand, sous-investissement et ravages du Sida dans la main-d'œuvre minière...

Mais c'est bien sûr la chute du régime d'Apartheid, symbolisée par l'arrivée au pouvoir de Nelson Mandela, qui joue le rôle essentiel. Le nouveau gouvernement de l'ANC procède à la nationalisation des droits miniers afin de favoriser la majorité noire en promouvant le *black empowerment* malgré beaucoup de difficultés et certains échecs retentissants (pyramides financières opaques, faiblesse des capitaux et du savoir-faire, corruption, népotisme...). Le secteur minier tombe de 23 % à 14 % du PNB et l'emploi minier recule de 54 % (– 260 000 postes) entre 1980 et 2000, bien qu'il contribue encore à 50 % des exportations nationales en intégrant les produits de base associés (alliages, aluminium).

Tableau 5.20 Évolution des effectifs dans les mines d'or sud-africaines entre 1910 et 2000 : une profonde crise sociale

1910	1920	1930	1940	1950	1960	1970	1980	1990	2000
207 414	198 255	224 230	394 678	348 274	437 265	416 846	478 938	474 851	221 848

Dans ce contexte explosif, les entreprises minières doivent opérer une transformation structurelle face à leurs rivales occidentales. Quatre grandes mutations sont mises en œuvre. En premier lieu, afin de reconstituer leur rentabilité, les compagnies s'engagent dans un vaste remembrement des concessions, infrastructures et schémas d'exploitation avec la fermeture des mines les moins productives : on assiste à une sensible rétraction du système territorial minier, en particulier dans la ceinture aurifère au sud de Pretoria. Second point, la modernisation des relations sociales met l'accent sur l'abandon des pratiques les plus racistes, l'alphabétisation en anglais afin de dépasser la multiplicité des patois vernaculaires propres à chaque mine, la formation, la polyvalence et la simplification des niveaux hiérarchiques dans un système jusqu'ici très militarisé. En troisième lieu, les fusions et la diversification des productions doivent leur permettre d'échapper à la cyclicité des différents produits traditionnels. Enfin, le transfert des sièges des plus grandes firmes sur Londres au détriment de la place financière de Johannesburg (Anglo American, De Beers et Billiton dans les mines, South African Breweries, Old Mutual) permet de contourner le contrôle des changes mis en place par le gouvernement et de lever plus facilement des capitaux sur les places financières mondiales.

Produisant 50 % de l'électricité, 83 % de l'acier, 93 % du charbon et 32 % des automobiles du continent africain, l'Afrique du Sud est aujourd'hui redevenue une puissance régionale incontournable dont témoignent ses interventions politiques et diplomatiques en Afrique. Au plan géoéconomique, la fin de l'Apartheid permet de nombreux investissements en Afrique sub-saharienne où ils contrôlent désormais des secteurs entiers (commerce, transport, agroalimentaire, mines, énergie, aviation avec South African Airlines, banques...) en particulier dans les anciens pays de la Ligne de front et en Afrique équatoriale et orientale (Ouganda, Kenya, Tanzanie).

L'Anglo-American : l'adaptation d'un géant sud-africain

Fondé en 1917 par la famille Oppenheimer et aujourd'hui 1re entreprise minière mondiale, l'Anglo American Cie (AAC) est indissociable de l'histoire du pays : au plan politique où elle symbolise un certain pragmatisme de l'establishment anglo-saxon ; aux plans économique et minier comme en témoignent depuis 1929 les participations croisées avec la célèbre société De Beers, fondée par Cecil Rhodes en 1888 et qui appartient à la famille Oppenheimer (45 %) et à AAC (45 %). Avec 25 000 salariés, De Beers contrôle les deux tiers du marché et réalise 45 % de la production mondiale de diamants de qualité grâce à ses vingt mines (Afrique du Sud, Tanzanie, Namibie, Botswana). Mais la fragilité du compromis avec le nouveau pouvoir et les syndicats, la profonde crise économique et l'instabilité sociale et politique menacent la pérennité de la moitié de ses actifs (*cf.* carte 5.6).

Face à cette situation, elle engage trois ruptures différentes mais complémentaires. Au plan sectoriel, tout en se recentrant sur ses activités minières en se débarrassant de ses nombreuses activités industrielles et financières, elle rééquilibre son offre (charbon, métaux ferreux et non-ferreux, production forestière) afin de réduire sa dépendance vis-à-vis du platine et des diamants qui contribuent à 41 % de son bénéfice. Au niveau de son organisation, si ses filiales directes pèsent encore pour 60 % de sa production, elle multiplie les joint-ventures et systèmes d'association avec d'autres compagnies internationales afin de partager les risques géopolitiques et de mobiliser des technologies non contrôlées en interne.

Tableau 5.21 Le dispositif productif et commercial d'Anglo-American

	Valeur patrimoine	Valeur production	Salariés	Ventes clients
Monde	41 855*	34 472*	195 000	34 472*
Monde	%	%	%	%
Afrique du Sud	*45*	*39*	*60,5*	*15*
Reste de l'Afrique	*10*	*10*	*11*	*2*
Europe	*24*	*30*	*20,5*	*44*
Amérique	*14*	*14,5*	*5*	*18*
– dont Amérique du Nord	*1*	*1,5*	*0,5*	*13*
– dont Amérique latine	*13*	*13*	*4,5*	*5*
Australasie	*7*	*6,5*	*2,5*	*21*

* Millions de dollars en 2005.

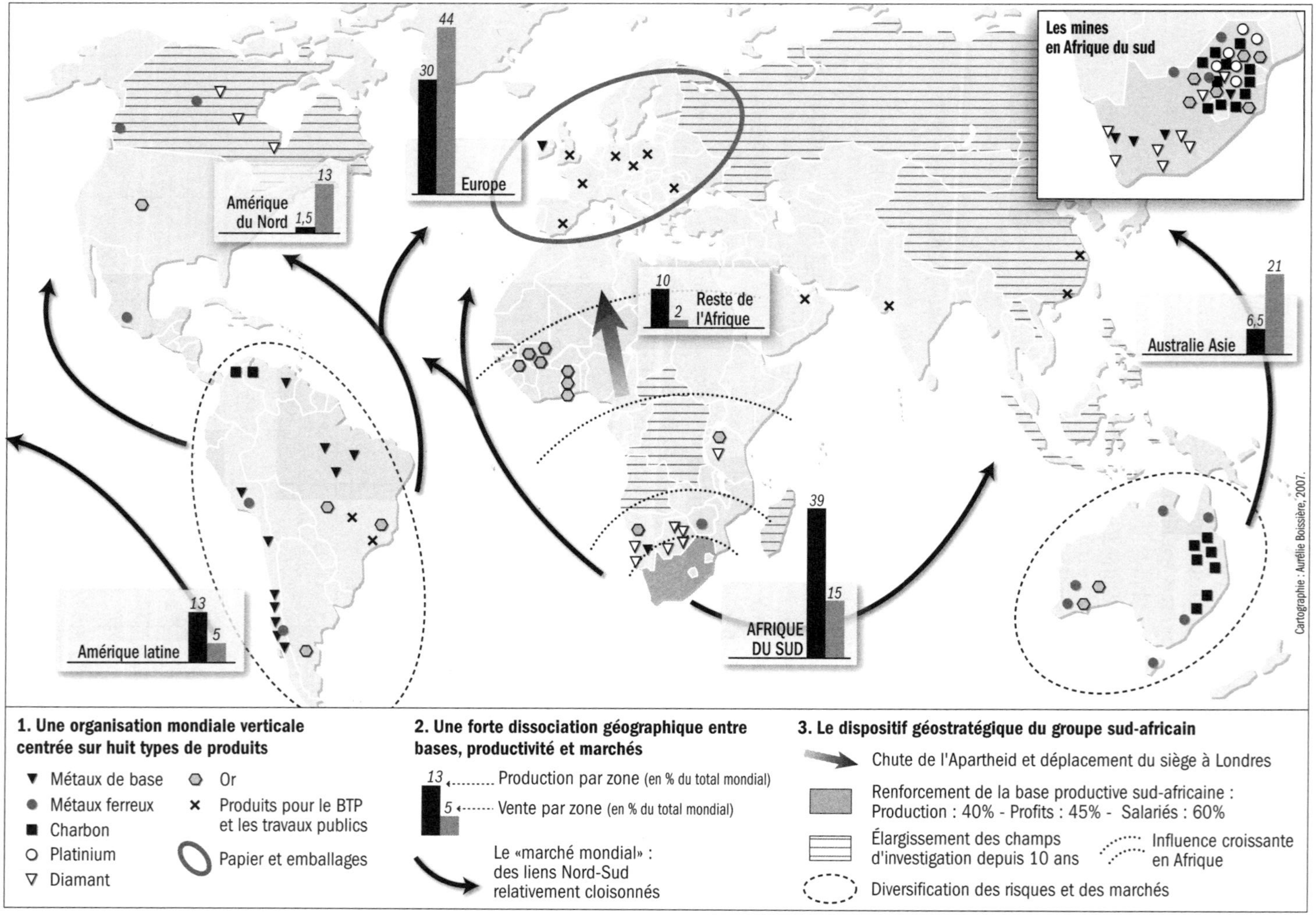

Figure 5.6 Anglo American, une grand groupe minier sud-africain

Mais surtout, la principale rupture concerne son dispositif territorial. La fin de l'embargo officiel contre l'Afrique du Sud lui permet de s'internationaliser plus facilement afin de sécuriser son portefeuille d'actifs, de rechercher les plus bas coûts de production, de diversifier ses sources de production et d'assurer la complémentarité entre marché national et international. C'est ainsi que ses multiples filiales spécialisées retissent leurs réseaux africains et diffusent leurs activités en Australie, aux États-Unis et en Amérique latine.

Dans l'or, Anglogold, premier producteur mondial, s'implante dans onze États dont la Tanzanie, le Mali, la Namibie, le Malawi, l'Australie, les États-Unis, le Brésil et l'Argentine alors qu'en 2001 une OPA sur l'Australien Normandy Mining fait reculer la production sud-africaine des deux tiers à 50 %.

Dans le cuivre, AAC prend le contrôle de 50 % de la ZCI (Zambie Copper Investments) privatisée sur pression du FMI par le gouvernement zambien, dont le cuivre représente 85 % de ses ressources en devises. Ceci lui permet de contrôler la plus grande partie des activités minières de la ceinture de cuivre et du cobalt (mines de Konkola, N'Kana et N'Changa) dont les infrastructures vont être rénovées grâce à un prêt de la Banque mondiale (chemins de fer, hôpitaux, écoles, routes, énergie). Ce dispositif complète la prise de contrôle par AAC d'une partie des mines de la République démocratique du Congo (RDC) qui s'étendent de l'autre côté de la frontière à Kolwezi et Tenke Fungurum au Katanga. En effet, après avoir été éjecté du Zaïre du fait de sa trop forte présence auprès de Mobutu, AAC revient en association avec des intérêts canadiens, belges ou australiens.

Dans le charbon enfin, la reprise des activités de Shell (3e producteur) dans le Queensland lui permet de devenir un acteur véritablement mondial en exportant vers l'Asie à partir de l'Australie et lui apporte une participation dans la plus grande mine du Venezuela. Associée à Billiton et à Glencore, AAC reprend aussi à Exxon le contrôle du charbon colombien. Elle vise le contrôle du tiers de l'offre mondiale exportée.

La stratégie d'une transnationale pétrolière : TotalFinaElf

Les Grands Majors du pétrole

Face aux activités minières traditionnelles, le contrôle de l'or noir représente des enjeux mondiaux autrement stratégiques du fait du développement d'une véritable civilisation du pétrole comme en témoigne à la fin du XIXe siècle l'émergence des sept Majors organisés en un puissant cartel dont les intérêts géoéconomiques sont étroitement associés aux intérêts géopolitiques de leurs États respectifs : aux États-Unis la Standard Oil (1870), Chevron, Exxon, Mobil et Texaco (1902) et en Europe Royal Dutch-Shell (1890) et British Petroleum (1909) rejoints par Total (1924) et Elf (1966) et la Belge Pétrofina (1920). Face à ces mastodontes, chaque État producteur se dote progressivement de sa propre société nationale afin de desserrer leur étreinte comme l'Arabie Saoudite (Saoudi Aramco), le Mexique (Pemex), le Venezuela (Petroleos de Venezuela, PDV), la Malaisie (Petronas) ou l'Algérie (Sonatrach). Au début des années 1990 la concentration économique du secteur s'accélère après quinze ans de stabilité avec le rachat de Mobil par Exxon, d'Amoco et d'Arco par BP, de Fina et d'Elf par Total ou la fusion de Texaco et de Chevron.

Tableau 5.22 Les principaux groupes pétroliers mondiaux

Firmes	ExxonMobil	Shell	BP	Chevron	Total
État	États-Unis	R.-U Pays-Bas	R.-U.	États-Unis	France
Ventes 2006 en millions de dollars	377 635	312 323	274 316	210 118	175 189
Salariés 2006	83 700	109 000	96 200	59 000	95 000
Production 2003					
Millions de barils/jours	4,2	3,9	3,6	2,5	2,5
Réserves 2003					
Milliards de barils	22	15,5	18,9	12	11,4
Taux de remplacement 2003	107	98	158	107	145

Ces gigantesques fusions s'expliquent par le fait que les réserves des gisements géologiques pour lesquelles les compagnies ont des accords d'exploitations constituent l'essentiel de leurs actifs : exprimées en années de production, elles garantissent la valeur future d'une compagnie et ses potentiels productifs, à moins d'un « accident » géopolitique remettant en cause les accords signés. Mais comme l'indique en 2004 la révision sensible des réserves de Shell, ces évaluations sont souvent opaques et sujettes à interprétation. Face à la montée des coûts d'exploration et à une forte instabilité géopolitique, les compagnies ont tendance à réduire les campagnes d'exploration et la découverte de nouveaux gisements de plus en plus difficiles d'accès. Dans ce contexte, le rachat des concurrents permet ces dix dernières années de maintenir à court terme leur portefeuille et leur niveau de réserves sans amoindrir leur rentabilité. L'objectif est ensuite d'équilibrer géographiquement les zones de production et de réserves afin de faire face à toute crise géopolitique régionale et d'être capable de produire au coût le plus bas pour chaque bassin de production dans le cadre d'une régionalisation de leurs activités mondiales.

Total et Elf : deux histoires, deux territoires

Cette étroite articulation entre enjeux géopolitiques et géoéconomiques est particulièrement éclairante dans le cas du français TotalFinaElf. Historiquement, dès la Première Guerre mondiale, le gouvernement de G. Clemenceau est frappé par le rôle stratégique des carburants. La France cherchera en permanence à se doter de ses propres structures afin d'éviter les pressions des compagnies étrangères. C'est pourquoi commencent entre 1939 et 1941 la prospection du Bassin Aquitain, où une découverte majeure intervient en 1951 alors que l'aventure saharienne débouche en 1956 en Algérie. Dans ce contexte, deux entreprises pétrolières concurrentes apparaissent. La Compagnie Française des Pétroles (future Total) est fondée à l'initiative de l'État, en 1924, pour gérer la part qui revient à la France dans la Turkish Petroleum Co. d'Iraq dominée par les intérêts britanniques dans le cadre des rivalités inter impérialistes pour le partage des dépouilles de l'Empire ottoman. Alors que la RAP – futur Elf – est fondée en 1939. Après la Seconde Guerre mondiale, Paris, qui juge la CFP/Total trop étroitement liée aux actionnaires privés et aux Majors américains, fait d'Elf-Erap l'instrument de sa politique énergétique : elle doit assurer l'indépendance de la France en pétrole et est dotée d'un vaste réseau de raffineries et de distribution.

Tableau 5.23 La fusion Total/Elf : géographie des réserves d'hydrocarbures, la synergie contemporaine de stratégies territoriales historiquement différenciées (% total mondial)

Continents et pays	Total	Elf	TotalElf
France	0	5	3
Europe occidentale (Royaume-Uni, Pays-Bas, Norvège, Italie)	43,7	38,9	41
Russie	0,3	0	0
Amérique du Nord (États-Unis, Canada)	7,8	1,5	4
Amérique latine (Venezuela, Colombie, Equateur, Argentine)	16	0,1	7
Golfe de Guinée (Nigeria, Cameroun, Gabon, Congo, Angola)	3,1	54,5	32
Maghreb (Algérie, Tunisie, Libye)	7,9	0	3
Asie (Yémen, Thailande, Indonésie)	21,2	0	9

Mais en 1971, Elf perd 50 % de sa production lors de la nationalisation du pétrole par Alger. Elle se recentre alors géographiquement sur deux pôles : mer du Nord et Afrique. En mer du Nord, où elle fut une des premières sociétés à trouver du pétrole, l'exploitation *offshore* devient enfin rentable grâce au choc pétrolier de 1973 et à la hausse des prix. En Afrique sub-saharienne, elle parvient à se tailler un véritable fief où elle joue un rôle essentiel à mi-chemin entre pétrole, politique et services secrets. Sa rente pétrolière lui permettra de se diversifier dans la santé (Sanofi) et les produits de beauté (Yves Rocher...).

Dans la décennie 1990, alors qu'elle s'engage en Russie, au Kazakhstan, en Chine ou dans les nouveaux *Länder* allemands, l'actualité française (« affaires Elf ») met en lumière ses étroites imbrications avec les sphères de l'État et les dérives afférentes (commissions financières, détournements ou escroqueries en série, rôle majeur dans le financement de partis politiques, services secrets parallèles...). Discréditée et surendettée, elle passe en 1999 sous le contrôle de TotalFina.

La fusion débouche alors sur la création du 4e groupe pétrolier mondial, employant 156 000 salariés. Fusionnant les deux héritages historiques, sa géographie des réserves est bien équilibrée (Europe 27 %, Afrique 28 %, Moyen-Orient 25 %, autres : 20 %) tout comme ses activités amont et aval. Si en France la gestion de TotalFinaElf est mise en cause lors de la marée noire de l'Erika, ou lors de l'explosion de l'usine chimique d'une filiale (AZF) qui ravage le sud de Toulouse en 2001, la flambée du brut, l'appréciation du dollar et l'amélioration de ses marges de raffinage lui permettent de dégager, comme tous les Majors du monde, une rentabilité exceptionnelle.

Depuis la constitution du nouveau groupe, Total a systématiquement cherché à diversifier le portefeuille géographique de ses réserves, qui représentent un ratio de vingt-trois années de production, et de ses productions grâce en particulier au développement de l'*offshore* dans le Golfe de Guinée (Nigeria, Angola, Congo), la Mer du Nord et le Golfe du Mexique. Très sensibles aux équilibres géopolitiques régionaux (*cf.* crise au Nigeria), nationaux (renationalisations ou renégociations des contrats en Amérique latine, incertitudes en Russie) et continentaux (crise au Moyen Orient), il cherche à étendre ses prospections à des États plus stables et prometteurs du fait de leurs énormes besoins comme l'Australie, la Chine et l'Inde. Très intégré verticalement, il réorganise son appareil de raffinage pétrolier européen autour de quatre pôles (Royaume-Uni, Pays-Bas, Basse-Seine, Vallée du Rhône) et met l'accent dans la pétrochimie sur le marché asiatique en pleine croissance (Corée du Sud, Chine, Arabie saoudite) tout en cherchant à renforcer son appareil de distribution en Europe et Afrique.

Tableau 5.24 La géographie de la production journalière de Total en 2006

	Total Gaz + Pétrole	**pétrole**	**gaz**
Total mondial	2 356 Kbep/j	1 506 Kb/j	4 674 Mpc/j
Total mondial %	*100*	*100*	*100*
Europe	*30,9*	*24,2*	*42,1*
Afrique	*30,6*	*41,7*	*10,4*
Moyen Orient	*17,2*	*23,3*	*6,2*
Extrême Orient	*10,7*	*1,9*	*27,4*
Amérique du Sud	*9,6*	*7,9*	*12,7*
Amérique du Nord	*0,7*	*0,5*	*1,1*
Autres	*0,3*	*0,5*	*0,0*

Les biens d'équipement face aux marchés : l'allemand Siemens

Si pour les transnationales minières et pétrolières l'accès aux gisements est le facteur déterminant de leurs stratégies mondiales, dans l'industrie manufacturière les logiques sont tout autres. Si certains segments à faible valeur ajoutée (textile) ou à production de masse (électronique grand public) peuvent délocaliser leurs productions, la majeure partie des activités industrielles demeure sur leurs bases territoriales. Dans les produits à haute valeur ajoutée (biens d'équipement et biens de consommation élaborés), qui constituent le cœur des systèmes productifs de ces pays, se développent essentiellement des stratégies de marché. À partir de la maîtrise de son espace national, la firme s'internationalise sur des marchés exigeants et concurrentiels en produisant progressivement sur place et en développant tous les services périproductifs accompagnant la fourniture d'équipements (formation, maintenance, réparation, adaptation-clients…). Enfin dans les biens intermédiaires (sidérurgie, verre, ciment, énergie, papier-carton…), les coûts de transports de ces pondéreux sont tels que la proximité du marché joue encore un rôle déterminant dans leurs localisations.

Ces contraintes de production et de marché se traduisent bien sûr par des modalités d'internationalisation particulières comme en témoigne dans les biens d'équipements électriques l'allemand Siemens.

Le second groupe industriel allemand en pleine mondialisation

Fondée en 1847 à Berlin par Werner von Siemens, elle bénéficie des commandes de l'État prussien puis impérial pour asseoir précocement son développement international commercial (lignes télégraphiques en Chine en 1872) et industriel (1899 : Italie, 1903 : Bratislava, 1910 : Espagne...). Spécialisée à l'origine dans l'électrotechnie et des activités devenues matures (câbles, installations et lampes électriques), elle investit les communications, les automatismes, l'informatique, le matériel médical ou les composants. Cette diversité permet de disposer d'un panel d'activités suffisamment large pour permettre d'amortir les cycles sectoriels (télécommunications). Second *Konzern* industriel allemand derrière Mercedes Benz, elle est une des premières transnationales d'Europe avec un réseau de 2 000 filiales, 800 sites et 475 000 salariés dans 190 pays.

Tableau 5.25 L'internationalisation des marchés de Siemens (milliards d'euros et %)

	1990	2006	Évolution	% croissance	% ventes 1980	% ventes 1990	% ventes 2006
Total monde	32,2	87,3	+ 55,1	100	100	100	100
Allemagne	14,5	16,2	+ 1,7	3 %	46	45	19
Extérieur	17,8	71,1	+ 53,3	97 %	54	55	81

Cette structure très ramifiée s'articule à deux logiques, l'une industrielle et l'autre commerciale. La production est organisée autour de huit divisions verticales (énergie, industrie, information et communication, transport, médical, lumière, composants et finance). La logique commerciale découpe la planète en grandes unités régionales : Allemagne, Europe (Eur. occidentale et médiane et Turquie), Amériques, Asie Pacifique, Afrique Moyen-Orient ex-Urss. Le tout est coiffé par la direction centrale de Munich organisée par départements fonctionnels (finance, ressources humaines, technologie, achats et logistique, planning et développement...) qui gèrent l'activité mondiale.

Tableau 5.26 Les mutations de la géographie des marchés de Siemens (% ventes)

	1975	1980	1990	2003	2006
Allemagne	51	46	45	23	19
Europe	30	26	30	34	31
Sous-total All./Europe	*81*	*72*	*75*	*57*	*50*
Amériques	7	10	15	25	26
Asie	8	14	6	12	15
Afrique CIS Moyen Orient	4	4	4	4	9

La géographie de ses ventes reflète son orientation sectorielle puisque ses produits s'adressent à des économies de haut niveau technique : pays développés en mutation technologique permanente et pays émergents en voie d'équipement et de modernisation. Si ces quinze dernières années la croissance de ses ventes nationales est notable (+ 17 %), ses activités a l'étranger basculent de 50 % à 81 % de son CAF. Sa stratégie sectorielle se traduit à la fois par de nombreuses cessions (composants, locomotives, câbles d'énergie, électronique de défense...) et par le renforcement de ses principaux pôles de compétence à travers une politique d'accords industriels (nucléaire avec Framatome...) et de croissance externe (Westinghouse Powergreen, Matra Transport...). Le capital mobilisé par la croissance externe survalorise la Triade (Europe 39 %, Amérique 36 %, Allemagne 16 %, Asie 6 %, Afrique Proche-Orient 2 %). Par contre, les gains de productivité et la pression sur les salaires font chuter, entre 1990 et 1999, les coûts salariaux de 43 % à 34 % des ventes au profit des actionnaires.

Tableau 5.27 Évolution de la géographie du dispositif productif de Siemens

	Salariés (en milliers)			**Salariés en %**			**Situation en 2006**		
	1980	1990	2006	1980	1990	2006	Usines	% usines	% salariés Rdev
Monde	344	373	475	100	100	100	289	100	100
Allemagne	233,4	230	161	67	62	34	86	30	43
Europe	58,4	71	127,5	17	19	27	67	23	28
Amériques	30,9	50	104	9	13,5	21	78	27	16
Asie	17,2	16	70	5	4	15	54	19	12
Autres	6,8	5	12,5	2	1,5	3	4	1	1

Alors qu'elle passe de 344 000 à 475 000 salariés entre 1980 et 2006, les effectifs allemands demeurent stables entre 1980 et 1990, avant de reculer entre 1990 et 2006, du fait des cessions opérées. Par contre la montée des effectifs à l'étranger traduit la dynamique de son internationalisation productive. Mais celle-ci est très hiérarchisée au profit des espaces qualitativement les plus exigeants de la planète : six pays polarisent la moitié des emplois extérieurs et seize les trois quarts. Face à un marché européen relativement saturé, Siemens fait des États-Unis, son 1er marché mondial, sa priorité comme en témoignent son entrée à Wall Street en mars 2001, ses 75 000 emplois et 750 sites. Son deuxième objectif stratégique est constitué par la Chine populaire (40 000 salariés) et les pays émergents aux énormes besoins (énergie, transport, hautes technologies...).

Par contre, malgré l'internationalisation, l'équilibre structurel entre fonctions concrètes et abstraites demeure comme en témoigne le maintien des emplois de la production concrète où le processus d'externalisation est absent, celle-ci représentant le cœur de la valeur ajoutée avec la fonction recherche.

La diversité qualitative des différents ancrages territoriaux

Malgré son internationalisation spectaculaire, ses rapports au territoire national demeurent d'une grande stabilité, du fait de son caractère stratégique pour la survie même d'une telle firme. Ainsi, l'Allemagne polarise un tiers des dépenses en capital devant l'Europe, les Amériques et l'Asie. Si les *Länder* de Rhénanie, du Nord-Westphalie, du Bade-Wurtemberg ou de Berlin jouent toujours un rôle considérable, la Bavière et Munich demeurent au cœur de son dispositif national et mondial avec 60 % des emplois allemands, spécialisés dans les fonctions de gestion et de commandement, de production très élaborée et de recherche.

Pour réussir son internationalisation, Siemens se moule étroitement dans les spécificités continentales et nationales. Ainsi, en Europe occidentale, elle transforme la Suisse (10 000 sal.) et l'Autriche (20 000 sal.) en annexes technologiques et productives de l'Allemagne du Sud et s'étend dans les quatre États les plus proches et développés d'Europe médiane (25 000 sal.) à la faveur de la chute du Mur de Berlin en 1989 tout en profitant des stratégies attractives de l'Irlande (montage informatique, centre d'appels européen). En Amérique latine, elle n'hésite pas à jouer au Mexique (13 000 sal.) la carte des *maquiladora* (chap. 6) avec six usines de montage de petit matériel électrique pour réexportation et à profiter au Brésil des privatisations des grands équipements énergétiques.

La continentalisation de l'automobile : Toyota, 3e groupe mondial

Naissant à la fin du XIXe siècle, l'automobile est devenue un secteur-clé de l'économie capitaliste et par excellence l'activité industrielle produisant en masse des biens de consommation durables. Sa spécificité réside historiquement dans sa rapide internationalisation et territorialement dans l'extraordinaire possibilité de segmentation technique, sociale et géographique de son procès industriel. Cependant, même dans une activité en apparence aussi unifiée, la mondialisation laisse apparaître une extrême diversité des structures socio-techniques et des stratégies, comme l'illustrent de nombreux travaux du *Gerpis*a (université d'Evry), qui plongent leurs racines dans l'histoire de chaque transnationale.

Un secteur automobile mondial en profondes mutations

Dans le cadre de la mondialisation, l'automobile japonaise et internationale est aujourd'hui confrontée à un certain nombre de ruptures majeures :

– *Ruptures technologiques massives*. Les exigences en matière de qualité, de confort, de sécurité et d'innovations coûtent de plus en plus cher. La conception d'un nouveau modèle ou d'un nouveau moteur (760 millions d'euros) est un risque qui doit être amorti dans des échelles de plus en plus vastes.

– *Gros volumes et individualisation sociale et géographique*. Afin de mieux répartir ces coûts croissants, les constructeurs réduisent leur nombre de moteurs et plates-formes (ensemble châssis-suspension) produits en masse. Mais il leur faut aussi augmenter la variété des produits finaux proposés aux consommateurs, à partir de traditions, goûts et surtout besoins très différents, d'un continent à l'autre. Toutes les tentatives de « voiture mondiale » proposée en même temps sur tous les continents ont jusqu'ici échoué (Ford Focus et Mondeo...).

– *Un marché mondial fragmenté.* Le marché mondial et intégré n'existe pas. Il est la somme d'une juxtaposition de marchés nationaux ou continentaux dont les cycles sont différenciés du fait du poids des composantes locales : politique des États (protection/ouverture), degrés de concurrence (présence ou non d'un champion national ou des concurrents), nature structurelle (marché émergent ou mature…) et conjoncturelle (croissance, stagnation, crise)

– *La continentalisation des transnationales.* Il faut donc être présent simultanément sur les trois marchés matures et très concurrentiels de la Triade (Europe, Alena, Japon) qui représentent 80 % du marché mondial afin de lisser, à l'échelle mondiale, les activités. Puis partir à la conquête des marchés émergents instables (Crise asiatique – 70 %). Mais comme l'illustrent les difficultés stratégiques de Ford en 2001, il faut en permanence articuler contrôle de son marché national ou régional et conquête du marché mondial. Sa diversification dans le luxe à l'international (Lincoln, Jaguar, Volvo, Land-Rover) et sa transformation en *consumer compagny* privilégiant les services à travers Internet se traduisent par un vieillissement de sa gamme et une qualité médiocre des modèles du fait d'un relatif abandon de l'ingénierie, de la créativité technologique et du niveau d'équipement des usines. Obligé d'écouler avec de sérieux rabais son stock, il menace sa principale source de profit qui demeure les ventes de la marque Ford, en Amérique du Nord même.

Tableau 5.28 La production mondiale automobile en 1999 par continent et constructeurs (en milliers et en %)

	Monde	%	**Groupes européens**	%	**Groupes américains**	%	**Groupes japonais**	%	**Groupes coréens**	%	**Autre s (1)**	%
Total	39 463	100	14 294	36	8 878	23	12 159	31	2 646	7	1487	3
U. E.	14 835	38	10 576	74	3 454	39	748	6	0	0	57	4
Alena	8 256	21	1 322	10	4 643	52	2 291	19	0	0	0	0
Japon	8 102	21	0	0	0	0	8 102	67	0	0	0	0
Reste Europe	2 479	6	1 028	7	80	1	85	1	172	7	1115	75
Corée Sud	2 362	6	0	0	0	0	0	0	2362	89	0	0
Asie, Océanie, Afrique	2 086	5	473	4	278	3	908	8	112	5	315	21
Amérique latine	1 345	3	895	6	423	5	26	0	0	0	0	0

1. Chine, Inde, Russie, Malaisie
Source : OICA, 2004.

– *Mutation de la filière.* De plus, les évolutions technologiques (ABS, airbag, antipollution…) et industrielles (externalisation et désintégration verticale) se traduisent par la montée en puissance de grands équipementiers (TRW, Bosch, Valéo…) de taille mondiale qui captent une part croissante de la valeur ajoutée en réalisant des ensembles de plus en plus complexes.

– *Un vaste mouvement de concentration*. Ces ruptures accélèrent les fusions : en dix ans, on est passé d'une quinzaine à six grands constructeurs occidentaux qui se partagent 80 % du marché mondial. Mais il existe de nombreux échecs (BMW/Rover...) comme l'alliance Daimler-Chrysler qui maria un spécialiste allemand haut de gamme à un généraliste américain à bout de souffle jusqu'en 2007. À l'inverse, une des réussites de Volkswagen est d'avoir unifié une offre complète – du luxe (Audi, Bentley, Bugatti) au moyen (VW) et bas de gamme (tchèque Skoda, espagnol Seat) – sous différentes marques tout en segmentant géographiquement leur commercialisation sans qu'elles se concurrencent.

D'ici 2010/2015, il ne devrait donc rester que six grands constructeurs mondiaux et sans doute 3 500 des 5 500 fournisseurs, alors que les vingt premiers équipementiers devraient passer de 27 % à 50 % des volumes mondiaux livrés.

Tableau 5.29 Les six principaux constructeurs automobiles mondiaux : une succession de fusions et acquisitions (millions de dollars)

Firme	Pays	Filiales étrangères	Ventes 2006	Salariés
General Motors	États-Unis	Isuzu, Suzuki, Subaru, Opel, Saab, Daewoo	207 349	284 000
Toyota	Japon		179 083	285 977
Ford	États-Unis	Volvo, Mazda, Jaguar, Land-Rover, Aston-Martin	160 123	283 000
DaimlerChrysler	Allemagne	Mitsubishi[1], Hyundai, Kia	200 143	360 385
Volkswagen	Allemagne	Seat, Skoda, Bentley, Lamborghini, Bugatti	122 826	325 000
Renault	France	Nissan, Dacia, Samsung	48 956	126 584

1. DaimlerChrysler se désengage de Mitsubishi en 2004, et de Chrysler en 2007.

Toyota et le modèle industriel et territorial japonais

Dans ce contexte général, Toyota est emblématique de l'histoire économique et sociale capitaliste du Japon et du décollage d'un pays en développement. La dynastie Toyoda est fondée par un inventeur de génie, Sakichi Toyoda né en 1867, au début de l'ère Meiji, à Nagoya. Il accumule son capital initial dans l'industrie mécanique en inventant des métiers textiles automatiques alors que l'industrie automobile naissante est dominée par Ford et General Motors qui ouvrent des usines d'assemblage dans les années 1920. Puis son fils ingénieur, Kiichiro Toyoda, se lance dans la constitution d'un groupe à base nationale, avec l'aide du groupe Mitsui, qui est baptisé Toyota en 1936. Malgré la copie d'un modèle Chevrolet en 1933, elle refusera tout accord technologique, industriel ou financier avec une firme étrangère. Les commandes militaires impériales entre 1937 et 1945 puis américaines pendant la guerre de Corée lui permettent de financer son grand boom automobile des Trente Glorieuses (1950/1975).

Après guerre, le modèle japonais conjugue refonte des grands *zaïbatsu*, vastes conglomérats apparus lors de la révolution Meiji, intervention massive de l'État, transferts de technologies occidentales, remontées de filières et protectionnisme sans faille (1953 : taxe de 40 % à l'importation), les IDE dans le secteur n'étant autorisés qu'à partir de 1970. Mais contrairement aux pays occidentaux, la branche y reste émiettée entre onze groupes du fait justement de la structure en général conglomérale d'une partie des *kereitsu.* Cette concurrence acharnée entre constructeurs locaux sur un marché intérieur protégé et peu pénétré, exigeant et mature est à la base de l'internationalisation rapide des firmes japonaises afin de trouver des débouchés rentables.

Mais ce modèle explose dans la décennie 1990 du fait des contradictions et blocages internes accumulés et des pressions extérieures, en particulier américaines. Avec les nombreux rachats par les concurrents étrangers, l'ouverture accrue du marché et la question de la réduction de surcapacités productives, le Japon est en voie de « normalisation » avec seulement deux champions nationaux indépendants, Honda et surtout Toyota.

Les spécificités stratégiques et territoriales du groupe Toyota

Toyota est aujourd'hui le premier constructeur japonais et le deuxième mondial avec plus de 400 sociétés, 286 000 salariés et 7,711 millions de véhicules produits dans le monde en 2006, dont 40 % hors de l'Archipel. Si la firme a connu une forte internationalisation, l'Archipel demeure sa base stratégique avec 62 % des emplois, 61 % de la production, 30 % des ventes et 90 % de la recherche-développement. Sa puissance repose sur certains traits spécifiques.

Contrairement aux modèles promus par les autres grands généralistes, il se refuse à toute croissance externe pour des raisons stratégiques et culturelles et demeure un groupe intégré et diversifié sur le modèle traditionnel du *keiretsu* (utilitaires, camions, motos Yamaha, mécanique Toyoda, équipementier Denso). Sa gamme couvre tous les segments avec des modèles adaptés aux goûts locaux et reconnus comme robustes et de qualité (modèles diesels pour l'Europe, gros pick-up et 4 x 4 uniquement pour l'Amérique du Nord, modèles rustiques et peu chers pour les PVD...).

Mais surtout il développa un modèle spécifique de production et de reproduction qui s'avéra bien adapté à une période et à une stratégie : structure entrepreneuriale, spécificités de l'emploi, mode de croissance japonais, changes flottants, chocs pétroliers. Très éloignés des choix d'Honda ou Nissan (automatisation flexible, informatisation généralisée), Toyota continue de privilégier la réduction des coûts à volume constant, un certain mode de compromis du gouvernement d'entreprise, une forme spécifique d'organisation productive et un certain type de relations salariales (intégration par polyvalence, information, travail d'équipe, cercles de qualité, jusqu'ici emploi à vie des salariés du groupe...) qui lui assure sa cohérence. Ces différences entre constructeurs, que l'on retrouve en Europe (Renault/Peugeot, VW/BMW) s'expliquent par l'histoire et la culture de chaque firme (Nissan : influence considérable des ingénieurs des études et méthodes).

Du fait de la géographie et de l'histoire de l'Archipel, si le dispositif territorial des groupes japonais s'articule étroitement à la Mégalopole, organisée en puissantes cellules régionales juxtaposées, le modèle spatial de Toyota est le plus polarisé de tous les constructeurs automobiles. Il repose sur une double articulation productive. Premièrement, un bastion historique centré sur la Préfecture d'Aichi avec Nagoya comme centre qui polarise 87 % des emplois japonais dans 12 usines, le siège social, les services et la logistique. Échappent à ce pôle seulement trois récentes usines d'équipements, un siège administratif à Tokyo et un important centre de recherche à Higashi (2 400 sal.) entre Nagoya et Tokyo. Deuxièmement un énorme réseau externe de sous-traitants organisé sur un modèle pyramidal (1er, 2e et 3e ordre) qui permet une quasi-intégration verticale efficiente. Son système territorial concentrique autorise une segmentation fine des marchés locaux du travail à travers un fort dualisme qui réserve précarité et bas salaires aux sous-traitants. Cette configuration spatiale très particulière a permis à Toyota de développer en particulier ses modèles de norme d'organisation de la production (système *kanban* ou *just in time* « juste à temps ») qui vont s'imposer partiellement dans d'autres pays industrialisés. Malgré certains desserrements en province, la nouvelle géographie industrielle japonaise repose surtout sur une réorganisation productive permanente *in situ* de la mégalopole.

Une stratégie active d'intercontinentalisation

Entre 1990 et 2006, le marché domestique de Toyota tombe de 51 à 30 % des ventes grâce à la conquête commerciale des marchés outre-mer, en particulier nord-américain (32 % des ventes) et européen (13 %) devant l'Asie (11 %). Elle est rapidement suivie d'une implantation industrielle ce qui explique le recul de l'Archipel de 86 % à 60 % de la production mondiale avec 62 % des salariés et 15 des 74 usines.

Inaugurée en 1949 à Taiwan, sa stratégie productive se diffuse progressivement pour aboutir à 52 usines et 107 700 salariés dans 27 pays. Dans les années 1960, l'accent est mis sur les pays du Sud (Brésil 1959, Afrique du Sud 1962, Australie 1963, Thaïlande 1964…) relayé dans la décennie 1980 par l'Amérique du Nord puis dans la décennie 1990 par l'Europe. Mais depuis dix ans, on assiste à une importante montée du système productif asiatique, sensiblement renforcé par des implantations en Thaïlande et surtout en Chine (*cf.* carte 5.7).

Tableau 5.30 Le système commercial et productif de Toyota dans le monde

	Production	**Ventes**	**Salariés**	**% salariés**	**Usines 2006**
Total monde	7 711 000	7 974 000	285 977	100	74
En %	*100*	*100*		100	
Japon	*60,7*	*29,7*	178 214	62	22
Total outre-mer	*39,3*	*70,3*	107 763	38	52
dont Amérique du Nord	*15,6*	*32,1*	33 548	12	10
dont Asie	*10,8*	*11*	31 488	11	8
dont Europe	*8,1*	*12,8*	20 943	7	25
dont reste du monde	*4,8*	*14,4*	21 784	8	9

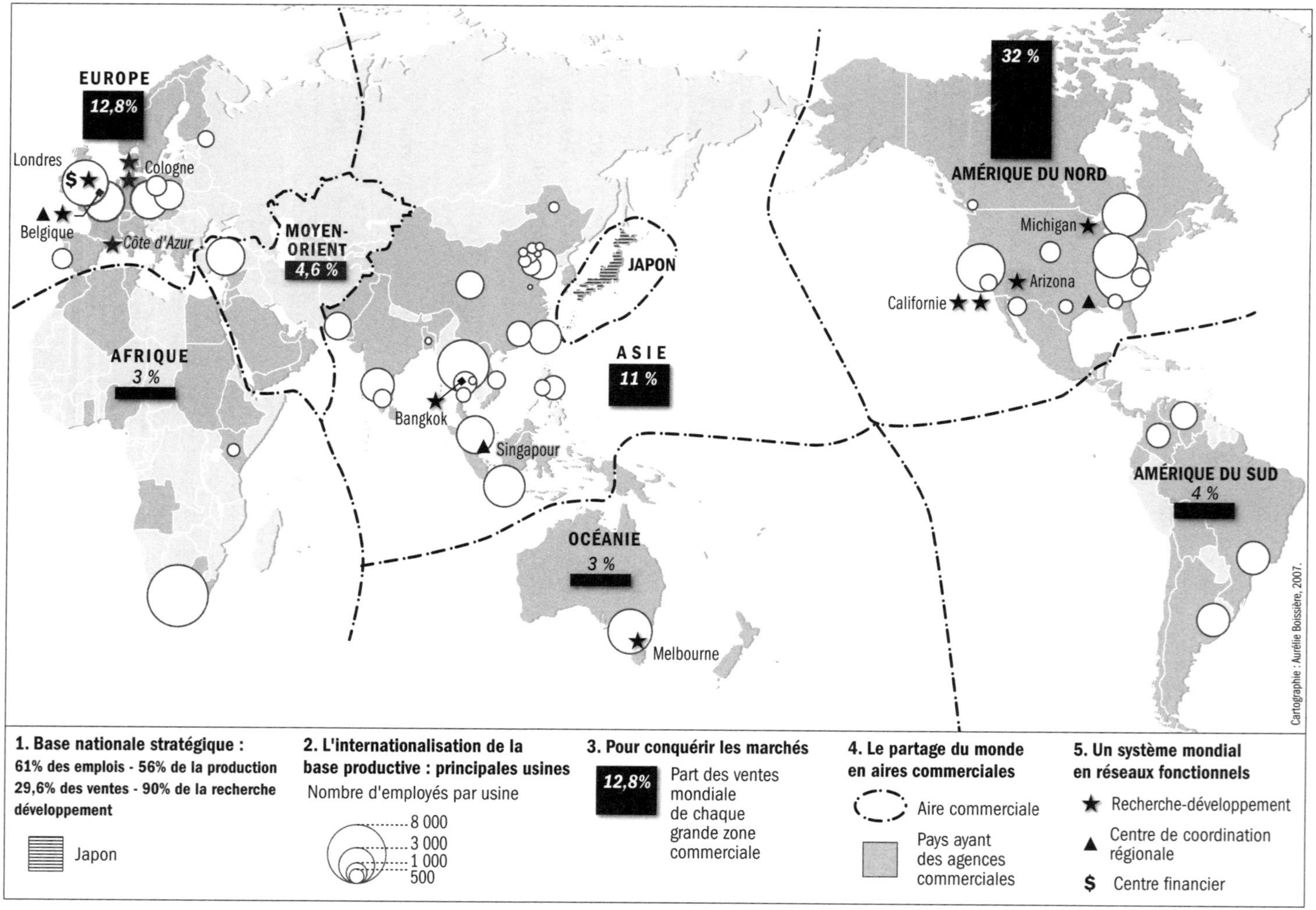

Figure 5.7 Toyota : l'organisation mondiale du 1er groupe automobile japonais

L'étude fonctionnelle de l'appareil productif témoigne de sa capacité à organiser un dispositif hiérarchisé et intégré à l'échelle mondiale. Destinées à alimenter les marchés nationaux ou continentaux, les fonctions de montage sont parfois accompagnées par des usines de composants (moteurs, équipements) et par deux centres de design destinés au développement de nouveaux modèles adaptés culturellement aux nouveaux marchés à conquérir (Californie en 1973, Sophia-Antipolis en 2000).

Son dispositif productif est relayé par un puissant système commercial qui mobilise 45 % des emplois outre-mer et qui est accompagné dans les pays développés par une stratégie de financements-clients afin de présenter des offres de crédits alléchantes. Enfin, comme toute transnationale, Toyota dispose en Europe et dans l'Alena de centres de coordination par grand continent des activités du groupe et d'un centre financier à Londres chargé de gérer les flux mondiaux du groupe. Si les trois pôles de la Triade disposent d'un ensemble fonctionnel complet, l'Afrique, l'Amérique latine et le Proche et Moyen-Orient sont dotés de fonctions commerciales hypertrophiées complétées par quelques activités de montage éparses, soulignant ainsi les profondes hiérarchies territoriales induites par la mondialisation.

Tableau 5.31 Géographie fonctionnelle du groupe Toyota outre-mer en 2000 (salariés et %)

	Monde	%	Asie	Alena	Europe	Proche et Moyen-Orient	Afrique	Amérique latine
Total	128 091	100	47 346	33 400	12 422	11 654	13 270	9 999
Fonction de production concrète	65 705	51	27 311	19 778	6596	2 470	6 142	3 408
dont : montage	57 318	45	22 584	17 022	5 692	2470	6 142	3 408
équip/moteurs	6 837	5	4 727	2 110	0	0	0	0
R & D	1 550	1	0	646	904	0	0	0
Fonctions Production abstraites	62 386	49	20 035	13 622	5 826	9 184	7 128	6591
dont : marketing	57 431	45	19 344	9 922	5 326	9 184	7 128	6527
financement clients	3 872	3	628	2 893	287	0	0	64
gestion financière internationale	200	0	0	94	106	0	0	0
Coordination régionale	883	1	63	713	107	0	0	0

Un ancrage renouvelé comme réponse à la crise asiatique

À partir des années 1960, l'Asie – l'ASEAN surtout – est devenue une terre d'élection des groupes automobiles japonais qui y détiennent 80 % du marché. Ils se moulent dans les législations nationales *via* des implantations directes ou en *joint-ventures* avec des constructeurs locaux qui bénéficient de transferts de technologies afin d'atteindre 50 % à 60 % de valeur ajoutée locale. Ainsi, la « règle de contenu local » instaurée en 1971 par le gouvernement thaïlandais qui, entre 1975 et 1994, passe de 25 % à 54 %, permet la création d'un tissu industriel local. La seule exception notable est la Corée du Sud dont ils se retirent à l'extinction des accords de licence dans les années 1970 alors que Séoul soutint ses propres *chaebols* (Hyundai, Daewoo...).

Mais la crise asiatique, avec l'effondrement de 70 % du marché entre 1997 et 1999, oblige les firmes à réorganiser leurs systèmes productifs. Ces États deviennent des bases d'exportation vers les marchés en croissance d'Europe, d'Océanie et d'Amérique latine. Toyota y développe une intégration régionale en jouant sur les synergies de son dispositif. On assiste à l'émergence d'un véritable réseau *(Industrial Complementation Network)* d'échanges de composants et de pièces détachées entre la Malaisie, la Thaïlande, l'Indonésie et les Philippines. Enfin, elle y transfère l'assemblage de certains modèles réalisés jusqu'ici au Japon (modèles de sport pour l'Europe et l'Australie...). La valeur ajoutée y est augmentée afin de baisser les coûts de production et d'éviter la faillite des sous-traitants et équipementiers locaux dont le tissu est encore fragile à l'exception de la Thaïlande (600 firmes, 300 000 emplois). Enfin la Chine devient prioritaire depuis 1991 avec douze usines (Pékin, Mandchourie, Sichuan) et 2 205 salariés afin de desservir un marché en pleine expansion.

Tableau 5.32 La nouvelle spécialisation par pays des usines Toyota d'Asie en 2002

États	Emplois	Implantation	Produits
Thaïlande	6 100	1964	Moteurs diesels, tôles embouties, alternateurs, démarreurs, pare-chocs, phares...
Malaisie	1 800	1968	Boîtes de vitesse, amortisseurs, électronique embarquée, climatiseurs...
Philippines	1 800	1989	Transmissions, joints, alternateurs, compteurs, pièces forgées...
Indonésie	4 900	1970	Moteurs à essence, freins, réglages sièges, portières électriques...

Les sous-traitants électroniques : le mythe des entreprises sans usines

Contrairement aux activités professionnelles et militaires de plus faibles volumes et à haute valeur ajoutée, les industries électriques et électroniques grands publics aux marchés de masse peuvent facilement segmenter leurs fonctions productives. D'autant que la rapidité du cycle technologique rend rapidement obsolètes les produits dans un cadre très concurrentiel et que la numérisation fusionne les systèmes de base. Cette segmentation technique (siège, centres de recherche, usines de production) et sociale (ingénieurs et cadres, techniciens, ouvriers) permet le déploiement de stratégies de plus en plus fines et systématiques de valorisation des inégalités spatiales. Ces logiques sont encore accentuées par l'externalisation par les grands donneurs d'ordres de leurs productions vers des firmes sous-traitantes spécialisées.

Un secteur très dynamique refondant des réseaux industriels

Ces vingt dernières années sont apparus des fabricants sous contrats ou Contrat manufacturers (CM) dans le secteur de la sous-traitance électronique – ou Electronic Manufactoring Services (EMS). Ils assurent 20 % de la production mondiale en triplant leurs ventes entre 1996 et 2004. Apparu en 1981 en Californie avec la fabrication par SCI System des cartes électroniques complètes de l'IBM PC, ce nouveau modèle productif ne cesse de se renforcer. Flextronics – d'origine américaine mais localisée à Singapour – est fondée en 1969, Solectron en 1977 et Sanmina en 1980. Réalisant initialement de simples pièces, elles vont passer à la fabrication de sous-ensembles puis de systèmes complets pour l'informatique (IBM, Cisco, Helwett-Packard...), les télécommunications (Lucent, Motorola, Ericsson, Nokia, Alcatel, NEC...) ou l'électronique grand public (Sony ...).

L'émergence de ces transnationales va bouleverser les équilibres géographiques des relations de sous-traitance fonctionnant jusqu'alors principalement dans des échelles régionales et nationales. En 2007, les cinq premières disposent de 331 usines dans le monde employant 281 000 salariés. Mais la diffusion spatiale de cette innovation est progressive. Apparue aux États-Unis puis au Canada dans les années 1980, elle ne progresse en Europe occidentale que dans la décennie 1990 pour ne toucher le Japon, jusqu'alors assez peu réceptif à ce type d'externalisation du fait des spécificités historiques des *zaïbatsu,* que dans la décennie 2000.

Tableau 5.33 Les géants de la sous-traitance électronique mondiale en 2007

Entreprise	Siège	Ventes	Salariés	Usines 2003	Usines 2006	Pays	Grands donneurs d'ordre
Flextronics*	Singapour	15 288	99 000	100	90	30	Ericsson, Philips..
Sanmina SCI	San Francisco	10 955,4	54 397	89	53	19	Cisco, HP, Nortel...
Solectron*	San Francisco	10 560,1	53 000	88	60	22	IBM, HP...
Jabil	Floride	7 524,4	65 000	38	54	9	Philips, Nokia, HP, Cisco
Benchmark	Houston	2 907,3	9 550	16	27	9	Sun, EMC...
Total		47 235	280 947	331	284	n.s.	

* fusion annoncée entre Flextronics et Solectron

L'externalisation comme segmentation fonctionnelle, technique et sociale

Les grandes firmes leur cèdent les usines regroupant les fonctions manufacturières banalisées produisant en grands volumes et où les marges commerciales et la valeur ajoutée sont faibles pour se concentrer sur la conception, la recherche – développement, le marketing et les ventes. Ceci permet des économies de capital, un transfert des risques de sous-utilisation des capacités productives liées aux cycles du marché et de se débarrasser des problèmes logistiques, d'approvisionnement et sociaux. Solectron récupère des dizaines d'établissements de Nortel, Alcatel, Sony ou IBM alors que Flextronics reprend, par exemple, l'essentiel de la fabrication des téléphones portables d'Ericsson dont la division téléphonie grand public tombe alors de 16 840 à 7 000 salariés. Si en juin 2001 les déclarations du PdG d'Alcatel, Serge Tchuruk, de transformer son entreprise en « société sans usines » font en France l'effet d'une bombe, il s'inscrit dans ce processus mondial. Mais le rêve d'une entreprise sans usine, c'est-à-dire sans production matérielle concrète et sans ouvrier et classe ouvrière, est une évidente contrevérité. Ces usines ne sont pas abolies, elles sont transférées aux grands sous-traitants, ce qui se traduit dans la concentration des commandes sur quelques donneurs d'ordres.

La grande flexibilité des *CM* s'explique par l'uniformisation (composants, machines, méthodes) et par un recours massif à l'emploi précaire et aux bas salaires. Les *CM* se protègent cependant en négociant avec les donneurs d'ordres des contrats de commande minimale sur plusieurs mois ou années et peuvent négocier à la baisse les prix des composants auprès des fournisseurs grâce à d'importants achats. Par contre leurs fonctions recherche-développement sont quasi-inexistantes (Solectron : 0,5 % CAF, en 2006).

La segmentation territoriale : de l'externalisation à la délocalisation

Mais la segmentation fonctionnelle et technique est d'autant plus inséparable de la segmentation géographique de l'activité de sous-traitance que les fabricants sous contrats passent rapidement de l'externalisation à la délocalisation des activités afin de produire à bas prix en pesant sur les coûts salariaux.

Tableau 5.34 La localisation des 285 usines des cinq premiers sous-traitants : l'accélération des délocalisations productives des usines (% usines et surfaces productives mondiales)

	2000 % usines	**2006 % usines**	**Différence 2000/2006**	**% surfaces productives 2006**
États-Unis/ Canada	45	30	- 15	26
Europe occidentale	24	22,5	- 11,5	12,5
Japon/Australie/ Israël	4	5	- 1	1,5
Europe de l'Est	3	7,5	+ 4,5	9
Chine	4	13,5	+ 9,5	20,5
Mexique	4	5	+ 1	14
4 pays émergents d'Asie	4	8,5	+ 4,5	11
Brésil	3	3	=	3
4 dragons asiatiques	3	5	+ 2	2,5

Si en 2000 la forte polarisation des usines sur les pays développés (80 %) témoigne de l'inertie des rachats massifs d'usines de ces dernières années, les *CM* y rationalisent brutalement leur appareil productif en licenciant massivement du fait du retournement de conjoncture qui pousse aussi à la concentration économique de secteur avec le rachat en été 2001 de C-Mac par Solectron et de SCI par Sanmina. L'impact régional dans les pays développés est bien sûr considérable comme en Suède dans les anciens établissements d'Ericsson ou AB (Visby, Vasteras, Göteborg, Malmö, Ostersund, Nordköping…) ou en France (Aquitaine, Grand Ouest).

Selon une nette dynamique spatiale mondiale centre/périphéries, les pays émergents qui demeurent pour l'instant assez marginaux vont voir leur importance croître sensiblement ces prochaines années. Encore faut-il pour attirer ces activités disposer non seulement de bas salaires mais encore posséder une main d'œuvre industrielle formée et des équipements productifs et des infrastructures de bon niveau (énergie, communications, frets maritimes…) tout en étant stable politiquement comme en témoigne la forte montée de la Chine.

L'étude du système technique de Flextronics permet de comprendre les profondes hiérarchies territoriales initiées par de telles firmes. Celle-ci met en place deux systèmes complémentaires et emboîtés. À l'échelle mondiale, le cœur du dispositif est constitué par les Industrial Parks où elle regroupe autour de son établissement principal de nombreux sous-traitants travaillant en flux tendus pour l'assemblage des productions de masse. Aux échelles continentales et nationales se trouvent les *Manufacturing and Technology Center* sélectionnés parmi les sites rachetés aux grands donneurs d'ordre et qui prennent en charge certaines fonctions plus élaborées présentant certaines exigences spécifiques (adaptation clients, service de design, marketing). À ceci s'ajoutent enfin, les PIC (*Product Introduction Centers*) chargés de l'accès des produits aux marchés. Au total, sa gestion du marché mondial s'articule à des nœuds hiérarchisés intégrés en réseaux couvrant la Triade et ses annexes.

Tableau 5.35 Le mode d'organisation productif mondial de Flextronics en 2004

Types d'établissements	Quelques exemples de localisations
Industrial Park	Doumen (Chine), Sarvar (Hongrie), Guadalajara (Mexique), Sao Paulo (Brésil)
Regional Manufacturing Center	Fremont (États-Unis), Écosse, Karlskrona (Suède), Tab et Zlaeger szeg (Hongrie), Senai (Malaisie), Xixiang (Chine)
Product Introduction Center	Autriche (Althofen), Italie (Monza), Suède (Stockholm, Karlskrona), États-Unis (San José, Westford, Dallas)

Le coût social des firmes-réseaux du textile : le système Nike

Très faible ou absente dans les biens d'équipement (Siemens), déjà plus affirmée dans l'automobile (Toyota) et largement avancée dans l'électronique grand public (CM), l'externalisation de la production et son insertion dans un système productif d'échelle plantaire est systématisée dans l'industrie textile comme l'illustre l'apparition de firmes-réseaux sans usines. Cependant, loin d'être généralisable, ce processus ne concerne que certaines activités spécifiques à production de masse alors que certaines firmes textiles spécialisées relocalisent dans les pays développés des segments de production jusqu'ici délocalisés du fait des problèmes de qualité et logistiques rencontrés.

Nike, a *fabless Company*

Née en 1968 à Beaverton (Oregon) à partir d'une petite entreprise spécialisée dans la chaussure de sport créée par deux anciens étudiants, sa grande nouveauté stratégique est alors de sous-traiter complètement la fabrication concrète. Passant de 3 400 à 17 000 salariés entre 1986 et 2000, son système technique est centré sur trois principaux sites américains – Beaverton pour la direction, la gestion, le design, la recherche et la direction Amérique latine, St. Louis pour les laboratoires et l'assurance-qualité et Memphis pour la commercialisation. Il est complété par des centres de gestion et de coordination à responsabilités continentales au Canada, aux Pays-Bas (Hilversum, 1 000 salariés, Europe) et à Hong-Kong pour l'Asie Pacifique.

D'où l'apparent paradoxe d'une « entreprise sans usines » (*fabless company*) qui s'explique par la mobilisation à l'échelle mondiale d'un vaste réseau prenant en charge la fabrication concrète. En janvier 2001, Nike l'évaluait à environ 350 sous-traitants principaux mobilisant quelque 530 000 salariés dans 55 pays, essentiellement en Asie avec la Chine (75 000 sal.), l'Indonésie (60 000), le Viêtnam (40 000), la Thaïlande (15 000) et en Amérique latine (23 000 salariés, dont 70 % de femmes) au Salvador, Brésil, Pérou, Argentine, Honduras, Répuplique dominicaine, Équateur, Guatemala. Cette stratégie permet de fabriquer une paire de chaussure pour environ cinq dollars grâce à des salaires journaliers de un à deux dollars tout en dégageant des sommes colossales pour la communication sur un marché très sensible à l'image véhiculée par les marques en concédant des ponts d'or aux stars du sport moderne (Michael Jordan : 20 millions dollars/an).

Tableau 5.36 Le système de production Décathlon en Asie en 2003

Productions asiatiques	% Secteurs	Lieux de production	% pays/prod. asiatique
Textile	45 %	Chine	60 %
Chaussures	12 %	Thaïlande	15 %
Articles en métal	12 %	Taiwan	13 %
Plastiques composites	12 %	Viêt-Nam	8 %
Cycles	5 %	Corée/Japon	4 %
Divers	14 %		

Initié par Nike, ce mode d'organisation se diffuse progressivement à l'ensemble des grandes firmes textiles orientées vers les produits de grande consommation comme Reebook, Warnaco (Fruit of the Loom, Warner, licences Calvin Klein…) ou Benetton (5 000 sal. en interne, plus de 50 000 au Brésil, Chine, Égypte, Turquie, Mexique…). Ainsi, entre 1995 et 1999, Sara Lee, conglomérat multispécialiste de 154 000 salariés dans la grande consommation avec des centaines de marques en portefeuille (produits alimentaires, d'entretien, d'hygiène, textile : collants Dim et Chesterfield, les sous-vêtements Playtex et Wonderbra Rosy, Princess, Liabel, Cacharel Lingerie…) ferme 95 usines dont 17 des 26 européennes. En 1998, Levi Strauss (San Francisco), qui gardait 50 usines dans le monde avec

37 500 salariés, ferme 11 de ses 37 usines aux États-Unis et Canada. En France, la firme de distribution d'articles de sport Décathlon, filiale du groupe Auchan, repose sur le même modèle : le siège du Nord-Pas-de-Calais anime un vaste réseau de sous-traitants industriels dans le bassin méditerranéen, en Europe centrale et en Asie. Ouvrant son bureau de production Asie en 1992, la moitié des articles de ses marques y est produite aujourd'hui par 400 sous-traitants.

Les limites du modèle des firmes-réseau

Mais ce modèle de firmes-réseau sans usines s'avère très fragile. Alors que son succès repose avant tout sur le prestige attaché à la marque par des consommateurs plus ou moins stables, la terrible pression sur les prix d'achat aux producteurs peut poser des problèmes de qualité des produits pendant que l'éloignement entre lieux de production et marchés de consommation exige une chaîne logistique particulièrement efficiente. Enfin, l'essor des sous-marques des grands distributeurs grignote des parts de marchés alors que les transferts de technologies et de savoir-faire posent la question centrale de la contrefaçon en très forte croissance et le non-respect de la propriété intellectuelle et artistique.

Mais surtout, l'opinion publique est de plus sensibilisée par les syndicats et les ONG aux conséquences de cette structure territoriale où le recours à des réseaux en cascade de sous-traitants se traduit par une terrible pression sur les salaires et les conditions de travail des salariés des pays en développement. En 1992, Levi Strauss est obligé de rompre tous ses contrats avec la Birmanie du fait de l'utilisation du travail carcéral alors qu'en 1999 quinze groupes vestimentaires américains (Calvin Klein, Liz Claiborne, Sears, Ralph Lauren…) acceptent de dédommager après un procès géant les 50 000 immigrés asiatiques travaillant dans de véritables bagnes industriels sur l'île de Saïpan dans les Mariannes du Nord (États-Unis), en plein Océan Pacifique. En février 2001, Nike doit reconnaître les graves abus et les violences exercées par ses sous-traitants dans ses 25 usines d'Indonésie et s'engage à établir un code de bonne conduite sociale afin d'améliorer son image de marque.

Alors que les syndicats européens réclament la création d'un « label social », la traçabilité des produits et le respect par les employeurs des conventions édictées par l'Organisation internationale du travail (interdiction du travail forcé, liberté d'association, salaires décents…), la mondialisation sauvage des activités textiles des décennies 1970-2000 est progressivement remise en cause par la mobilisation des opinions publiques.

Chapitre 6

Les dynamiques territoriales : entre intégration et fragmentation

Si la mondialisation introduit de multiples facteurs de déstabilisation, les systèmes socio-économiques, culturels et productifs nationaux qui constituent les fondements des États-nation demeurent spécifiques et ne se fondent absolument pas dans un nouvel ensemble homogène alors que les transnationales gardent un fort ancrage national. Il n'y a en effet ni obsolescence des modèles de capitalismes nationaux, ni unification réductrice des territoires.

Bien au contraire, la mondialisation se traduit par la recherche systématique de différenciations structurelles locales, régionales ou nationales. La stabilité politique et économique, la taille et le dynamisme du marché, la qualité du système logistique et des ressources humaines et une politique active de promotion des territoires demeurent des facteurs géographiques essentiels de développement endogène et d'attractivité des Investisements directs à l'étranger (IDE) dans un cadre concurrentiel aux échelles nationales, régionales et locales.

Cependant, les logiques hypersélectives d'intégration aux marchés et productions en cours soumettent les différents territoires nationaux, définis à la fois comme espace géopolitique et espace géoéconomique, a de fortes tensions internes qui mettent à rude épreuve les équilibres et solidarités de certaines constructions d'États-nation. Mais ce violent processus exogène sert alors souvent de révélateur aux déséquilibres endogènes préexistants.

Les États-nation face à la mondialisation

Ces deux dernières décennies, on assiste dans les discours libéraux sur la mondialisation à un glissement conceptuel majeur : la logique de concurrence économique et technologique dans laquelle fonctionne la firme s'étendrait progressivement aux États-nation comme en témoigne la publication de palmarès internationaux par des cabinets nord-américains. Cette conception a un impact considérable puisque les différents gouvernements n'auraient plus comme fonction essentielle que de rendre « compétitif » l'espace économique dont ils ont la responsabilité au détriment bien sûr de leurs fonctions politiques et régaliennes. Mais cette vision économisciste de l'action des États est démentie par les données géoéconomiques les plus élémentaires alors que l'entreprise est elle-même un fait culturel, social et politique autant qu'économique.

La résistance des réalités territoriales face au mythe unificateur

Cultures et modes de vie : pas de consommateur mondial

Malgré la promotion de quelques biens emblématiques produits par de grandes firmes (Coca-Cola, Mac Donald's, jeux électroniques...), une large partie de la planète demeure à l'écart du modèle de consommation de masse promu par les pays développés tandis que l'homogénéisation des modes de consommation à l'échelle mondiale demeure des plus limitée. Alors que la valorisation systématique des diversités territoriales explique le succès d'une activité très internationalisée comme le tourisme, les tentatives des transnationales d'offrir un bien uniforme s'avèrent souvent des échecs. Quelques exemples :

– *La pharmacie*. À l'échelle même de l'Union européenne, les firmes pharmaceutiques doivent adapter la prise d'un même médicament aux différentes traditions médicales (prise buccale, anale, suppositoires, piqûre en Italie...).

– *L'électroménager*. Dans un secteur aussi mature que l'électroménager grand public, les marchés demeurent très différents. Les lave-linge du chinois Haier s'adaptent aux différentes particularités : pour les campagnes chinoises reculées, un produit très robuste qui lave aussi les pommes de terre et pour les villes un petit appareil adapté à la taille des logements, au Bangladesh un très grand modèle pour des familles très nombreuses, en Corée un équipement qui sèche aussi les herbes médicinales, aux États-Unis des machines puissantes, complexes et spacieuses et pour l'Afrique des produits robustes, économiques et peu chers.

– *L'automobile*. Les constructeurs combinent rendements d'échelle, production de masse des composants de base et différenciation du produit final selon les demandes locales ou régionales et leurs solvabilités (désign du véhicule, niveau de confort...). Ford doit abandonner son projet de « voiture mondiale », dont le développement coûta 6 milliards d'euros. Censée plaire à tous les consommateurs, la Mondéo – conçue en Europe et lancée en 1993 – fait un flop aux États-Unis où elle est jugée trop petite, trop sophistiquée et trop chère. À l'inverse, le monospace Opel Sintra made in États-Unis de General Motors est un échec en Europe du fait de finitions jugées bâclées selon les critères qualitatifs européens. Après avoir promu un système d'organisation mondial, les groupes automobiles américains reviennent à des logiques continentales : le poste de Vice Président Europe est recréé en 2000 chez General Motors et la conception du programme Delta (future gamme moyenne inférieure) est transférée des bureaux d'études américains vers Rüsselheim, en Allemagne.

Alimentation et agroalimentaire entre culture, habitudes et marché

Les firmes de l'agroalimentaire et des soins domestiques (Nestlé, Unilever, Danone...) font face à trois difficultés : l'absence d'un véritable consommateur mondial, la juxtaposition de marchés-mosaïques aux goûts différents et l'émergence de nouvelles exigences nutritionnelles, de santé et de qualité envers la nourriture comme en témoigne la lutte contre la « mal-bouffe » standardisée. Du fait de l'étroit rapport entre nourriture, alimentation, sociétés et cultures, les territoires font de la résistance. Dans la consommation européenne dominent viandes et légumes contre riz et poisson, en Asie. Dans les cuisines, à la margarine anglo-saxonne ou allemande s'opposent l'huile ou le beurre. Le même thé est souvent consommé brûlant en Asie et glacé aux États-Unis.

Dans cette activité, la planète peut être partagée en trois zones principales. Un espace à la dérive, insolvable, en crise et donc évité (Afrique, partie de l'Asie). Les pays développés sont des marchés matures, concurrentiels, en stagnation démographique où le poste alimentation dans les budgets recule en pourcentage et où les transnationales subissent la pression de plus en plus forte des centrales d'achat des géants de la distribution eux-mêmes en voie d'internationalisation rapide. Les pays émergents présentent les structures inverses et sont donc attractifs mais s'avèrent très fragiles économiquement et financièrement comme en témoigne le laminage par paupérisation brutale des fameuses « classes moyennes » urbaines lors des crises en Asie et Amérique latine. Car, à produit équivalent, le pouvoir d'achat disponible joue un rôle essentiel : si l'esquimau *Magnum* d'Unilever est commercialisé sur toute la planète, son prix reste inaccessible à l'essentiel des consommateurs asiatiques ou africains. Lors de la crise asiatique de 1997-1998, les multinationales durent abandonner dans les produits du corps l'emballage par litre, devenu inaccessible, pour revenir à la vente par doses individuelles.

Alors que dans l'activité biscuit, les firmes se heurtent en Europe à la prégnance d'habitudes gustatives différentes selon les pays, Coca-Cola doit modifier sa stratégie d'implantation en Asie face à l'échec relatif de son soda, les traditions culinaires bloquant la consommation des boissons gazeuses. Il se réoriente vers d'autres produits mieux adaptés (thé, jus de fruits, boissons énergisantes, eaux embouteillées) soit en rachetant des producteurs locaux, soit en inventant des produits spécifiques : un quart de sa gamme asiatique de 250 références est introuvable dans le reste du monde. Mais cette stratégie s'y heurte aux implantations de Nestlé et Danone sur les mêmes créneaux.

Si la forte résistance des cultures apparaît dans les productions de masse, celle-ci est encore plus marquée dans les services et les activités s'adressant à la sphère de la reproduction sociale comme le logement, la santé, la culture ou l'enseignement qui s'articulent encore plus étroitement à des déterminants spécifiques à chaque région ou État.

Enfin, les transnationales elles-mêmes sont confrontées à la vivacité des différences culturelles et linguistiques de leur personnel. Leurs stratégies de management doivent se mouler étroitement dans ces réalités sous peine de courir à l'échec comme en témoignent de nombreuses opérations de fusions transfrontalières. La complexité et les subtilités des environnements culturels ont des incidences considérables : perceptions des problèmes, rapports aux temps, à l'individu/collectivité, droit et devoir d'un individu dans un cadre collectif, rôle et place du statut social…

L'économie mondiale : un emboîtement d'échelles différenciées

Le concept d'économie mondiale doit lui-même être revisité en y intégrant la démarche géographique. L'économie mondiale apparaît en définitive comme un emboîtement d'économies plus ou moins interconnectées et interdépendantes.

– La conjoncture économique mondiale est un mythe car elle est la moyenne d'évolutions – positives ou négatives – profondément ancrées dans des espaces nationaux. Quand ces espaces atteignent une certaine taille (États-Unis, Union européenne, France...), ils sont eux-mêmes constitués de potentiels régionaux plus ou moins spécialisés.

– La globalisation des marchés financiers ne débouche aucunement sur une convergence structurelle de leurs fonctionnements : même s'ils sont de plus en plus interdépendants, ils demeurent encore régis par des conditions géoéconomiques et des réglementations nationales (normes comptables...).

– Quant aux niveaux et aux structures des prix, alors que l'intensification des échanges devrait en théorie conduire à une convergence pour une même marchandise, les écarts nationaux et régionaux demeurent considérables, du fait de l'hétérogénéité des facteurs (taxes, subventions, structures commerciales...).

– La base nationale demeure le socle des dynamiques économiques. La consommation des ménages représente les deux tiers du PIB des États-Unis et les trois quarts des ventes des entreprises industrielles espagnoles s'effectuent sur leur marché national. Dans l'Union européenne à 15, les dix-huit millions de Petites et Moyennes Entreprises (PME), définies comme employant moins de 250 salariés et qui sont des structures peu internationalisées, emploient 66 % de la main d'œuvre, assurent 55 % du chiffre d'affaires et demeurent donc un des moteurs de la croissance et de l'emploi.

– Enfin, il y a maintien des différents modèles nationaux de capitalisme comme l'illustre en Asie le poids des grandes familles dans le contrôle de l'actionnariat. En Europe, modèles anglo-saxon, germanique et méditerranéen gardent leur vitalité. Malgré des adaptations dans le système allemand des *Haussbank*, le gouvernement allemand rejette la directive européenne sur les Offres publiques d'achats (OPA) hostiles et présente une loi tenant compte du récent traumatisme créé par l'OPA hostile du britannique Vodafone sur l'allemand Mannesmann.

Tableau 6.1 Répartition de l'actionnariat des sociétés cotées en Asie : le poids des grandes familles (en %)

Japon	**Singapour**	**Thaïlande**	**Malaisie**
13,5	52	56	58
Hong-Kong	**Taiwan**	**Corée**	**Indonésie**
65,4	65	68	69

Source : *La Tribune*, janvier 2004

Le rôle central des États : un acteur géoéconomique majeur

Le cadre national n'a rien d'obsolète

Paradoxalement, le discours sur la fin de l'État et du cadre national est développé par certaines élites issues pour l'essentiel des pays développés où pourtant ces deux facteurs ont joué et jouent un rôle prédominant. Cette campagne idéologique a pour objectif de balayer toute résistance pouvant apparaître face à leurs tentatives d'hégémonie mondiale.

On doit pourtant constater que non seulement le cadre national n'a rien d'obsolète mais qu'il joue toujours un rôle déterminant dans les rapports géoéconomiques et géopolitiques mondiaux. Alors que les fonctions régaliennes militaires gardent toute leur importance (États-Unis : guerre du Golfe, en 1991 ; intervention en Afghanistan, en 2001…), ce sont les grands États développés eux-mêmes qui ont initié le processus de libéralisation des échanges commerciaux et des flux financiers.

C'est pourquoi les États gardent une large marge de manœuvre face à la mondialisation en assurant la défense de leurs intérêts géoéconomiques et géostratégiques souvent divergents, en développant les besoins collectifs de leurs populations (alimentation, santé, éducation, culture, travail, gestion des ressources) et de leurs entreprises (commandes publiques, aides aux investissements ou à la recherche et l'innovation, accès aux marchés extérieurs…), et en renforçant la cohésion sociale, la solidarité ou l'aménagement de leurs territoires.

Dans cette perspective, l'étude de l'investissement dans l'équipement des territoires – saisie à travers la formation brute de capital fixe – est éclairante. Seulement trente États polarisent 90 % de l'effort mondial d'investissements en infrastructures et équipements. Face aux États les plus riches et les plus développés (États-Unis : 23 %, Japon : 12 %, UE à 27 : 29 % du total mondial) qui disposent des territoires les mieux équipés, l'émergence de la Chine (10 %), de l'Inde et des Dragons asiatique s'explique par un sensible et récent effort de modernisation. À l'inverse, l'Amérique latine (4,8 %), l'Afrique (2,4 %) et une large partie du Proche et Moyen Orient – malgré la rente pétrolière – et de l'Asie du sud et du sud-est demeure dans un grave état de sous-équipement (eau, électricité, habitat, transports…) qui entrave leur développement social et économique (*cf.* carte 6.1).

Ces divergences dans le niveau d'équipement, allié au différentiel d'investissement dans le patrimoine humain (santé, scolarisation, formation générale et professionnelle), expliquent les énormes différentiels de productivité, c'est à dire de la richesse créée par actif pour le même temps de travail : la moyenne est de 63 000 dollars par personne aux États-Unis contre 53 900 en France, 15 500 en Russie, 9 490 en Chine et 1 065 au Niger (*cf.* carte 6.2).

On doit à cet égard souligné que dans le débat actuel sur le processus des délocalisations productives des pays développés vers les PVD, la question du coût salarial direct – souvent avancé comme argument explicatif – n'est qu'un élément à prendre en compte, le salarié des pays développés disposant d'une productivité globale bien supérieure. Mais il est cependant clair que la mondialisation participe avec la mutation des systèmes productifs à la refonte des équilibres socioprofessionnels des grands pays développés comme en témoigne le fort déclin de l'emploi ouvrier non qualifié en France. Ces mutations socioprofessionnelles ont d'autant plus d'impact que les activités non qualifiés, en fort déclin, sont souvent historiquement fortement polarisées sur des bassins d'emplois de mono-activité du fait en particulier de la diffusion du modèle taylorien durant les Trente Glorieuses. Il est alors de la responsabilité de l'Etat et des collectivités territoriales d'accompagner économiquement et socialement ces reconversions douloureuses dans un cadre solidaire.

Tableau 6.2 Les brutales mutations des équilibres socioprofessionnels en France

Métiers qui progressent			Métiers en déclin		
	Effectifs 2002	**% évolution 1982/2002**		**Effectifs 2002**	**% évolution 1982/2002**
Formateurs recruteurs	170 800	+ 341%	Ouvriers NQ Textile habill.	63 800	– 79 %
Etudes et recherche	265 000	+ 152 %	agriculteurs	583 900	– 62 %
informaticiens	452 100	+ 147 %	Ouvriers NQ métallurgie	61 900	– 60 %
Cadres adm. et financiers	458 000	+ 109 %	Ouvriers NQ électronique	60 400	– 52 %
Communication documentation	166 900	+ 108 %	Ouvriers NQ mécanique	205 900	– 36 %
Aides soignants	404 800	+ 85 %	Ouvriers NQ ind. de process	374 300	– 32 %

Source : Alternatives économiques n° 70, 4e trim. 2006.

Contrairement à tout le discours anti-état, il apparaît enfin un étroit rapport entre niveau de développement, prélèvements fiscaux, investissements publics, qualité des fonctions et efficacité économique et sociale. En Inde, seulement douze millions de contribuables acquittent l'impôt sur le revenu des particuliers en raison d'une évasion fiscale généralisée alors que seulement 10 % des Sénégalais paient 80 % des recettes fiscales du fait du poids de l'économie informelle. Ces faiblesses de l'État se traduisent directement dans les profonds dysfonctionnements des fonctions publiques avec, parfois, une corruption et une violence généralisées : au Bénin, la Banque mondiale relève que 25 barrages policiers prélèvent leur dîme sur 753 km de route grevant ainsi le transport des marchandises depuis les ports vers l'intérieur. De nombreux PVD sont malades non pas du trop plein mais de la faiblesse, de la privatisation ou de l'absence d'État et d'État de droit et de son corollaire, la démocratie politique, économique et sociale.

Le couple État – transnationales toujours valide

De même, si les entreprises transnationales suivent leurs propres logiques, elles développent leurs activités en étroite coordination avec leur pays d'origine et s'appuient massivement sur leurs appareils d'État respectifs et leurs personnels

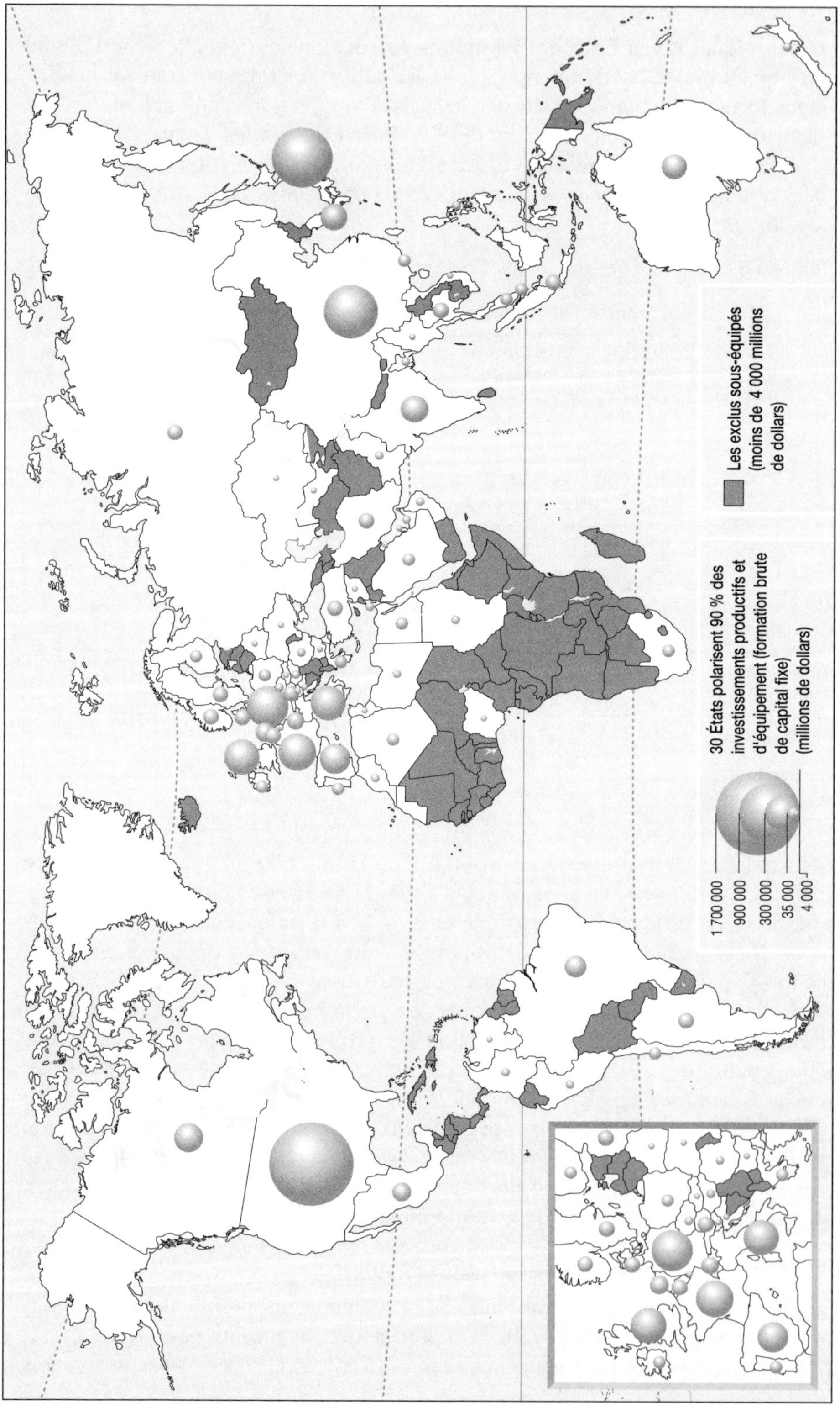

Figure 6.1 Géographie de l'efficience territoriale des États (la FBCF, en millions de dollars)

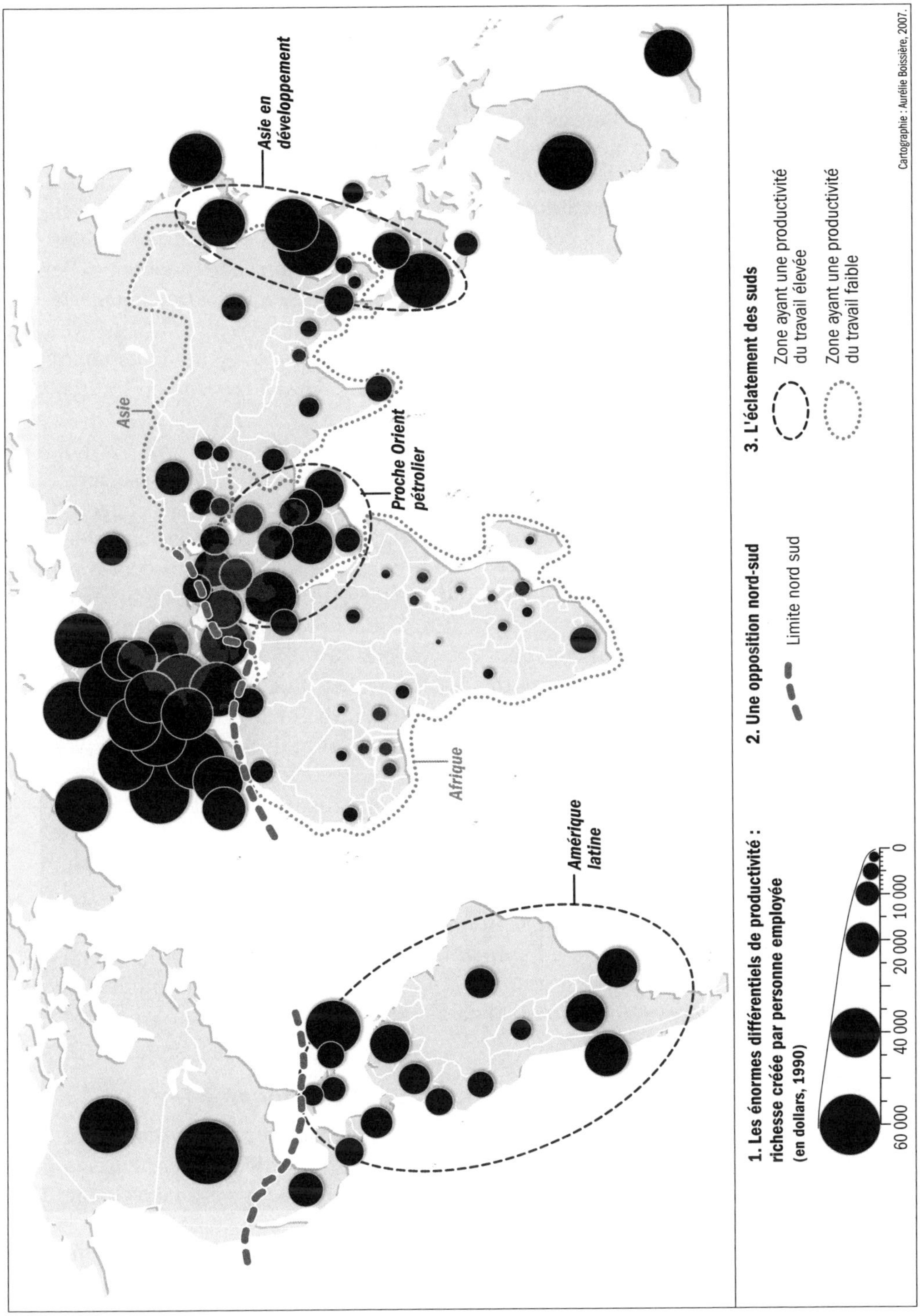

Figure 6.2 Mondialisation, DIT et modernisation : les énormes différentiels de productivité du travail

politiques. On doit même souligner que le processus de transnationalisation dépend très étroitement de ce soutien économique, réglementaire, fiscal, commercial, politique. Elles y puisent d'importants atouts de compétitivité : accès privilégié aux potentiels techniques et scientifiques, circuits de financements publics et crédits de recherche, accès aux marchés publics d'État ou des collectivités territoriales, soutien diplomatique... Face aux ralentissements ou crises économiques, les politiques budgétaires et fiscales des États sont des leviers mobilisés en permanence, même dans les systèmes officiellement les plus libéraux comme aux États-Unis : baisses d'impôts pour la relance de la consommation, aides fiscales à l'investissement des entreprises, subventions aux nouvelles technologies et à l'innovation, politiques de grands travaux et de commandes publiques, aides à l'exportation et à la conquête de marchés étrangers... À l'inverse certaines privatisations des services publics s'avèrent parfois si catastrophiques qu'elles menacent l'efficience même de certaines économies régionales (transports publics au Royaume-Uni, électricité en Californie, en Espagne ou au Brésil...).

C'est pourquoi, en ce début du XXIe siècle, la célèbre formule « Ce qui est bon pour General Motors est toujours bon pour l'Amérique » témoigne de l'acharnement des différents chefs d'État à défendre les intérêts géoéconomiques et géopolitiques de leurs multinationales en se transformant parfois même en véritables commis-voyageurs. En rejetant, en 2001, le Protocole de Kyoto, le Président Bush agit d'abord comme le défenseur des intérêts pétroliers et énergétiques américains, en particulier du Texas, son État d'origine. En 2000, le président coréen Kim Dae-Jung intervient personnellement dans la refonte des *Chaebols* en difficulté. En 2001, l'État australien – pourtant très libéral – refuse que Woodside, le second groupe pétrolier national, passe sous le contrôle de Shell car cette opération est jugée « contraire à l'intérêt national ». Il contrôle en effet d'importantes réserves de gaz et de pétrole, au large des cotes nord-ouest, qui représentent un tiers de la production de pétrole et la moitié du gaz naturel, et la seule usine de liquéfaction de gaz du pays.

Cependant, la mondialisation peut aussi générer des divergences d'intérêt entre les États et les grandes entreprises à base nationale ou internationale qui y sont implantées. C'est ainsi que Toyota, Unilever ou General Motors s'inquiètent de la non-adhésion du Royaume-Uni à l'euro et le menace de délocalisations productives alors qu'en Allemagne un vaste débat sur l'avenir du « site de production Allemagne » (*Standort Deutschland)* apparaît depuis l'Unification avec l'internationalisation accélérée des *Konzerne*.

Constructions étatiques et nationales face aux élites sans projet

Dans ce contexte général, la nature et la solidité des constructions nationales et étatiques – géographiquement très différenciées de par le monde – devient un facteur déterminant. Ce dont souffre le plus une grande partie des pays en développement, c'est bien de la faiblesse et de l'inefficacité de leurs États, de la déstructuration multiforme de leurs sociétés et de l'éclatement de leurs solidarités territoriales. Ces processus s'inscrivent dans la longue durée, des processus coloniaux à la décolonisation de l'après-guerre et aux indépendances.

Si les pays développés portent une lourde responsabilité dans les évolutions actuelles, en particulier du fait du maintien de logiques de domination néo-coloniales et des politiques d'ajustement structurel du FMI, les stratégies différenciées mises en œuvre par les élites nationales s'avèrent tout aussi déterminantes. L'économie et la société des Philippines demeurent dominées par une vingtaine de grandes familles qui s'octroient des « rentes d'État » et se taillent des fiefs provinciaux gérés sur un modèle social quasi-féodal alors que seulement la moitié des impôts dus est effectivement perçue. En Algérie, les différents clans au pouvoir se querellent pour le contrôle et le partage de la rente issue des hydrocarbures et des importations pendant que la société sombre dans le chaos alors qu'une grande partie de l'Afrique sub-saharienne, gérée par de nombreux régimes kleptomanes, est à la dérive.

Il n'y a pourtant aucune fatalité à la marginalisation ou au mal-développement comme l'illustrent les stratégies de développement économique, industriel et territorial adoptées par les États-développeurs d'Asie. C'est ainsi qu'en Chine, politiques internes de réformes, stratégie d'ouverture au marché mondial et stratégie territoriale de développement ont toujours été étroitement associées dans une vision structurelle à long terme. C'est bien cette capacité de pilotage stratégique du pouvoir à Pékin qui permet aujourd'hui à la Chine d'émerger à nouveau comme une très grande puissance en devenir.

Tableau 6.3 Stratégie chinoise :
les sas territoriaux de la politique d'ouverture de 1980 à 1994

Date	Territoires concernés
1980	4 zones économiques spéciales : Zhuhai, Shenzhen, Shantou, Xiamen
1984	14 villes littorales : Beihai, Zhanjiang, Canton, Fuzhou, Wenzhou, Ningbo, Shanghai, Nantong, Lianyungang, Qingdao, Tianjin, Qinhaungdao, Dalian
1985	3 régions littorales : delta de la Rivière des Perles, sud du Fujian, delta du Yangzi
1988	Guangdong, Hainan, golfe de Bohai, Shandong, Liaodong, villes de Weihai, Yingkou et Shenyang
1990	Nouvelle zone de Pudong (Shanghai)
1992	12 capitales provinciales, 7 ports fluviaux du Yangzi (Wuhan, Chongqing…), 14 villes frontalières
1994	Zone économique ouverte de la région des Trois Gorges

Les stratégies des différents territoires

Guerre économique et concurrences territoriales : l'exemple des IDE

Des IDE très disputés

Avec l'envol des Investissements directs à l'étranger, la chasse aux emplois et investissements étrangers devient systématique de la part des différentes autorités territoriales locales, régionales et nationales. Ces politiques mobilisent un arsenal de séduction impressionnant et des crédits publics de plus en plus importants sous formes d'aides directes (réduction des taux, abattement préalable au calcul de l'impôt, exonérations provisoires de taxes diverses, ristournes sur les droits de douane, amortissement accéléré, réduction sur les prélèvements sociaux...) ou indirectes (prêts bonifiés, garanties de prêts, subvention à la formation, fourniture plus ou moins gratuite des terrains, d'eau, d'électricité, de voies ferrées ou de routes...).

Tous les États et les grandes collectivités se sont dotés d'agences spécialisées dans la promotion de leurs territoires afin de prospecter, accueillir, orienter et conseiller les investisseurs étrangers comme l'Agence pour l'implantation d'entreprises (AIE) en Ile-de-France. Aux Pays-Bas, la *Netherlands Foreign Investment Agency* (NFIA) est un service du ministère des Affaires économiques qui emploie une centaine de personnes dont la moitié à l'étranger où elles sont soit intégrées aux services commerciaux des Ambassades, soit hébergées par les Chambres de commerce bilatérales. Son action est relayée par les Sociétés de développement régional créées il y a une vingtaine d'années comme relais à l'action de l'État pour le développement des régions en difficulté (Nord, Limbourg, Gueldre, Overijssel).

Ce processus repose souvent sur une logique de transferts vers les collectivités et les contribuables des coûts d'investissement et d'équipement des transnationales. Les autorités américaines dépensent 4 000 dollars par emploi créé par Honda en 1980 et 168 000 dollars pour Mercedes dans l'Alabama en 1990. Ainsi, l'implantation d'Arco dans la Maasvlakte du port de Rotterdam, au détriment de Houston ou de Marseille, s'explique par la combinaison d'aides à l'implantation, un prix négocié de l'énergie, une offre clef en main d'un nouveau quai et la participation directe du port de Rotterdam au financement d'un pipe-line pour éthylène.

On assiste parfois même à l'apparition d'un véritable dumping fiscal et social. Ainsi, aux Pays-Bas, de nombreux avantages fiscaux peuvent être également négociés directement au cas par cas avec les services de l'administration fiscale dans le cadre d'un système de « ruling » qui permet de réduire les bases imposables sur plusieurs années alors que le pays s'est fait une spécialité dans l'accueil des holdings des transnationales. Cette spécialité s'y traduit par le transfert de sièges de holdings et centres de trésorerie des grandes firmes. Face à cette escalade, qui se traduit par une coûteuse surenchère, même l'OCDE est obligé de tirer le signal d'alarme dès 2000.

Une efficacité relativement réduite

Face à ces concurrences, il convient de souligner que ces stratégies peuvent être aux échelles locales et régionales d'une efficacité relativement réduite.

Car les facteurs de localisation des IDE sont de nature différente selon la logique des acteurs et leurs branches : recherche d'économies d'agglomération, proximité des principaux marchés, attrait de marchés nationaux et régionaux en croissance, valorisation des bas coûts de main-d'œuvre dans les fonctions de montage banal, promotion de branchement efficace sur un potentiel de recherche public et privé, mobilisation de gisements de mains-d'œuvre qualifiées...

En effet, les IDE ne remettent pas globalement en cause les déséquilibres territoriaux préexistants du fait du caractère cumulatif des effets d'agglomération intra et intersectoriels qui jouent au profit des régions déjà les plus développées. Accordant une grande attention aux relations inter-firmes et à la présence de services spécialisés, ils déploient une stratégie de minimisation des risques encourus dans un univers incertain où l'information est coûteuse.

Enfin, les territoires d'accueils doivent faire face à des effets d'entraînement souvent faibles et à une pérennité des investissements aléatoire (*flying industries*). C'est pourquoi l'État irlandais change progressivement de stratégie à partir des années 1990 : montée relative des qualifications, promotion de fonctions industrielles plus nobles (recherche-développement, création de logiciels, complexification des tâches de montage banal, effort de formation), création d'un centre financier *off-shore* à Dublin, en 1987 (400 institutions, 3 500 salariés) et de centres de services de télécommunication (52 *calls-centers* employant 6 000 téléopérateurs…).

Les stratégies des États régionaux et collectivités régionales et locales

Des territoires à construire face à la mondialisation

Devant la fragilité et les coûts des politiques publiques d'attractivité des IDE qui ne résolvent en rien les déséquilibres territoriaux, la capacité des collectivités régionales et locales à construire ou accompagner une réelle croissance endogène de leurs économies et de leurs sociétés autour de solidarités actives demeure déterminante. Il faut pour cela promouvoir un processus de construction qui s'articule à l'exercice de pouvoirs politiques et administratifs, qui organisent et contrôlent, s'inscrivant dans des projets de développement et d'aménagement planifiés exprimant clairement des stratégies de mise en valeur anticipatrices de longue durée définies dans un cadre démocratique où s'affrontent les intérêts plus ou moins contradictoires des différents acteurs.

Il convient de souligner le rôle stratégique des relations de proximité géographique étroitement articulées aux proximités organisationnelles et informationnelles qui font, par exemple, le succès des districts industriels italiens. Dans ces processus de construction d'un territoire, les interdépendances non-marchandes et les facteurs de cohésion extra-économiques jouent un rôle déterminant qui explique souvent l'échec des transferts d'expériences dans un autre espace géographique.

Décentralisation et pouvoirs des collectivités territoriales

La capacité des différentes collectivités à définir et mettre en œuvre un projet de développement s'inscrit dans des structures géoéconomiques et géopolitiques de longue durée. Même si la maîtrise de certains pouvoirs et responsabilités politiques, fiscales et économiques joue parfois un rôle majeur dans l'affirmation des acteurs régionaux, la dévolution de compétences dans un cadre décentralisé est loin de résoudre à elle seule les problèmes posés comme en témoigne la diversité institutionnelle des régions de l'Europe occidentale ou des grands États fédéraux comme le Canada, l'Inde ou l'Allemagne.

Si le modèle allemand est souvent invoqué en France, il convient de souligner que les collectivités territoriales inférieures, du niveau des arrondissements (*Kreiss*), jouent un rôle essentiel dans les questions intercommunales alors que la répartition des budgets est équilibrée (*Bund,* 38 % ; *Länder,* 34 % ; communes 26 %). Surtout, la Loi fondamentale de 1949 impose la nécessité d'assurer l'homogénéité des conditions de vie dans tout le pays, ce qui se traduit par une péréquation financière, les *Länder* et communes riches reversant aux entités les plus pauvres une partie de leurs revenus fiscaux.

Le maintien d'un cadre national solidaire avec transferts financiers et arbitrages étatiques nationaux dans le cadre de pactes de solidarité et de développement entre régions est en effet une condition essentielle à la lutte contre les logiques de fragmentation et de concurrence parfois à l'œuvre entre collectivités territoriales dans le cadre de la mondialisation.

Tableau 6.4 Les pouvoirs comparés des États fédérés du Canada, d'Inde et d'Allemagne

Canada	Allemagne	Inde
Droit civil, environnement, sécurité inté rieure, fiscalité locale et des entreprises, droits de douane, emprunts, institutions bancaires, droit des sociétés, gestion des ressources minérales et halieutiques, éducation, santé, assurance-chômage, recherche-développement.	Police, éducation, culture, santé, économie, environnement, formation, recherche	Échanges commerciaux, transports routiers et urbains, santé publique, politique agricole, gestion des ressources hydrauliques, droit foncier, pêche, politique hôtelière, éducation primaire et secondaire.

Métropoles et « économie d'archipel » : revenir aux échelles d'interdépendances

Développement, urbanisation et métropolisation

Historiquement, la croissance urbaine mondiale est étroitement corrélée à la dynamique productive du capitalisme et à son extension géographique mondiale qui débouche en ce début de XXIe siècle sur une société et une économie majoritairement urbaines. En étroite liaison avec la mutation du schéma productif et la mondialisation s'est développé un phénomène de métropolisation qui traduit une tendance lourde, de nature structurelle, à la concentration des fonctions géoéconomiques les plus stratégiques dans les villes aux sommets des hiérarchies urbaines nationales et internationales.

Mais toutes les métropolisations ne se valent pas. Contrairement aux pays développés et aux Dragons, l'urbanisation du Tiers-monde se déroule trop souvent sans véritable développement économique, sans réelle politique d'aménagement et sans mise à niveau des infrastructures car elle reflète les rapports de dominations géoéconomiques mondiaux. Cette explosion sans moyens accumule les dysfonctionnements : déficit en activités et emplois modernes face au poids du secteur informel, déficit en logements face à l'explosion des ceintures de bidonvilles et occupations illégales, retard des équipements collectifs énergétiques (coupures d'électricité), de transport et d'hygiène (pollutions, déchets, assainissement, eau potable) Concentrant d'énormes inégalités socio-économiques, les villes y juxtaposent selon leurs quartiers une insolente richesse et les symboles souvent ostentatoires du pouvoir politique et économique face au dénuement des périphéries.

Tableau 6.5 L'emploi dans les grandes aires métropolitaines mondiales de plus de deux millions d'emplois : puissance économique des socio-pôles de commandement

	Central Business District	Aires métropolitaine	% CBD/ aire métropolitaine	Date
Tokyo-Yokohama	7 725 000	15 600 000	50	2001
New York	3 192 000	9 357 000	34	1990
Osaka-Kobe-Kyoto	1 740 000	7 500 000	23	2001
Séoul	1 226 000	7 122 000	17	1990
Los Angeles	512 238	6 813 000	8	1990
Londres	1 260 500	6 000 000	21	1998
Paris	1 175 000	5 109 000	23	1990
Nagoya	1 250 000	4 000 000	31	2001
Chicago	977 700	3 870 000	25	1990
San Francisco	415 000	3 153 000	13	1990
Manille	815 500	2 718 000	30	1990
Bangkok	271 900	2 657 000	10	1990
Hong Kong	193 500	2 573 000	8	1990
Philadelphie	247 500	2 433 000	10	1990
Washington	392 900	2 362 000	17	1990
Toronto	302 000	2 290 000	13	1998
Boston	148 000	2 182 000	7	1990
Detroit	153 600	2 071 000	7	1990
Dallas	112 500	2 009 000	6	1990

Source : demographia.com, 2007.

Métropoles mondiales, bases nationales et « économies d'archipel »

Au cœur de la dynamique capitaliste, les villes sont les espaces moteurs de la mondialisation dont la trame, les réseaux et la hiérarchie fondent un dispositif d'échelles spatiales emboîtées locales, régionales, nationales, continentales et mondiales. Comme nous l'avons vu, la mondialisation survalorise les très grandes métropoles des pays hautement développés. Comme lieux des centres des pouvoirs en rassemblant les pôles de commandement et de gestion politiques, économiques, industriels et financiers symbolisés par les *Central Business District* (sièges d'organisations internationales et des transnationales). Comme nœuds privilégiés de la circulation des richesses, des hommes, des savoirs et des informations (ports, aéroports, télécommunications, recherche et innovation...). Comme espaces directs de la production et de la reproduction. Leur puissance exceptionnelle repose sur leurs capacités à articuler les interconnexions entre les différents acteurs mondiaux et entre les échelles géoéconomiques nationales, continentales et mondiales dans lesquelles elles s'insèrent.

Dans ce contexte, certains chercheurs ont développé de nouveaux concepts tentant de rendre compte de la recomposition de ces nouvelles articulations comme la sociologue Saskia Sassen avec *La ville globale* en 1997 ou O. Dollfus avec *L'archipel mégalopolitain mondial* en 2001. Trois grandes critiques peuvent être apportées à ces démarches. L'anthropomorphisation de ces espaces est ambiguë car elle confère à ces pôles et réseaux interconnectés des pouvoirs autonomes qui ne se déploient pourtant en définitive que par les centres de décisions géopolitiques et géoéconomiques hégémoniques qui y sont localisés. Ensuite, ces logiques tendent à désolidariser ces organismes urbains de leurs très vastes hinterlands continentaux et nationaux qui sont pourtant les bases mêmes de leur puissance de rayonnement international et mondial. Enfin, ces démarches survalorisent dans ces espaces spécifiques le poids relatif de leurs fonctions mondiales ou internationales qui ne représentent pourtant qu'une partie limitée de leur potentiel humain et productif. Au total, ces logiques s'inscrivent parfois dans un courant intellectuel qui tend à déterritorrialiser – et donc dépolitiser – la troisième phase de cette mondialisation capitaliste.

Un bon exemple en est fourni par le Japon. Malgré de très grandes difficultés méthodologiques, des chercheurs ont tenté d'évaluer le poids de ces métropoles. Ils estiment ainsi que la production de la métropole de Tokyo est équivalente à la totalité de celle du Royaume-Uni et à deux fois celle du Brésil. Ceci n'a rien d'étonnant quand on sait que la Mégalopolis japonaise accumule sur 10 % du territoire national, la moitié de la population et 65 % du PNB japonais. Loin d'être un simple reflet de la mondialisation, cette structure territoriale spécifique s'inscrit dans l'histoire millénaire de la construction politique et économique de l'Archipel. Comme va l'illustrer l'étude des dynamiques de fragmentations intra-étatiques, l'étude de la mondialisation oblige à un va et vient permanent entre conjonctures et structures géopolitiques, géoéconomiques, sociales et culturelles.

Les dynamiques de fragmentation intra-étatiques

On assiste ce dernier demi-siècle dans le panorama géopolitique mondial à l'affirmation d'une double logique. D'un côté, une logique géoéconomique de continentalisation progressive plus ou moins intégrée. De l'autre, une logique géopolitique de fragmentation étatique d'un certain nombre de grandes constructions politiques dont témoigne la multiplication des États depuis 1945. Une première vague apparaît dans les décennies 1950/1970 avec la disparition des derniers grands Empires coloniaux hollandais et britannique (1950), puis français (1958/1962) et portugais (1974) lors de la décolonisation. Une seconde vague se développe dans la décennie 1990 avec le démantèlement d'États fédéraux en Europe (URSS, Yougoslavie, Tchécoslovaquie) sans pour autant que la Russie actuelle en sorte totalement stabilisée. Ce processus souligne que contrairement à une représentation géopolitique courante en Europe, la question de la nation loin d'être dépassée demeure d'une grande vitalité.

Dans ce contexte général, la mondialisation capitaliste est directement productrice de profondes inégalités (*cf.* chap. 1) et met à mal les équilibres et solidarités internes de certaines constructions et modèles d'États-nation. En effet, ce violent processus exogène sert souvent de révélateur aux déséquilibres endogènes préexistants. Le développement de crises structurelles profondes et multiformes entraîne alors l'émergence de nouvelles dynamiques de fragmentation. S'il n'y a aucune fatalité à l'éclatement, il convient de souligner que certaines modalités d'insertion dans la mondialisation s'avèrent particulièrement explosives quand déstabilisations géoéconomiques et déstabilisations géopolitiques, internes et externes, se conjuguent.

Déséquilibres, désintégration et fragmentation

Dans les pays développés : un net renversement de perspectives

Dans les pays développés, on assiste à un net renversement des perspectives historiques. Les transformations parfois brutales des équilibres géoéconomiques nationaux et régionaux participent activement à l'émergence de nouveaux systèmes de représentations géopolitiques permettant de valider certaines revendications d'autonomie, voire d'indépendance.

Jusqu'au tournant des années 1970/1980, ce sont essentiellement les régions pauvres et périphériques qui se sentent « dominées », voire « exploitées » par les centres économiques et politiques dominants. Aujourd'hui, on assiste au contraire à l'émergence de mouvements revendicatifs de certaines régions riches et dynamiques réussissant leur insertion dans la mondialisation qui refusent ou rechignent de plus en plus aux liens de solidarités historiquement tissés avec les régions en difficulté (transferts financiers publics ou aides).

Ainsi, en Europe, la Catalogne joue à fond la carte autonomiste, européenne et mondialiste en sous-évaluant systématiquement l'impact pour ses propres structures de son insertion dans le marché et système productif national espagnol alors que les réformes de l'été 2001 accordent aux Autonomies la gestion de 40 % des recettes publiques. En Italie, La Ligue lombarde joue à court terme la carte du fédéralisme et à plus long terme la sécession en dénonçant l'État central romain et le « poids mort » du Mezzogiorno. En Belgique, l'émergence puis la montée en puissance de l'économie flamande face au déclin de la Wallonie sont étroitement correlées à la fois à une profonde césure géoéconomique et aux mutations de l'État belge aux fonctions de plus en plus symboliques. Au Royaume-Uni, les réformes institutionnelles initiées par T. Blair promeuvent une régionalisation inédite alors que l'Écosse, à la recherche d'une autonomie accrue, joue de plus en plus la carte de son insertion européenne et mondiale et réclame avec insistance un meilleur partage à son profit de la rente pétrolière de la mer du Nord. Enfin, même dans un État fédéral, solidaire et relativement régulé comme l'Allemagne (péréquation financière…), le profond différentiel ouest/est nourrit un débat identitaire au sein de la nation allemande entre anciens et nouveaux *Länder*.

Tableau 6.6 Insertion internationale différenciée et divergences régionales croissantes : la valeur ajoutée belge (% national)

National	1955	1970	1978	1986	1992	Diff. 1955/92
Flandre	51,6	54,4	56,4	58,1	58,6	+7
Wallonie	34,3	28,5	27,6	26,6	26,4	7,9
Bruxelles	14,1	17	16	15,3	15	+ 0,9

Source : Vandermotten, *Production des espaces économiques*, Bruxelles, 1998

Dans les pays en développement

Au contraire, dans les pays en développement, on continue plutôt d'assister à la montée des revendications politiques et sociales des régions périphériques qui se sentent dominées et exploitées par le centre (Indonésie, Chine, Inde, Mexique, Nigeria...). Ces processus renvoient aussi souvent à l'histoire de la colonisation et, en particulier en Afrique sub-saharienne, au découpage des États (*cf.* Congrès de Berlin de 1884-1885) dont les tracés frontaliers ne tiennent aucunement compte des facteurs linguistiques, culturels et ethniques. Ainsi, au Nigeria, le partage de la rente pétrolière du golfe de Guinée oppose depuis longtemps les Ibos aux pouvoir central alors que s'accroissent dangereusement les contradictions entre le Nord musulman et le Sud chrétien ou animiste.

À ceci s'ajoute parfois la disparition pure et simple de l'État (la Somalie) ou son incapacité, faute de moyens et de volonté, à assumer ses fonctions les plus essentielles comme la garantie de la simple sécurité physique de ses habitants (Colombie, Haïti, Congo...). Si l'anarchie et le règne du plus fort s'imposent souvent, les sociétés civiles parviennent parfois à reconstruire sur ces décombres de nouveaux modes d'organisation et de régulation dans le cadre de communautés urbaines ou rurales gérées sur les modes de l'autogouvernance afin de s'assurer un minimum de services collectifs vitaux. Ces mosaïques informelles innovantes s'articulent soit à d'anciens et durables liens de solidarités ethniques ou claniques, sociaux ou géographiques, soit à des organisations non gouvernementales, des mouvements religieux, des associations de quartiers ou d'entreprises.

Enfin, les logiques de fragmentation traversent aussi tout le corps social de manière transversale et peuvent se révéler dévastatrices quand les fonctions d'aides, de régulation et de solidarité de l'État sont reprises par certains types d'organisation. Les sectes et Églises indépendantes prolifèrent depuis le début des années 1980 en Afrique sub-saharienne et encadreraient un habitant sur cinq. Dans cette logique, c'est sans doute en Afrique du Nord et au Proche et Moyen-Orient que le phénomène est le plus net avec la montée en puissance progressive ces deux dernières décennies – même si les Frères Musulmans apparaissent en 1928 – d'organisations caritatives islamistes qui allient activités de secours et d'encadrement sanitaire et scolaire de proximité, prédication religieuse et embrigadement idéologique.

Le profond dualisme de l'atelier chinois

En vingt ans, réformes internes et insertion dans la mondialisation ont transformé la Chine en premier atelier du monde et en puissance régionale asiatique. Ce processus a profondément modifié les rapports entre l'État, la société, l'économie et les territoires comme le soulignent T. Sanjuan et P. Gentelle. Mais l'apparition d'un dualisme technologique, social et géographique, en particulier entre le littoral et l'intérieur, y pose avec acuité la question du maintien d'un minimum de cohérences internes (*cf.* cartes 6.3, 6.4, 6.5).

Ouverture et réformes : mutations et tensions

En rompant avec le modèle maoïste, les réformes, introduites depuis 1978 ont dopé l'économie nationale : le PIB double, la production agricole augmente de moitié, le niveau de vie initialement très bas est multiplié par quatre. Hypertrophié et obsolète, le secteur industriel d'État, construit sur le modèle soviétique dès les années 1950 en privilégiant la Chine intérieure, est en crise structurelle. Depuis 1995, sa restructuration conduit à 44 millions de licenciements alors qu'un puissant secteur coopératif et un secteur privé dynamique réalisent 70 % de la production. La modernisation des campagnes est aussi un enjeu décisif : l'amélioration de la productivité agricole va libérer 80 à 150 millions d'actifs alors que 200 millions de « paysans-ouvriers », les *mingmongs*, ont migré vers le littoral où ils sont exploités dans des situations de grande précarité juridique, sociale et sanitaire.

Malgré la baisse sensible de la natalité, la contrainte démographique demeure du fait de l'inertie des structures : la population doit augmenter de 25 % d'ici 2025 pour atteindre 1,5 milliard d'habitants. Le fossé entre gagnants, perdants et exclus des réformes se creuse au prix de graves tensions internes (grèves, émeutes rurales, délinquance et insécurité). Alors que 20 % des ménages possèdent 55 % du stock d'épargne nationale, 45 % des individus vivent avec moins de deux dollar par jour. Enfin, depuis l'adhésion à l'OMC, le gouvernement accélère la refonte des secteurs économiques jugés stratégiques (mines, pétrole, aviation, automobile, télécommunication...) afin de se doter de champions nationaux (TCL, Lenovo, Haier...) capables de verrouiller un marché encore peu ouvert face à la concurrence et de se lancer sur le marché mondial.

L'impact croissant des investissements étrangers

En accueillant un stock de 317,8 milliards de dollars d'IDE issus de la diaspora chinoise des Dragons asiatiques et des pays occidentaux (*cf.* chap. 2), la Chine est devenue le premier atelier du monde et la neuvième puissance commerciale. Avec plus de 20 millions de salariés, les 420 000 transnationales, souvent alliées aux acteurs locaux, réalisent un quart de la production industrielle et 45 % des exportations. Attirées par ses très bas coûts salariaux, entreprises occidentales et firmes asiatiques investissent en Chine pour répondre à l'immense marché national ou réexporter : le pays produit ainsi 70 % des jouets, 55 % des appareils photo, 29 % des téléviseurs et la moitié des portables, des téléphones et du textile du monde.

Mais cette dynamique est territorialement déséquilibrée. 88 % des investissements étrangers et 92 % du commerce extérieur sont polarisés par les huit provinces littorales sur un total de trente-deux régions. Depuis 1979, on assiste à la fois à leur concentration croissante sur le littoral à l'échelle nationale et à leur diffusion progressive à l'ensemble de la façade maritime à partir des sites initiaux bénéficiant des privilèges territoriaux accordés par le gouvernement de Pékin (zones économiques spéciales...). Les IDE survalorisent la taille des marchés provinciaux, le niveau des infrastructures, la formation de la main-d'œuvre et, enfin, l'accès aux marchés d'exportation et aux sources de financements.

Si l'investissement national continue d'expliquer l'essentiel du dynamisme des régions côtières, l'impact territorial des IDE est considérable dans la croissance des PIB régionaux littoraux. Ses effets d'entraînement indirects expliquent un tiers des investissements internes. Les transnationales jouent un rôle croissant dans les flux d'échanges internationaux alors que les provinces de l'intérieur en réalisent une fraction minime du fait de leur faible degré d'ouverture.

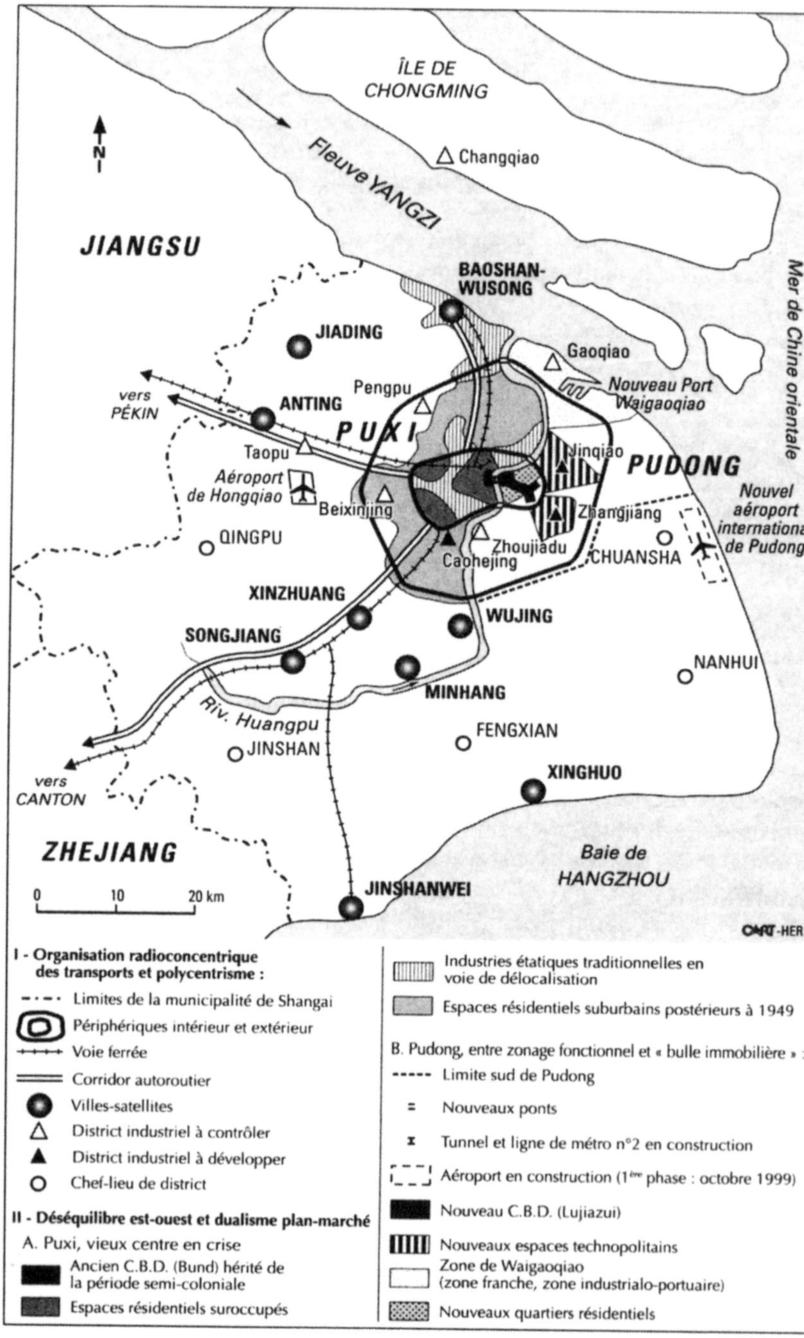

Figure 6.3 Les différentes strates de la mondialisation dans la métropole de Shanghaï

Source : J.-P. Larivière (dir.), *La Chine et les Chinois de la diaspora*, CNED/Sedes, 2000, p. 175

Tableau 6.7 Le poids relatif des trois Chine : approche quantitative et qualitative (en % de la région/total national)

	Littoral	*dont métropoles*	*dont Provinces littorales*	Intérieur	Ouest
Cadre général					
% surface pays	13,5	*2,2*	*11,3*	29	57,5
% population 2004	37	*9,5*	*27,5*	48	15
% croissance démographique 1978/2004	43	*12,5*	*30,5*	41	16
% population urbaine	50,5	*17*	*33,5*	40	9,5
Socio-économique					
% PNB	60,5	*19*	*41,5*	33	6,5
% emploi total	42,5	*9,6*	*33,1*	47,5	10
% des salaires	57	*25*	*32*	34	9
% dépenses de consommation	65	*30,5*	*34,5*	29	6
% revenus fiscaux des provinces	65,5	*29*	*36,5*	28	6,5
Potentiel productif					
% salariés industrie manufacturière	59	*19*	*40*	35	6
% valeur ajoutée ind. manufacturière	77	*28*	*49*	18	5
% salariés système financier	52	*16,5*	*35,5*	39	9
% salariés services aux entreprises	67	*36*	*31*	26,5	6,5
Valeur ajoutée des services (1978-2004)	68,5	*14*	*54,5*	25	6,5
Innovation					
% Salariés des NTIC	57	*24*	*33*	33	10
% Dépôts de brevets	75	*39*	*36*	22	3
Ouverture économies régionales					
% stock d'IDE	88	*44,5*	*43,5*	11,5	7,5
% commerce extérieur	92	*55*	*37*	6,5	1,5
% com. extérieur hautes technologies	97,8	*68,7*	*30*	2	0,2
% croissance exportations (1978-2004)	91,9	*52,3*	*39,6*	5,7	2,3

Source : *Statistics of China*, 2007.

Déséquilibres spatiaux et recomposition de l'espace économique chinois

La stratégie adoptée se traduit par une intégration croissante des économies et des territoires de la façade littorale au marché mondial au prix d'une explosion des déséquilibres internes dus à la désintégration de l'espace économique et productif issu de la période de structuration maoïste qui, malgré ses contradictions, releva la Chine de ses ruines après 1945. Sept provinces réalisent 50 % du PIB national, huit plus de la moitié de la production industrielle ou agricole. Trois Chine se dessinent. À la prospérité des zones côtières, de plus en plus extraverties, s'opposent les régions intérieures les plus peuplées, où s'accumulent les blocages socioéconomiques et démographiques, et tout l'Ouest qui, bien que marginalisé, garde cependant un intérêt stratégique majeur pour le pouvoir central.

La capacité à intégrer les dynamiques du marché devient en effet territorialement hypersélective, et ce à toutes les échelles géographiques, en réactivant de multiples clivages qui font rejouer de vieilles lignes de fracture séculaires. Géopolitiques entre la majorité Han et les minorités périphériques qui avec 9 % de la population occupent 64 % du territoire ; géoéconomiques entre villes et campagnes où les ruraux (58 % de la population et 66,5 % des actifs) ne disposent que de 40 % du revenu national, entre campagnes bloquées et surpeuplées des dix-huit provinces de l'intérieur et campagnes modernisées grâce aux activités non agricoles (services, transports, ateliers industriels), et enfin entre villes elles-mêmes de plus en plus concurrentes et entre urbains : les 20 % de ménages urbains les plus riches détiennent ainsi 48 % du stock de richesses contre 4 % pour les 20 % les plus défavorisés.

Ainsi, à l'échelle de la province du Guangdong, qui polarise à elle seule 30 % du stock national d'IDE pour les trois quarts dans l'industrie manufacturière, les villes de Canton et Shenzhen en concentrent la moitié et la zone littorale du Delta des Perles la quasi-totalité au détriment des campagnes de l'intérieur. Dans la zone économique spéciale de Shenzhen, les entreprises étrangères assurent 80 % de la production et 50 % des exportations, et fournissent un tiers des recettes fiscales.

Ces nouveaux clivages sont favorisés par un processus de déconcentration qui dote les provinces de pouvoirs politiques, économiques et fiscaux considérables. Jalouses de leurs particularités et concurrentes, elles défendent vigoureusement leurs intérêts économiques, leurs traditions industrielles, agricoles ou artisanales et leurs spécificités culturelles. À ceci s'ajoutent la déficience structurelle des transports intérieurs et le sous-équipement d'un pays immense, équivalent à l'Europe géographique, qui constituent un handicap majeur. C'est pourquoi, trompées par le mirage de l'immensité du marché chinois, de nombreuses entreprises occidentales se plaignent amèrement de l'atomisation du pays constitué en mini-marchés régionaux ou locaux souvent indépendants.

Face aux inégalités naturelles et historiques, aux bouleversements actuels et au choc industriel et agricole que représente l'entrée de la Chine dans l'OMC en 2001, le gouvernement est confronté à un énorme défi : maintenir la cohérence sociale et territoriale alors que les pouvoirs provinciaux exigent une autonomie accrue. Il cherche à combattre les privilèges administratifs ou financiers en réformant la fiscalité afin de permettre une certaine péréquation et redistribution entre régions riches et pauvres. Il tente de mettre en place un système de retraite et de

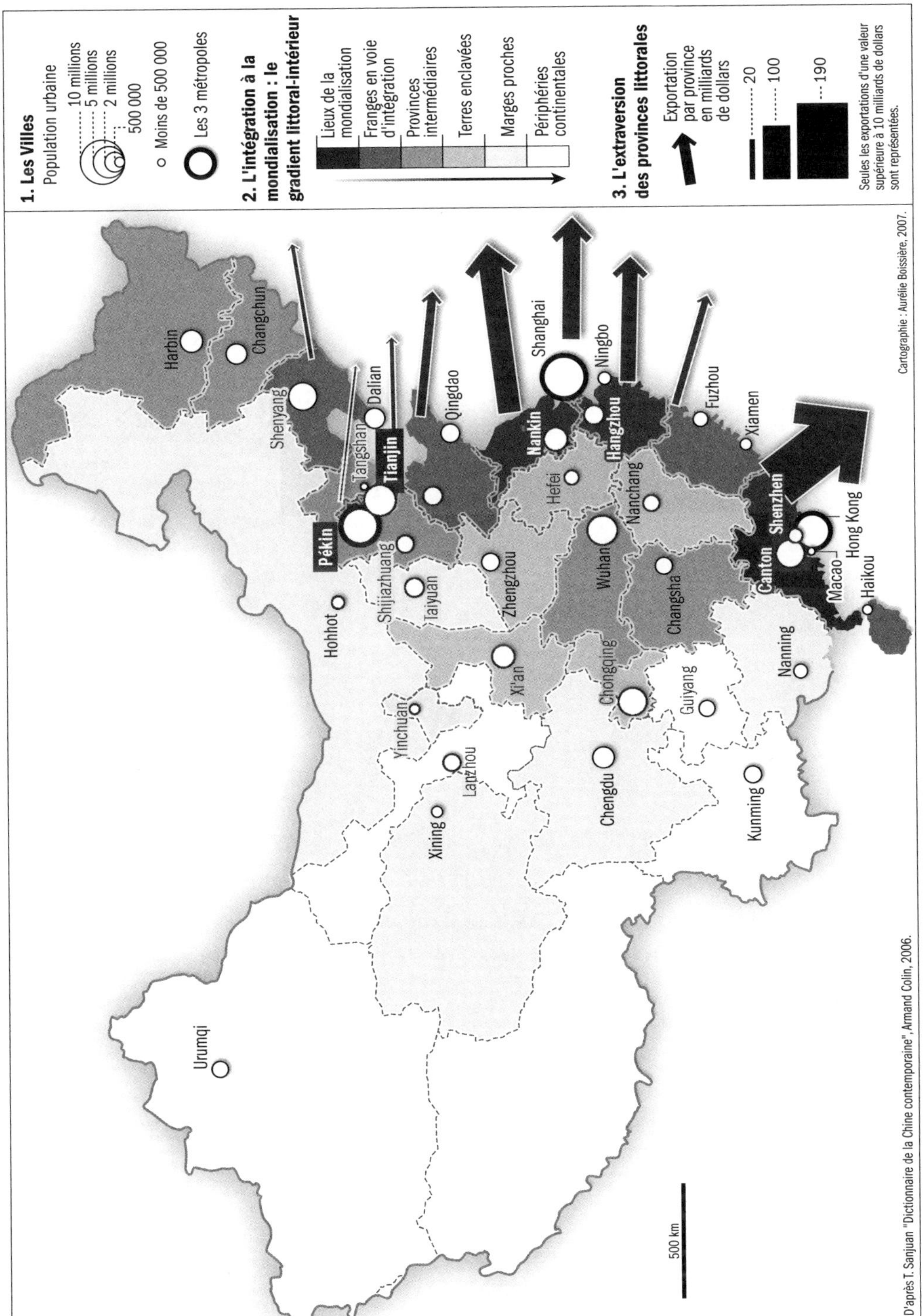

Figure 6.4 La Chine dans la mondialisation : la césure littoral/intérieur

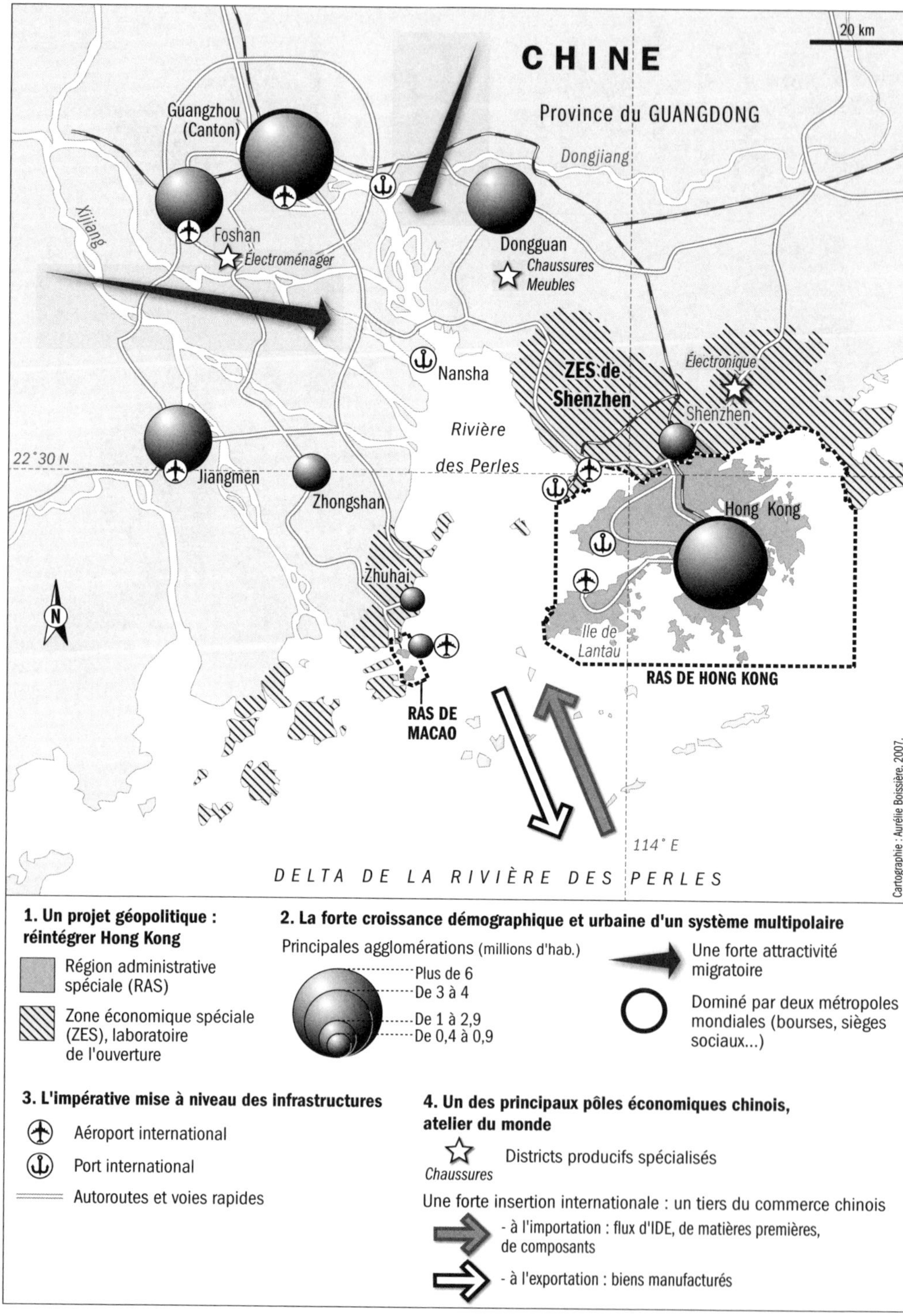

Figure 6.5 La Chine dans la mondialisation : la dynamique du Delta des Perles

protection sociale généralisé, alors que seulement 20 % des 737,4 millions d'actifs chinois dispose d'une protection sociale, et veut promouvoir de nouvelles coopérations interrégionales (jumelage entre régions riches et pauvres). Enfin, il lance un vaste programme d'investissement pour la mise à niveau des infrastructures (transports, télécommunications, réseaux d'eau, énergie). Mais il y a aussi urgence à promouvoir un nouveau contrat social démocratique et un développement plus efficace, solidaire et équilibré.

Le Mexique de l'Alena : une insertion dominée et déséquilibrée

La spécificité mexicaine : le laboratoire d'une insertion dominée

Rompant progressivement à partir des années 1960 avec la stratégie de développement endogène décidée après la Révolution de 1910, le gouvernement mexicain opte pour une ouverture internationale croissante : adhésion au GATT, en 1986, à l'Alena, en janvier 1994. Ces choix se traduisent par une insertion économique de plus en plus intense, mais déséquilibrée et dépendante, dans une division internationale du travail à base régionale qui transforme le Mexique en annexe productive du marché des États-Unis. Le symbole le plus éclatant en est le développement de l'industrie *maquiladora*. Cette spécificité mexicaine est d'autant plus instructive qu'elle s'appuie sur trois facteurs exceptionnels :

– *Un facteur géographique* : cet espace est le seul exemple au monde de contact terrestre immédiat entre d'un côté un pays hautement développé, première puissance mondiale, les États-Unis (246,5 millions hab.), et de l'autre un pays en voie de développement, pauvre avec des salaires réels qui baissent de 26 % entre 1994 et 2002, en graves difficultés structurelles malgré de grandes richesses et en forte croissance démographique avec une population qui quadruple depuis 1950 pour atteindre aujourd'hui 107 millions d'habitants.

– *Un facteur géoéconomique* : l'Alena est le seul exemple au monde de création d'un vaste système productif et commercial unifié dans un marché unique à base régionale regroupant des pays si proches géographiquement mais si inégaux par leur puissance économique, 28 % du PNB mondial au nord contre 1,7 % au sud, et leurs niveaux de vie. Il n'y a là ni océans, ni vastes glacis intermédiaires.

– *Un facteur géopolitique* : si les marchés sont unifiés, la frontière politique demeure hermétiquement fermée par les États-Unis aux flux migratoires Sud/Nord à l'aide d'un véritable mur grillagé courant sur des milliers de kilomètres. En effet, au rythme de 300 000 par an, les Mexicains tentent leur chance aux États-Unis où vivraient entre 3 et 6 millions de clandestins dont la régularisation est l'objet d'un vif débat entre les capitales (*cf.* chap. 1).

L'industrie *maquiladora* : un développement récent et spectaculaire

L'industrie *maquiladora* (de l'espagnol *maquilar*, sous-traiter ou de *maquila* : portion de farine retenue en Castille par le meunier en paiement de son travail) est née en 1965. L'État mexicain d'alors doit répondre à une grave crise sociale des régions septentrionales du fait des mesures restrictives adoptées par les États-Unis contre les travailleurs migrants transfrontaliers (*braceros*). Ce choix répond à quatre objectifs. Territoriaux avec le rééquilibrage vers le nord du potentiel productif polarisé historiquement sur le centre du pays, en particulier Mexico et Nuevo Leon. Sociaux avec la création d'emplois. Technologiques afin de capter des segments productifs modernes et des transferts de technologies face aux industries lourdes nationalisées et au tissu de PME traditionnelles. Et, enfin, économiques grâce à l'arrivée de nouveaux capitaux et investissements.

Afin d'attirer les IDE, les entreprises *maquilas* bénéficient d'un statut fiscal avantageux qui les autorise à importer sous douane machines, matières premières et pièces détachées pour assembler des produits destinés ensuite exclusivement à l'exportation. À cet avantage s'ajoute un cadre légal peu contraignant : ultra-flexibilité, répression anti-syndicale, corruption, violence des rapports sociaux, bas salaires et de dures conditions de travail. Dans le textile, à qualification égale, il est sept fois inférieur au salaire américain.

Le Mexique va ainsi capter les segments terminaux (montage banal de masse à la chaîne), des activités très taylorisées (faibles salaires et faibles qualifications ouvrières) et géographiquement très mobiles (textile, automobile, électronique, meubles...) dans le cadre de la division internationale du travail des transnationales.

Dès l'origine, les firmes américaines vont dominer. La répartition des tâches entre les deux pays se concrétise par la construction d'usines-jumelles (*twin-plants*) à cheval sur la frontière. La partie américaine assure les fonctions de gestion, de recherche – innovation et d'encadrement et la partie mexicaine les fonctions de productions banales. Cependant, la croissance de cette industrie est corrélée aux progrès de la mondialisation et de l'intégration économique régionale. Elle passe de 67 000 à 355 000 emplois entre 1975 et 1988 pour atteindre alors 14 % de l'emploi manufacturier national.

Tableau 6.8 Évolution des salariés des maquiladora mexicaines : l'entrée en crise d'un modèle extraverti et dominé (en milliers)

1975	1981	1988	1990	1995	1999	2000	2006
67	130	355	446	513	1 300	1 291	1 166

Mais cette stratégie a son revers. Alors que le gouvernement privatise les entreprises publiques créées dès l'entre-deux-guerres, cette ouverture expose brutalement à la concurrence internationale l'économie traditionnelle de ce pays en développement qui joue un rôle social et territorial central. Elle entraîne des mutations structurelles majeures. La concentration économique se traduit par l'émergence d'oligopoles sectoriels (automobile, sidérurgie, verre, agroalimentaire). Le dualisme des structures s'accroît : alors que les transnationales mettent la main sur la majeure partie des activités stratégiques et modernes, une partie des entreprises non *maquiladoras*, dont beaucoup de PME des secteurs traditionnels ou de l'agriculture, est balayée par la concurrence. Enfin, les dynamiques territoriales sont fortement polarisées sur quatre ensembles régionaux au détriment du reste du territoire, en particulier le sud : Mexico, Nuevo Leon, vieux centre historique de la bourgeoisie industrielle de Monterrey, Jalisco et nord frontalier.

Une greffe exogène et dépendante de plus en plus concurrencée

De marginale, l'industrie *maquiladora* est devenue un des facteurs structurels majeurs des transformations économiques, sociales et territoriales durant les décennies 1980 et 1990 en représentant 27 % des salariés de l'industrie en 2001.

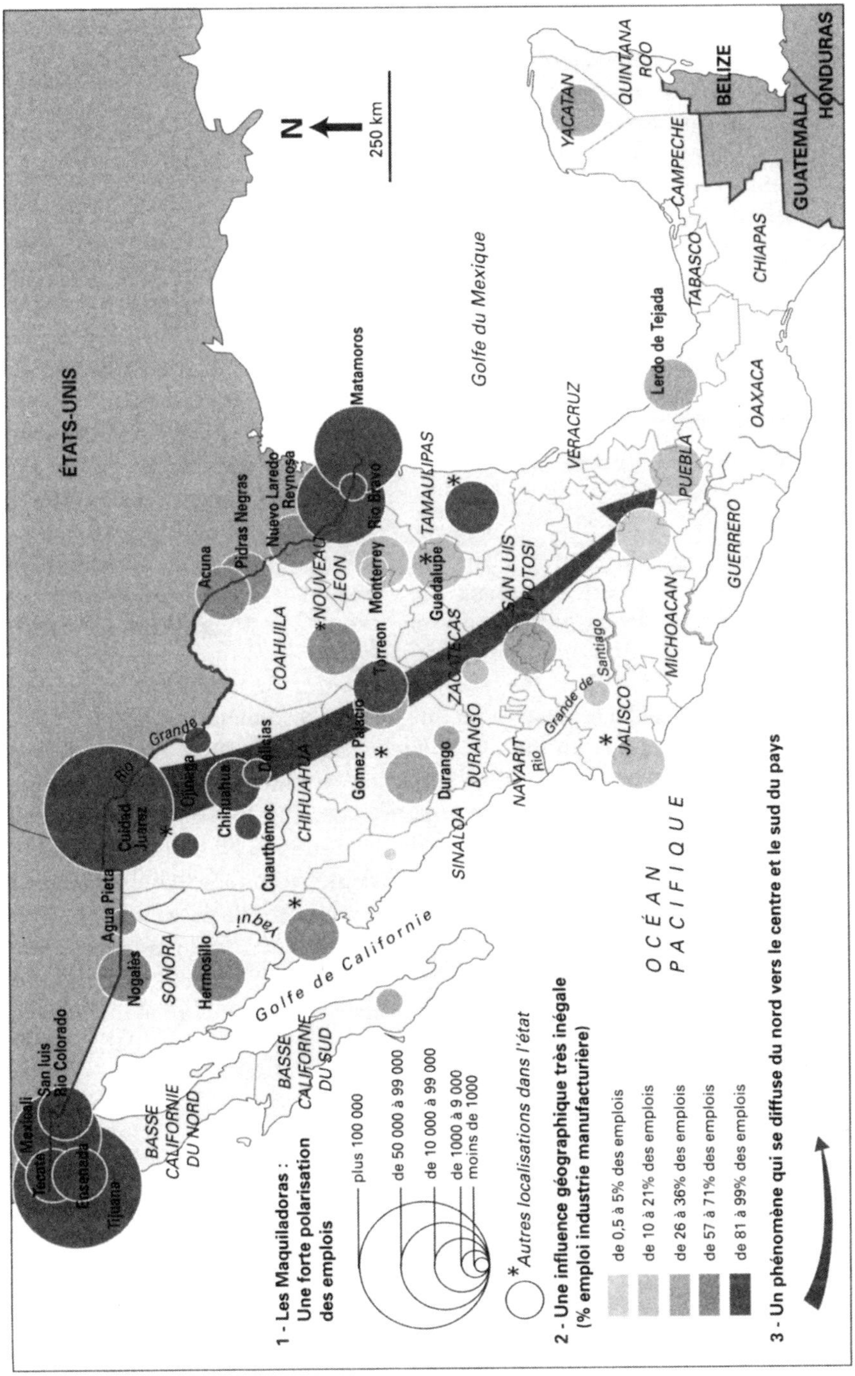

Figure 6.6 Les industries maquiladoras mexicaines : la diffusion géographique d'un modèle d'insertion dominée

Le degré de féminisation des emplois y tombe de 80 % en 1975 à 42 % en 2005 du fait de l'implantation de nouvelles banches mobilisant une main-d'œuvre plus masculine. Elles passent de 35 à 50 % des exportations entre 1990 et 2006, faisant du Mexique l'une des principales puissances commerciales d'Amérique latine avec le géant brésilien, avec un fort déficit commercial au détriment des États-Unis.

Cependant, les effets d'entraînement sur le potentiel productif national sont négligeables en raison de l'extrême faiblesse de la valeur ajoutée nationale qui s'explique par trois facteurs. 81 % des intrants sont importés alors que les niveaux de qualification demeurent extrêmement faibles avec 79 % d'ouvriers peu ou non qualifiés face à seulement 13 % de techniciens de la production et 8 % d'administratifs. Au total, et contrairement aux pays d'Asie, le Mexique s'avère incapable d'engager un véritable développement scientifique et technologique malgré le potentiel accumulé du fait de l'incurie des politiques étatiques.

Ce dynamisme traduit en fait une nette tendance à l'extraversion de l'économie, si l'export contribue à 50 % de la demande totale, la demande intérieure tombe à 39 % et l'investissement national (FBCF) à seulement 15 %. Cette industrie ne résout donc en rien les problèmes structurels nationaux : alors que l'économie informelle représente plus de 35 % du PNB, un tiers de la population appartient aux classes pauvres et 45 % aux classes moyennes basses.

Surtout, cette greffe exogène est étroitement dépendante de la conjoncture économique internationale du fait d'un couplage croissant avec l'économie des États-Unis. Détenant les trois quarts des parts de marché, ils représentent 80 % des exportations, 75 % des importations et 65 % du stock d'IDE loin devant le Royaume-Uni (7 %) et l'Allemagne (5 %). Ainsi, 70 % de la production automobile est exportée à 90 % aux États-Unis du fait des usines de montage des *Big Three*, alors que le Mexique produit 20 % des télévisions du monde – essentiellement en Basse Californie – destinées à 95 % aux États-Unis.

Mais depuis le tournant du siècle, cette greffe exogène étroitement dépendante du marché mondial est de plus en plus concurrencée, prise en tenaille entre deux logiques qui mettent sans doute fin à un cycle historique de spécialisation. Le nombre d'entreprises recule de 23 % entre 2001 et 2006 pour tomber à 2 816 unités alors que 100 000 emplois disparaissent. En effet, la suppression définitive des droits de douane dans le cadre de l'Alena se traduit par la disparition des avantages comparatifs initiaux. La diffusion du modèle à une grande partie de l'Amérique centrale (San Salvador, Honduras, Guatemala...) où les salaires sont encore plus faibles (*cf.* chap. 5) renforce la concurrence intrarégionale alors que les transferts de productions – en particulier dans le textile – vers la Chine s'accélèrent. Ce modèle mexicain en voie d'épuisement doit donc se préparer à trouver une nouvelle orientation plus intégratrice, équilibrée et solidaire.

La mue des territoires : de la polarisation initiale à une diffusion sélective

Initialement polarisées sur les États frontaliers septentrionaux, les *maquiladoras* se diffusent progressivement vers le centre du pays du fait de la saturation des principaux pôles historiques (Chihuahua : 25,5 %, Basse Californie : 21 %, Tamaulipas : 15,5 %, Coahuila : 8 %, Sonora : 7 %, Nouveau Léon : 6 % des salariés en 2006, soit 83 % pour les États frontaliers du nord). Car dans cette zone désertique et peu peuplée, on assiste à des déséconomies d'agglomération du fait de la saturation des équipements (infrastructures, transports, fourniture électrique et en eau en zone désertique…) et des marchés du travail : 51 % de la population active du Chihuahua travaille dans l'industrie de transformation. Les taux de chômage officiels sont bien plus faibles dans les zones urbaines du nord (Ciudad Juarez 0,7 %, Tijuana 0,9 %) qu'au niveau national (2,5 %) malgré la puissance des flux migratoires. Entre 1990 et 2005, les huit États frontaliers polarisent 45 % des flux migratoires nationaux face au sud répulsif et en crise. Enfin, et surtout, les salaires y deviennent plus élevés grâce, en particulier, aux développements des luttes revendicatives des salariés surexploités comme en témoigne en décembre 1997 la reconnaissance du premier syndicat indépendant du pouvoir malgré une répression sociale et syndicale généralisée et souvent impitoyable.

Aux échelles régionales et locales, la géographie des *maquiladoras* est fortement polarisée sur les grands centres urbains et les grands couloirs industriels traditionnels, dont les villes-champignons parfois créées quasiment ex-nihilo connaissent une croissance foudroyante, du fait de la relative faiblesse du niveau général d'équipement en infrastructures de ce pays en voie de développement. Cette dynamique spatiale est renforcée par la stratégie d'accueil des différents États fédérés qui se dotent d'un réseau dense de parcs ou zones industrielles (Basse-Californie : 45, Sonora : 32 zones industrielles et 28 parcs…). On y assiste à un sensible renforcement des hiérarchies urbaines préexistantes avec l'apparition de structures mono, bi ou tricéphales selon les États. En Basse-Californie, les emplois *maquilas* sont polarisés par Tijuana (68 %) et Mexicali (22 %), au Chihuahua par Juarez (77,5 %) et Chihuahua (16,5 %) ou au Coahuila par Acuna (31 %), Torreon (20,5 %) et Pidras Negras (14 %). Dans certains États, les activités des *maquiladoras* créent totalement l'industrie moderne : elles représentent 99 % des emplois en Basse-Californie, 90 % au Tamaulipas, 81 % au Chihuahua ou 71 % au Sonora. En définitive, seuls les bastions industriels historiques réussissent à se dégager de leur emprise croissante (District fédéral : 0,5 %, Mexico : 2,5 %, Nuevo Leon : 17 %) alors que les transnationales mettent en œuvre une stratégie systématique d'évitement des régions ou des États les plus en difficulté.

À la polarisation urbaine répond parfois une forte spécialisation sectorielle qui accentue fragilité et interdépendance dominée. En Aguascalientes, 70 % des IDE sont dans l'automobile et 25 % dans l'électronique et ressortent à 67 % au Japon et à 33 % aux États-Unis. Au Jalisco, les entreprises transnationales mettent à profit la création d'un grand pôle électronique national autour de Guadalajara (universités…) : IBM est le 1er exportateur de l'État et l'électronique y représente 54 % des exportations. Au Guanajuato, où elles représentent 56 % des industries de transformations, elles valorisent la forte tradition textile régionale (*cf.* 45 % prod. nat. chaussures) : 72 % des IDE sont dans ce secteur qui exporte 73 % de sa production vers les États-Unis.

L'Indonésie : une intégration prédatrice désintégratrice

L'Indonésie fut pendant deux décennies une des figures emblématiques du miracle économique des « Bébés tigres » asiatiques, vantée aussi bien par les grands organismes internationaux que par les hommes politiques ou les principaux médias occidentaux. L'accumulation d'indicateurs positifs permettant le calcul des

« risque-pays » la transformait jusqu'à très récemment encore en paradis pour investisseurs étrangers. Elle est aujourd'hui confrontée à une crise structurelle multiforme. Cette situation oblige à s'interroger sur les réalités spécifiques de sa société et de son territoire et les orientations choisies depuis trente ans. Ce brutal retournement de situation devrait inciter à plus d'esprit critique et de recul sur les interactions entre « croissance » et « développement ». Le cas indonésien traduit en fait le besoin d'un retour à l'étude des territoires comme rapports complexes et dynamiques à l'aide de la géopolitique et de la géoéconomie pour mieux saisir les nouvelles interdépendances asymétriques nées de la mondialisation face à des démarches trop souvent enfermées dans un économicisme étroit qui confine parfois à l'aveuglement (*cf.* chap. 1).

Un géant aux pieds d'argile : la gestion du couple unité/diversité

Avec plus de 222 millions d'habitants et une superficie de 1,9 million de km^2, 5,4 millions km^2 d'eaux territoriales et une Zone Economique Exclusive de 7,9 millions km^2, l'Indonésie est un géant territorial. Sa position de contact entre l'Eurasie et l'Australie et la possession des détroits maritimes de la Sonde et de Malacca lui confèrent une position stratégique remarquable alors qu'elle dispose de potentialités exceptionnelles tant minières (gaz, pétrole, charbon, étain, bauxite, cuivre, nickel, or...) que forestières ou maritimes.

Mais c'est un géant aux pieds d'argile du fait de sa configuration spatiale et de son hétérogénéité géopolitique interne. S'étendant sur 5 100 km d'est en ouest (3 fuseaux horaires) et 2 000 km du nord au sud, cet archipel de 13 600 îles est divisé en 24 provinces et trois territoires. Les distances, l'étalement et la dispersion géographique induisent des logiques de compartimentage et d'isolement qui en font une mosaïque ethnolinguistique (environ 400 langues et dialectes) et un État polyethnique (+ 200 groupes, javanais 40 % population). S'il est le plus grand État musulman du monde (Islam 87 % pop.), il présente cependant une grande diversité du fait des héritages historiques (chrétiens 9 %, hindouistes 2 %, bouddhistes 1 %, animistes) et géographiques (Islam dominant à Java et Sumatra, autres religions en périphéries). Enfin, son système géoéconomique repose sur des relations ambivalentes entre les « îles intérieures » (Java, Madura, Bali et une partie de Sumatra) qui sont au cœur du dispositif démographique, économique et politique et les « îles extérieures » périphériques, forestières et peu peuplées.

Face à ces contraintes, sa problématique est définie dans sa devise nationale : « L'unité dans la diversité ». Cependant, depuis cinquante ans, le pouvoir central javanais alterne logiques de forces uniformisatrices et compromis avec les minorités et périphéries dont témoigne l'adoption d'une langue commune en 1939 ou la recherche d'une certaine harmonie religieuse malgré un Islam dominant.

D'un *État développeur* à un *État prédateur*

Son développement économique et son insertion dans la mondialisation furent initiés précocement dans un cadre national très particulier qui s'appuie sur de denses héritages précoloniaux et coloniaux : traditions urbaines et culturelles, puissants circuits commerciaux, plantations agro-industrielles et début d'industrialisation... En septembre 1965, le général Suharto, arrivé au pouvoir à l'occasion d'un san-

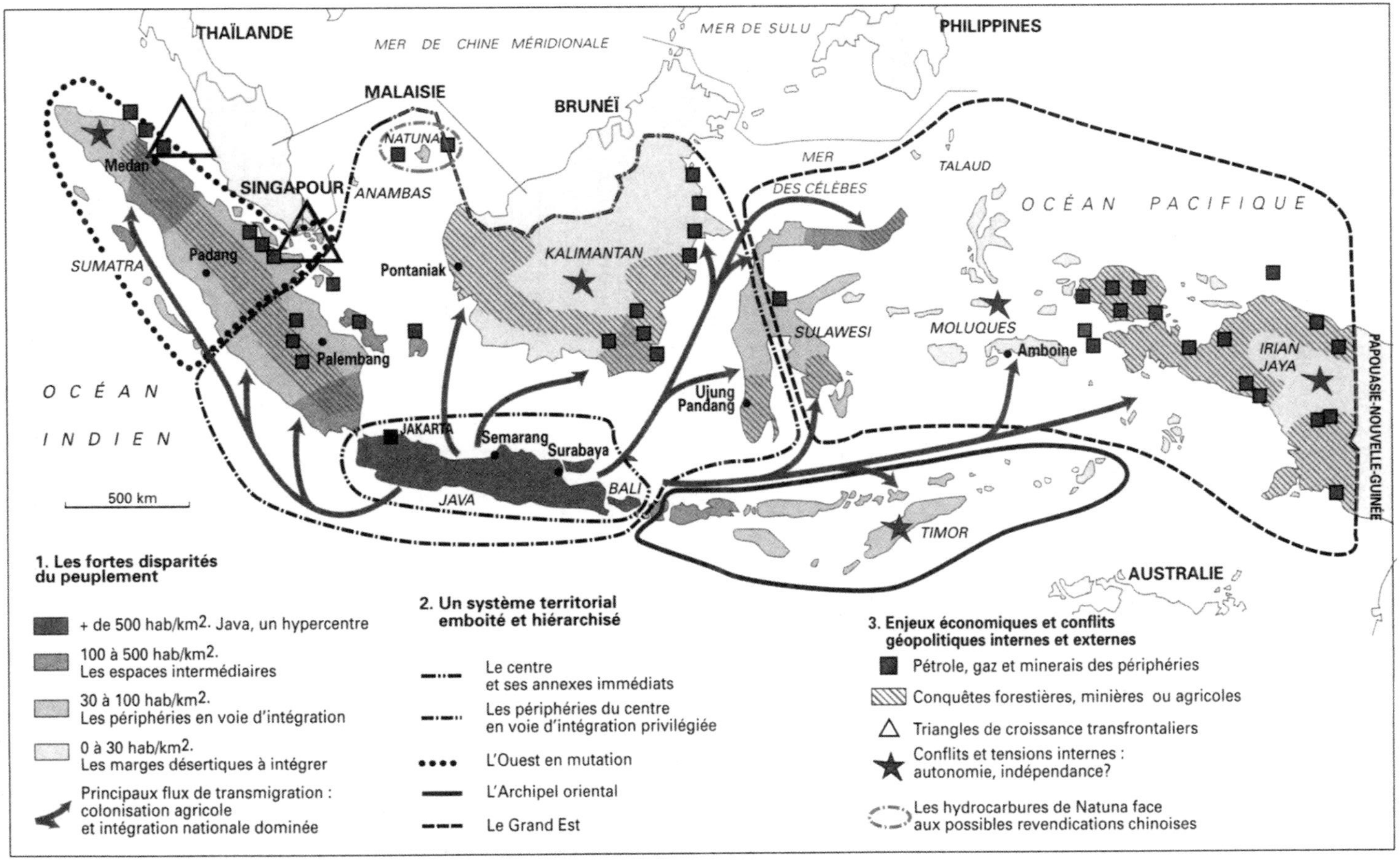

Figure 6.7 L'Indonésie en fragmentation : crise d'un État prédateur et désarticulation de la construction nationale

glant coup d'État anticommuniste (500 000 morts), va instaurer un « Ordre Nouveau ». S'il stérilise la vie politique et intellectuelle, il s'oriente vers un certain développement économique : politique de substitution aux importations, plans sectoriels, développement agricole et modernisation des infrastructures... Ce modèle assure une forte croissance économique dans les décennies 1970-1980 et un relatif progrès social grâce à une main-d'œuvre, de l'énergie et des matières premières abondantes et peu chères, à partir d'un niveau de base initial faible.

Mais articulant capitalisme sauvage et forte intervention étatique, ce développement est de plus en plus stérilisé et détourné par la collusion d'étroits groupes d'intérêts dans un cadre étatique népotique, clientéliste et affairiste (prébendes, corruption, trafic d'influence, bulle spéculative, créances douteuses). La famille présidentielle accumule une énorme fortune en réalisant une véritable OPA sur les grands secteurs économiques (trafic aérien, télédiffusion, banque, industrie lourde, agroalimentaire, contrôle de monopoles industriels et commerciaux...). Les grands hommes d'affaires issus de la traditionnelle et influente diaspora chinoise, qui représente 3,5 % de la population, monopolisent environ 70 % des actifs économiques du pays. Et, enfin, l'Armée, se voyant reconnaître une double fonction civile et militaire par la Constitution (défense du territoire et maintien de l'ordre intérieur), joue un rôle essentiel : administratif, en particulier en province, politique (places au gouvernement, dans les ministères, 100 des 500 postes de l'Assemblée du peuple...) et économique (sociétés d'État, banque, immobilier, transport, hôtellerie, assurance...). À tout ceci s'ajoutent les intérêts stratégiques et économiques des États-Unis et ceux des compagnies transnationales (pétrole, mines, bois).

Tableau 6.9 Évolution du PNB régional par province entre 1996 et 1999 : la crise du centre (en %, monnaie constante)

Province	%	**Province**	%
Total des Provinces	– 6,5	Centre Kalimantan	– 1,2
Indonésie	– 8,6	Bengkulu	– 1,8
Irian Jaya	+ 16,6	Nord Sumatra	– 3,5
Nord Sulawesi	+ 8,7	District de Yogyakarta	– 5,1
Est Kalimantan	+ 8	Centre Java	– 6
Nusa Tenggara Timor	+ 5,5	Ouest Java	– 12
Ouest Kalimantan	+ 5,2	Est Java	– 12
Nusa Tenggara Barat	+ 3,9	District d'Aceh	– 13,5
Centre Sulawesi	+ 3,3	Jakarta	– 14,3
Riau	+ 2,5	Moluques	– 29

Source : *Statistics Indonesia*, 2001 et 2007.

Mais la légitimité du pouvoir, validée politiquement par sa relative réussite socio-économique des dernières décennies, s'effrite avec les émeutes de 1996 et 1997. Puis elle s'effondre brutalement sous les effets d'une grave crise financière et économique (crise asiatique) qui sert de révélateur aux dysfonctionnements accumulés : dévaluations drastiques de la monnaie, explosion de la dette et chute du PNB et des exportations, faillites d'entreprises, baisse des salaires et licenciements massifs, émeutes urbaines… D'autant que la crise frappe prioritairement l'économie du centre javanais du fait de sa plus étroite intégration dans l'économie mondiale.

Les rapports centre et périphéries entre exploitation, prédation et pillage

Ce système hypercentralisé, autoritaire et mafieux reposait sur un dispositif territorial où le centre javanais dominait et exploitait à son unique profit des périphéries de plus en plus lointaines et mal intégrées dans le cadre d'une insertion dans la mondialisation elle même dominée et dépendante.

L'industrie moderne

L'insertion dans la division internationale du travail et le développement du marché intérieur renforcent la base industrielle manufacturière qui réalise aujourd'hui 44 % du PNB et assimile l'Indonésie aux pays émergents d'Asie. Cependant ce processus est géographiquement sélectif (*cf.* Viêtnam, chap. 5). Malgré une certaine diffusion, Java et Bali polarisent encore 75 % des industries modernes et 68 % des créations d'emplois de la décennie 1986-1996. Ces quinze dernières années, la rupture la plus notable intervient à Sumatra dans la région de Riau qui réalise dorénavant 15 % des exportations du pays et connaît un fort développement du fait de son intégration fonctionnelle au « Triangle de développement » organisé par Singapour qui y délocalise – comme dans le sud de la Malaisie – une large partie de ses activités industrielles productives. Cependant, malgré le dynamisme de ce pôle régional largement extraverti, la seule métropole de Djakarta continue de polariser plus de 50 % des IDE du pays et de réaliser un tiers des exportations.

Tableau 6.10 Répartition régionale des emplois de l'industrie manufacturière : le maintien du centre javanais face aux périphéries (en millions et en %)

	1986	1996	86/96 (en vol.)	86/96 (en %)	% 1986	% 1996	% Région/créations d'emplois 1986/1996
Java Bali	4 414,7	7 467,5	3 053	+ 69	79,4	74,4	68
Sumatra	552	1 281	729	+ 132	9,9	12,8	17
Sulawesi	249	474	225	+ 90	4,5	4,7	5
Kalimantan	201,2	437,4	236	+ 117	3,6	4,4	5
Îles de la Sonde	114,7	288,1	173	+ 151	2,1	2,9	4
Moluques et Irian Jaya	28	91,6	64	+ 227	0,5	0,9	1
Indonésie	5 559,6	10 039,6	4 480	+ 81	100	100	100

Source : *Statistics Indonesia* 2001 et 2007.

Si la « transmigration » – déplacement volontaire et organisé de populations javanaises vers les périphéries insulaires boisées – apparaît dès l'époque coloniale et est initiée par les Hollandais, elle fut systématisée et sa base territoriale élargie par le régime Suharto. On passe de 230 000 personnes entre 1905 et 1941 à 5,5 millions entre 1969 et 1994, dont 60 % à Sumatra. Elle répondait à un triple objectif :

– Atténuer les profonds déséquilibres démographiques entre l'hypercentre surpeuplé et les périphéries peu peuplées. Sur 7 % du pays, Java regroupe 60 % de la population (densité : 1 002 hab. km^2), alors que Kalimantan et l'Irian Jaya n'accueillent que 6 % de la population sur la moitié du territoire.

– Développer les productions agricoles, forestières et minières des marges au profit du centre.

– Accélérer et parachever l'intégration nationale par une logique de conquête démographique et de fait accompli en noyant les petites populations autochtones par des transferts massifs (Sumatra + 5 millions de personnes entre 1950 et 1980, 1/3 de la population à Timor). Il y a quarante ans encore majoritairement chrétiennes (60 % de la population), les Moluques sont maintenant à majorité musulmane alors que les migrants représentent 50 % de la population de l'Irian Jaya, intégré tardivement et dans un cadre très conflictuel. Si cette politique permit de limiter la croissance démographique javanaise, elle coûta très cher à l'État, porta de graves atteintes à l'environnement et tendit de fait à transférer la pauvreté rurale de Java vers les périphéries.

Surtout, elle accentua sensiblement les tensions dans les régions d'accueil (émeutes en 1997 et 1998, rébellions…) si bien qu'elle est abandonnée en 2000 par le nouveau gouvernement sous la pression des évènements. En effet, les populations Dayaks animistes ou chrétiennes provoquent en 1999 et 2001 de sanglantes émeutes à Kalimantan qui chassent des dizaines de milliers de migrants maduranais. Si des manipulations de la part des militaires afin d'affaiblir le nouveau pouvoir sont probables, ces évènements illustrent les extrêmes tensions existant dans l'archipel.

Tableau 6.11 Répartition de la population et des activités : la très forte pression centrale (en millions et %)

	% superficie	Population 2007 en millions	% population	Densité Hab/km^2	% PNB	% valeur ajoutée
Java	6,95	130,401	58	1 002	59,7	70,7
Sumatra	24,02	47,852	21,3	96	22,2	16,6
Sulawesi	10,42	16,475	7,3	83	4,2	3,6
Kalimantan	27,27	13,107	5,8	22	9,3	6,0
Bali Nusa T.	3,83	12,203	5,4	162	1,3	1,8
Moluques/ Papousie	27,51	4,865	2,2	11	3,3	1,3
total national	100	224,905	100	116	100	100

Les dévastations forestières

L'inquiétant recul de la forêt indonésienne du fait de la mise en place d'un système prédateur est lui aussi symptomatique à la fois des choix économiques et des logiques territoriales mis en œuvre. Alors que le pays disposait de la troisième forêt mondiale en 1960, le couvert forestier dense des îles périphériques recule presque de moitié, de 120,8 à 66,2 millions d'hectares, entre 1939 et 1997. Alors que la forêt couvrait 74 % de l'archipel en 1950, elle n'en recouvre plus que 56 % aujourd'hui et si environ 300 000 hectares disparaissaient chaque année dans les années 1970, le recul est de 1,5 million d'hectares annuels depuis 2001. Ce terrible gâchis aboutit au paradoxe que l'Indonésie importe du bois dès 2005. En effet, alors que la croissance naturelle de la forêt fournit 20 millions de m^3 par an, l'industrie du bois en consomme 74 millions m^3, dont 30,5 % pour le contreplaqué, 30 % pour la pâte à papier et 28 % pour le bois de sciage, pour l'essentiel à destination du marché mondial. En réaction face à l'épuisement de leurs bases nationales, les compagnies forestières s'implantent massivement en Afrique sub-saharienne et en Amérique latine. Comme le soulignent G. Rossi et R. De Koninck, la déforestation n'a rien à voir avec la pratique équilibrée des défrichements-brûlis des populations agricoles autochtones de la zone intertropicale humide mais doit tout « aux activités de type capitaliste cherchant à maximiser les profits et à la marginalisation des paysans pauvres qui n'ont d'autre solution que la consommation du capital forestier ».

Tableau 6.12 Le terrible recul des forêts denses indonésiennes entre 1939 et 1997 (en millions hectares et en % superficie totale)

	1939 (millions hectares)	1939 (en %)	1966 (en %)	1990 (en %)	1997 (en %)	1997 (millions hectares)	Recul 1939/1997 (millions hectares)	Recul 1939/1997 (en %)
Sumatra	29,2	62	60	26	21	9,9	-19,3	-66,1
Kalimantan	41,9	76	76	44	34	18,8	-23,1	-55,1
Sulawesi	10,1	51	50	32	27	5,3	-4,8	-47,5
Îles de la Sonde	1,6	19	18	15	49	1,1	-0,5	-31,3
Moluques	6,3	74	7	57	15	4,2	-2,1	-33,3
Irian Jaya	31,7	77	77	72	66	26,9	-4,8	-15,1
Totale île ext.	120,8	67	66	44	37	66,2	-54,6	-45,2

Source : F. Durand, *Cahiers d'Outre Mer*, n° 205, 1999.

Trois grands acteurs conjuguent leurs effets dévastateurs : les colonisations gouvernementales ou spontanées qui, favorisées par la transmigration, entraînent la progression des fronts pionniers ; le développement des plantations agro-industrielles (*cf.* chap. 4) ; enfin, la concession de surfaces de plus en plus considérables (13 millions d'hectares en 1970, 45 millions, en 1979, plus de 60, aujourd'hui) aux compagnies forestières dont la moitié sont détenues par une vingtaine de groupes financiers sino-indonésiens proches du pouvoir. Dans un contexte environnemental tropical où le lessivage des sols est irréversible, ce très violent processus compromet gravement, parfois de manière irrémédiable, la reconstitution du couvert forestier. C'est pourquoi, face à une très progressive et tardive prise de conscience des autorités, certaines opérations de reboisement sont lancées. Mais elles concernent essentiellement des plantations d'acacias et d'eucalyptus, arbres à croissance rapide, pour les besoins des grandes compagnies de pâtes à papier finlandaises, canadiennes ou japonaises.

De même, si en 2001, le gouvernement impose un moratoire sur l'exploitation, il n'a aucun moyen réel de le faire respecter face aux intérêts économiques en jeu et à l'éclatement et émiettement des pouvoirs locaux et régionaux. On retrouve cette situation sur le marché mondial de l'étain déstabilisé par l'extrême confusion politique régnant dans l'archipel indonésien qui en modifie les conditions traditionnelles d'exploitations – un minerai d'étain de haute qualité issu de l'érosion tropicale – de Bangka, Belitung et Kundur qui étaient exploités par deux compagnies minières passent sous le contrôle des autorités locales du fait du délitement du pouvoir central. Celles-ci multiplient les droits d'exploitation dans un cadre anarchique au plus grand profit des affineurs de Malaisie, dont la production nationale s'est effondrée, et qui importent aujourd'hui 80 % de leurs besoins.

Tableau 6.13 Géographie des concessions forestières par régions en 1998 : un net rapport centre/périphéries (en hectares et en %)

Kalimantan	23 465 785	46 %	Moluques	3 165 725	6 %
Sumatra	12 699 192	25 %	Nusa Tenggara Barat	86 150	1 %
Irian Jaya	11 900 766	23 %	Indonésie	51 317 618	100 %

Source : Statistics Indonésia, 2001.

La viabilité de la construction nationale, socio-économique et territoriale

Symbolisé par la tenue des premières élections présidentielles réellement libres en octobre 1999 et la reconnaissance de l'indépendance de Timor, ancienne colonie portugaise occupée illégalement et mise en coupe réglée par l'armée, le processus de démocratisation constitue une avancée considérable. Mais accompagnant la fragilisation du pouvoir central, il ouvre la boîte de Pandore des revendications autonomistes et pose la question de la viabilité de la construction nationale. Alors que l'économie – qui s'était effondrée durant la crise asiatique puis la crise politique – peine à récupérer, que la corruption s'est encore développée, que les tensions socio-économiques demeurent considérables et que tout le nord de Sumatra a été ravagé par le tsunami de décembre 2004 (167 000 morts, 500 000 sans-abris) et que la déforestation accélère les inondations et glissements de terrains. Dans ce contexte, la mutation des rapports centre/périphéries est une clef essentielle des enjeux d'avenir.

– *La question religieuse*. En rupture avec la recherche d'une relative harmonie religieuse issue de la lutte anticoloniale et indépendantiste, on assiste à une surenchère religieuse et à une tendance à l'islamisation plus marquée de la vie politique et sociale dans les années 1980/1990 [*Hérodote*, n° 88, 1998] avec en toile de fond de fortes tensions (émeutes antichrétiennes de 1997). La progression d'un Islam radical, déjà bien présent sur un terrain d'opportunismes, peut être une éventuelle réponse à la crise socio-économique si certaines exigences de justice sociale et d'ouverture démocratique ne sont pas satisfaites alors que l'amalgame fut parfois réalisé entre Système Suharto, crise, Occident et modernité débridée. En effet, les attentats initiés par des réseaux islamistes – s'inscrivant dans une large mouvance se réclamant plus ou moins d'Al-Qaida – se multiplient (*cf.* 202 morts à Bali en octobre 2002) et témoignent de tensions croissantes et de l'insertion de ce vaste Etat à majorité musulmane dans l'arc de crise qui coure en Asie de l'Afghanistan, au Pakistan, au sud de la Thaïlande jusqu'au marges voisines des Philippines (Jolo, Mindanao).

– *Les équilibres des périphéries.* La réponse aux revendications géopolitiques et géoéconomiques des régions périphériques rebelles au pouvoir central javanais, est un enjeu tout aussi considérable pour l'avenir d'un État dont le cadre territorial est récent à l'Est (Moluques, Irian Jaya). Les tensions internes éclatent en troubles sociaux ou ethniques (Kalimantan occidental) et en revendications régionalistes (Sumatra), voire séparatistes (révolte dans le bastion islamiste d'Aceh) et indépendantistes (écrasement des résistances armées des Papous en Irian Jaya). En Irian Jaya, qui fournit un quart des ressources naturelles avec 1 % de la population, on assiste à un complet ethnocide des Papous alors que la moitié des forêts est sous le contrôle des compagnies et que le plus grand gisement d'or et de cuivre du monde est exploité par l'américain Freeport, qui en tire la moitié de son bénéfice mondial. Dans la région d'Aceh, un désaccord dans la répartition des revenus gaziers (1/3 exportations nationales d'hydrocarbures) et l'arrivée massive de javanais du fait du boom pétrolier alimentent une rébellion islamiste.

– *Quelle échelle de décentralisation ?* La nouvelle politique de décentralisation engagée en janvier 2001 s'appuie sur une Loi d'autonomie qui transfère d'importants pouvoirs (investissements, infrastructures, éducation, exploitation des forêts…) et 60 % des recettes fiscales, le gouvernement central gardant la diplomatie, la défense, l'économie, la justice et la religion. Mais mise en œuvre hâtivement, elle est fondée sur une profonde méfiance de Djakarta envers les échelons provinciaux supérieurs dont l'affirmation pourrait accélérer à ses yeux les processus centrifuges. C'est pourquoi elle s'appuie sur la mosaïque des 363 *kapubaten* (régences ou districts). Mais ce renforcement des pouvoirs des *bupati*, chefs de district, a des effets pervers puisqu'il accélère l'émiettement anarchique de l'archipel et la corruption. Dans ce contexte géopolitique interne, la sécurité des investissements étrangers est menacée comme en témoigne la renégociation systématique par les provinces ou collectivités locales des contrats passés par les transnationales sous le régime Suharto. Enfin, face aux profonds déséquilibres économiques internes, le non-règlement de la question centrale de la péréquation fiscale entre régions fait peser de graves menaces sur des secteurs aussi vitaux que la santé ou l'éducation.

Au total, la réussite indonésienne s'est construite sur un système prédateur articulé à une intégration dominée dans la mondialisation qui a sacrifié le développement à une croissance spectaculaire mais fragile et déséquilibrée. Les contradictions accumulées sont telles que l'archipel est menacé d'implosion. La recherche d'un nouveau modèle de croissance économique et sociale plus économe, solidaire et efficace oblige à renégocier les bases de l'intégration nationale, à poser la question fondamentale du pouvoir et de la répartition de la richesse, à promouvoir des pratiques politiques plus démocratiques et à refonder les modalités de l'insertion économique. Au-delà du risque réel de déstabilisation de toute une partie de l'Asie du Sud-Est, le laboratoire indonésien illustre à sa manière les limites atteintes dans de nombreux États de la région par un modèle opposant un hyper-centre à ses périphéries dominées (Philippines, Malaisie, Thaïlande…). Les effets désintégrateurs de la mondialisation y servent de révélateur à de profonds dysfonctionnements géoéconomiques et géopolitiques internes.

Conclusion

LA MONDIALISATION – définie comme le processus historique d'extension progressive du système capitaliste dans l'espace géographique mondial – en est à son troisième stade historique. Loin d'être ubiquiste, il forge un système mondialisé duel, polarisé et hiérarchisé. Au plan géographique, ce système n'est en rien « mondial », c'est-à-dire universel, tant sont exclus nombre d'États et de peuples de la définition de son architecture et de ses finalités et du partage de ses richesses.

Sous les désordres apparents du monde, un système hégémonique

Sa première caractéristique est d'être une construction systémique des rapports mondiaux à la fois totale, totalisante et asymétrique. Totale car elle se construit sur une expansion géographique de l'emprise du capitalisme quasi complète à la surface du globe. Cette dynamique repose sur une extrême polarisation du pouvoir politique, économique et financier aux mains d'un nombre très réduit d'acteurs localisés dans quelques grandes métropoles des pays les plus développés. Totalisante et aliénante, car elle cherche à étendre les logiques de l'économie marchande à l'ensemble des ressources, naturelles et humaines disponibles ou potentielles. Asymétrique, car les rapports sont profondément inégaux entre les centres d'impulsion historiques, qui renforcent sans cesse leurs hégémonies, et les différents espaces périphériques. Les pays développés, avec 20 % de la population mondiale, contrôlent 81 % du PNB et de la consommation, 86 % de la capitalisation boursière, 72 % de l'industrie, 85 % de la recherche et de l'enseignement et 80 % des IDE. Systémique car les rapports d'intégration centres-périphéries dessinent un système mondial nettement hiérarchisé dans lequel on peut distinguer cinq grands groupes d'États. Aux États hégémoniques dominants (États-Unis, certains pays d'Europe occidentale, Japon) répondent les États intégrés autonomes (Dragons asiatiques, Chine), les États déconnectés (Russie, Inde), les États intégrés dominés (pays émergents, pays de l'Est en transition, pays pétroliers ou fournisseurs de matières premières et de main-d'œuvre salariée) et les États délaissés, voire punis (*cf.* « États-voyous » des États-Unis : Irak, Libye, Cuba…).

– Dualisme, surintégration, surexclusion, évitement, fragmentation et désordre. Cette dynamique débouche sur la formation d'un système mondial non plus seulement inégal mais duel. Dépassant la simple reproduction des inégalités géographiques produites par les stades précédents de la mondialisation, il est dans la nature même de ce nouveau stade – libéral, dérégulé et financiarisé – de produire en

même temps de la surintégration et de la surexclusion afin de trouver une solution au moins temporaire à la crise de suraccumulation et de rentabilité du capital des pays développés. Ses composantes géographiques en sont redoutablement éclairantes. À l'échelle mondiale, 25 aéroports polarisent 67 % du trafic aérien mondial de passagers ou 30 États 90 % du stock mondial d'IDE alors que les logiques d'évitement frappent la moitié de la planète. Pour fonctionner, ce système a aussi besoin de ses espaces de non-droits juridiques, réglementaires ou sociaux (pavillons de complaisance, paradis fiscaux, zones franches). Les formidables tensions géoéconomiques et géopolitiques qui en sortent donnent au climat mondial cet aspect apparemment désordonné et instable.

– *La maîtrise du temps et des espaces, l'exploitation de l'unicité du monde.* La diffusion spatiale à l'échelle planétaire de la mondialisation capitaliste repose sur la mobilité géographique du capital et des marchandises permise par les mesures politiques et juridiques prises par les États et par l'amélioration permanente des facteurs logistiques. On est passé d'un système international reposant sur des échanges entre États et nations dans les années 1950 à un système mondialisé qui fait de la maîtrise, totale et en continu, du temps et de l'espace un vecteur central de sa puissance. Cette capacité à exploiter l'unicité du monde pour en intégrer jusqu'aux endroits les plus reculés sur le mode de l'instantanéité tout en jouant sur l'extrême diversité de ses différentes composantes géographiques est historiquement inédite.

La puissance des transnationales repose avant tout sur leur capacité à maîtriser et à gérer l'espace mondial à leur profit comme zone de fourniture, de production ou de vente en réalisant un certain nombre d'arbitrages entre division fonctionnelle, technique et sociale du travail. Ces choix débouchent sur une nouvelle division géographique du travail organisée à des échelles de plus en plus vastes (Nike et firmes-réseaux). Enfin, le nouveau régime d'accumulation financière a fait de la mobilité, de l'instabilité et de la volatilité un mode de gestion et de valorisation des différenciations et distances géographiques producteur d'extraordinaires rentes financières.

De la résistance des territoires, limites à la mondialisation

Mais ces tentatives d'expansion spatiale du capital à l'ensemble des territoires mondiaux se heurtent à des résistances multiformes.

– *Du poids des proximités géographiques et fonctionnelles.* Il convient d'abord de nuancer que la proximité garde encore toute sa valeur. La mondialisation demeure majoritairement un phénomène interne aux économies développées du fait de leurs proximités géographiques et/ou fonctionnelles. Les logiques de continentalisation sont considérables : les échanges intra-continentaux représentent 52 % du commerce mondial. Seuls 10 % de la production agricole mondiale font l'objet de transactions internationales et l'agriculture demeure une activité de proximité géographique pour la grande masse des paysans, en particulier dans les PVD. Malgré son formidable essor, le stock d'IDE ne représente encore que l'équivalent de 20 % du PIB mondial. 50 % des ventes des 100 premières transnationales s'effectuent sur leurs bases nationales qui polarisent 60 % de leurs salariés. Enfin, comme nous l'avons vu, la *World Company*, ou firme mondiale totalement globalisée, demeure un mythe, ce qui nous fait préférer le terme de transnationale à celui de multinationale.

– *De l'adaptation des transationales aux diversités géographiques.* Au-delà de processus généraux communs, les transnationales doivent développer des stratégies géographiques d'une grande diversité selon leurs nationalités et leurs activités afin de se mouler finement dans la complexité des territoires mondiaux. Ayant une sainte horreur du risque, elles doivent tenir compte, en tentant de les anticiper, des menaces complexes qui peuvent peser sur leurs investissements, prix à payer aux nouvelles formes d'instabilité du monde que leurs stratégies produisent. Si le risque-pays s'est beaucoup développé, une certaine cécité demeure toutefois du fait du caractère réducteur de démarches purement économicistes face aux interactions territoriales entre facteurs sociaux, culturels, politiques ou géopolitiques qui parfois entrechoquent temps longs et temps courts, conjoncture et structure.

– *De la résistance des cultures, des habitudes et des consommateurs.* Alors que l'entreprise est elle-même un fait culturel, social et politique autant qu'économique, il convient de souligner la résistance des cultures, des habitudes et des modes de vie dont témoignent les échecs de biens uniformes (automobile, électroménager) ou les difficultés d'adaptation des transnationales de l'agroalimentaire. Alors que l'économie mondiale apparaît en définitive comme un emboîtement d'économies plus ou moins interconnectées et interdépendantes à des échelles spatiales différenciées, il n'y a ni conjoncture, ni structures mondiales des prix. Les différents modèles nationaux de capitalisme, malgré la pression des normes anglosaxonnes, gardent une grande vitalité. Enfin si les barrières tarifaires sont abaissées, les barrières dites non tarifaires demeurent qui renvoient au maintien de profondes spécificités d'ordre juridique, culturel ou socioéconomique.

– *De l'efficience des États : une question géographique mondiale clé.* Paradoxalement, les attaques contre l'État sont menées par les élites des pays dans lesquels ceux-ci sont les plus puissants et les plus interventionnistes, comme les États-Unis, au point de professer un véritable « désarmement étatique » aux naïfs. En effet, alors que le couple transnationales/État n'a jamais été aussi valide, le cadre national n'a rien d'obsolète et l'État demeure un acteur central en assurant en triptyque de base la défense de ses intérêts géoéconomiques et géostratégiques, les besoins collectifs de sa population et de ses entreprises et la cohésion sociale, la solidarité ou l'aménagement de son territoire. De nombreux pays du Sud sont malades non pas du trop plein mais de la faiblesse, de la privatisation par des oligarchies prédatrices ou kleptomanes ou de l'absence d'un réel État et tout autant d'un État de droit, avec pour corollaire, la démocratie politique, économique et sociale.

– *Du mythe de l'abolition du temps et de l'espace.* Face aux extraordinaires progrès réalisés des transports, il convient de souligner que les interconnexions sont sélectives et hiérarchisées entre pôles et réseaux au profit des continents, États et régions déjà les plus puissants. La maîtrise de la mobilité demeure un facteur de différenciation géographique majeur. Cette liberté potentielle n'est opératoire que si elle dispose d'une chaîne intégrée amont/aval dont ne manque aucun maillon au réseau, ce qui exige capitaux, technologies, compétences humaines et organisationnelles. Var les transports mettent en œuvre des systèmes complexes qui renvoient directement au niveau de développement des États et des sociétés. Enfin, le concept de distance demeure relatif car la terre ne rétrécit pas. Si un accident technique ou une guerre font prendre conscience de la fragilité des réseaux, la proximité ou la distance fonctionnelle jouent parfois un rôle plus considérable que la distance purement spatiale.

– *De l'efficacité des systèmes productifs.* La nature, la qualité et l'efficacité si différenciées des différents systèmes productifs, hérités des première et deuxième phases de la mondialisation, expliquent que la création d'un marché planétaire unique mettant en concurrence les territoires débouche sur des processus structurels de domination/désintégration. Dans cette dynamique, on peut clairement distinguer différents groupes d'États à partir d'outils terminologiques valides. Premièrement, les pays hautement développés accentuent leur avance face au reste de la planète grâce à l'équilibre et à l'étroite imbrication entre les sphères de la reproduction sociale, de la production matérielle et des services périproductifs qui assurent l'efficience générale du système. À l'inverse, deuxièmement, les pays en développement disposent d'une reproduction sociale déficiente (malnutrition, santé, sous-formation), d'une reproduction étatique à la dérive, d'une sphère de la production matérielle déséquilibrée héritée de la colonisation (agriculture et mines hypertrophiées, problèmes énergétiques) et de services périproductifs inexistants, parasitaires (import-export) ou sous-intégrés (économie informelle de survie). Troisièmement, les anciens pays socialistes en transition doivent reconvertir des systèmes productifs tronqués pour des raisons historiques (très net retard initial) ou idéologiques (choix de développement par l'industrie lourde) : les sphères de la reproduction sociale et les services productifs y ayant été totalement sacrifiés par l'hypertrophie de la production matérielle industrielle dans une logique de rattrapage. À l'opposé, enfin et quatrièmement, dans les nouveaux pays industriels (NPI) et certains pays émergents, l'action volontariste étatique a été déterminante dans le décollage industriel en jouant à la fois sur les sphères de la production matérielle (choix sectoriels, création d'entreprises nationales, financements massifs...) et de la reproduction sociale (formation, qualification, santé, logement, infrastructures...).

De la gestion des contradictions actuelles à une nécessaire refondation

Face aux dégâts, déséquilibres, tensions et impasses produits par la mondialisation actuelle, un débat éminemment politique s'est développé qui porte sur de véritables questions de civilisation. Deux grandes alternatives sont proposées : soit améliorer la gestion des contradictions actuelles, soit refonder totalement les logiques même de la mondialisation en refusant que le monde devienne une simple marchandise. Alors que les problèmes environnementaux (réchauffement de la planète, désertification...), l'épuisement de certaines ressources (réserves halieutiques, déforestations tropicales...) ou les questions démographiques (flux migratoires) et sanitaires (Sida) prennent une ampleur inédite du fait des nouvelles interdépendances tissées par la mondialisation, les réponses apportées jusqu'ici demeurent largement en dessous des enjeux posés. Et ce malgré l'essor d'une opinion publique internationale qui commence à peser sur les termes des débats mais qui ne constitue aucunement une « société-monde » telle que l'analyse par exemple actuellement le géographe Jacques Lévy.

– *La naissance de mouvements altermondialistes et les Organisations non gouvernementales (ONG).* Depuis une dizaine d'années est apparu un vaste mouvement contestataire se définissant comme antimondialiste pour devenir altermondialiste après le premier sommet de l'OMC à Seattle en novembre 1999. Constitué d'associations très disparates, il a développé en particulier grâce à Internet des opérations de sensibilisation et d'information, de *lobbying* et de manifestations (« Forums sociaux mondiaux et continentaux ») et de contre-propositions en promouvant de nouveaux modes d'action (commerce équitable, épargne solidaire, médias alternatifs...) et en s'emparant de thèmes d'intervention (biodiversité, biens publics mondiaux, aide publique au développement...). Après avoir insisté pendant plusieurs années sur la question de la coordination internationale de ses actions, il s'est aperçu qu'il lui fallait impérativement ancrer dans les différentes échelles nationales ses campagnes s'il voulait peser sur les négociations internationales.

Cependant, la constitution de réseaux associatifs internationaux est surtout le fait de la montée en puissance d'ONG dont le pouvoir d'influence ne cesse de croître. Nées de la crise politique et syndicale apparue dans les années 1970 dans les pays développés et issues à l'origine d'une culture anglo-saxonne, ces milliers d'associations à vocation humanitaire ou environnementale plus ou moins puissantes se diffusent progressivement dans le monde. Parfois largement financées et instrumentalisées par les différents États qui leur transfèrent certaines fonctions, leurs actions connaissent des dérives du fait de la recherche d'une forte visibilité médiatique et de besoins financiers croissants. Enfin, en raison parfois de la totale inadaptation de leurs conceptions et actions aux complexités politiques, sociales et culturelles des pays du Sud dans lesquels elles interviennent, nombre de ces pays dénoncent leurs ingérences dans leurs affaires intérieures et voient parfois en elles des instruments des pays du Nord pour peser sur leur développement.

Cependant, au-delà des critiques parfois justifiées dont ces acteurs font l'objet, leur succès a contraint les grandes organisations internationales à plus de transparence et à réviser une partie de leurs fonctionnements internes. De même, elles ont poussé une partie des transnationales – malgré le faible impact des campagnes de *boycott* – à changer certaines pratiques (campagnes contre le pillage des ressources ou la surexploitation de la main-d'œuvre...) comme en témoignent leurs efforts de communication sur le développement durable ou leurs responsabilités sociales : audits sociaux, adoption de codes de bonne conduite avec parfois la reconnaissance de standards sociaux minimaux.

– *Le développement durable : quelle perspective ?* Fort médiatisé à partir du rapport Brundtland de 1987, il se définit comme un modèle de développement devant répondre aux besoins du présent sans compromettre les capacités des générations futures à répondre à leurs propres besoins. Sans être une notion scientifique, il sert de référentiel à l'action publique tout en introduisant dans les débats une dimension éthique en élargissant le concept de justice à l'intragénérationnel (développement équitable des sociétés contemporaines) et à l'intergénérationnel. C'est dans ce cadre qu'est né le concept de « biens publics mondiaux » qui cherche à identifier des biens non divisibles planétaires – tels l'eau, l'air, les végétaux et forêts, les équipements collectifs, la production d'énergie ou le patrimoine génétique – devant échapper aux seules lois du marché en étant réintégrés dans une gestion et valorisation durable non marchande. Dans ce contexte, les récents travaux de géographes comme Georges Bertrand ou Yvette Veyret ont revisité le concept d'environnement en le plaçant au cœur des sociétés humaines. Ils remettent en cause la vision catastrophiste et passéiste basée sur la permanence intemporelle et réarticulent dynamiques environnementales et questions sociales, économiques et politiques.

Dans le cadre de l'étude de la mondialisation, il convient de souligner que chaque société a été amenée à développer sa propre perception de la nature et sa propre conception de l'environnement et du développement. C'est pourquoi les approches diffèrent sensiblement entre pays du Nord et entre Nord et Sud. À la sacralisation par la « Vieille Europe » d'un espace limité, aux fortes densités, à la mise en valeur très ancienne et à l'anthropisation à peu près totale s'opposent, par exemple, les pays « neufs » (Russie, États-Unis, Canada, Australie, Brésil) caractérisés par l'immensité, la conquête et la maîtrise de l'espace et des ressources, et l'existence de fronts pionniers. De nombreux pays du Sud en viennent ainsi à dénoncer l'« ingérence écologique » des pays riches.

C'est pourquoi l'analyse des questions environnementales suppose recul et approche systémique sur les pratiques des sociétés humaines. Elle exige aussi des traditions démocratiques, des infrastructures et des acteurs (syndicats, partis, organisations) et une presse d'opinion libre. Elle nécessite enfin que les ONG du Nord ne transplantent pas mécaniquement les débats internes au Nord sur les sociétés du Sud sans préparation ou relais locaux forts et sans prise en compte des spécificités nationales et régionales. En effet, dans les pays pauvres les problèmes environnementaux traduisent le plus souvent une situation de « mal développement », où l'action des populations est avant tout guidée par la nécessité du lendemain, c'est-à-dire par le désir d'une amélioration immédiate des conditions de vie. Il convient enfin de souligner les contradictions qui existent entre les dynamiques actuelles de la mondialisation libérale et la question du développement durable : ainsi, si l'environnement est absent des négociations de l'OMC, les décisions prises par cette dernière pèsent pourtant sur les processus d'environnement.

– *Les débats sur la question de la gouvernance mondiale.* Définie, débattue et mise en œuvre par de très nombreux acteurs publics et privés en perpétuelle interaction et se posant à l'articulation de multiples niveaux d'échelles, la mondialisation est confrontée à la complexité géographique du monde comme en témoignent les nombreux débats autour de la régulation et de la gouvernance mondiale. Si on définit cette gouvernance comme l'ensemble des processus concourant à l'élaboration, à la légitimation, à la mise en œuvre et au contrôle de règles collectives internationalement reconnues, on s'aperçoit que la question du pouvoir est au cœur des débats et demeure une question géographique et géopolitique centrale.

On doit alors relever deux faits essentiels. Premièrement, alors qu'il n'existe pas de structures politiques supranationales démocratiques, les États demeurent incontournables mais sont loin de disposer du même pouvoir décisionnel même si les logiques hégémoniques traditionnelles de la puissance américaines sont en partie en échec comme en témoigne la situation en Irak. Deuxièmement, les différentes autorités nationales organisant le pavage étatique doivent composer avec de nombreuses structures en réseaux telles que les firmes transnationales, les ONG, les réseaux mafieux ou les structures diasporiques.

En définitive, si l'exigence de nouvelles régulations de cette troisième mondialisation progresse, la définition de leurs contenus et de leurs architectures fait toujours débat. Il semble cependant impératif que des logiques plus solidaires se mettent en place au niveau commercial, productif et financier, en intégrant enfin de nouvelles normes sociales et environnementales. L'explosion des inégalités pose en effet la question d'un nouveau partage social et territorial des fruits du développement mais tout autant également la question du pouvoir économique et politique, en bref du rapport à la démocratie. Comme le réclame le Sud ou en débat l'ONU, il y a urgence à poser et résoudre la question d'un nouvel ordre économique mondial. Ceci suppose sans doute de construire des instances géoéconomiques internationales démocratiques, légitimes, transparentes et équilibrées.

Bibliographie

Face à la quantité considérable de publications sur ce sujet et aux nombreuses bibliographies détaillées déjà existantes, nous avons fait le choix de nous limiter au minimum en privilégiant les ouvrages en langue française et en donnant la priorité aux travaux des géographes.

1. Ouvrages généraux de synthèse

A. Cadre général en géographie

CARROUE L., BOST F., CHARVET J.-P. *et alii*, 2006, *La mondialisation*, CNED/SEDES, Paris, 368 p.

CARROUE L., COLLET D., RUIZ C., 2006, *La mondialisation,* Paris, Bréal, 333 p.

CARROUE L., 2004, *La mondialisation en débat*, La Documentation française, coll. « La documentation photographique », n° 8037, Paris.

DAGORN R., 1999, « Une brève histoire du mot "mondialisation", *in* BEAUD M. *et alii*, *Mondialisation. Les mots et les choses*, GEMDEV/Karthala, Paris, p. 187-204.

DOLLFUS O., 1990, *Le Système Monde*, dans *Mondes Nouveaux*, vol. 1 de la *Géographie Universelle* dirigée par R. BRUNET, Hachette/Reclus, p. 272-547.

DOLLFUS O., 1994, *L'Espace Monde*, Économica, Paris, 111 p.

DOLLFUS O., 2001, *La mondialisation*, Presses de Sciences Po., Paris, 163 p.

DURAND M.-F., LEVY J., RETAILLE D., 1992, *Le monde : espaces et systèmes*, Presses de Sciences Po/Dalloz, Paris.

GRATALOUP CH., 2007, *Géohistoire de la mondialisation*, Armand Colin, coll. « U », Paris.

GEMDEV, 1999, *Mondialisation. Les mots et les choses*, Khartala, Paris, 358 p.

MANZAGOL C., 2003, *La mondialisation. Données, mécanismes et enjeux*, Armand Colin, coll. « Campus », Paris, 191 p.

B. Approches complémentaires en géographie

CLAVAL P., 1994, Géopolitique et géostratégie. La pensée politique, l'espace et le territoire au XXe siècle, Nathan, coll. « Fac Géographie », Paris, 189 p.

DECROLY J.-M., NICOLAÏ H. (dir.), 2006, *Mutations des territoires dans le Monde à l'aube du XXIe siècle*, L'Harmattan, Paris, 306 p.

DEMATTEIS G., LANZA C., NANO F., 1999, *Geografia dell'economia mondiale*, UTET Libreria, Torino.

DOLLFUS O., 1995, *La nouvelle carte du monde*, PUF, coll. « Que-sais-je ? », n° 2986, Paris, 128 p.

FOUCHER M., 1988, Fronts et frontière, un tour du monde géopolitique, Fayard, Paris.

LACOSTE Y., 2003, « Géopolitique de la mondialisation », *Hérodote*, n° 108, 1er trimestre 2003.

LACOSTE Y., 2003, « Géopolitique de l'anglais », *Hérodote*, n° 115, 4e trimestre 2004.

LEFORT I., PELLETIER PH., 2006, *Grandeurs et mesures de l'écoumène*, Economica, Paris, 234 p.

LEVY J., 1999, Le tournant géographique : penser l'espace pour lire le monde, Belin, coll. « Mappemonde », Paris.

MERCIER G., BERQUE A. CLAVAL P., DE KONINCK R., 2004, *Les territoires de la mondialisation*, Presses Universitaires de Laval, 91 p.

BRUNEL S., 2006, « La planète dysneylandisée. Chroniques d'un tour du monde », *Sciences humaines*, 279 p.

RULLIERE S., 2004, « Géographie militante d'Attac », *Hérodote*, n°,113, p. 152.

C. Ouvrages de géohistoire

ASSELAIN J.-C., 1995, *Histoire économique du XX*[e] *siècle*. Presses de Sciences Po/ Dalloz, Paris, 482 p.

BAIROCH P., 1985, De Jericho à Mexico. Villes et économies dans l'histoire, Gallimard, Paris.

BAIROCH P., 1999, *Mythes et paradoxes de l'histoire économique*, La Découverte, coll. « Textes à l'appui », Paris.

BAIROCH P., 1997, Victoires et déboires. Histoire économique et sociale du monde du XVIe siècle à nos jours, 3 tomes ,Gallimard, « Folio Histoire », Paris.

BERGER S, 2003, *Notre première mondialisation*, Le Seuil, Paris, 95 p.

BERGER S., 2006, Made in Monde. Les nouvelles frontières de l'économie mondiale,Le Seuil, Paris, 356 p.

BRAUDEL F., 1979, Civilisation matérielle, économie et capitalisme, tome III, Le temps du monde, Paris, 606 p.

BRAUDEL F., 1985, *La Dynamique du capitalisme*, Flammarion, coll. « Champs », Paris, 121 p.

BRAUDEL F., 1987, *Grammaire des civilisations*, Flammarion, coll. « Champs », Paris, 619 p.

CASSELI C., 1994, *L'avventura della internazionalizzazione*, Giappichelli, Torino.

ETEMAD B., 2000, La possession du monde. Poids et mesure de la colonisation (XVIIIe-XXe siècles), Editions Complexes, Bruxelles.

FERRO M., 1994, *Histoire des colonisations. Des conquêtes aux indépendances*, Le Seuil, coll. « Point Histoire », Paris, 595 p.

GRUZINSKI S., 2004, *Les Quatre Parties du monde. Histoire d'une mondialisation*, Le Seuil, coll. « Point Histoire », Paris, 480 p.

HOBSBAWM E., 1997, *L'Ère des empires*, Fayard, Paris.

HOBSBAWM E., 1999, *Les enjeux du XIX*[e] *siècle*, Editions Complexes, Bruxelles.

HUETZ DE LEMPS CH., 1997, *Histoire du Rhum*, Desjonquères, Paris, 287 p.

LANDES D., 2000, *Richesse et pauvreté des nations*, Albin Michel, Paris, 758 p.

LOMBARD D., 1990, *Le carrefour javanais, essai d'histoire globale*, Editions de l'EHESS, Paris, 3 vol. : 263 p., 420 p., 334 p.

MADDISON A., 2001, *L'économie mondiale. Une perspective millénaire*, Centre de Développement, OCDE, Paris.

NOUAILHAT Y.-H., 2000, *Les États-Unis et le monde, de 1898 à nos jours*, Armand Colin, Paris, 358 p.

NOUSCHI A., 1999, Pétrole et relations internationales depuis 1945, Armand Colin, Paris, 270 p.

MAURO F., 1991, *Histoire du café*, Desjonquères, Paris, 249 p.

NANCY J., 2003, La creazione del mondo o la mondializzazione, Einaudi, Torino.

VINDT G., 1999, *500 ans de capitalisme*, Mille et une nuits, Paris.

WALLERSTEIN I., 1979, *The Capitalism World-Economy*, Cambridge University Press/MSH, Cambridge.

WALLERSTEIN I., 1980, Le système du monde du XVe siècle à nos jours, tome 1 : Capitalisme et Économie-monde, 1450-1560, tome 2 : Le mercantilisme et la consolidation de l'économie-monde européenne, 1600-1750, Flammarion, Paris.

WALLERSTEIN I., 2006, *Comprendre le monde. Introduction à l'analyse des systèmes-monde*, La Découverte, coll. « Grands Repères », 174 p.

D. Ouvrages d'économistes, de sociologues ou de politilogues

ADDA J., 2005, *La mondialisation de l'économie*, La Découverte, coll. « Repères », Paris, 2 tomes : 124 p. et 123 p.

AGLIETTA M., MOATTI S., 2000, Le FMI, de l'ordre monétaire aux désordres de la finance, Economica, Paris

BADIE B., 1995, *La fin des territoires*, Fayard, Paris.

BADIE B., 1999, *Un monde sans souveraineté*, Fayard, Paris.

CASTELLS M., 1996, *The Rise of the Network Society*, Blackwell, Oxford. En français : CASTELLS M., 1998, *La société en réseaux*, 3 tomes, Fayard, Paris.

CHESNAIS F. (dir.), 1996, *La Mondialisation financière*, Syros, Paris.

CHESNAIS F., 1997, *La mondialisation du capital*, Syros, Paris, 286 p.

CHESNAIS F. (dir.), 2004, La finance mondialisée racines sociales et politiques, configuration, conséquences, La Découverte, Paris.

CHEVALIER J.-M., 2004, *Les grandes batailles de l'énergie*, Gallimard, coll. « Folio », 472 p.

CHOMSKY N., 2006, La doctrine des bonnes intentions, entretiens avec David Barsamian, Fayard, Paris, 240 p.

COHEN E., 2001, L'ordre économique mondial. Essai sur les autorités de régulation, Fayard, Paris, 315 p.

CORDELLIER S., DOUTAUD F. (dir.), 1998, *Mondialisation. Au delà des mythes*, La Découverte, coll. « Dossier de l'État du Monde », Paris.

FORESTER V., 1996, *L'horreur économique*, Fayard, Paris.

FUKUYAMA F., 1992, *La fin de l'Histoire et le dernier homme*, Flammarion, Paris.

HUNTINGTON S., 1998, *Le choc des civilisations*, Fayard, Paris.

KRUGMAN P., 1998, *La mondialisation n'est pas coupable. Vertus et limites du libre-échange*, La Découverte, Paris, 218 p.

MATTELART A., 2005, *Diversité culturelle et mondialisation*, La Découverte, coll. « Repères », Paris, 128 p.

MICHALET C.-A., 2004*Qu'est ce que la mondialisation ?* La Découverte, coll « Poche », Paris, 2004, 211 p.

MICHALET C.-A., 1998, *La Capitalisme mondial*, PUF, coll. « Quadrige », Paris.

MICHAUD Y. (dir.), 2002, *Géopolitique et mondialisation*, Odile Jacob, coll. « Université de tous les savoirs », Paris, 340 p.

MOATI P., DELAPIERRE M., EL-MOUHOUB M., 2000, *Connaissance et mondialisation*, Economica, Paris, 252 p.

MOREAU DEFARGES P., 2005, *La mondialisation*, PUF, coll. « Que sais-je ? », Paris, 128 p.

NOREL P., 2004, *L'invention du marché*, Le Seuil, Paris.

OHMAE Kenichi, 1985, *La Triade, émergence d'une stratégie mondiale de la puissance*, Flammarion, Paris.

OHMAE Kishi, 1996, *De l'État-nation aux États Régions*, Dunod, Paris, 1996.

REICH R., 1993, *L'économie mondialisée*, Dunod, Paris.

DE SENARCLENS P., 2003, *Critique de la mondialisation*, Presses de Science Po, coll. « Bibliothèque du citoyen », Paris.

DE SENARCLENS P., 2005, *La mondialisation. Théories, enjeux et débats*, Dalloz-Sirey, coll. « U-Sciences politiques », Paris, 275 p.

SIROEN J.-M., 2000, *La régionalisation de l'économie mondiale*, La Découverte, coll. « Repères », Paris, 121 p.

STIGLITZ J., 2003, *Quand le capitalisme perd la tête*, Fayard, Paris.

STIGLITZ J., 2002, *La grande désillusion*, Fayard, coll. « Le livre de poche », Paris, 407 p.

WARNIER J.-P., 2004, *La mondialisation de la culture*, La Découverte, « Repères », Paris, 128 p.

WOLTON D., 2003, *L'autre mondialisation*, Flammarion, Paris, 212 p.

2. Ouvrages thématiques

A. Ouvrages de géographie économique

ARCHAMBEAU O., GARCIER R., 2001, *Une géographie de l'automobile*, PUF, coll. « Géographies », Paris, 318 p.

BECKOUCHE P., 1996, *La nouvelle géographie de l'industrie aéronautique européenne. Entre monde et nation*, L'Harmattan, Paris, 222 p.

BOST F., 2002, « La localisation des activités économiques », *in* CHARVET J.-P., SIVIGNON M., 2002, *Géographie humaine. Questions et enjeux du monde contemporain*, Armand Colin, Paris, p. 221-254.

BRUNET R., 2003, *Le Diamant. Un monde en révolution*, Belin, Paris.

DALLENNE P., NONJON A., 2005, *L'espace mondial : fractures ou interdépendances ?* Ellipses, coll. « Transversales », Paris, 896 p.

DAVIET S., 2005, *Industrie, Culture, Territoire*, L'Harmattan, Paris, 208 p.

DELAPIERRE M., MOATI PH., EL-MOUHOUB M., 2000, *Connaissance et mondialisation*, Economica, Paris, 252 p.

DUPUY G., BOST F., 2000, *L'automobile et son monde*, Éditions de l'Aube, Paris, 217 p.

DUPUY C., MILELLI C., SAVARY J., 1991, *Stratégies des multinationales*, Reclus/ La Documentation française, coll. « Dynamiques du territoire », Paris.

Deutscher Geographentag Hamburg 1999, 2000, *Lokal verankert – weltweit vernetzt Tagungsbericht und wissenschaftliche Abbandlungen*, Franz Steiner Verlag, Stuttgart, 737 p.

FACHE J., 2002, *Les territoires de la haute technologie*, Presses Universitaires de Rennes, Rennes, 157 p.

FISCHER A., 1994, *Industrie et espace géographique*, Masson, coll. « Géographie », Paris.

FISCHER A., MALEZIEUX J., 1999, *Industrie et aménagement*, L'Harmattan, coll. « Villes et Entreprises », Paris.

HOLZ J.-M., HOUSSEL J.-P., 2002, *L'industrie dans la nouvelle économie mondiale*, PUF, coll. « Major », Paris, 449 p.

GENEAU DE LAMARLIERE I., STASZAK J.-F., 2000, *Principes de géographie économique*, Bréal, coll. « Grand Amphi-Géographie », Paris, 448 p.

GOUËSET V. (dir.), 1999, *Investissements étrangers et milieu local*, Presses Universitaires de Rennes, coll. « Espaces et Territoires », Rennes, 530 p.

MERENNE-SCHOUMAKER B., 2003, *Géographie des services et commerces*, Presses Universitaires de Rennes, Rennes, 240 p.

MERENNE-SCHOUMAKER B., 2002, *La localisation des industries, enjeux et dynamiques*, Presses Universitaires de Rennes, Rennes, 443 p.

MERCIER G. (dir.), 2004, *Les territoires de la mondialisation*, Presses de l'université de Laval, Québec, 91 p.

POTTIER C., CHESNAIS F., 2003, *Les multinationales et la mise en concurrence des salariés*, L'Harmattan, Paris, 252 p.

SAVY M., VELTZ P. (dir.), 2003, *Les nouveaux espaces de l'entreprise*, Datar/Editions de l'Aube, 199 p.

SAVY M., VELTZ P. (dir.), 1995, *Économie globale et réinvention du local*, Datar/Editions de l'Aube, 199 p.

SCOTT A., 2001, *Les régions et l'économie mondiale*, L'Harmattan, Paris, 187 p.

SCOTT A., 2001, *Global City Region*, Oxford University Press, 450 p.

SEBILLE LOPEZ P., 2006, *Géopolitique du pétrole*, Armand Colin, coll. « perspectives géopolitiques », Paris, 480 p.

VANDERMOTTEN C., MARISSAL P., 2004, *La production des espaces économiques*, Éditions de L'Université de Bruxelles, tome 1, 468 p.

VANDERMOTTEN C., MARISSAL P., 2003, *La production des espaces économiques*, Éditions de L'Université de Bruxelles, tome 2, 295 p.

VELTZ P., 2000, *Le nouveau monde industriel*, Gallimard, coll. « Le débat », Paris, 230 p.

VELTZ P., 2002, *Des lieux et des liens. Le territoire français à l'heure de la mondialisation*, La Tour d'Aigues, 153 p.

B. Approches par thématiques sectorielles

Développement durable

Brunel S., 2004, *Le développement durable*, PUF, coll. « Que sais-je ? », Paris, 184 p.

CHAUVET M., OLIVIER L., 1993, *La biodiversité enjeu planétaire*, Éditions du Sang de la Terre, Paris ?

DELER J.-P., FAURE Y.-A., PIVETEAU A., ROCA P.-J., 1998, *ONG et développement, Société, économie, politique*, Karthala, Paris.

DIOP S., REKACEWIECZ P., 2003, *Atlas mondial de l'eau*, Autrement, Paris.

LACOSTE Y. (dir.), 2001, « Géopolitique de l'eau », *Hérodote*, La Découverte, Paris, 3e trimestre 2001.

LASSERRE F., 2003, *L'eau ,enjeu mondial, géopolitique du partage de l'eau*, Éditions du Serpent à Plumes, Paris.

MARTIN J.-Y., 2002, *Développement durable ? Doctrines, pratiques, évaluations*, IRD Éditions, Paris, 344 p.

ROSSI G., 2000, *L'ingérence écologique, environnement et développement rural du Nord au Sud*, CNRS Éditions, Paris.

VANNEY J.-R., 2001, *Géographie de l'océan global*, Gordon and Breach, Paris, 335 p.

VEYRET Y. (dir.), 2005, *Le développement durable : approches plurielles*, Hatier, Paris, 287 p.

Forêts, agriculture, campagnes et drogues

Barrère P., 2003, *Sud-Ouest européen : les vignobles du Sud Ouest européen dans la mondialisation*, Presses universitaires du Mirail, Toulouse.

Berthelot J., 2001, *L'agriculture, talon d'Achille de la mondialisation*, L'Harmattan, Paris, 510 p.

Brunel S., 2002, *Famines et politique*, Presses de Sciences Po, Paris, 132 p.

Brunel S., 2005, « La faim dans le monde. Nourrir l'humanité, un problème ? », Gamblin A. (dir.), *Images économiques du monde 2005*, Armand Colin, Paris, p. 10-26.

Chaleard J.-L., Charvet J.-P., 2004, *Géographie agricole et rurale*, Belin, coll. « Atouts Géographie », Paris, 240 p., voir en particulier les zooms de la 2e partie.

Charvet J.-P., 2004, *L'alimentation dans le monde*, Larousse, Paris, 128 p.

Charlery de La Masseliere B., 2004, *Fruits des terroirs, fruits défendus. Identités, mémoires et territoires*, Presses Universitaires du Mirail, Toulouse, 279 p.

Chouvy P.-A., 2002, *Les territoires de l'opium. Conflits et trafics du Triangle d'Or et du croissant fertile*, Olizane, Genève.

Chouvy P.-A., 2003, « Géopolitique des drogues illicites en Asie », *Hérodote*, n° 109, 2e trimestre 2003, p. 163, La Découverte, Paris.

Labrousse A., 2004, *Géopolitique des drogues*, PUF, coll. « Que-sais-je ? », n° 3693, Paris, 128 p.

Lacoste Y., 2004, « Géopolitique des drogues illicites », *Hérodote*, n° 112, La Découverte, Paris.

Léonard E. (coord.), 1998, *Drogue et reproduction sociale dans le tiers monde*, Autrepart, IRD, Paris.

Villes et métropoles

Adelkah F., Marchal R., Hanafi S., 2002, *Dubaï, cité globale*, CNRS Éditions, Paris, 128 p.

Antier G., 2005, *Les stratégies des grandes métropoles. Enjeux, pouvoirs et aménagement*, Armand Colin, coll. « U », Paris, 253 p.

Benko G., Lipietz A. (dir.), 2000, *La richesse des régions, la nouvelle géographie socio-économique*, PUF, coll. « Economie en liberté », Paris, 564 p.

Benko G., Lipietz A. (dir.), 1992, « Les régions qui gagnent. District et réseaux : les nouveaux paradigmes de la géographie économique », PUF, coll. « Economie en liberté », Paris, 424 p.

Bonnet M., Desjeux D., 2000, *Les Territoires de la mobilité*, PUF , Paris,226 p.

Boyer J.-C., 2003, *Les villes européennes*, Hachette supérieur, Paris, 254 p.

Charbonneau F., Lewis P., Manzagol C. (dir.), 2003, *Villes moyennes et mondialisation. Renouvellement de l'analyse et des stratégies*, Trames, Université de Montréal.

Dureau F., Dupont V., Lelievre E. *et alii*, 2000, *Métropoles en mouvement, une comparaison internationale*, Economica/Anthropos/IRD, Paris.

Dorier-Apprill E. (coord.), 2000, *Les très grandes villes dans le monde*, Editons du Temps, coll. « Questions de géographie », Paris.

Dorier-Apprill E., Jaglin S., 2002, « Gérer la ville, Du local au mondial », *Autrepart*, n° 21, mars 2002, IRD/Éditions de l'Aube, Paris.

Fossaërt R., 2001, « Les villes mondiales, villes du système mondial », *Hérodote*, n° 101, La Découverte, Paris.

GOLDBLUM C., 1998, « Enjeux des capitales de l'Asie du Sud-Est. Jakarta et les aléas de la métropolisation », *Hérodote*, « Indonésie. L'Orient de l'Islam », p. 76, n° 88, 1er trimestre 1998, La Découverte, Paris.

JALABERT G., 2001, *Portraits de grandes villes : sociétés, pouvoirs, territoires*, Presses Universitaires du Mirail, coll. « Villes et territoires », Toulouse.

LE GOIX R., 2005, *Villes et mondialisation : le défi majeur du XXI*[e] *siècle*, Ellipses, Paris, 175 p.

MORICONI EBRARD F., 1993, *L'urbanisation du monde depuis 1950*, Anthropos/Economica, Paris.

MORICONI EBRARD F., 1993, *De Babylone à Tokyo, les grandes agglomérations du monde*, Géophrys, Paris.

ROZENBLAT C., CICILLE P., 2003, *Les villes européennes. Analyse comparative*, Datar/La Documentation française, Paris, 96 p.

SASSEN S., 1997, *La ville globale. New York, Londres, Paris*, Descartes et Cie, Paris.

SASSEN S., 1994, *Cities in a World Economy*, Pine Forge Press, Londres.

SCOTT A.J., 2000, *The cultural Economy of Cities*, SAGE publications, Londres, 245 p.

VELTZ P., 2005, *Mondialisation, Villes et Territoires, l'économie d'archipel*, PUF, coll. « Économie en liberté », Paris, 262 p.

Réseaux et transports

CHENEAU LOQUAY A. (dir.), 2004, *Mondialisation et technologies de la communication en Afrique*, Karthala/MSHA, Paris, 322 p.

DOUZET F., 1997, « Internet géopolitise le monde », *Hérodote*, 3e 4e trimestre 1997, n° 86/87, La Découverte, Paris.

DUPUY G. (dir.), 2005, « Réseaux et frontières : Internet aux marges », *Annales de Géographie*, n° 645, septembre-octobre 2005, Paris.

DUPUY G., 2006, *La fracture numérique*, Ellipses, Paris, 160 p.

FREMONT A., SOPPE M., 2005, « Transport maritime conteneurisé et mondialisation », *Annales de Géographie*, n° 642, mars-avril 2005, p 187.

FRÉMONT A., 1998, *La French Line face à la mondialisation de l'espace maritime*, Economica, coll. « Géographie », Paris, 197 p.

RODRIGUE J.-P., COMTOIS C., SLACK B., 2006, *The Geography of Transport Systems*, Routledge, Taylor and Francis Books, Londres, 296 p.

SOUPIZET J.-F., 2005, *La fracture numérique Nord-Sud*, Economica, Paris, 248 p.

WEISSBERG D., 1999, *Monde de l'informatique, informatique-monde*, Presses Universitaires du Mirail, Toulouse, 312 p.

Populations, migrations, religions et diasporas

BRUNEAU M. (dir.), 1998, *Les Grecs pontiques. Diasporas, identité, territoires*, CNRS Éditions, Paris.

BRUNEAU M., 2004, *Diasporas et espaces transnationaux*, Anthopos, coll. « Villes-géographie », Paris, 250 p.

BRUNEAU M., 1998, « Entre Europe et Asie : les Grecs dans l'espace intermédiaire », *Hérodote*, n° 90, p. 62, 3e trimestre 1998, La Découverte, Paris.

COHEN J., TREGUER A., 2004, *Les Latinos des USA*, IHEAL Éditions, Paris, 176 p.

DUFOIX S., 2003, *Les diasporas*, PUF, coll. « Que-sais-je ? », n° 3683, Paris, 128 p.

KNAFOU R., 1997, *La planète « nomade ». Les mobilités géographiques aujourd'hui*, Belin, 250 p.

LASSAILY-JACOB V., MARCHAL J.-Y., QUESNEL A., 1999, *Déplacés et réfugiés. La mobilité sous contrainte*, IRD Éditions, Paris, 504 p.

LACOSTE Y., 2005, « Les évangélistes à l'assaut du monde », *Hérodote*, n° 119, 4e trimestre 2005, Autrement, Paris.

PREVELAKIS G. (dir.), 1996, *Les réseaux des diaporas*, L'Harmattan, Paris.

SIMON G., 1995, *Géodynamique des migrations internationales dans le monde*, PUF, Paris, 429 p.

SIMON G., 2005, « La mondialisation des migrations internationales », *in* BOST F. *et alii*, *Images économiques du monde 2006*, Armand Colin, Paris, 420 p.

TARRIUS A., 2002, *La mondialisation par le bas. Les nouveaux nomades de l'économie souterraine*, Balland, Paris.

WIHTOL DE WENDEN C., 2005, *Atlas des migrations dans le monde. Réfugiés ou migrants volontaires*, Autrement/ Mémorial de Caen, Paris/Caen, 80 p.

Tourisme

CAZES G. (dir.), 1997, *Tourismes, touristes, sociétés*, L'Harmattan, Paris.

DEWAILLY J.-M., FLAMENT E., 2000, *Le tourisme*, SEDES, coll. « Campus », Paris, 192 p.

EQUIPE MIT, 2003, *Tourismes 1. Lieux communs*, Belin, Paris, 320 p.

EQUIPE MIT, 2005, *Tourisme 2. Moments de lieux*, Belin, Paris, 350 p.

3. Approches par grandes thématiques spatiales

A. Les grandes Géographies universelles

RECLUS E., 1876-1894, *Nouvelle géographie universelle, La Terre et les Hommes*, Hachette, coll. « Nouvelle Géographie Universelle », Paris, 19 volumes.

VIDAL DE LA BLACHE, GALLOIS (dir.), 1927-1948, *Géographie Universelle*, Armand Colin, Paris, 14 volumes.

BRUNET R. (dir.), 1989, *Géographie Universelle*, Hachette/Belin/Reclus, Paris, 10 volumes.

B. Pays développés

CARROUE L., COLLET D., RUIZ C., 2006, *L'Europe*, Bréal, Paris, 301 p.

GOUSSOT M., 2000, *Les États-Unis dans la nouvelle économie mondiale*, Armand Colin, coll. « U », Paris, 352 p.

LACOSTE Y. (dir.), 1999, « Europe du sud, Afrique du nord », *Hérodote*, n° 94, 3e trimestre 1999, La Découverte, Paris.

RADVANYI J., 2007, *La nouvelle Russie*, 4e éd., Armand Colin, coll. « U », Paris, 416 p.

C. Les Sud

BRET B., 2002, Le Tiers monde. Croissance, développement et inégalités, Ellipses, Paris.

BRUNEL S., 1995, Le Sud dans la nouvelle économie mondiale, PUF, Paris,

CADÈNE PH. (dir.), 2006, *La mondialisation. L'intégration des pays en développement*, Sedes, coll. « DIEM », Paris, 224 p.

CASTEL O., 2002, Le Sud dans la mondialisation. Quelles alternatives ? La Découverte, Paris, 212 p.

CHALÉARD J.-L., POURTIER R., 2000, *Politiques et dynamiques territoriales dans les pays du Sud*, Publications de la Sorbonne, Paris, 256 p.

DAVID G. (dir.), 2004, « Espaces tropicaux et risques. Du local au global », *Actes des Xe journées de géographie tropicale*, P.U. d'Orléans-IRD Éditions, 445 p.

LOMBARD J., MESCLIER É., VELUT S., 2006, *Les cartes du Sud dans la mondialisation*, IRD Éditions-Éditions de la rue d'Ulm, Paris.

Troin J.-F., *Les métropoles du sud*, Ellipses, Paris, 158 p.

D. L'Amérique latine

ALBRECHT D. *et alii*, 2005, *L'Amérique latine*, CNED/SEDES, Paris, 365 p.

BÉGOT M., BULÉON P., ROTH P., 2001, *Emergences caraïbes, élément de géographie politique*, AREC/L'Harmattan, Fort-de-France/Paris, 80 p.

BLANQUER J.-M., GROS C. (coord.), *La Colombie à l'aube du troisième millénaire*, Paris, CREDAL, Éditions de l'IHEAL.

BRET B. (coord.), 2000, « Géographie de l'Amérique latine », *Historiens et Géographes*, n° 372.

BURAC M., 2000, « Les petites Antilles : de l'économie de plantation à l'économie de services », *Mélanges offerts à Jean Benoist,* Presses Universitaires Créoles, 235 p.

CLAVAL P., 2004, La fabrication du Brésil une grande puissance en devenir, Belin, Paris.

DROULERS M., 2001, *Brésil : une géohistoire*, PUF, coll. « Géographies », Paris, 307 p.

Droulers M., 2001, *L'Amazonie : vers un développement durable*, Armand Colin, coll. « U », Paris, 219 p.

DROULERS M., THÉRY H., 1995, « Brésil. Observations des dynamiques territoriales », *Cahiers des Amériques latines*, n° 20, IHEAL, Paris.

FRANQUEVILLE A., 2002, *La Bolivie d'un pillage à l'autre*, PUM-IRD, coll. « Hespérides Amérique », Paris, 292 p.

MUSSET A., 1990, *Le Mexique*, Armand Colin, coll. « U », Paris.

MUSSET A., 1994, *L'Amérique centrale et les Antilles*, Armand Colin, coll. « U », Paris.

MUSSET A., SORIA V. (dir.), 2001, *ALENA-MERCOSUR. Enjeux et limites de l'intégration américaine*, IHEAL Éditions, Paris, 224 p.

MUSSET A. (dir.), 2006, *Géopolitique des Amériques*, Nathan, 336 p.

PRÉVÔT-SCHAPIRAM.-F., RIVIÈRE D'ARC H., 2001, *Les territoires de l'État-nation en Amérique latine*, IHEAL Editions, Toulouse.

PRÉVÔT-SCHAPIRAM.-F., 2003, « Buenos Aires : métropolisation et nouvelles configurations spatiales », *in* GODLBLUM CH., OSMONT A., *Villes et citadins dans la mondialisation*, Karthala, Paris, 250 p.

THÉRY H., 2005, Le Brésil, 5e éd., Armand Colin, coll. « U », Paris.

THERY H., DE MELLO N. A., 2003, *Atlas du Brésil*, CNRS Libergéo-La Documentation française, Paris, 304 p.

TULET J.-C., CHARLERY B., BART B., PILLEBOUE J., 1994, *Paysanneries du café des hautes terres tropicales*, Karthala, Paris.

VELUT S., 2002, *L'Argentine. Des provinces à la nation*, PUF, coll. « Géographies », Paris, 296 p.

E. L'Afrique

BACH D., 1998, *Régionalisation, mondialisation et fragmentation en Afrique subsaharienne*, Karthala, Paris.

BART F. *et alii*, 2003, *L'Afrique. Continent pluriel*, CNED/SEDES, Paris, 255 p.

BART F., LENOBLE BART A., 2003, *Afrique des réseaux et mondialisation*, Karthala/MSHA, coll. « Hommes et sociétés », Paris, 204 p.

Basset T.-J., 2002, *Coton des paysans. Une révolution agricole (Côte-d'Ivoire, 1880-1999)*, IRD Éditions, Paris, 292 p.

Bayard J.-F., Ellis S., Hibou B., 1997, *La criminalisation de l'État en Afrique*, Complexes, Bruxelles.

Ben Yahmed D. (dir.), 2000, *L'Atlas de l'Afrique*, Editions du Jaguar, Paris, 207 p.

Brunel S., 2004, *L'Afrique*, Bréal, Paris, 235 p.

Brunel S., 2005, *L'Afrique dans la mondialisation*, La Documentation française, La Documentation photographique, n° 8034, Paris.

Chaléard J.-L., Chanson-Jabeur C., Beranger C. (dirs.), 2006, *Le chemin de fer en Afrique*, PRODIG-SEDET/Karthala, Paris, 401 p.

Courade G., 2000, *Le désarroi camerounais : l'épreuve de l'économie-monde*, Karthala, Paris.

Damon J., Igué J. (dirs.), 2004, *L'Afrique de l'ouest dans la compétition mondiale. Quels atouts possibles ?* Club du Sahel/OCDE/Karthala, Paris, 504 p.

Dubresson A., Raison J.-P., 2003, L'Afrique subsaharienne, une géographie du changement, Armand Colin, coll. « U », Paris, 246 p.

Frerot A.-M. (dir.), 1999, *Les Grandes Villes d'Afrique*, Ellipses, Paris. Dix monographies utiles aux emboîtements d'échelles.

Gervais Lambony P., 1997, *L'Afrique du Sud et les États voisins*, Armand Colin, coll. « U », 256 p.

Hugon P., 2003, *L'économie de l'Afrique*, La Découverte, Paris.

Magrin G., 2001, *Le sud du Tchad en mutation. Des champs de coton aux sirènes de l'or noir*, Cirad/Sepia, Paris, 428 p.

Manda I., Stephanson B. *et alii*, 2005, « Les historiens africains et la mondialisation : African Historians and Globalization », *Actes du 3e congrès international des Historiens africains de Bamako (2001)*, Karthala, coll. « Hommes et sociétés », Paris, 400 p.

Pourtier R. (dir.), 2006, *Géopolitique de l'Afrique et du Moyen-Orient*, Nathan, Paris, 328 p.

Pourtier R., 2001, *Afriques noires*, Hachette supérieur, Paris, 255 p.

F. L'Asie

Balaize C., 1993, *La péninsule coréenne*, Nathan Université, coll. « Géographie d'aujourd'hui », Paris, 176 p.

Blanadet R., 1993, *Singapour et la Malaisie*, Nathan Université, coll. « Géographie d'aujourd'hui », Paris, 176 p.

Carroue L., Collet D., 2007, *L'Asie*, Bréal, Paris, 302 p.

Formoso B., 2000, *Thaïlande. Bouddhisme renonçant, capitalisme triomphant*, La Documentation française, coll. « Asie plurielle », Paris, 179 p.

Foucher M., Bruneau M., Durand-Dastes F., Lepesant G., Pelletier Ph. (dir.), 2002, *Asies nouvelles*, Belin, Paris, 480 p. ? incontournable avec bibliographie très complète.

Gentelle P., 2001, *La Chine. Un continent et au delà ?* La Documentation française, coll. « Asie plurielle », Paris.

Landy F. Chaudhury B. (dir.), De la mondialisation au développement local en Inde. Questions d'échelles, CNRS Éditions, Paris, 254 p.

Lagayette P., Huetz de Lemps C. et alii, 2003, Géopolitique et mondialisation : The Geopolitics of Globalization. La relation Asie du Sud-Est/Europe : And South East Asia/Europe Relations, Presses Universitaires de la Sorbonne, coll. « Frontières », Paris, 230 p.

Meyer E., 2001, *Sri Lanka. Entre particularisme et mondialisation*, La Documentation française, coll. « Asie plurielle », Paris, 183 p.

Papin P., 1999, *Viêt-Nam. Parcours d'une nation*, La Documentation Française, coll. « Asie plurielle », Paris.

Pelletier Ph. (dir.), 2004, *Identités territoriales en Asie orientale*, Indes Savantes, Paris, 383 p.

Pelletier Ph., 2003, *Japon. Crise d'une autre modernité*, Belin/La Documentation française, coll. « Asie plurielle », Paris, 207 p.

pelletier Ph. (dir.), 2006, *Géopolitique de l'Asie*. Paris, Nathan, 370 p.

Racine J.-L., 2003, « L'Inde et l'ordre du monde », *Hérodote*, n° 108, p. 91-112.

Raillon F., 1999, *Indonésie. La réinvention d'un archipel*, La Documentation Française. coll. « Asie plurielle », Paris, 177 p.

Sanjuan T., 2000, *La Chine. Territoire et société*, Hachette Supérieur, Paris.

Sanjuan T., 1997, À l'ombre de Hon Kong. Le delta de la rivière des Perles, L'Harmattan, Paris, 313 p.

Sanjuan T., 2004, « Refonder la mondialisation chinoise », *in* aUBERT J.-E., LANDRIEU J. (dir.), *Vers des civilisations mondialisees ? De l'éthologie à la prospective*, Editons de l'Aube, Paris, p. 122-129.

Taillard C., 2004, *Intégrations régionales en Asie orientale*, Indes Savantes, Paris, 495 p.

Trolliet P., 1999, « Un monde chinois », in *La Chine et les Chinois de la Diaspora*, CNED/SEDES, Paris.

Zins M., 2002, *Le Pakistan, la quête de l'identité*, La Documentation française, coll. « Asie plurielle », Paris, 187 p.

Zins M., 1999, *Inde, un destin démocratique*, La Documentation française, coll. « Asie plurielle », Paris, 199 p.

4. Approches complémentaires : sites, ouvrages de référence, revues

A. Quatre grands sites internet de géographie

Pour la recherche de documentation, la géographie dispose de trois grands sites documentaires en langue française facilement accessibles et présentant une masse considérable de documents, textes et cartes réalisée par les meilleurs spécialistes français ou étrangers.

Le site des *Actes du Festival International de Géographie* (FIG) de St-Dié-des-Vosges : < http://fig-st-die.education.fr/ >

Le site de *Géoconfluences* à l'ENS de Lyon : < http://geoconfluences.ens-lsh.fr/ >

Le site de la revue *Mappemonde* : < http://www.mgm.fr/PUB/Mappemonde/ >

B. Atlas disponibles à consulter

Boniface P., 2000, *Atlas des relations internationales*, Hatier, Paris, 160 p.

Durand M.-F., Martin B., Placidi D., Tornquist-Chesnier M., 2006, *Atlas de la mondialisation. Comprendre l'espace mondial contemporain*, Presses de Sciences Po, coll. « Nouveaux débats », Paris, 126 p.

Lacoste Y., 2006, *Géopolitique*, Larousse, Paris, 336 p.

Le Monde diplomatique, 2006, *L'Atlas*, Armand Colin, Paris.

Poissonnier A., Sournia G., 2006, *Atlas mondial de la francophonie*, Autrement, Paris.

Victor J.-C., 2005, *Le dessous des cartes. Atlas géopolitique*, Arte-Tallandier, Paris, 264 p.

C. Sites Web de cartographie avec de nombreuses cartes téléchageables

Le site cartographique du Monde Diplomatique : < http://www.monde-diplomatique.fr/cartes >

Le site cartographique de la Documentation française < http://www.ladocumentationfrancaise.fr/cartotheque/index.shtml >

Le site cartographique de Sciences Pop Paris : < http://www.sciences-po.fr/ >

Index

Table des figures

Table des matières

11004859 - (I) - (3) - OSB 100° - EXT - BTT

IMPRESSION, BROCHAGE

imprimerie CHIRAT

42540 ST-JUST-LA-PENDUE
SEPTEMBRE 2007
DÉPÔT LÉGAL 2007 N° 6511

IMPRIMÉ EN FRANCE